Revista de Direito Tributário

61

MALHEIROS EDITORES

Revista de Direito Tributário

Publicada sob os auspícios do

IDEPE — Instituto Internacional de Direito Público e Empresarial
e do
IBET — Instituto Brasileiro de Estudos Tributários

ISSN 0102-7956

REVISTA DE DIREITO TRIBUTÁRIO
publicação trimestral de MALHEIROS EDITORES LTDA.
Rua Paes de Araújo, 29, 17º andar - conj. 171 - CEP 04531-940
São Paulo, SP - Brasil - Tels. 822-9205 - 820-9718 - 820-5549 - Fax. 829-2495

Diretor Responsável: Álvaro Malheiros
Diretora: Suzana Fleury Malheiros
Supervisão Gráfica: Vânia Lúcia Amato

Assinaturas e comercialização:
CATAVENTO DISTRIBUIDORA DE LIVROS S.A.
Rua Conselheiro Ramalho, 928 - CEP 01326
São Paulo, SP - Brasil - Tel. 289-0811 - Fax 251-3756

Composição: HELVÉTICA EDITORIAL
Impressão: Gráfica e Editora FCA (Fundação de Ciências Aplicadas)

SUMÁRIO

CADERNOS DE DIREITO TRIBUTÁRIO

NORMA JURIDICA Y SEGURIDAD JURIDICA
— **José Juan Ferreiro Lapatza** 7
IMUNIDADE TRIBUTÁRIA — ENTIDADES FECHADAS DE PREVIDÊNCIA PRIVADA (FUNDOS DE PENSÃO)
— **Gilberto de Ulhôa Canto** 17
TAXA PARA EMISSÃO DE GUIA DE IMPORTAÇÃO
— **Geraldo Ataliba e José Artur Lima Gonçalves** 40
ISS — SEGURO SAÚDE
— **José Souto Maior Borges** 52
O PRINCÍPIO DA SEGURANÇA JURÍDICA EM MATÉRIA TRIBUTÁRIA
— **Paulo de Barros Carvalho** 74
ICMS — COMPRA E VENDA MERCANTIL (BASE DE CÁLCULO)
— **Paulo Salvador Frontini** 91
MANDADO DE SEGURANÇA E CONSULTA FISCAL
— **Hugo de Brito Machado** 109
IR — RENDIMENTOS AUFERIDOS EM APLICAÇÕES FINANCEIRAS (EM REGIME DISTINTO E SEGREGADO DA TRIBUTAÇÃO DOS LUCROS OPERACIONAIS) — LEI N. 8.541/92
— **Oswaldo Othon de Pontes Saraiva Filho** 115

NOTAS E COMENTÁRIOS

PRINCÍPIOS CONSTITUCIONAIS TRIBUTÁRIOS E REFORMA FISCAL
— **Sacha Calmon Navarro Coêlho** 123
IR — DECLARAÇÃO DOS BENS DE PESSOA FÍSICA PELO VALOR DE MERCADO (LEI N. 8.383/91, ART. 96) E SUAS CONSEQÜÊNCIAS TRIBUTÁRIAS
— **Eugênio Doin Vieira** 129
POLUIÇÃO E TRIBUTAÇÃO
— **José Marcos Domingues de Oliveira** 135
DISTRIBUIÇÃO DISFARÇADA DE LUCROS — NÃO CARACTERIZAÇÃO EM OPERAÇÃO DE MÚTUO SEM ENCARGOS CELEBRADA ENTRE PESSOA JURÍDICA E SEU SÓCIO, EM FACE DA INEXISTÊNCIA DE LUCROS OU RESERVAS DE LUCROS
— **Eduardo D. Bottallo** 143

VALIDADE DE NORMAS INTERNAS CONTRÁRIAS A DISPOSITIVOS DE ACORDOS DE BITRIBUTAÇÃO NO DIREITO E NA PRÁTICA NORTE-AMERICANA
— **Luís Eduardo Schoueri** 146
DEPÓSITO JUDICIAL E CRÉDITO TRIBUTÁRIO
— **Wanderley José Federighi** 156
ISS — MOMENTO EM QUE SE TORNA DEVIDO
— **Betina Treiger Grupenmacher** 159
O "DUE PROCESS OF LAW" NO PROCEDIMENTO ADMINISTRATIVO-FISCAL NA ÁREA ADUANEIRA
— **J. Lence Carluci** 164
INCENTIVOS A INVESTIMENTOS (ISENÇÃO OU REDUÇÃO DE IMPOSTOS — TRATAMENTO JURÍDICO-CONTÁBIL APLICÁVEL)
— **Natanael Martins** 174
CAUTELARES — LIMINARES E ACESSO AO JUDICIÁRIO (LEI N. 8.437/92)
— **Márcio Severo Marques** 187
ICMS SOBRE ALIENAÇÃO DE BENS DO ATIVO IMOBILIZADO
— **Carlos Americo Domeneghetti Badia** 191
SOCIEDADES UNIPROFISSIONAIS: ASPECTOS INFRA-CONSTITUCIONAIS DA CONTRIBUIÇÃO SOCIAL SOBRE O LUCRO DAS PESSOAS JURÍDICAS
— **Plinio Simões Barbosa** 195

DIREITO TRIBUTÁRIO ATUAL

IR — TRIBUTAÇÃO DE DESPESA? ARTIGOS 7º E 8º DA LEI N. 8.541/92 E O PRINCÍPIO DA CAPACIDADE CONTRIBUTIVA
— **Trevisan Auditores e Consultores** 201
DEDUTIBILIDADE DOS AJUSTES A VALOR PRESENTE
— **Trevisan Auditores e Consultores** 207

JURISPRUDÊNCIA 211

Revista de Direito Tributário

CADERNOS DE DIREITO TRIBUTÁRIO

Fundador: Rubens Gomes de Souza (†)

CADERNOS DE DIREITO TRIBUTÁRIO

CADERNOS DE DIREITO TRIBUTÁRIO

NORMA JURIDICA Y SEGURIDAD JURIDICA*

José Juan Ferreiro Lapatza
Catedrático de Direito Tributário

La norma jurídica. Condiciones a cumplir para el logro de la seguridad jurídica

Como es de todos sabido, Adam Smith[1] recogió, en el año 1776, en la 2ª parte del Libro V de su "Investigación sobre la naturaleza y causa de la riqueza de las naciones", cuatro reglas impositivas que habían de invorcase después bajo su nombre en incontables ocasiones: economía, certeza, comodidad y justicia.

Cuatro reglas que han servido de punto de arranque de los más diversos estudios sobre el tributo y que yo mismo he utilizado también de este modo en un trabajo sobre los Impuestos Especiales[2] cuya introducción quiero utilizar de nuevo ahora para avanzar después un paso más en el análisis de la segunda de las reglas smithianas, la que hace referencia a la certeza del tributo.

"El impuesto que cada individuo está obligado a pagar", señala A. Smith, "debe ser cierto y no arbitrario. El tiempo de pago, la forma de pago, la cantidad a pagar: todo esto debe ser claro y preciso para el contribuyente y para cualquier otra persona. La certeza de lo que cada individuo debe pagar", concluye, "es, en materia de impuestos de tan gran importancia, que puede decirse, según

* Contribuição às *XVI JORNADAS LATINOAMERICANAS DE DERECHO TRIBUTARIO*, sob o tema (I) *El principio de seguridad jurídica en la creación y aplicación del tributo.*

1. Smith, A.: *An inquiry into the Nature and Causes of the Wealth of Nations*, trad. it., Biblioteche dell'economista, Torino, 1851, pp. 567-568. Aunque, como señala Gerloff, tales reglas "no son entonces algo nuevo para aquella epoca, sino la simple reiteración de algo conocido y corriente en la literatura". Gerloff, W.: "Doctrina de la economía tributaria", en *Tratado de Finanzas*, tomo II, El Ateneo, Buenos Aires, 1961, p. 235.

2. Ferreiro Lapatza, J. J.: "Los impuestos

me parece se deriva de la experiencia de todas las naciones, que un grado muy considerable de desigualdad no es tan peligroso como un pegueñísimo grado de incertidumbre''.

Dos siglos más tarde, uno de los grandes hacendistas de nuestro tiempo insiste en la regla de la certeza, refiriéndola no tanto a los tributos como piezas de un sistema, como al propio sistema considerado en su conjunto. ''El factor de la certidumbre'', afirma el Professor Shoup, ''es indudablemente uno de los aspectos no econômicos más importantes del sistema fiscal de un país...'' ''...y puede llegar a tener más importancia que cualquiera de las características directamente económicas del sistema en cuestión''. Es evidente, prosigue, ''que tanto la inversión privada de capital como el ahorro privado se ven extraordinariamente estimulados cuando existe un sistema fiscal que permite conocer con bastante exactitud y anticipadamente las consecuencias tributarias que puedan derivarse de un acto privado cualquiera''. ''La certidumbre'', termina, ''implica la máxima estabilidad de la legislación fiscal y, por ende, la no realización de modificaciones caprichosas en la misma''.[3]

En esta misma línea, las citas, los argumentos de autoridad podrían multiplicarse hasta el infinito. Quiero, sin embargo, insistir en la importancia de la certeza del sitema con alguno de estos argumentos referidos a nombres y obras que, aún contemporáneos, han adquirido ya, con el filtro del tiempo, una autoridad incuestionable.

Fritz Neumark, que tan destacada intervención tuvo, como se sabe, en la elaboración del ''Informe del Comité Fiscal y Financiero de la CEE'' de 1962, dedica un número considerable de páginas de sus Principios de la Imposición a destacar la importancia del principio de ''transparencia'' como uno de los principios básicos a los que ha de obedecer un sistema tributario racional. Este principio exige ''que las leyes tributarias se estructuren de manera que presenten técnica y jurídicamente el máximo posible de inteligibilidad y sus disposiciones sean tan claras y precisas que excluyan toda duda sobre los derechos y deberes de los contribuyentes''.[4]

''Al Informe Carter pertenece esta dura expresión: ''La imprecisión de una ley actúa también contra las personas que quisieran cumplirla escrupulosamente y, eventualmente, puede inducirles al desprecio de las leyes. Antes de tomar una decición, el contribuyente debería poder determinar rápidamente, con toda certeza y pocos gastos las consecuencias fiscales de los proyectos que tiene''.[5]

El más reciente informe de la ''Comisión Meade'' sobre la estructura y reforma de la imposición directa en el Reino Unido, repite insistentemente que, ''además de suficiente, justo y compatible com la situación internacional del país, un buen sistema fiscal también debe ser coherente, sencillo y sin complicaciones''[6].

No creo, en fin, que sea necesario añadir más argumentos de autoridad para afirmar rotundamente que un sistema tributario que trate de aproximarse al ideal ha de responder, junto a los principios de suficiente, flexibilidad, justicia,

especiales en el ordenamiento jurídico del Sistema Tributário español'', — HPE, Madrid, 1981, n. 14, pp. 31 ss.

3. Shoup, Carl S.; cit. por Fuentes Quintana, E. en ''Las exigencias de un sistema impositivo ideal y los impuestos — en España'', en *Información Comercial Española*, n. 272, Madrid, 1974, pp. 77-85.

4. Neumark, F.: *Principios de la Imposición*, IEF, Madrid, 1974, pp. 408-409.

5. Canada. Informe de la Real Comisión de Investigación sobre la fiscalidad, concocido generalmente como Informe Carter, IEF, Madrid, 1975, t. 2, p. 14.

6. Comisión Meade: *Estructura y Reforma de la imposición directa*, IEF, Madrid, 1980, p. 92.

comodidad y servicio a la estabilidad y al desarrollo, al principio de la certeza. Para destacar la importancia social, política y económica que ha de darse a la certeza del sistema tributario.

Ahora bien, creo que el principio de la certeza puede y debe ser formulado desde dos perspectivas diferentes. Mas precisamente: el principio de la certeza puede ser estudiado en dos planos distintos, tangenciales, que se tocan, pero que no se confunden. Dos planos en los que hay que aplicar técnicas diferenciadas. Dos planos que se condicionan recíprocamente y que se apoyan, se ayudan o destruyen mutualmente.

En primer lugar, la claridad y certeza de un sistema viene determinada por su coherencia interna y externa, es decir, de sus piezas entre sí, y del conjunto con los fines que se intentan conseguir. Coherencia que depende básicamente de un decisión política que, teniendo en cuenta los condicionantes de todo tipo (históricos, sociales, políticos, económicos, administrativos, etc.) trate de racionalizar el sistema en función de los principios, esencialmente económicos, de suficiencia, flexibilidad y servicio a la estabilidad y al desarrollo, así como del principio, esencialmente político, de la justicia.

Hasta aquí las técnicas y conocimientos a emplear deben ser básicamente proporcionados por la ciencia econômico-financiera y por la sociología. Sobe los datos proporcionados por ellas, el político, de acuerdo con los valores que defienda, ha de tomar una decisión.

Pero una vez que esta decisión política se haya tomado debemos traducirla en normas jurídicas, pasando así al segundo plano al que antes aludimos y en el que vamos a centrar nuestra atención.

Es evidente que cuanto más perfectas sean las normas que regulan los tributos mejor serviremos al principio de la claridad y la certeza. Los informes que acabamos de citar estan cargados de anhelos en torno a la necesaria claridad de las leyes fiscales.[7] Pero dado que sus preocupaciones básicas se mueven en la órbita económico-financiera apenas se contiene en ellos alusión alguna a la herramienta necesaria para conseguir esta deseada claridad.

Un sistema tributario sencillo y fácil de compreender ha de venir apoyado por un sistema de normas precisas, claras, sencillas, coherentes y, en la medida de lo posible, estables.

Y para lograr un sistema de normas con estas características es absolutamente necesario el empleo del instrumento más adecuado: el empleo de una correcta técnica jurídica.

Una técnica que no sólo puede ofrecer un perfeccionamiento formal, terminológico, vacio de contenido y consecuencias, casi diríamos estético, del ordenamiento jurídico, sino que también puede ofrecernos algo mucho más valioso y concreto: transmitir claramente al ciudadano el mandato del legislador ahorrando al administrado y a la administración enormes esfuerzos, y al país, en consecuencia, mucho dinero.

Una técnica que puede utilizar los conocimientos acumulados, los procedimientos y recursos de una ciencia jurídica multisecular.

Una técnica cuyo necesario uso y emplego riguroso en toda reforma que pretenda caminar hacia un sistema tributario racional han sido con frecuencia relegados a un segundo plano desde planteamientos científicos o técnicos unilaterales que, centrando su atención única y exclusivamente en la necesaria información económica, contable o sociológica, parecen caer en el acientífico defecto de despreciar aquello que no conocen.

7. Así, por ejemplo, Neumark, F.: *Principios...*, cit., p. 407; Informe Carter, cit., t. 2, pp. 14 y 15.

Una técnica, en fin que trata de aplicar al ordenamiento jurídico del sistema tributario los conocimientos propios y específicos de la ciencia jurídica en la búsqueda de un Derecho Tributario claro, sencillo y coherente al servicio de la certeza del sistema o, dicho sea en términos jurídicos más exactos, al servicio de la aplicación efectiva del principio de seguridad.

Pues, digámoslo ya ahora, la seguridad jurídica entendida, con palabras de Henkel,[8] "como exigencia dirigida al derecho positivo de crear, dentro de su campo y con sus medios, certeza ordenadora", certidumbre jurídica, certeza jurídica del sometido al derecho respecto a sua obligaciones y derechos y a las consecuencias de su actuación, no es más que el aspecto más puramente jurídico, la versión jurídica del principio smithiano de la certeza.

Es naturalmente difícil decir que es una "buena norma tributaria" desde el punto de vista de la Ciencia del Derecho o de la técnica jurídica.

Puede decirse que se plantea aquí el mismo problema que se plantea, p. ej., la medicina al definir el "hombre sano". La forma más fácil de definir al hombre sano, quizás la única, es la forma negativa que lo entiende como aquel que no esta enfermo, que no se ve afectado por ningún estado patológico. La medicina ha progresado en la defensa de la salud y en la delimitación de su concepto sobre la base de la localización y tratamiento de situaciones patológicas.

Lo mismo, entiendo, pude y debe hacerse en general en la Ciencia del Derecho y en particular en nuestra disciplina, el Derecho Tributario en donde ciertos "estados patológicos" son especialmente evidentes. Localizando, describiendo y tratando de corregir defectos técnicos "típicos" de las normas positivas nos aproximamos a la idea de norma técnicamente correcta y podremos proponer soluciones y correcciones técnicas, al margen de cualquier valoración no jurídica, con mayor precisión de lo que en la actualidad, normalmente, se hace al decir simplesmente que una norma es técnicamente imperfecta sin concretar en qué consiste la incorrección y la fórmula que ha de utilizarse para solventarla.

Podremos, así, aproximarnos eficazmente a la idea de norma técnicamente correcta y realizar de este modo la tarea que, también, espera la sociedad del jurista creando un Derecho claro, sensillo y coherente fácilmente inteligible y localizable por el ciudadano al que va dirigido. Y, utilizando una vez más las palabras de Bobbio,[9] "Esta será una obra que dará al jurista la satisfacción de ser más directa e inmediatamente útil al trabajo de construcción social que también él, con sus análisis de las leyes, está llamado a atender."

Esta tarea ha de tomar, sin embargo, como punto de partida y referencia una cierta idea, aún inconcreta e imprecisamente delimitada, de norma técnicamente correcta. Sabiendo ya de antemano que la formulación más perfecta y precisa de tal idea sólo se logrará a base de su definición negativa. A base de señalar defectos e incorrecciones obvios que es preciso corregir y a base de señalar, una y otra vez, el sentido técnico que ha de seguir esta corrección.

En esta línea y con la función de punto de partida y referencia que acabamos de señalar, creemos puede aceptarse que una norma esté correctamente formulada cuando, con una construcción gramaticalmente adecuada, utilizada los

8. Henkel, W.: *Einführung in die Rechtsphilosophie*, C. H. Beck, München y Berlin, 1964, p. 334. Existe trad. esp. *Introducción a la filosiofía del Derecho*, Taurus, Madrid, 1968.

9. Bobbio, N.: "Ciencia del Derecho y análisis del lenguaje", en *Contribución a la teoría del Derecho*, Tonos, Valencia, 1980, p. 182.

términos y conceptos de forma coherente con todo el ordenamiento y transmite con claridad al ciudadano al que va dirigida el mandato que el legislador quiere incorporar al orden jurídico. Y que una norma así construida optimiza su función cuando se inserta en un conjunto estable, abarcable por los ciudadanos a quien va dirigido, y eficaz en su aplicación.

A esta sencilla imagen se oponen una serie de defectos que, si bien son detectables en todo el ordenamiento jurídico, adquieren una especial virulencia en el derecho tributario y que, en gran parte se deben a una excesiva intervención en la redacción de sus normas de técnicos ajuenos al mundo del Derecho que, según ya hemos dicho, tienden a menospreciar las exigencias de una técnica multisecular al servicio de un ordenamiento jurídico cuya función esencial, que debe primar sobre cualquier otra, consiste en marcar modelos de conducta social a la generalidad de los ciudadanos.

El estudio de estas "situaciones patológicas" debería centrar la atención de los especialistas en Derecho tributario en grado mucho mayor de como lo hacen en la actualidad. En aras siempre de lograr una mayor claridad, sencillez, coherencia y comprensibilidad de las normas fiscales. Pues siempre he estado convencido de que tales normas no tienen por que ser necesariamente complicadas y que, po el contrario, pueden ser tan claras, sencillas, comprensibles y racionales como el movimiento codificador del pasado siglo nos enseñó que pueden ser la generalidad de las leyes.

En la línea argumental que estoy siguiendo quiero, como simple ejemplo insisto de una línea de investigación que entiendo debiera identidicarse para conseguir un Derecho tributario más seguro, poner ahora de relieve alguno de los defectos que de forma más grave y frecuente afectan a las leyes fiscales alejándolas del modelo que antes, aún en modo harto impreciso, hemos dibujado.

Podemos decir que en general, y en todos los países, la complicación de la normativa tributaria deriva, fundamentalmente, de dos causas: el excesivo número y frecuencia de las disposiciones que la contienen y, lo que no es igual, el excesivo afan reglamentista de la Administración.

Los cambios muy frecuentes de la normativa y las normas demasiado minuciosas contribuyen a la opacidad del Derecho y dificultan su aplicación. Atentan contra la claridad de la forma, privan de certeza el ordenamiento y significan, por tanto, un ataque directo al principio de seguridad. Principio que postula normas claras y sencillas y, en la medida de lo posible, estables, de tal forma que los ciudadanos puedan, sin grandes esfuerzos, medir las consecuencias fiscales de sus actuaciones. De tal forma que Administración y administrados puedan sin grandes esfuerzos ni elevados coste aplicar unos tributos cuya normas respondan a la elemental idea de que el Derecho no puede reflejar en sus normas las mil diferentes circunstancias en que un hecho puede presentarse en la realidad, sino los hechos típicos, normales, desprovistos de las notas accidentales que acompañam en la realidad a cada uno de ellos, que dibujan con su frecuencia los trazos más característicos de una determinada vida social.

La ley parece servir, en este sentido y dado su particular proceso de elaboración, mucho mejor que el reglamento al principio de seguridad. Principio que ha sufrido con frecuencia los ataques de un excesivo reglamentismo.

Um excesivo regulamentismo que perturba la aplicación de la regla general que a través de él se trata normalmente de aplicar, crea innecesarias lagunas y contradicciones y multiplica las discusiones sobre su interpretación.

Un excesivo reglamentismo que no puede escudarse ni en exigencias técnicas ni en la necesaria minuciosidad de la norma. Una y otras pueden y deben ser asumidas por la Ley a no ser que en la redacción de ésta pueda influir, en medida no deseable, la lenidad del Legislativo o el excesivo afán de poder de la burocracia.

"Las disposiciones demasiado minuciosas de una ley, nos indica el Informe Cartes,[10] acaban por velar la voluntad del legislador, a la vez que dejan sin respuesta todos o al menos la mayoría de los problemas que tales disposiciones sugieren". "Cuanto más numerosas y/o minuciosas sean las correspondientes disposiciones", añade Neurmark,[11] "tanto más ininteligibles serán para la inmensa mayoría de los ciudadanos, incluso para los mismos que podrían beneficiarse de ellas".

Nunca he comprendido, p. ej., porque la Ley española del IVA[12] necesita regular tan minuciosamente, obligada por las Directivas comunitarias que, en este y otros aspectos utilizan una técnica jurídica a mi juicio harto deplorable, el concepto contraprestación que el Código Civil utiliza de forma tan normal como sencilla en todos los negocios jurídicos sinalagmáticos.

10. Informe Carter, cit., t. 2, p. 140.

11. Neumark, F.: *Princípios...*, cit., p. 418.

12. El art. 78 de la Ley 37/1992, de 28 de diciembre, del Impuesto sobre el Valor Añadido, dice así:

Artículo 78. Base imponible. Regla general.

Uno. La base imponible del impuesto estará constituida por el importe total de la contraprestación de las operaciones sujetas al mismo procedente del destinatario o de terceras personas.

Dos. En particular, se incluyen en el concepto de contraprestación;

1º. Los gastos de comisiones, portes y transporte, seguros, primas por prestaciones anticipadas, intereses en los pagos aplazados y cualquier otro crédito efectivo a favor de quien realice la entrega o preste el servicio derivado de la prestación principal o de las accesorias a la misma.

2º. Los intereses devengados como consecuencia del retraso en el pago del precio.

3º. Las subvenciones vinculadas directamente al precio de las operaciones sujetas al impuesto.

Se considerarán vinculadas directamente al precio de las operaciones sujetas al impuesto las subvenciones establecidas en función del número de unidades entregadas o del volumen de los servicios prestados cuando se determinen con anterioridad a la realización de la operación.

4º. Los tributos y gravámenes de cualquier clase que recaigan sobre las mismas operaciones gravadas, excepto el propio Impuesto sobre el Valor Añadido.

Lo dispuesto en este número comprenderá los impuestos especiales que se exijan en relación con los bienes que sean objeto de las operaciones gravadas, con excepción del impuesto especial sobre determinados medios de transporte.

5º. Las percepciones retenidas con arreglo a derecho por el obligado a efectuar la prestación en los casos de resolución de las operaciones sujetas al impuesto.

6º. El importe de los envases y embalajes, incluso los susceptibles de devolución, cargado a los destinatarios de la operación, cualquiera que sea el concepto por el que dicho importe se perciba.

7º. El importe de las deudas asumidas por el destinatario de las operaciones sujetas como contraprestación total o parcial de las mismas.

Tres. No se incluirán en la base imponible:

1º. Las cantidades percibidas por razón de indemnizaciones, distintas de las contempladas en el apartado anterior que, por su naturaleza y función, no constituyan contraprestación o compensación de las entregas de bienes o prestaciones de servicios sujetas al impuesto.

2º Los descuentos y bonificaciones que se justifiquen por cualquier medio de prueba admitido en derecho y que se concedan previa o simultáneamente al momento en que la operación se realice y en función de ella.

Lo dispuesto en el párrafo anterior no será de aplicación cuando las minoraciones del precio constituyan remuneraciones de otras operaciones.

3º Las sumas pagadas en nombre y por cuenta del cliente en virtud del mandato expreso del mismo. El sujeto pasivo vendrá obligado a justificar la cuantía efectiva de tales gastos y no podrá proceder a la deducción del impuesto que eventualmente los hubiera gravado.

Cuatro. Cuando las cuotas del Impuesto sobre el Valor Añadido que graven las operaciones sujetas a dicho tributo no se hubiesen repercutido expresamente en factura o documento equivalente, se entenderá que la contraprestación no incluyó dichas cuotas.

Se exceptúan de lo dispuesto en el párrafo anterior:

1º Los casos en que la repercusión expresa del Impuesto no fuese obligatoria.

2º Los supuestos a que se refiere el apartado dos, número 5º, de este artículo.

Como tampoco he estado nunca convencido de la necesidad de una escala de alícuotas tan ajustada y exacta, matemáticamente hablando, en sua progresión como la establecida en nuestro IRPF.

Pues nadie me ha convencido nunca de que ello sea absolutamente necesario y suficiente para lograr un mayor grado de justificia frente a una escala, como las reflejadas en diversas leyes y proyectos en E.E.U.U. y en otros países tras la gestación de la llamada reforma Reagan, con pocos tramos, que permita su aplicación y comprensión inmediata por cualquier ciudadano a su rentas.

Pues entiendo que se la claridad y la sencillez son essenciales en cualquier tributo, lo son más en el IRPF, sin duda el instrumento más adecuado para la formación de la conciencia fiscal de um país. Formación que necesita, antes que cualquier outra cosa, que la Ley sea entendida por los millones de sujetos a quién está dirigida.

Es este un caso flagrante en que la técnica jurídica debe aconsejar el abandono de sutilezas económico-matemáticas, de justificación nunca probada, en areas de la función esencial de la norma jurídica como mandato dirigido a la generalidad de los ciudadanos que, antes de nada, deben de comprender aquello que se les ordena.

La excesiva minuciosidad de la norma se opone a la claridad del mandato ordenador que ella encierra y a la claridad del conjunto en que ella se integra.

A la claridad, sensillez y abarcabilidad de ese conjunto se oponen, fundamentalmente, las modificaciones frecuentes y caprichosas de las normas, la proliferación de disposiciones, las cláusulas derogatorias confusas, el carácter incompleto de la regulación, los reenvíos demasiado frecuentes y otras disposiciones y la confusión de materias dentro de una misma disposición.

Vamos a fijarnos ahora en la técnica de los reenvios y en las clausulas derogatorias.

Los reenvios externos, es decir, a otras disposiciones, e internos, a otros artículos de la misma Ley o Reglamento, dificultan sin duda la abarcabilidad y comprensibilidad de la normativa a aplicar.[13] Pueden y deben usarse, sin duda, en las leyes fiscales para evitar inútiles y perturbadoras duplicidades o cuando tales leyes utilicen concepto o se refieran a instituciones ajenos a "su" materia y ya decantados o regulados en otras leyes o sectores del ordenamiento, pero su uso excesivo dificulta excesivamente la abarcabilidade, comprensibilidad y posibilidad de manejo de la normativa por parte del sujeto a quien va dirigida.

En esta línea y como ejemplo de lo que, de acuerdo con una técnica jurídica adecuada, no se puede hacer, podemos citar el art. 63 de la Ley del IRPF, verdadero monumento al reenvio, según el cual:

"El resultado de las operaciones previstas en el artículo 61, sumado al saldo positivo que, en su caso, arroje la prevista en el apartado uno del artículo anterior y al cociente a que se refiere el párrafo segundo del artículo siguiente y minorado en el importe de los rendimentos irregulares negativos a que se refiere la letra b) del apartado dos del artículo 59, constituirá el importe de la renta regular del sujeto pasivo."

13. Traducimos por abarcabilidad o compreensibilidad el término — alemán Ubersiehlichkeit empleado por Henkel, H. en *Einfürung*..., cit., p. 336. Puede entenderse por tal la posibilidad de que un sujeto pueda tener presentes, con facilidad, las normas que regulan, en un ordenamiento jurídico dado, una materia concreta. "De esencial importancia", dice Henkel (op. cit. trad. esp. cit., p. 547), "es la claridad, sencillez y abarcabilidad de la regulación en su conjunto. Un sistema de normas cargado de una superabundancia de preceptos y de disposiciones enmarañadas, lingüisticamente deficientes e insuficientemente estructuradas, lleva a la inseguridad jurídica."

Monumento al reenvio incluido en una Ley, la Ley 18/1991, de 6 de junio, del IRPF, en cuyos 105 artículos se pueden contabilizar más de 105 reenvios, aún computando sólo los supuestos más claros.

Una Ley, la Ley del IRPF de 1992, que puede servir también como referencia para exponer lo que, desde el punto de vista técnico, debe exigirse a una clausula derogatoria.

En esta Ley se dispone que queda derogada la Ley 44/1978, del IRPF "y cuantas disposiciones legales sean incompatibles con lo dispuesto en la presente Ley".

Y que: "Seguirán en vigor las normas reglamentarias del IRPF creado por la Ley 44/1978, en cuanto no se opongan a los preceptos de esta ley o las normas que la desarrolen".

La clausula de cierre que considera derogadas "cuantas disposiciones sean incompatibles" con la Ley aunque inútil, porque toda Ley posterior deroga las anteriores que a ella se opongan, es sin embargo admisible si viene precedida de una mención expresa, mínima como se ve en el caso que ahora nos ocupa, de las disposiciones anteriores que, en todo caso y sin duda, han de entenderse derogadas. En línea con la tan conveniente, desde un punto de vista técnico, como incumplida orden contenida en el art. 16 LGT, según el cual: "Toda modificación de Leyes o Reglamentos tributarios contendrá una relación completa de las normas afectadas".[14]

La referencia a las normas reglamentarias no puede ser más desafortunada, pues coloca al intérprete ante la necesidad de examinar la coherencia de las normas reglamentarias que se declara siguen vigentes de un lado con la Ley 44/1978 y, de otro, con la nueva Ley y las normas reglamantarias que la desarrollan. Difícilmente puede entenderse que una disposición como esta, motivada únicamente por la imprevisión del legislador respecto a la vocatio legis indispensable para que la Administración pueda preparar los textos reglamentarios necesarios y agravada por la ausencia de normas derogatorias en las nuevas disposiciones reglamentarias (Cfr. R.D. 1841, 1991 de 30 de diciembre), puede desarrollar la función de instrumento de resolución de conflictos sociales que toda norma jurídica ha de cumplir y no sea más bién un instrumento de provocación de litigios y conflictos sociales.

La excesiva minuciosidad, el uso abusivo del reenvio, las clausulas derogatorias incompletas, inútiles o confusas producen, entre otras causas, la falta de claridad de las leyes tributarias o, lo que es lo mismo, su opacidad.

Pero la opacidad de las normas se ve agravada, en forma especialmente maligna y peligrosa, cuando es producida de forma directa por el legislador bien por desconocimiento de lo que es y para que ha de utilizarse y servir una norma jurídica, y de los requisitos técnicos que debe reunir para cumplir sus funciones; bién, en los casos más graves, porque el legislador busca de forma intencionada la opacidad con el fin de hacer menos visibles a la generalidad de los ciudadanos sus propósitos fundamentales.

Un ejemplo de normas opacas por menos precios o desconocimiento de la técnica jurídica adecuada podemos encontrarlo en las normas que, dentro de la Ley del IRPF, regulan los incrementos y disminuciones patrimoniales.

Normas ininteligibles para la inmensa mayoría de los ciudadanos a quienes van dirigidas, pensadas más en función de sutilezas teóricas economicas o, qui-

14. Cfr. mi trabajo sobre este artículo en: *Comentarios a la L.G.T. y líneas para su reforma*, libro homenaje al Prof. Sainz de Bujanda, IEF, Madrid, 1991, pp. 265 y ss.

zás, incluso de exigencias de los procesos informáticos que las funciones esenciales de la norma y que en los ciudadanos a quienes va dirigida. Pues, no puede explicarse de otra forma la referencia en tales normas a datos (p. ej. rendimientos irregulares negativos del trabajo o del capital) que, dada la normativa sobre gastos e ingresos a aplicar no pueden en realidad, salvo en supuestos de laboratorio, producirse.

En el segundo grupo, de una opacidad buscada puede encuadrase, en mi opinión y dentro de los ejemplos que pueden considerar-se más llamativos, la LTP que, con el propósito proclamado de racionalizar y adecuar a la Constitución la regulación de las tasas y exacciones parafiscales, alienta y propugna en realidad la creación de exacciones y libera a tasas y exacciones de límites fundamentales impuestos por el principio de legalidad; ocultando esta sua verdadera intención en unos bienes renglones a los que se cubre con el resto de las normas contenidas en la Ley.[15] Y puede encuadrarse también en mi opinión en este grupo la prolija normativa que regula la AEAT en la que bajo una fraseología repetitiva y grandilocuente de servicio al Etado y al ciudadano se esconde en realidad, básicamente, un régimen de financiación de la Agencia y de las remuneraciones de los funcionarios a un servicio que escapa al régimen general de la Administración del Estado y de sus funcionarios.[16] A este grupo pertenecen, en fin, las también prolijas normas sobre participaciones ordinarias de las Comunidades Autónomas en tributos del Estado contenidas en la LOFCA[17] en las que la extensión de los artículos y la terminología tecnocrático-económica vacía de contenido que en ellas se emplea oculta en realidad que tal participación no esta regida por norma alguna y que se fija sobre la base de una libérrima negociación.[18]

La sencillez del sistema, por último, se ve especialmente dificultada por la inclusión, frecuente en las normas fiscales de "normas propaganda". Normas vacías de un contenido jurídico significativo, es decir, de innovaciones en el ordenamiento que las hagan realmente necesarios, que buscan fundamentalmente la propaganda política de la acción del gobierno que la envia para su aprobación al Congreso.

Así, p. ej., en los artt. 24.2 y 26 de la Ley del IRPF[19] se pone un especial énfasis, y se subraya, como didce el Preambulo de la Ley "la regulación de las retribuciones en especie, formula retributiva que está tomando un gran auge y que carecía de un marco normativo adecuado."

Ello justifica, a juicio del legislador de 1991, la substitución de la mención hecha a estas retribuciones en la lista ejemplificativa de rendimientos del trabajo del art. 14 de la Ley 44/78 por una definición fraccionada (en los artt. 24.2 y 26) de las retribuciones en especie y una lista ejemplificativa de notable extensión de ellas (art. 26).

Creo personalmente que esta mayor importancia concedida por la Ley 18/1991 a los rendimientos en especie busca más un efecto propaganda sobre

15. Cfr. Ley 8/1989 de 13 de abril, de Tasas y Precios Públicos; Cfr., mi trabajo, "Tasas y Precios públicos: la nueva para fiscalidad", en *Civitas REDF*, n. 64, 1989, pp. 485 y ss.

16. Cfr. mi "Nota sobre la Agencia Estatal de Administración Tributaria", en *Civitas REDF*, n. 71, 1991, pp. 401 ss.

17. Cfr. Ley Orgánica 8/1980, de 22 de septiembre, de financiación de las Comunidades Autónomas.

18. Cfr., sobre esta Ley, mi libro *La Hacienda de las Comunidades Autónomas en los diecisiete Estatutos de Autonomía* EAPC, Barcelona, pp. 207 ss.

19. Cfr. mi trabajo, "Rendimientos del Trabajo personal" en *Comentarios a la Ley del IRPF. Homenaje al Prof. Luis Mateo*, prox. ed.

la justa distribución del impuesto que la Ley dice pretender que un efecto real en esta justa distribución, dado el monto cuantitativo global de tales retribuciones y su posible reflejo en las sumas recaudadas. Para tales efectos reales, entiendo, bastaba la simple mención hecha por la Ley anterior.

Tal juicio aparece avalado por el hecho de que el gravamen de las retribuciones en especie, de escasísima importancia real, fué, en efecto, uno de los ejes de la campaña de presentación de la nueva Ley en los medios de comunicación. Con constantes, ya mi juicio demagógicas, alusiones a las retribuciones em especie de los altos ejecutivos que en realidad, al limitar su valor en el caso de viviendas al 10 por 100 de sus retribuciones, se regulan en forma regresiva.

Las "normas propaganda" nada añaden al contenido esencial de la Ley, por el contrario, las "normas propaganda" como las contenidas en los artt. 24.2 y 26 de la Ley 18/91 no hacen más que complicar el contenido de una Ley y contribuir a su más dificultosa comprensión por la inmensa mayoría de los ciudadanos a quienes va dirigida.

Las normas propaganda, las normas opacas, la minuciosidad excesiva, el excesivo uso del reenvio, las clausulas derogatorias insuficientes o confusas a las que nos hemos referido hasta aquí no son más que ejemplos de identificación y tratamiento de situaciones patológicas por desgracia harto frecuentes en las leyes tributarias tan alejadas, también con harta frecuencia, de la Ciencia y de la técnica jurídica general y tradicional.

Ejemplos de una línea de investigación que es necesario intensificar y promover entre los especialistas para que el Derecho financiero pueda concretar mejor sus exigencias de técnica jurídica al servicio de la claridad, la certeza y la seguridad; sin limitarse a decir, como sucede en general en la actualidad, que la Ley en cuestión en cada caso emplea una defectuosa técnica jurídica e no responde a las exigencias de tal técnica sin concretar nunca tales exigencias.

De una línea de investigación necesaria para que el especialista en Derecho Tributario pueda haver valer de forma más precisa, segura y exacta su oficio de jurista, señalando defectos concretos y soluciones reales a los problemas jurídicos que presentam las leyes fiscales.

Unas leyes que, en relación con el tema tratado en estas jornadas y como muestra de tales problemas, necesitan también ser obedientes al principio smithiano de certeza o, lo que es lo mismo, como ya hemos dicho muchas veces, en nuestro idioma jurídico común, al principio fundamental de la seguridad jurídica.

CADERNOS DE DIREITO TRIBUTÁRIO

IMUNIDADE TRIBUTÁRIA — ENTIDADES FECHADAS DE PREVIDÊNCIA PRIVADA (FUNDOS DE PENSÃO)

GILBERTO DE ULHÔA CANTO

1. A questão proposta. 2. Imunidade e isenção tributárias. 3. O conceito de instituição de assistência social para fins de aplicação do art. 19, III, "c", da Constituição Federal e do art. 14 do CTN: 3.1 Considerações preliminares; 3.2 Instituições assistenciais; 3.3 Gratuidade dos serviços; 3.4 Natureza pública dos serviços e sua ampla acessibilidade. 4. As entidades fechadas de previdência privada como instituições assistenciais.

1. A questão proposta

1.1 A Associação Brasileira das Entidades Fechadas de Previdência Privada (consulente) é uma sociedade civil de fins não lucrativos que congrega mais de 100 entidades fechadas de previdência privada, organizadas de acordo com a Lei n. 6.435, de 15.7.1977, e ulteriores modificações; foi organizada com o fim de (i) reunir, em torno de interesses a elas comuns, exclusivamente as entidades fechadas de previdência privada; (ii) promover a defesa dos interesses das suas associadas, junto aos órgãos da administração pública e instituições privadas; (iii) contribuir para a expansão, o fortalecimento e o aperfeiçoamento da previdência privada, seu sistema, sua estrutura e seus procedimentos; (iv) colaborar com o Poder Público em tudo que disser respeito à previdência privada, especialmente no que respeite à sua regulamentação e ao estabelecimento e à execução de políticas e diretrizes básicas quanto às suas atividades; (v) manter serviço especial de coleta, sistematização, divulgação e distribuição, às associadas, de informações, dados, trabalhos, estudos e documentos relacionados com seus objetivos, e (vi) organizar, promover ou realizar estudos, análises, pesquisas, cursos, congressos, simpósios ou outros conclaves sobre matéria relacionada com a previdência privada (estatutos, art. 1º).

1.2 No interesse das suas associadas (doravante referidas como Associadas), a consulente, atuando de conformidade com os seus fins estatutários, vem estudando as conseqüências do disposto no art. 6º e seus §§ do recente Decreto-lei n. 2.065, de 26.10.1983, que modifica normas da legislação anterior, com o propósito de submeter a imposto de renda na fonte os dividendos, juros e outros rendimentos de capital recebidos pelas entidades de previdência privada, esclarecendo ainda que dito imposto será devido exclusivamente na fonte, não gerando direito a restituição.

1.3 Como se sabe, as entidades fechadas de previdência privada foram, pelo § 3º do art. 39 da Lei n. 6.435/77, conceituadas como instituições assistenciais, beneficiadas, portanto, pela imunidade a qualquer imposto sobre seus patrimônios, rendas e serviços, observados os requisitos da lei (Constituição, art. 19, III, "c", e art. 14 do Código Tributário Nacional, Lei n. 5.172, de 25.10.1966), desde que (i) não distribuam qualquer parcela de seu patrimônio ou de suas rendas, a título de lucro ou participação no seu resultado; (ii) apliquem, integralmente, no País, os seus recursos na manutenção dos seus objetivos institucionais, e (iii) mantenham escrituração de suas receitas e despesas em livros revestidos de formalidades capazes de assegurar sua exatidão. O § 4º do art. 39 da Lei n. 6.435/77, também revogado pelo Decreto-lei n. 2.065/83, declarava que as entidades fechadas de previdência privada poderiam remunerar seus diretores, conselheiros de administração e fiscais sem prejuízo do benefício tributário referido no § 3º que o antecedia.

1.4 Em seus estudos sobre o problema, a Consulente concluiu que as Associadas gozam de imunidade e não de isenção fiscal, de sorte que as autoridades tributárias federais não poderiam recusar-se a reconhecer-lhes a continuação de tal benefício, mesmo com eventual apoio buscado em lei ordinária referente ao imposto sobre a renda, por se tratar de situação regida pela própria Constituição Federal, e pelo CTN, este, apenas para a enumeração dos requisitos que aquela lhe delegou competência para determinar. Sobre o acerto desse entendimento é solicitado meu parecer.

Parecer

2. Imunidade e isenção tributárias

2.1 A primeira questão a examinar é a da natureza jurídica das normas sobre imunidade e sobre isenção tributária, pois, ao dispor sobre a matéria, o Decreto-lei n. 2.065/83 tomou, como evidente pressuposto de sua própria legitimidade, que tais mudanças pudessem ser validamente por elas operadas, como se a situação das Associadas perante a tributação fosse a de beneficiárias de mera isenção. Portanto, é mister saber se tal tese é correta ou se, ao contrário, o que havia e ainda há é imunidade, e em o sendo, se ao legislador ordinário é lícito dispor sobre a matéria.

2.2 Houve época em que se empregaram no Brasil, correntemente, como sinônimos os vocábulos *imunidade* e *isenção*. A idéia de que em certas situações o legislador tributário deveria ser proibido de instituir impostos incidentes sobre determinadas pessoas, ou tendo por fato gerador determinados atos, fatos ou situações, começou a surgir e ser objeto de nutrida controvérsia nos Estados Unidos da América. Pela primeira vez, o problema lá surgiu tendo por objeto a cobrança, pelos estados da federação americana, de tributos a instrumentalidades da União Federal. Apesar da inexistência de regras constitucionais expressas sobre a matéria, a Suprema Corte dos Estados Unidos, sob a liderança genial de John Marshall, elaborou, desenvolveu e estabilizou a teoria das imunidades recíprocas, segundo a qual os entes públicos políticos não poderiam excercer sua competência impositiva para atingir outros entes públicos, fosse diretamente, ou através de suas instrumentalidades. O "leading case" na matéria é o conhecido dissídio entre *Marbury v. Madison*, em que o tribunal máximo daquele país repeliu a possibilidade da cobrança de impostos sobre um banco instituído pela União.

2.3 No Brasil, dada a sua natureza federativa "sui-generis", de estrutura política tripartida, de União, estados e municípios, o problema da imunidade recíproca teria de ser considerado com especial cuidado, pois os conflitos de pessoas jurídicas de direito público interno poderiam envolver três órbitas distintas de governos autônomos. Entretanto, não somente no caso de eventuais conflitos entre entes públicos de níveis distintos a idéia de imunidade tributária assumiu importância entre nós. Ainda pelo fato da tripartição de competência impositiva, passou a apresentar-se como relevante a disciplina desse poder em tais termos, que nem a União, nem os Estados ou os Municípios pudessem instituir e cobrar impostos a certas pessoas ou sobre certos atos, fatos ou situações, em que valores humanos relevantes pudessem ser afetados. Este é o caso de (i) templos de qualquer culto; (ii) patrimônio, renda ou serviços dos partidos políticos e de instituições de educação ou assistência social; e (iii) livro, jornal e periódicos bem como o papel destinado à sua impressão (Constituição, art. 19, III, "c" e "d"), em qualquer dos quais se torna patente que o objetivo foi assegurar liberdade ampla de culto, organização e funcionamento de partidos políticos e instituições educacionais e de assistência social, bens que ao Estado cabe tutelar, e a liberdade de manifestação escrita através da publicação de jornais, periódicos e livros.

2.4 Portanto, as regras que a Constituição Federal contém proibindo a instituição e a cobrança de tributos são sempre de imunidade. Não só as regras do art. 19, III, têm essa característica, muito embora elas sejam as únicas aplicáveis indistintamente a todos os entes públicos políticos; também são regras de imunidade as do art. 20, I e II, dirigidas apenas à União (proibição de tributos não uniformes em todo o território nacional, ou discriminatórios entre estados ou municípios, e dos que incidam sobre as obrigações da dívida pública estadual ou municipal e os proventos dos funcionários dos estados e municípios em níveis superiores aos da própria dívida e dos proventos dos funcionários federais), e as do item III do mesmo artigo, que veda aos estados, ao Distrito Federal e aos municípios estabelecer diferença tributária entre bens de qualquer natureza, em razão de procedência ou destino. De imunidade são, ainda, as regras do art. 21, § 6º., da Constituição, que veda a cobrança de imposto sobre a propriedade territorial rural em se tratando de glebas rurais de área não excedente a vinte e cinco hectares, quando cultivadas, só ou com sua família, pelo proprietário que não possua outro imóvel, e do § 3º. do art. 23, que exclui a incidência do imposto sobre a transmissão de bens imóveis nos casos de incorporação ao patrimônio de pessoa jurídica em realização de capital, e sobre a transmissão resultante de fusão, incorporação ou extinção de capital de pessoa jurídica.

2.5 Pode-se, pois, concluir que imunidade tributária é a proibição de instituição e cobrança de tributos a pessoas e/ou sobre atos, fatos ou situações, quando expressamente formulada na própria Constituição Federal. Como a competência impositiva decorre, sempre e necessariamente, da Constituição Federal, é evidente que as regras imunitórias se caracterizam como restrição à dita competência, que a União, os estados, o Distrito Federal e os municípios já recebem reduzida pela ablação que a própria Carta Magna faz ao outorgá-la. Somente a Constituição poderá conter regras de imunidade e somente por meio de emenda ao seu texto poderá ser suprimida regra de imunidade que dela conste.

2.6 As considerações que precedem traduzem, de modo muito sucinto, o estado atual do pensamento jurídico nacional, expresso em trabalhos doutrinários, de que constituem exemplos, entre outros, os seguintes estudos e pareceres: Yonne Dolácio de Oliveira, *Estudos Tributários*, Ed. Resenha Tributária, pp. 459 e ss., Elizabeth Nazar Carrazza, *Revista de Direito Tributário*, vol. 3 pp. 167 e ss., Carlos Medeiros Silva, *Revista de Direito Tributário*, vol. 94, pp. 350 e ss., Walter Barbosa Corrêa, *Revista de Direito Administrativo*, vol. 73, pp. 425 e ss., Lis Coli Cabral Nogueira, *Revista Forense*, vol. 249, pp. 133 e ss., Domingos Botallo e Marco Aurélio Greco, Sup. Trib. *LTr*, 1977, n. 24.77, pp. 151 e ss., Gaze Tufaile, id., 1979, n. 148-79, pp. 645 e ss., Aliomar Baleeiro, *Revista de Direito Tributário*, vol. 1, pp. 67 e ss., Pontes de Miranda, *Revista dos Tribunais*, vol. 301, pp. 50 e ss., Amilcar de Araújo Falcão, *Revista de Direito Administrativo*, vol. 66, pp. 367 e ss., Antonio Roberto Sampaio Dória, *Revista de Direito Tributário*, vol. 5, pp. 67 e ss., e eu próprio, *Revista de Direito Administrativo*, vol. 52, pp. 34 e ss.

2.7 Podendo produzir os mesmos efeitos financeiros e econômicos pelo menos enquanto durem, semelhantes são as regras legais da isenção tributária. Como as imunitórias, as isentivas excluem o ônus tributário. Muito se discutiu e ainda se discute a natureza intrínseca da isenção: se ela impede a ocorrência do próprio fato gerador do tributo, ou se apenas implica impedir o nascimento do crédito tributário que da obrigação teria resultado. Esta discussão, embora muito interessante do ponto de vista doutrinário, fica apenas mencionada de passagem, por não oferecer interesse prático para este parecer.

2.8 A isenção consiste na exclusão, por força de disposição de lei expedida pelo ente público dotado de competência impositiva, do fato gerador ou do decorrente crédito tributário, conforme a posição doutrinária que se deseje adotar na controvérsia antes referida. Trata-se, portanto, de opção do legislador ordinário ao qual o imposto compete, entre fazê-lo incidir, em relação a determinada pessoa, ou dispor que não incida.

2.9 Outra figura que pode levar a conseqüências econômico-financeiras idênticas às da isenção é a *não incidência*. Nesta o imposto não é devido porque a pessoa ou o ato, fato ou situação que a respectiva lei instituidora previu como necessário e suficiente à ocorrência do fato gerador está fora do conceito que deste a própria lei enuncia. Como não se trata de situação em que, segundo a lei, possa surgir a obrigação tributária, é óbvio que a inexigibilidade de imposto é uma conseqüência lógica dessa circunstância, não sendo necessário que se a declare de modo expresso.

2.10 Embora não seja rara em dispositivos de leis ordinárias sobre matéria tributária a confusão dos dois conceitos (de resto, também são ainda, por vezes, embaralhados os conceitos de *isenção e imunidade*), *isenção* é uma conseqüência da regra expressa que exclui imposto em relação a determinada pessoa ou hipótese objetiva, e *não incidência* é a inexistência de tributação por falta de norma legal impositiva abrangente da pessoa ou da hipótese objetiva, que a lei do tributo erigiu em seu fato gerador. Daí, a denominação que, para a isenção, certos autores preconizam, de *fato não gerador*, para marcar a figura com a sua característica distintiva fundamental da não incidência, que é a presença, na primeira, de uma regra positiva específica, enquanto que na segunda essa regra não existe, seja para definir fato gerador, seja para definir fato não gerador.

2.11 Dado que o auferimento de lucros pelas pessoas jurídicas é fato gerador do imposto de renda, quais as modalidades de normas legais que poderiam, em tese, assegurar para as Associadas regime especial que importe em não estarem elas sujeitas ao pagamento do referido imposto? Tais normas poderiam ser de duas ordens distintas: (i) dispositivo da Constituição Federal que as imunizasse e (ii) artigos da legislação específica do tributo assegurando-lhes isenção. À primeira vista, portanto, pode haver pessoas que, embora não cobertas pela imunidade — assim entendida a proibição constitucional de instituição e cobrança do tributo — gozem do favor de não terem de pagar o imposto, em virtude de isenção outorgada pelo legislador federal ordinário — competente para instituir o tributo — assim se entendendo disposição que exclui a ocorrência do fato gerador, ou do crédito tributário (conforme o entendimento doutrinário que se prefira adotar), quanto a pessoa, fato ou situação abrangida no campo impositivo.

2.12 Quando digo que assim é à primeira vista, o que tenho em mente é a possibilidade de se pretender afirmar que, no caso de entidades imunizadas pelas normas constitucionais pertinentes, as disposições da legislação federal ordinária sobre a matéria constituem a complementação das regras imunitórias que a própria Carta Magna delegou à lei formular, como condições que constituem o pressuposto do benefício. Essa postura equivaleria à sustentação da tese de que os requisitos mencionados na Constituição podem ser enunciados em lei ordinária, tese essa que repudio, pelos motivos que mais adiante serão expostos.

2.13 Diz a Constituição Federal:

"Art. 19. É vedado à União, aos Estados, ao Distrito Federal e aos Municípios:

"(...)

"III — instituir imposto sobre:

"(...)

c) o patrimônio, a renda ou os serviços dos partidos políticos e de instituições de educação ou de assistência social, observados os requisitos da lei;

"(...)

Como lei complementar da Constituição, o CTN sobre a matéria esclarece:

"Art. 14. O disposto na alínea "c" do inciso IV do art. 9º. é subordinado a observância dos seguintes requisitos pelas entidades nele referidas:

"I — não distribuírem qualquer parcela de seu patrimônio ou de suas rendas, a título de lucro ou participação no seu resultado;

"II — aplicarem integralmente, no País, os seus recursos na manutenção dos seus objetivos institucionais;

"III — manterem escrituração de suas receitas e despesas em livros revestidos de formalidades capazes de assegurar sua exatidão.

"§ 1º.. Na falta de cumprimento do disposto neste artigo, ou no § 1º. do art. 9º., a autoridade competente pode suspender a aplicação do benefício.

"§ 2º. Os serviços a que se refere a alínea "c" do inciso IV do art. 9º. são exclusivamente os diretamente relacionados com os objetivos institucionais das entidades de que trata este artigo, previstos nos respectivos estatutos ou atos constitutivos."

Por oportuno, esclareço que o "caput" do art. 9º. do próprio CTN, ao qual os textos acima transcritos fazem alusão, repete, em substância, o art. 19 da Constituição.

2.14 De outro lado, a legislação federal ordinária sobre o imposto de renda, hoje consolidada no atual regulamento (RIR) aprovado pelo Decreto n. 85.450, de 4.12.1980, dispõe:

"Art. 126. Não estão sujeitas ao imposto as instituições de educação e as de assistência social desde que:

"I — não distribuam qualquer parcela de seu patrimônio ou de suas rendas, a título de lucro ou de participação no resultado;

"II — apliquem seus recursos, integralmente, no País, na manutenção de seus objetivos institucionais;

"III — mantenham escrituração de suas receitas e despesas em livros revestidos de formalidades capazes de assegurar sua exatidão.

"§ 1º. O disposto neste artigo não exclui as atribuições, às entidades nele referidas, como responsáveis pelo imposto que lhes caiba reter na fonte e não as dispensa da prática de atos, previstos em lei, asseguratórios do cumprimento de obrigações tributárias por terceiros.

"§ 2º. Na falta de cumprimento do disposto neste artigo, a autoridade competente poderá suspender o benefício."

E, com específica aplicabilidade às Associadas:

"Art. 127. As entidades fechadas de previdência privada que observarem o disposto na Lei n. 6.435, de 15 de julho de 1977, são consideradas instituições de assistência social para os efeitos do artigo anterior.

"Parágrafo único. A isenção concedida às instituições de que trata este artigo não impede a remuneração de seus diretores e membros de conselhos consultivos, deliberativos, fiscais ou assemelhados, desde que o resultado do exercício, satisfeitas todas as condições legais e regulamentares no que se refere aos benefícios, seja destinado à constituição de uma reserva de contingência de benefícios e, se ainda houver sobra, a programas culturais e de assistência aos participantes, aprovados pelo órgão normativo do Sistema Nacional de Seguros Privados. No caso de acumulação de funções, a remuneração caberá a apenas uma delas, por opção."

2.15 Ao redigir o art. 126 acima transcrito, os autores da consolidação das normas em vigor tiveram o bom senso de não empregar o vocábulo *isenção*, simplesmente dizendo que as entidades às quais se referia "... Não estão sujeitas ao imposto ...", modalidade de ampla abrangência de quaisquer situações em que o imposto não seja devido, tanto em virtude de imunidade, de isenção ou de não-incidência. Houve, é certo, uma falha, na inserção do dispositivo no Capítulo III (do Subtítulo 1 do Título I), cuja designação genérica é *isenções*. Mas, no parágrafo único do art. 127 foram de rara infelicidade, ao tratar a hipótese do "caput" do dispositivo como sendo de isenção, coisa que não está dita nos textos da Lei n. 6.435/77 que estavam consolidando.

2.16 De fato, as matrizes legislativas do art. 127, são os §§ 3º e 4º do art. 39 da Lei n. 6.435/77, aos quais os dispositivos do RIR fazem remissão expressa. Eis como eram redigidos os dois parágrafos citados, na sua versão original:

"Art. 39. (...)

"§ 3º. As entidades fechadas são consideradas instituições de assistência social, para os efeitos da letra "c" do item III do artigo 19 da Constituição.

"§ 4º. Sem prejuízo do disposto no parágrafo anterior, as entidades fechadas poderão remunerar seus diretores e membros de conselhos deliberativos, fiscais e assemelhados, desde que respeitadas as exigências estabelecidas no artigo 23 e no parágrafo único do artigo 31".

Por oportuno, esclareço que as condições mencionadas no § 4º dizem respeito à observância de limites percentuais da receita de cada período.

2.17 É estranho que o legislador ordinário tenha considerado necessário e até oportuno declarar que as entidades fechadas de previdência privada que observem as normas da Lei n. 6.435/77 são consideradas instituições assistenciais, para os efeitos do disposto na letra "c" do item III do art. 19 da Constituição. Na verdade, o conceito de instituição de assistência social não deve ser buscado em norma de lei; ele já foi objeto de elaboração doutrinária e jurisprudencial —

como adiante se irá ver. Além disso, não caberia ao legislador ordinário criar conceitos próprios influentes sobre a configuração de determinadas entidades como sendo ou não sendo instituições assistenciais ou educacionais para efeitos de se enquadrarem na regra constitucional imunitória, sob pena de se facultar, aos entes públicos cuja competência impositiva a Carta Magna limitou a faculdade, minimizar, ou até eliminar totalmente o âmbito da imunidade.

2.18 E, se muito estranhável já era a formulação da lei n. 6.435/77, mais difíceis de admitir são as alterações que nela o Decreto-lei n. 2.065/83 introduziu. Ei-las:

"Art. 6º. As entidades de previdência privada referidas nas letras "a" do item I e "b" do item II do artigo 4º da Lei n. 6.435, de 15 de julho de 1977, estão isentas do imposto de renda de que trata o artigo 24 do Decreto-lei n. 1.967, de 23 de novembro de 1982.

"§ 1º. A isenção de que trata este artigo não se aplica ao imposto incidente na fonte sobre dividendos, juros e demais rendimentos de capital recebidos pelas referidas entidades.

"§ 2º. O imposto de que trata o parágrafo anterior será devido exclusivamente na fonte, não gerando direito a restituição.

"§ 3º. fica revogado o § 3º do artigo 39 da Lei n. 6.435, de 15 de julho de 1977."

A leitura dos dispositivos acima transcritos evidencia que eles padecem de, pelo menos, os seguintes graves vícios, que pressupõem concepções inteiramente equivocadas de quem os elaborou e converteu em lei: (i) que ao legislador ordinário assista competência para de qualquer forma interferir na qualificação dos requisitos aos quais se reporta o art. 19, III, "c" da Constituição Federal quando assegura imunidade às entidades que menciona; (ii) que ao legislador ordinário caiba o poder de converter em isenção o que constitucionalmente foi definido como imunidade; (iii) que o legislador tributário possa declarar a irrestituibilidade de imposto, pois só se restitui o que tiver sido indevidamente pago, e, se se provar que algum imposto foi indevidamente pago, a sua restituição é assegurada, pelo art. 166 do CTN, sob as únicas ressalvas que ele mesmo formula. Trata-se, portanto, de um conjunto de normas que não faz honra a quem as concebeu, revelando, de modo afrontoso, total descaso pela ordem jurídica que ao Poder Público cabe, precipuamente, o dever de preservar.

2.19 Imunidade não é alterável, suprimível ou redutível por lei ordinária. Decorre de comando constitucional. Isenção, sim. O legislador ordinário que cria o tributo pode dizer em que casos este não é devido. O legislador ordinário não pode pretender a inclusão, no campo da isenção, de hipóteses natural e substantivamente cobertas por normas imunitórias. Se o fizer, estará legislando em vão. Em seu parecer citado no item *2.6* retro, Pontes de Miranda mostra que as esferas de abrangência própria da imunidade e da isenção não se confundem; eis a sua demonstração, que, por ser muito expressiva, vale ser transcrita na íntegra:

"Tal coincidência entre as duas regras jurídicas pode não ocorrer, e temos seis espécies, em dois grupos.

"I — a) *Regra jurídica de isenção anterior à regra jurídica de imunidade.* Se a regra jurídica de isenção precedeu à de imunidade, sendo de extensão precisamente a mesma, a regra jurídica, que era de isenção, se faz regra jurídica de imunidade. b) Se a regra jurídica de isenção precedeu à de imunidade e era de maior extensão (= abrangia maior número de pessoas, ou de bens), no que concernia às pessoas, ou aos bens, que continuam atingidos pela nova regra jurídica, de imunidade, a regra jurídica de isenção foi substituída pela de imunidade; no que concernia a pessoas, ou a bens, que a regra jurídica de imunidade não apanha, a regra jurídica de isenção continua, como regra jurídica de isenção, que é, enquanto não se ab-roga, ou derroga. c) Se a regra jurídica de isenção precedeu à de imunidade, e era de menor extensão (= abrangia menor número de pessoas, ou de bens, que a regra jurídica de imunidade), está ab-rogada pela nova lei, que imunizou mais pessoas, ou mais bens, do que as pessoas que estavam, ou do que os bens que estavam, pela lei anterior, isentos.

"II — *Regra jurídica de isenção posterior à regra jurídica de imunidade.* a) Se a regra jurídica de imunidade é anterior à de isenção, e a extensão é a mesma, há simples erro de terminologia na "lex posterior". b) Se a regra jurídica de imunidade é anterior à de isenção, e a extensão dessa, quanto às pessoas, ou aos bens, é menor, essa derrogaria, fazendo de isenção ("minus"), a regra jurídica que era de imunidade, se essa não fosse de sistema jurídico superior, ou de ramo de direito superior (direito das gentes, direito constitucional): sendo-o (a nova regra jurídica, que é de isenção ("minus"), patenteia-se contrária ao sistema jurídico superior (direito das gentes), ou ao ramo de direito superior (direito constitucional). c) Se a regra jurídica de imunidade é anterior à de isenção, e a extensão dessa, quanto às pessoas, ou aos bens, é maior, a regra jurídica de isenção continua de incidir, como tal, no que a sua extensão excede à da regra jurídica anterior: há erro de terminologia somente quanto à parte do "bis in idem" " (os grifos são do original).

2.20 Somente lei complementar pode qualificar, esclarecer as disposições constitucionais sobre imunidade tributária, ou estabelecer os requisitos que a letra "c" do item III do art. 19 da Carta Magna comete ao legislador o encargo de definir, como condição de prevalência do benefício que assegura. Do art. 2º, IV, "c" da Emenda Constitucional n. 18, de 1.12.1965, constava expressa alusão à observância de "... requisitos fixados em lei complementar;" Infelizmente, ao cuidar da matéria, na letra "c" do item III do art. 20, a Constituição Federal de 1967, excluiu a menção que a Emenda n. 18/65 fazia a "lei complementar", dizendo apenas "... observados os requisitos fixados em lei."

2.21 Dessa alteração já se tentou tirar argumento para apoio da tese segundo a qual deixou de ser privativo de lei complementar a enunciação dos requisitos mencionados na própria Constituição. Desde logo essa teoria se evidencia equivocada. Se ela prevalecesse, a imunidade constitucional desapareceria, pois estaria ao alcance do legislador tributário federal, estadual ou municipal estabelecer requisitos inatingíveis ou de difícil observância pelas destinatárias da norma constitucional, frustrando os propósitos que estas perseguem. Quando eu tachei de infeliz a alteração feita em 1967, nem de longe me ocorreu admitir que ela tivesse o efeito de entregar a sorte das instituições assistenciais ou educacionais ao arbítrio do legislador ordinário. De fato, no seu art. 19, § 1º (que no texto hoje vigente é art. 18, § 1º, com pequenas alterações só redacionais), a mesma Carta de 1967 disse:

"Art. 19. (...)

"§ 1º. Lei complementar estabelecerá normas gerais de direito tributário, disporá sobre os conflitos de competência tributária entre a União, os Estados, o Distrito Federal e os Municípios, e *regulará as limitações constitucionais ao poder tributário.*"

2.22 Portanto, a supressão, na Carta de 1967, da palavra *complementar* como qualificativa da lei que deveria estabelecer os requisitos a serem observados pelas instituições de assistência social, para poderem gozar da imunidade tribu-

——

tária, não importou em transferir tal competência ao legislador ordinário. Pode-se até supor que a omissão do qualificativo *complementar* teria sido intencional, na medida em que, no mesmo passo, os autores da Constituição de 1967 incluíram no seu texto o § 1º do art. 19, que atribui à lei complementar competência para dispor sobre as matérias ali mencionadas. Essa atribuição é excludente de qualquer outra lei que não a complementar, de sorte que a lei tributária (da União, dos estados ou dos municípios) não poderia, jamais, estabelecer requisitos condicionantes da aplicação de normas limitativas da competência tributária, justamente um dos setores reservados à disciplina por lei complementar.

2. 23 Se uma entidade (i) for definível como instituição de assistência social; (ii) não distribuir qualquer parcela do seu patrimônio ou de suas rendas, a título de lucro ou participação no seu resultado; (iii) aplicar, integralmente, no País, os seus recursos na manutenção dos seus objetivos institucionais e (iv) mantiver escrituração de suas receitas e despesas em livros revestidos de formalidades capazes de assegurar sua exatidão, é fora de qualquer contestação provida do mais remoto fundamento jurídico que ela goza de imunidade a qualquer imposto, federal, estadual ou municipal, que incida sobre o respectivo patrimônio, sua renda ou os serviços que preste.

2.24 A hipótese será de imunidade, não de isenção. Logo, somente novos dispositivos constitucionais ou de lei complementar poderiam alterar a situação, no primeiro caso, se, por exemplo, se excluísse o benefício para as instituições assistenciais e se o mantivesse só para as educacionais ou se substituíssem as primeiras pelas associações esportivas, ou, ainda, na segunda hipótese, se nova lei complementar aduzisse, aos requisitos previstos no art. 14 do CTN, outros, que determinada instituição não pudesse ou não desejasse atender. Mas a lei ordinária jamais poderia condicionar a imunidade à observância de qualquer condição ou mesmo explicitar requisitos sobre a matéria, que foi expressa, clara e taxativamente, reservada àquela outra espécie de ato legislativo.

2.25 Na sua preponderante maioria, os autores que se pronunciaram sobre a questão coincidem no entendimento de que só a lei complementar pode estabelecer os requisitos a que o art. 19, III, "c" da Constituição Federal se refere. Dentre eles, podem ser citados, além de outros, os seguintes: Yonne Dolácio de Oliveira (ob. cit., em *2.6.* retro, pp. 469 e ss.), Lis Coli Cabral Nogueira (ob. cit. em *2.6.* retro, p. 136), Rubens Gomes de Souza, Souto Borges e Bernardo Ribeiro de Moraes (notas taquigráficas de aula e debates em curso de extensão universitária professado na PUC de São Paulo, editadas pela Resenha Tributária sob o título *Questões Tributárias*, em 1975, pp. 38 e ss.). Aparentemente, só Aliomar Baleeiro e Manoel Gonçalves Filho têm outra opinião (Yonne Dolácio de Oliveira, ob. cit. p. 469). Entretanto, um exame mais detido dos comentários de Ferreira Filho (*Comentários à Constituição Brasileira*, Ed. Saraiva, 1983, p. 154) sugere que sua opinião sobre o problema não é no sentido de que a lei ordinária pode fixar requisitos para o gozo da imunidade; pode tão somente dispor sobre aspectos configuradores do que sejam instituições educacionais e de ensino. Com efeito, veja-se o seguinte trecho: "A imunidade em benefício de instituições educativas e assistenciais é que é vinculada a requisitos ou condições. A razão disto é simples. O partido, como pessoa de direito público que é, somente adquire essa personalidade observados rigorosos requisitos e está sujeito a uma fiscalização financeira (vide, infra, art. 152, IV). As instituições educativas e assistenciais são meras pessoas de direito privado, criadas pela iniciativa particular e ao sabor desta. Seria plausível, por isso, que servissem de capa, cobrindo interesses egoísticos que, assim, se beneficiariam da imunidade no tocante a impostos'' (ob. e p. citadas).

2.26 A colocação que parece defluir das palavras de Ferreira Filho acima transcritas coincide com a do Ministro Soares Muñoz, relator do Recurso Extraordinário 93.770, julgado em 17.3.1981 (*Revista Trimestral de Jurisprudência*, vol. 102, pp. 304 e ss.), no que respeita a matéria que o art. 19, III, ''c'' da Constituição Federal remeteu à lei o encargo de explicitar; eis as suas considerações a respeito:

''Esse Decreto-lei, anterior à Constituição Federal em vigor, não pode, no particular, ser aplicado, porque ele impõe à imunidade, a qual não se confunde com isenção, uma restrição que não está no texto constitucional. Os requisitos da lei que o art. 19, III, ''c'', da Constituição manda observar não dizem respeito à configuração da imunidade, mas àquelas normas reguladoras da constituição e funcionamento da entidade imune, tal como salientou a sentença de primeiro grau.

''Cumpre evitar-se que falsas instituições de assistência e educação sejam favorecidas pela imunidade. É para evitar fraude que a Constituição determina sejam observados os requisitos da lei.

''Condiz com esse entendimento a interpretação dada por Manoel Gonçalves Ferreira Filho ao preceito constitucional. Escreve ele: ''As instituições educativas e assistenciais são meras pessoas de direito privado, criadas pela iniciativa particular e ao sabor desta. Seria plausível, por isso, que servissem de capa, cobrindo interesses egoísticos que, assim, se beneficiariam da imunidade no tocante a impostos'' (in *Comentários à Constituição Brasileira*, vol. 1º, p. 150).''

2.27 Entretanto, o entendimento que prevalece de modo absolutamente tranqüilo na jurisprudência dos tribunais é o de que a lei ordinária não pode reduzir o âmbito das normas imunitórias da Constituição Federal e, quando for o caso (e é o caso sob exame), também da legislação complementar que as implementem e completem. Nesse sentido, acórdão proferido pelo Tribunal de Justiça do Estado do Rio de Janeiro, em 26.12.1972, no Agravo de Petição n. 25.508 (*Diário Oficial*, seção III, de 9.8.1973, p. 348), cuja ementa é a seguinte: ''A lei citada não exige que a instituição seja desinteressada ou somente preste serviços gratuitos. Exige, simplesmente, que ela não distribua qualquer parcela de seu patrimônio ou de suas rendas, a título de lucros ou participação no seu resultado. Assim, os seus serviços prestados com remuneração sob qualquer forma, não a fazem perder o direito à imunidade fiscal, ainda que lhe proporcionem lucros e a tornem patrimonialmente próspera. A referida lei também não exige o requisito de não ser remunerada a diretoria da instituição e, dado o seu caráter de lei complementar à Constituição Federal, regulando, neste ponto, a imunidade nesta concedida, não pode sofrer modificações por lei estadual que o exija.''

2.28 De resto, a jurisprudência do Supremo Tribunal Federal sobre os vários problemas suscitados a respeito da imunidade tribuária das instituições de assistência social e de educação sempre consideram como ponto tranqüilo que os requisitos referidos no art. 19, III, ''c'' da Constituição Federal devem ser estabelecidos por lei complementar, equacionando as questões discutidas como necessariamente enquadradas no CTN. Basta rever os acórdãos proferidos nos Recursos Extraordinários 63.411 (*Revista de Direito Público*, vol. 28, pp. 195 e ss.), 70.834 (*Revista de Direito Administrativo*, vol. 114, pp. 130 e segs.), 89.012 (*Revista Trimestral de Jurisprudência*, vol. 87, p. 684), 81.453 (id., vol. 86, pp. 152 e ss.), 52.461 (id., vol. 46, pp. 604

e ss.), 74.792 (id., vol 28, pp. 181 e ss.), RE 76.297 (id., vol. 68, pp. 561 e ss.), 58.691 (id., vol. 38, pp. 182 e ss.) e 70.541 (id., vol. 57, pp. 274 e ss.).

2.29 Bastaria, pois, dos requisitos referidos em *2.23* retro, definir as Associadas como sendo instituições de assistência social, na vigência dos §§ 3º e 4º do art. 39 da Lei n. 6.435/77 e após as alterações neles feitas pelo art. 6º e seus §§ do Decreto-lei n. 2.065/83, já que o atendimento dos requisitos mencionados em (ii) (iii) e (iv) do mesmo item dizem respeito à apuração de matéria de fato, cuja integral conformação com as normas legais em que eles se embasam (CTN, art. 14), tomo como pressuposto; e, depois disso, apurar se o imposto que, a prevalecerem as novas normas do Decreto-lei n. 2.065/83 teria passado a ser exigível das Associadas, está compreendido no campo que a Constituição Federal imunizou. É o que passo a fazer.

3. O conceito de instituição de assistência social para fins de aplicação do art. 19, III, "c", da Constituição Federal e do art. 14 do CTN

3.1 Considerações premilinares

3.1.1 Muito se pode elaborar sobre o conceito de instituição. No plano jurídico geral, o vocábulo pode ter diferentes acepções. É empregado para exprimir o ato de instituir e o resultado desse ato, característica comum a vários substantivos; pode descrever coisa abstrata — uma qualidade, um princípio ou tradição, como quando se diz que a prática do voto é uma instituição democrática — ou coisa concreta — é o caso quando se fala que a Bolsa de Valores é uma instituição indispensável aos negócios com valores mobiliários. Embora ninguém duvide de que a palavra *instituição*, empregada nos dispositivos constitucionais e do CTN anteriormente mencionados, se refere a entidade personalizada, divergem os autores quanto a saber se ela aí está no seu sentido técnico-jurídico ou em sentido corrente. Outros aspectos a cujo respeito alguns juristas têm discorrido amplamente são relativos às características que no seu sentido técnico-jurídico o vocábulo pode ter e qual o tipo de entes a que ele se aplica.

3.1.2 A noção de assistencialidade é igualmente controvetida e a sua abrangência para efeitos do tratamento imunizante comporta ampla análise. Será que ela se liga casualmente ao exercício de função pública, ou pelo menos de utilidade pública? Terá de circunscrever-se apenas às entidades que atendem indistintamente quaisquer pessoas do público em geral, ou abrange também aquelas que se limitam a prestar serviços a determinadas pessoas? O atendimento terá de ser gratuito? Terá de assumir alguma forma jurídica determinada? Vejamos, a respeito dessas questões, como se orienta o direito brasileiro.

3.2 Instituições assistenciais

3.2.1 Quem mais aprofundou o estudo do conceito de instituição de assistência social, com vistas ao esclarecimento da latitude da imunidade tributária de que goza, foi Leopoldo Braga (*Revista de Direito da Procuradoria Geral*, n. 21, pp. 21 e ss.). Embora eu não concorde com algumas de suas conclusões, sempre rendo preito ao ilustre especialista, a cujo trabalho passo a reportar-me. Para ele, a palavra *instituição* foi empregada pelo constituinte de 1967 (seu artigo foi publicado em 1969, mas antes da Emenda n. 1, desse ano) em sentido técnico-jurídico próprio do vocabulário do direito administrativo. Portanto, a idéia que desde logo vem à mente do intérprete é associar a palavra às pessoas jurídicas conhecidas como *fundações*, já que estas, e somente estas, se *instituem*, e todas as demais pessoas jurídicas, como as associações, sociedades, *corporações*, são *constituídas*.

3.2.2 Mas o próprio autor observa que essa tendência para assemelhar figuras sob um conceito comum deixou de prevalecer, na medida em que a idéia de *fundação* ficou restrita às hiposes de personificação de um patrimônio afetado a um certo fim pela vontade do *fundador*, e a de *instituição* evoluiu e chegou a abranger certas *corporações* ou *associações* de iniciativa privada ou de capital estatal, criadas para fins específicos de interesse público, o que vale por dizer que visando ao bem de todos. Uma distinção útil ao adequado entendimento do que se deve considerar *instituição* para fins da imunidade constitucional seria, para Leopoldo Braga, baseada na natureza do interesse perseguido pelos criadores da entidade: as *associações* ou *corporações*, como as empresas em geral, são organizadas com o propósito de servir aos interesses materiais de seus criadores, ao passo que as *instituições* se caracterizam pela inexistência desse tipo de interesse por parte do(s) instituidor(es), destinando-se antes à colimação de finalidades do interesse de terceiros ou ao desempenho, complementar ou substitutivo, de funções que na sua essência são próprias do Estado.

3.2.3 Depois de tecer amplas considerações sobre os mais variados aspectos do problema e compendiar opiniões de muitos autores nacionais e estrangeiros, Leopoldo Braga faz a seguinte enumeração de algumas características diferenciais das *corporações* e das *instituições*: (i) as *corporações* são constituídas pelo grupo dos interessados nos seus resultados, ao passo que as *instituições* não os incluem necessariamente nos seus corpos deliberativos; (ii) as *corporações* têm como objetivo interesses próprios dos seus associados, ao passo que os fins colimados pelas *instituições* se inserem no plano dos interesses de terceiros, não sócios; (iii) as *corporações* são providas de recursos financeiros fornecidos pelos sócios, em cujo interesse ela atua, ao passo que as *instituições* têm os seus recursos supridos pelos instituidores, para o atingimento dos objetivos de interesse de outros; (iv) as *corporações* se constituem e extinguem pela exclusiva vontade de seus criadores, e as *instituições* não.

3.2.4 A síntese feita no item que precede é útil para ilustrar alguns aspectos relevantes da matéria. Em realidade, nem todos os elementos diferenciais apontados têm importância para o discrime das duas figuras. Por exemplo, o assinalado como (i) é expressivo, mas deve ser atenuado para comportar os casos de verdadeiras *instituições* formadas também por pessoas às quais elas irão beneficiar, como se dá com as entidades fechadas de previdência privada nas quais os participantes sejam associados. O mesmo caberia observar quanto à diferencial marcada como (ii). Também há que ponderar, quanto à (iii), que as entidades fechadas de previdência privada do tipo *contributório* (aquelas em que os beneficiados também contribuem para o custeio da entidade e a efetivação dos seus planos) têm recursos aportados por mantenedores e beneficiários, o que não lhes tira o caráter de *instituições*. E, quanto à diferencial (iv), ela parece muito influenciada pela idéia incorreta de que as *instituições* sejam sempre fundações.

3.2.5 Verifica-se, portanto, que após a introdução de temperamentos na enunciação dos critérios distintivos constantes do item *3.2.3* retro, pode-se tomar de cada um deles alguma coisa para afirmar, tentativamente, que aquilo que verdadeiramente conta para que em determinada situação se tenha presente uma instituição de assistência social para os fins de lhe ser reconhecida a imunidade assegurada no art. 19, III, "c" da Constituição Federal, é um conjunto de elementos, como sejam (i) que se trate de entidade sem finalidade de lucro, (ii) que prestem serviços de interesse coletivo,

(iii) de tal natureza, que o Estado seja responsável pela sua prestação ou nela a coletividade tenha grande interesse, (iv) que os serviços não sejam prestados apenas aos que a instituíram, muito embora não se exija que eles estejam ao alcance de toda a população, indistintamente considerada.

3.2.6 Yonne Dolácio de Oliveira (ob. cit. em *2.6* retro, pp. 477 e ss.) adota uma posição pragmática diante do problema de definir o que seja instituição de assistência social para o gozo da imunidade constitucional. Recordando que o benefício é outorgado em função da relevância que elas apresentam na preservação de valores essenciais do Homem, pondera que o fator relevante na definição da natureza das entidades que pressupostamente se encontram aparelhadas para adequadamente cumprir esse propósito é exatamente o caráter desse propósito. No plano fático do conceito, o que se quer é que haja uma instituição desinteressada, sem intuito de lucro, e não uma empresa de fins econômicos; e, no plano valorativo, estão os fins perseguidos. Não é mister que se trate de entidade declarada de utilidade pública, como já se pretendeu; basta que atenda aos requisitos enumerados no art. 14 do CTN.

3.2.7 Elizabeth Nazar Carrazza (ob. cit. em *2.6* retro, pp. 169 e ss.), embora examinando a situação específica de instituição educacional, teceu considerações amplamente aplicáveis ao caso. Para ela o vocábulo *instituição* não foi utilizado no texto constitucional no seu sentido técnico-jurídico. Portanto, não é necessário que as entidades atendam a requisitos outros que não os taxativamente previstos no CTN. O que se quer, quanto às suas finalidades, é que ela atenda ao interesse coletivo, suprindo ou complementando atividades próprias do Estado.

3.2.8 Francisco Campos (*Revista de Direito Administrativo*, vol. 31, pp. 448 e ss.) também é de opinião que a palavra *instituição* deve ser entendida em sentido amplo, abrangente de qualquer espécie e variedade de forma jurídica de que venha a revestir-se a organização das atividades humanas para o fim de unificar, pelo objeto ou pela finalidade, os processos de formação da vontade dos entes coletivos.

3.2.9 Um aspecto devidamente analisado por Leopoldo Braga é o do conceito de *assistência social*, com vistas à inclusão das entidades previdenciárias. Há quem suponha que *assistência social* é apenas a atividade, ou o seu resultado, que se revista de caráter de beneficência, caridade ou benemerência puramente esmoler. Assim não é. Di-lo, muito bem, o autor citado: ''*A previdência social* é, hoje, universalmente considerada uma forma, uma modalidade, quiçá a mais importante, da *assistência social*; é a *assistência social preventiva.* Reconhecem-no os mais categorizados juristas pátrios e comentaristas de nossa Constituição. Daí haver explicado Themistocles Cavalcanti que ''um dos pontos fundamentais da *assistência social* é a organização de instituições de *seguro e previdência social*'' (*Tratado de Direito Administrativo*, vol. I, p. 253).

Outrossim, Carlos Maximiliano, em seu comentário ao texto do art. 31, inciso V, alínea ''b'', da Carta de 1946, assim diz:

''Compreendem-se na regalia as Santas Casas de Misericórdia, *Caixas de aposentadoria e pensões*, sociedades de beneficência ou de auxílios mútuos; bem como as propagadoras ou cultoras de ciências, letras e artes e coletividades congêneres'' (*Comentários à Constituição Brasileira*, 5ª ed., 1954, vol. I, p. 387).

Por sua vez, Pontes de Miranda arrola e indica entre as *entidades imunes de impostos* ... ''as *caixas de pensões* estabelecidas pela legislação social'' (*Comentários à Constituição de 1946*, 3ª ed., 1960, tomo II, p. 281).

3.2.10 Continuando, segundo o seu estilo esperado, sempre rico em subsídios de direito comparado, Leopoldo Braga cita trechos dos seguintes autores de outros países:

3.2.10.1 García Oviedo (*Derecho Administrativo*, 3ª ed. Madrid, 1951), que distingue duas nítidas modalidades do que englobadamente chama "La Beneficencia", esclarecendo:

"Cerca de ésta puede actuar el Poder Público de dos maneras: *preventiva o represiva*. Por aquélla pretende *prevenirla* y, en lo posible, evitarla, mediante las instituciones oportunas. Tal ocurre con las *instituciones del Derecho social* (indemnización de accidentes, mutualidades, seguros sociales, salarios justos, cooperativas, viviendas económicas, etc.). Por la segunda — y ya planteado el caso de necesidad extrema — proporciona el Estado los oportunos remedios, mediante las llamadas *instituciones benéficas*.

"(...)

"Sería un ideal que llegase um día en que la beneficencia cediese paso total a la previsión, actuando ésta con tal intensidad y extensión que pudiese prevenir toda situación de indigencia sobre la cual la beneficencia opera" (pp. 163 e 164).

3.2.10.2 Aldo Sandulli (*Manuale di Diritto Amministrativo*, Napoli, 1852, (pp. 366, 368 e 369):

"Nella prima di tali forme predomina ... l'intento della liberalità.

"(...)

"Nella forma dell'assistenza in senso stretto invece non predomina l'intento caritativo: l'assistenza non ha altro fine che il benessere delle categorie meno agiate.

"(...)

"A differenza che per la beneficenza e per l'*assistenza* in senso stretto, il fenomeno della *previdenza sociale* è caratterizzato dal fatto che gli stessi aventi diritto all'assistenza — o altri per loro — partecipano a constituire i fondi coi quali si dovrà po provvedere in caso di necessità alla loro assistenza."

3.2.10.3 Signorelli (*Nuovo Digesto Italiano*, 1939, vol. IX, p. 117): "Ocorre, altresì, distinguere tra prestazioni aventi per oggetto um bisogno *attuale*, ovvero un bisogno *eventuale*; quindi, *beneficenza riparativa e beneficenza preventiva*. Appartengono al primo genere i soccorsi elemosinieri, il ricovero degli infermi e degli accattoni, ecc.; al secondo, invece, tutti i fini più propriamente di assistenza, ispirati al criterio di difesa e miglioramento dalla colletività, quali quelli di educazione, avviamento al lavoro, arte e mestiere, credito, risparmio, *previdenza*, mutuo soccorso, ecc." (grifos do original)

3.2.10.4 Fritz Fleiner (*Instituciones de Derecho Administrativo*, trad. espanhola de Sabino Alvarez Gendin, Barcelona, 1933, p. 261): "El seguro obrero oficial es un acto de *asistencia* del Estado en favor de los ciudadanos".

3.2.10.5 Usinger (*Fines del Estado*, Rosario, 1958, (pp. 381-382) no capítulo designado "El fin de asistencia social" diz que: "... también encara la *previsión* social, la tutela del débil, la proteción del anciano y al inválido y a la lucha contra el pauperismo".

3.2.11 Leopoldo Braga encerra sua demonstração dizendo: "Vale recordar que, concretizando a aspiração contida no Ponto 5º da famosa *Carta do Atlântico*, a *Declaração de Santiago*, elaborada e adotada sob o n. 1 na *Primeira Conferência Panamericana de Segurança Social*, reunida em Santiago do Chile, de 10 a 16 de setembro de 1942, entre diversas outras resoluções, recomendou aos governos das nações americanas "*a unificação ou coordenação da assistência social com o seguro social* ("Rumbos para la Seguridad Social — Cuadernos n. 9 —

Conferencia Interamericana de Seguridad Social — Secretaria General, México, 1953, (p. 31)".

3.2.12 Além dos autores que Leopoldo Braga menciona, é interessante lembrar ainda as seguintes palavras de Ugo M. Colombo (*Enciclopedia del Diritto*, Ed. Giuffrè, Milano, 1958, verbete "Assistenza", (pp. 754): "L'orientamento prevalente oggi tra gli studiosi di scienza politica nel senso di considerare l'assistenza come parte di un più vasto sistema: quello della sicurezza o protezione sociale (v. la voce *previdenza sociale*). L'assistenza comprenderebbe le attività volte a prestare agli aventi ragione mezzi idonei per soddisfare il minimo di esigenza vitale, e per difenderli contro i principali rischi dai quali possono esser colpiti nella loro vita sociale. L'assistenza è dunque una delle componenti del sistema della sicurezza sociale, che ha con le altre stretti rapporti di interdependenza".

E o conceito de *assistência social* que consta do *Diccionario de Derecho Usual* de Guillermo Gabanellas, Ed. Arayú, Buenos Aires, 1953: "(...) Ademas de la ya señalada clasificación de la "asistencia social" en "pública, privada y mixta", se divide también esta institución, por su finalidad, en "preventiva" y "curativa". Al primer grupo corresponden los seguro sociales, la organización de la pequena propriedad, el salario mínimo, el ahorro y la lucha contra el alcoholismo que se proponen evitar los grandes males sociales; en cambio, son "curativas" las indemnizaciones por desocupación, por accidentes del trabajo, invalidez o vejez y, por muerte del cabeza de familia, a los que dependían económicamente de el; con todo lo cual se trata de disminuir los efectos de los males sociales una vez producidos".

3.3 Gratuidade dos serviços

3.3.1 Tem-se pretendido que os serviços que uma instituição de assistência social presta devem ser gratuitos, para que ela se beneficie de imunidade. Trata-se de equívoco evidente, ao que tudo indica, fruto de confusão com o requisito da inexistência de intuito de lucro.

3.3.2 Que as instituições assistenciais podem ter rendas é claro, não só porque a própria Constituição as imuniza dos correspondentes impostos, como porque os requisitos constantes dos itens I e II do art. 14 do CTN pressupõem que haja receita e resultados, tanto que o primeiro deles veda sua distribuição e o segundo exige a sua aplicação integral no Brasil e na manutenção dos seus objetivos institucionais.

3.3.3 As instituições de assistência social não perdem o benefício da imunidade somente porque cobrem pelos serviços prestados. É normal e compatível com sua vocação que elas cobrem menos do que as entidades que perseguem fins lucrativos, mas nem isso é relevante. Nos Estados Unidos, onde proliferam as instituições "pro bono" de todos os objetivos e propósitos, é corrente o jargão que denomina "non-profit" aquelas que nada cobram pelos serviços que prestam e "not-for-profit" as que cobram aos beneficiados pelos seus serviços, mas, não tendo objetivo interesseiro, aplicam tudo que sobra após o custeio das próprias atividades em expandir instalações, ampliar a faixa de prestações de serviços e de algum outro modo reforçar as possibilidades de melhor cumprirem seus propósitos.

3.3.4 Assim, por não estar prevista como requisito necessário — e ser até incompatível com os próprios textos da Constituição e do CTN sobre a matéria —, a gratuidade dos serviços que prestam não é necessária para que alguma instituição de educação ou de assistência social possa beneficiar-se da imunidade. A razão pela qual se assegura, mesmo a entidades que cobram pelo ensino que ministram ou pela assistência social que prestam, é, para Aliomar Baleeiro (*Di-*

reito Tributário Brasileiro, Ed. Forense, 1981, p. 108), evitar que os seus recursos sejam desfalcados por imposições do Estado, com o efeito redutor do alcance da função social que desempenham. No mesmo sentido é o entendimento de Yonne Dolácio de Oliveira (ob. cit. em *2.6* retro, pp. 481 e ss.), Elizabeth Nazar Carrazza (ob. cit. em *2.6* retro, p. 169) e do próprio Leopoldo Braga (ob. cit. em *3.2.1* retro).

3.3.5 É pacífico na jurisprudência do Supremo Tribunal Federal que a gratuidade dos serviços prestados não é nem requisito, expresso ou implícito, nem pressuposto conceitual, do gozo da imunidade. Consultem-se, em abono do que afirmo, os acórdãos proferidos nos seguintes processos, em que se discutiu a situação de instituições de educação ou de assistência social: Recurso Extraordinário 93.463, 16.4.1982 (*Revista Trimestral de Jurisprudência*, vol. 101, p. 82), Recurso Extraordinário 89.012, 14.4. 1978 (id., vol. 87, p. 684), Recurso Extraordinário 74.792, 15.5.1973 (*Revista de Direito Público*, vol. 28, p. 181), Recurso Extraordinário 70.541, 23.3.1971 (*Revista Trimestral de Jurisprudência*, vol. 57, p. 274) e Recurso Extraordinário 58.691 (id., vol. 38, p. 182).

3.4 Natureza pública dos serviços e sua ampla acessibilidade

3.4.1 Já comentei a questão, suscitada por certos autores, de ser ou não ser necessário, para que haja imunidade tributária, que os serviços prestados pela instituição assistencial tenham natureza pública, ou sejam inerentes à função estatal. Essa idéia deriva, naturalmente, do entendimento de que as atividades desenvolvidas pelas beneficiárias da imunidade devem ter o mesmo tratamento que elas teriam se realizadas pelo próprio Estado. Se bem que possa parecer correta essa posição, em verdade ela tende a confundir duas hipóteses de imunidade bastante diferentes: a recíproca dos próprios entes públicos e a das instituições que desenvolvem atividades que ao Estado interessa estimular porque dizem respeito a valores morais do Homem.

3.4.2 A imunidade recíproca decorre do reconhecimento da autonomia e da independência política de cada ente público e se justifica pela própria condição peculiar do seu beneficiário, independentemente de qualquer ato, fato ou situação de que se possa tratar. Diversamente, a imunidade outorgada às instituições educacionais e de assistência social funda-se no fato de elas empreenderem atividades que interessam à coletividade, e muito embora os benefícios de que gozam sejam a elas referidos, em verdade se condicionam e vinculam ao seu desempenho nos setores de interesse público, em vista das diversas qualificações legais, cujo efeito é reservar o tratamento tributário especial apenas àquelas entidades que em determinadas circunstâncias assegurem a existência de vínculo com os fins sociais que o justificam. Sendo "ratione personae", a imunidade dos entes públicos é abrangente de todos os impostos de que eles pudessem ser contribuintes, ao passo que a das instituições de educação e assistência pessoal, contemplando apenas os fins coletivos a que elas se destinam, compreende só as situações que constituem instrumentos necessários de sua atuação. Ou, na terminologia de Yonne Dolácio de Oliveira (ob. cit., em *2.6* retro), a primeira é *imunidade recíproca* e as outras são *imunidades genéricas*.

3.4.3 Não é necessário que se trate de serviço público, no sentido de atividade necessariamente própria do Estado, que a instituição privada venha suprir ou complementar. É claro que, com tais características, a entidade se qualifica para o gozo da imunidade, mas ainda que a não apresente, poderá ser também por ela abrangida, bastando que seus propósitos se insiram na categoria dos objetivos que constituem valores relevantes do Homem.

3.4.4 Por outro lado, não se afigura necessário que os serviços que a instituição presta sejam acessíveis a todas as pessoas, em geral. Considerando que o simples fato de potencializar o atendimento, em atividades de ensino ou de assistência social, de certo número de pessoas, a insttiuição cumpre relevante parte dos encargos coletivos e alivia o Estado, deixa-o livre (a ele, e/ou a outras instituições privadas) para atender às demais pessoas igualmente necessitadas. Pode a instituição ter um círculo restrito de clientes, sem que por isso deixe de fazer jus à imunidade. Mas não se admite que ela seja uma instituição de auxílios mútuos que somente cuide dos interesses dos seus próprios criadores. Sendo a linha divisória entre possíveis situações confrontantes não muito fácil de traçar, é interessante ver como os tribunais têm decidido a respeito destas questões.

3.4.5 No Recurso Extraordinário 89.012 (cit. em *3.3.5* retro), o Supremo Tribunal Federal decidiu que se qualifica como instituição assistencial imune uma sociedade civil mantida por empresas nela ingressadas como sócias contribuintes e que se destina a prestar serviços de assistência a empregados, diretores e serviçais aposentados das empresas associadas. No Recurso Extraordinário n. 70.834, julgado em 25.10.1971 (*Revista Trimestral de Jurisprudência*, vol. 65, p. 145) o Pretório Máximo reconheceu que a Fundação Rubem Berta, destinada a prestar assistência social a funcionários da Varig, goza de imunidade, nada obstante o fato de manter suas atividades restritas aos funcionários da empresa e seus familiares, e aos que por ela se aposentarem.

3.4.6 Em outros casos o Supremo Tribunal Federal entendeu que não se configuravam os pressupostos que condicionam o gozo da imunidade. Assim, por exemplo, no Recurso Extraordinário 52.461, em 2.11.1968 (*Revista Trimestral de Jurisprudência*, vol. 46, (p. 604), em que desconsiderou pleito do Clube Naval por se tratar de associação criada para cuidar apenas dos interesses dos seus sócios, e no Recurso Extraordinário 63.411, em 11.6.1973 (*Revista de Direito Público*, vol. 28, p. 195), em que procedeu de igual maneira relativamente à Associação Beneficente dos Servidores do Departamento Autônomo de Estradas de Rodagem, considerando que também no caso se tratava de uma associação organizada para cuidar de interesses dos seus associados, admitidos mediante pagamento de jóia e contribuições.

3.4.7 Parece que a caracterização da instituição de assistência social que se enquadra no conceito constitucional de entidade imune pressupõe alguns dos elementos indicados pelos autores que citei ao longo deste parecer, com especial ênfase para as contribuições doutrinárias de Leopoldo Braga e Yonne Dolácio de Oliveira, quando procuram bem equacionar os contornos do difícil conceito. Para mim, o que levou a Suprema Corte a desqualificar as entidades citadas por último na resenha de sua jurisprudência, que acabo de fazer, e a reconhecer o direito de outras foi, não o caráter de exclusividade dos interesses cuidados em cada caso, mas, principalmente, a circunstância de os benefícios facultados pelas instituições qualificadas para a imunidade contemplarem pessoas que não as únicas responsáveis pelo seu custeio. Nos casos decididos nos Recursos Extraordinários 70.834 e 89.012 (item *3.4.5* retro) prevaleceu a imunidade porque se tratava, no primeiro, de uma fundação e, no segundo, de uma sociedade civil, voltadas para programas em benefício de pessoas que não pagavam, necessariamente, pelo que iriam receber, e, mesmo se fosse o caso de algumas pagarem, a generalidade dos serviços, não restritos ao núcleo fechado dos sócios, no segundo caso, ou do instituidor, no primeiro, certamente importava em favorecimento da coletividade em geral.

3.4.8 A finalidade em si que as instituições assistenciais buscam cumprir deve ser "... a realização desinteressada de uma obra social de caráter altruístico, com sentido de colaboração à causa do interesse coletivo, do progresso e do bem geral" (Leopoldo Braga, ob. cit. em *3.2.1* retro, pp. 28-29), e que "... por sua ingênita e indeclinável vocação a fim público, se acham situadas além e acima das entidades não lucrativas de fundos mistos (privados e públicos), e, com razão maior, daquelas nascidas exclusiva ou principalmente das influições do interesse particular de indivíduos ou grupos de indivíduos, e apenas ou preferencialmente destinadas à satisfação de necessidades ou ao gozo de benefícios dos seus próprios fundadores, membros ou associados" (id., ib., p. 40).

3.4.9 Sobre o caráter de generalidade do atendimento, Leopoldo Braga parece ter encontrado uma clara maneira de definir o que se espera da instituição assistencial para que ela se qualifique para receber os benefícios da imunidade, trazendo assim sua colaboração ao encontro da saída mais lógica para o problema da definição deste requisito. Diz ele: "Em verdade, quando se diz que os serviços assistenciais da *instituição* devem te um cunho de *generalidade*, não se está pretendendo que sejam eles franqueados, necessariamente, a todos os indivíduos membros da coletividade social. O que se quer exprimir é que, *dentro da classe, categoria profissional ou fração social a que se destina a obra assistencial determinada e a que, estatutariamente, se propõe servir o ente moral*, sejam atendidas e igualmente servidas todas as pessoas enquadráveis na ordem dos seus naturais destinatários, sem discriminações entre *associados e estranhos, contribuintes e não contribuintes*" (id., ib., p. 104).

O ponto verdadeiramente importante da conceituação do ilustre publicista citado é a inexistência de discriminação *entre os integrantes da categoria ou fração da comunidade contemplada*. Assim, aplicando a noção a uma entidade fechada de previdência privada, teremos que ela somente se qualificaria como insttituição assistencial imune se (i) sendo "não contributória", todos os funcionários da(s) instituidora(s)-mantenedora(s) fossem beneficiados (o que, de resto, é regra expressa no art. 21 da Resolução MPAS/CPC n. 1, de 9.10.1978) e (ii) se houvesse contribuições também dos empregados, tivessem eles o direito de optar pela sua admissão nos planos previdenciários (como está claramente afirmado no art. 8º do Decreto n. 81.240, de 20.1.1978).

4. *As entidades fechadas de previdência privada como instituições assistenciais*

4.1 Desde que autorizadas a funcionar como tais e observem as normas que lhes são aplicáveis, as entidades privadas de previdência privada são instituições de assistência social beneficiadas pela imunidade assegurada no art. 19, III, "c" da Constituição Fedeal e no art. 14 do CTN. Isso decorre da sua natureza, e não da existência de dispositivo em lei ordinária do imposto de renda que o declare.

4.2 Que a previdência social, em si considerada como um todo, é absolutamente essencial no Estado moderno, ninguém discute. Desde que os economistas financeiros mais à esquerda, preocupados com a crise de desemprego que assolou a Europa depois da segunda guerra mundial, como Angelopoulos (*L'État et la Prosperité Nationale*, Ed. Librairie Générale de Droit et Jurisprudence, Paris, 1949 e *Planisme et Progrès Social*, mesma ed., 1953), até os juristas que se devotaram ao estudo do direito público em geral e do direito constitucional em particular, todos estão de acordo em que as grandes coletividades modernas necessitam de um Estado que devote pelo menos uma parte significativa de seus recursos e do seu esforço ao asseguramento do mínimo de condições fundamentais para que o Homem viva com dignidade.

4.3 Há países, como a Inglaterra e a Suécia, de origem, formação e estrutura capitalista, que devotam parcelas consideráveis de seus recursos ao custeio da assistência social, enquanto que noutros as preocupações com esse setor da vida pública são atendidas através de programas específicos, como é o caso dos Estados Unidos, da Alemanha e da Itália. Em todos eles, entretanto, o problema e a busca de suas soluções adequadas ocupam grande espaço e suscitam intermináveis controvérsias.

4.4 Em um dos melhores livros já escritos sobre a ciência do direito constitucional, Segundo V. Linares Quintana (*Tratado de la Ciencia del Derecho Constitucional Argentino y Comparado*, Ed. Alfa, Buenos Aires, 1936) disse:

"2964. La expresión seguridad social — que ya fuera utilizada en 1819 por el Libertador Simón Bolívar en su famoso discurso pronunciado en Angostura — tiene dos acepciones principales:

"a) En un sentido amplio y comprensivo, la seguridad social está constituída por el bienestar y la felicidad moral y material de la comunidad;

"b) En un sentido estricto y concreto — que es indudablemente el que consagra la Constitución nacional —, la seguridad social — como fué definida por la Conferencia Internacional del Trabajo reunida en Filadelfia, Estados Unidos de América, en 1944 — engloba el conjunto de las medidas adoptadas por la sociedad con el fin de garantizar a sus miembros, por medio de una organización apropiada, una protección suficiente contra ciertos riesgos a los cuales se hallan expuestos. El advenimiento de esos riesgos entraña gastos imprevistos a los que el individuo que dispone de recursos módicos no puede hacer frente por sí solo, ni por sus propios medios. ni recurriendo a sus economías, ni siéndole tampoco posible recurrir a la asistencia, de caráter privado, de sus allegados. Se consideran como instituciones de seguridad social exclusivamente las que corresponden a un régimen de atribución de prestaciones a los ciudadanos para la prevención de las enfermedades y el tratamiento de los enfermos, así como de toda clase de prestaciones destinadas a socorrerlos cuando se ven privados de sus medios de existencia y a restituirles su capacidad de ganancia perdida" (vol. 5, pp. 102-103).

4.5 Citando Deveali, o autor mostra que os principais meios com os quais se custeia a "seguridade social" são: (i) o seguro social obrigatório, em que as prestações asseguradas atingem apenas as pessoas obrigadas a custear o sistema; (ii) a "seguridade social", em que os serviços são custeados pela coletividade em geral e beneficiam grupos de pessoas desprovidas de meios próprios de subsistência" (iii) o "serviço público", que apenas difere do anterior pelo seu caráter de generalidade, não se cingindo as prestações apenas a pessoas carentes; e (iv) seguro social voluntário, no qual cada interessado paga sua contribuição, que se irá somar às contribuições aportadas pela coletividade.

4.6 No Brasil a assistência social vem, desde a Constituição de 1934 (com um hiato durante a vigência da de 1937, que, curiosamente, nada dispôs a respeito), merecendo a manifesta preocupação do Estado. O art. 165 da Carta vigente diz:

"Art. 165. A Constituição assegura aos trabalhadores os seguintes direitos, além de outros que, nos termos da lei, visem à melhoria de sua condição social:

"(...)

"XVI — previdência social nos casos de doença, velhice, invalidez e morte, seguro-desemprego, seguro contra acidentes do trabalho e proteção da maternidade, mediante contribuição da União, do empregador e do empregado;

"(...)

"XX — aposentadoria para a mulher, aos trinta anos de trabalho, com salário integral; e

"X — a aposentadoria para o professor após 30 anos e, para a professora, após 25 anos de efetivo exercício em funções de magistério, com salário integral;

"(...)

"Parágrafo único. Nenhuma prestação de serviço de assistência ou de benefício compreendidos na previdência será criada, majorada ou estendida, sem a correspondente fonte de custeio total."

4.7 Verifica-se pela leitura dos textos transcritos que (i) a previdência social é matéria de interesse relevante, pois do Capítulo sobre a Ordem Social e Econômica da Constituição consta o comando, ao legislador ordinário, da sua instituição e atuação; (ii) o sistema que a constituição prevê é do tipo que mais se aproxima do mencionado em (i) do item *4.5* retro, dele diferindo, entretanto, pelo fato de as prestações serem asseguradas também a pessoas não obrigadas ao custeio, como é o caso dos familiares dos contribuintes; e (iii) o sistema funciona na base de estrita relação entre os recursos disponíveis e os benefícios assegurados.

4.8 A previdência privada, que já vinha sendo praticada há vários anos, principalmente em virtude da conhecida defasagem dos benefícios da previdência oficial em relação ao custo de vida, sempre desempenharam importantíssima função social, complementar e até supletiva de deveres do Estado. Como, entretanto, em muitos casos a sua execução havia sido confiada a entidades desprovidas de recursos financeiros suficientes para bem cumprir seus objetivos, surgiu a Lei n. 6.435/77, que veio impor a observância de regras de organização, de planejamento financeiro em bases atuariais corretas, e de administração compatível com os elevados propósitos perseguidos pelos seus organizadores.

4.9 É fora de qualquer dúvida séria que as entidades fechadas de previdência social e as abertas que não tenham fito de lucro desempenham funções do mais alto interesse social, servindo ao fim específico de proporcionar complementação financeira dos proventos de aposentadoria e das pensões pagas pelo sistema previdenciário oficial.

4.10 Basta considerar aqui as entidades fechadas, que são justamente as Associadas da consulente. Estas, de resto, pela sua condição legalmente necessária de entidades sem fins lucrativos (Lei n. 6.435/77, art. 4º, § 1º), de terem que observar, na aplicação de sua receita, regras rígidas fixadas pelo Ministério da Previdência e Assistência Social (id., arts. 34 e 35, Decreto n. 81.240/78), que não lhes deixam margem para gastos estranhos aos seus fins, e fora do País, e manter escrituração segundo plano de contas oficial (id., art. 35, I, "e"), sujeita a exame e parecer de auditor independente registrado no Banco Central do Brasil (Decreto n. 81.240/78, art. 35), atendem, sem sombra de dúvida, aos requisitos estabelecidos no art. 14 do CTN.

4.11 Por outro lado, que se trata de instituições, e de instituições de assistência social, também não se pode contestar, bastando atentar para as características que, de acordo com a lei, elas devem ter para poderem conseguir a indispensável autorização para fucnionar (art. 2º da Lei n. 6.435/77), sob as penas de multa até o limite máximo do valor nominal de 1.000 ORTN e detenção de um a dois anos (Lei n. 6.435/77, art. 80). Com efeito, as entidades de previdência privada, para os efeitos da Lei em referência, "... são as que têm por objeto instituir planos privados de concessão de pecúlios ou de rendas, de benefícios complementares ou assemelhados aos da Previdência Social, mediante contribuição de seus participantes, dos respectivos empregadores ou de ambos"; enunciado amplo que indica a natureza dos propósitos próprios de tais entidades em geral.

4.12 As entidades abertas que tenham objetivo de lucro certamente não atendem a um dos requisitos expressos no CTN para gozo da imunidade tributária outorgada no art. 19, III "c" da Constituição, e para aqueles que, como Leopoldo Braga, entendem que o próprio conceito de instituição assistencial já deveria vir integrado de alguns pressupostos altruísticos, como a inexistência de intuito lucrativo, poder-se-ia até negar-lhes a natureza institucional, possivelmente, uma demasia, que deixo apenas registrada por não haver interesse prático na discussão deste aspecto.

4.13 Quanto às entidades fechadas, diz a mesma Lei n. 6.435/77: "Art. 34. As entidades fechadas consideram-se complementares do sistema de previdência e assistência social, enquadrando-se suas atividades na área de competência do Ministério da Previdência e Assistência Social".

O conceito de instituição de assistência social não consta da Constituição nem do CTN; nem deveria constar. O que caracteriza uma entidade como instituição de assistência social é o seu objetivo, e o que a credencia para o gozo da imunidade tributária é, além da natureza dos seus objetivos, a observância dos requisitos mencionados em lei complementar, que presentemente são os do art. 14 do CTN. Do texto supra se retira o suficiente para se poder atribuir às Associadas a condição de instituições assistenciais pela natureza dos seus objetivos, que, tomo por pressuposto neste parecer, sejam plenamente ajustados ao conceito acima indicado, pois se o não fossem não teriam elas conseguido lograr a indispensável autorização para funcionar.

4.14 Para que se complete o teste que apontará as Associadas como (i) instituições assistenciais pela natureza do respectivo objeto social e (ii) titulares da imunidade tributária que a Constituição assegura, resta apurar a sua conformidade aos requisitos fixados no art. 14 do CTN. Por antecipação já mostrei que tais requisitos prevalecem, todos eles, no caso das Associadas, pois não têm elas objetivo de lucro, aplicam a totalidade de sua receita, no Basil e no atendimento de seus fins sociais, e mantêm escrituração hábil para que se tenha por certa a sua exatidão. Todos esses requisitos resultam de observância necessária, nos termos dos dispositivos constantes da legislação específica já citada em *4.10* retro. De passagem, e muito embora isso pareça óbvio, destaco que a lei ordinária pode definir situações de cuja ocorrência resulte evidenciado que determinadas instituições cumprem requisitos que lei complementar tenha fixado como condições para o gozo da imunidade; o que ela não pode é estipular os próprios requisitos qualificativos para o gozo da imunidade, e o que ela não deve é dizer que certas instituições atendem aos pressupostos do gozo da imunidade, pois neste último caso ela estaria, com impropriedade, tentanto substituir o juízo de adequação do fato à norma, o que constitui operação mental do seu aplicador.

4.15 Ao revogar expressamente o § 3º do art. 39 da Lei n. 6.435/77, o art. 6º do Decreto-lei n. 2.065/83 nada fez de válido no mundo jurídico. E isso, por duas ordens diferentes de motivos, a saber: (i) no próprio texto da Lei n. 6.435/77 o dispositivo revogado carecia de relevância, por não caber à lei afirmar que as entidades privadas se consideram instituições assistenciais para efeitos do art. 19, III, "c" da Constituição; e (ii) o dispositivo da Lei n. 6.435/77 útil à configuração das entidades fechadas como sendo instituições assistenciais era o do art. 34, que lhes definia a natureza jurídica, e este não foi — nem poderia ser — revogado.

4.16 O § 4º do mesmo art. 39 da Lei n. 6.435/77, que mesmo não tendo sido revogado teria perdido sua suposta eficácia (que ele jamais teve) pela revogação do § 3º, era e, mesmo se subsistisse, seria inefetivo. De fato, ao dizer que as entidades fechadas poderiam remunerar seus conselheiros e diretores sem ficarem prejudicadas pela perda da imunidade tributária, ele estaria afirmando o óbvio, pois não há, no art. 14 do CNT nem em qualquer outra disposição de lei complementar, previsão do requisito para gozarem de imunidade tributária as instituições de assistência social não poderem remunerar seus dirigentes; isto foi reconhecido pelos vários autores citados na seção 3 deste trabalho e pelo Supremo Tribunal Federal, ao julgar, em 16.4.1982, o Recurso Extraordinário 93.463 (*Revista Trimestral de Jurisprudência*, vol. 101, pp. 769 e ss.).

4.17 Se o § 3º do art. 6º do Decreto-lei n. 2.065/83 foi inócuo ao revogar o § 3º do art. 39 da Lei n. 6.435/77, o qual por sua vez também o era, outra deve ser a qualificação que se há de dar ao próprio art. 6º e aos seus §§ 1º e 2º do mesmo decreto-lei. Duas ordens de anomalia encontram-se nos referidos dispositivos, a saber: (i) inconstitucionalidade absoluta das regras sobre tributação de renda das Associadas, ainda que limitada ao imposto de fonte, declarado devido sobre os dividendos, juros e demais rendimentos de capital por elas recebidos, pois já se deixou dito e demonstrado que a lei ordinária não pode dispor sobre a substância nem sobre os requisitos para o gozo da imunidade tributária; (ii) inconstitucionalidade absoluta da regra da irrestituibilidade do imposto de fonte, pois em verdade o direito de repetir tributos indevidamente pagos é regulado pelo CTN.

4.18 Quanto ao primeiro ponto, é bom esclarecer que a rigor nem se trataria de uma tentativa do legislador ordinário federal de usurpar competência legislativa reservada à lei complementar para estabelecer requisitos para o gozo da imunidade tributária. De fato, o que ele fez — pasme-se — foi tentar, ele próprio, restringir a imunidade, deixando-a reduzida a apenas o imposto cobrado sobre o lucro das pessoas jurídicas, e declarando devido o cobrado mediante o sistema de retenção pelas fontes pagadoras, como se um e outro não fossem modalidades de imposto sobre a renda, e fosse possível cindir em dois pedaços distintos uma espécie que, de modo global e inseparável, a própria Constituição diz que está coberta pela figura da imunidade.

4.19 E, no relativo ao segundo aspecto, o art. 165 do CTN diz que o sujeito passivo tem direito, independentemente de prévio protesto, à restituição total ou parcial do tributo, seja qual for a modalidade do seu pagamento, ressalvado o disposto no § 4º do art. 162 (que é o caso de perda ou destruição de estampilha), no caso de cobrança ou pagamento espontâneo de tributo indevido ou maior que o devido em face da legislação tributária aplicável ou da natureza ou circunstâncias materiais do fato gerador efetivamente ocorrido. A única exigência, enunciada no art. 166, é a da autorização expressa do contribuinte econômico, no caso de imposto transferível, situação que não se materializa quanto ao imposto de renda.

4.20 Por todo o exposto, entendo que não pode haver a mais leve dúvida de que as Associadas não estão sujeitas à observância do disposto no art. 6º do Decreto-lei n. 2.065/83, pela elementar evidência de sua inconstitucionalidade. O argumento — que se pressente — de que o legislador passou a tratar como sendo de isenção (e, sendo caso de isenção, ele a asseguraria com o âmbito que desejasse) o que antes ele entendia ser hipótese de imunidade, é igualmente pobre. De fato, ele pressupõe que lhe assiste o direito de, de uma hora para outra, desqualificar como instituições assistenciais para os efeitos do gozo da imunidade constitucional as entidades que havia declarado terem essa natureza. Já se viu que isso ele não pode fazer, pois quem o faz é a própria Constituição, e quem estabelece os requisitos que as instituições assistenciais já assim previamente qualificadas devem observar para serem imunes é a lei complementar.

CADERNOS DE DIREITO TRIBUTÁRIO

TAXA PARA EMISSÃO DE GUIA DE IMPORTAÇÃO

GERALDO ATALIBA
JOSÉ ARTUR LIMA GONÇALVES

1. Guia de importação. 2. Evolução legislativa. 3. Situação atual. 4. Classificação jurídica dos tributos. 5. A taxa. 6. Hipótese de incidência — Aspecto material e base de cálculo. 7. A base de cálculo da taxa. 8. O tributo instituído pelo Decreto-lei n. 2.145/53 até o advento da Lei n. 8.387/91. 9. Base de cálculo. 10. Base de cálculo como critério objetivo para a definição do gênero do tributo. 11. A exigência de lei complementar. 12. Um precedente judicial. 13. O tributo instituído pelo Decreto-lei n. 2.145/53 após o advento da Lei n. 8.387/91. — De 1953 a 1991 as leis que tratavam da emissão de guias de importação estabeleceram alíquotas ad valorem. *— A licença para importador, documentada pela "guia" é ato administrativo de polícia administrativa. — O único tributo cabível para o caso é a "taxa de polícia", com fundamento no art. 145, II, CF. — Valor de coisa ou negócio é, constitucionalmente, base de cálculo de imposto. — Não pode ser adotado por lei de taxa (art. 145, § 2º, CF). — A Lei 8.387/91 não podia transformar tributo em emolumento; o tributo continua tributo, a despeito da denominação legislativa. — Essa lei, delegando a fixação do tributo ao Ministério da Fazenda, violou a Constituição. — O princípio da estrita legalidade da tributação (legalitariedade) torna inconstitucional (e, pois, inexigível) o "emolumento". — Só surgirá legítima obrigatoriedade do importador pagar taxa de polícia, pelo exame da legalidade das importações, se prevista exaustivamente em lei, que estabeleça como base de cálculo o custo financeiro da atividade, dividido por critério (alíquota) preservador da isonomia dos administrados-contribuintes.*

1. Guia de importação

1.1 A guia ou licença de importação — emitida mediante o pagamento da taxa de expediente em questão — é o documento necessário e indispensável (salvo as exceções previstas em lei) ao despacho de importação, que é o procedimento mediante o qual se processa o desembaraço aduaneiro de mercadoria procedente do exterior, nos exatos termos do art. 411 do Decreto n. 91.130/85 (decreto aduaneiro).

1.2 Atualmente, emissão da licença ou guia de importação compete exclusivamente a um departamento do Banco do Brasil S/A, delegado, para isso, da União.

Sua expedição dá ensejo à cobrança de um tributo, pela atividade onerosa que implica. Essa exação foi, ao longo do tempo, objeto das disposições normativas transcritas, no que essencialmente interessa, "in casu", a seguir.

2. *Evolução legislativa*

2.1 O Decreto-lei n. 2.145, de 29 de dezembro de 1953, em seu art. 10 determinava: "Fica a Carteira do Comércio Exterior autorizada a cobrar taxas pela emissão das licenças ... (vetado) ... por forma a ser regulamentada, não excedentes de 0,1% (um décimo por cento) do valor da licença".

2.2 Posteriormente, o mencionado dispositivo legal foi alterado pelo art. 15 do Decreto-lei n. 491, de 5 de março de 1969, e passou a ter a seguinte redação: "Fica a Carteira de Comércio Exterior do Banco do Brasil S.A. autorizada a cobrar, exclusivmente na importação e pela emissão de licenças de importação, guias de importação ou qualquer documento de efeito equivalente, taxa de expediente não excedente de 0,3% (três décimos por cento) sobre o valor das importações."

2.3 O Decreto-lei n. 1.416, de 26 de agosto de 1975, a seu turno, assim dispôs:

"Art. 1º — O art. 10 da Lei n. 2.145, de 29 de dezembro de 1953, com a redação do art. 15, do Decreto-lei n. 491, de 5 de março de 1969, passa a vigorar com a seguinte redação:

'Art. 10. Fica a Carteira de Comércio Exterior do Banco do Brasil S.A., (CACEX) autorizada a cobrar, pela emissão de licença ou guia de importação ou qualquer documento de efeito equivalente, taxa de expediente não excedente a 0,9% (nove décimos por cento) sobre o valor constante dos referidos documentos, como ressarcimento de custos incorridos nos procedimentos administrativos relativos à importação'."

2.4 Aos 15 de dezembro de 1988 foi editada a Lei n. 7.690, que novamente alterou o mencionado art. 10 da Lei n. 2.145/53, nos seguintes termos:

"Art. 1º O art. 10 da Lei n. 2.145, de 29 de dezembro de 1953, alterado pelo art. 1º do Decreto-lei n. 1.416, de 26 de agosto de 1975, passa a vigorar com a seguinte redação:

'Art. 10 A licença ou guia de importação ou documento equivalente será emitida mediante o pagamento de taxa correspondente a 1,8% (um inteiro e oito décimos por cento) sobre o valor constante dos referidos documentos, como ressarcimento dos custos incorridos nos respectivos serviços'."

2.5 A Lei n. 8.387, de 30 de dezembro de 1991, tornou a modificar o art. 10 do Decreto-lei n. 2.145/53, que passou, assim, a vigorar com a seguinte redação: "A licença ou guia de importação ou documento equivalente será emitida mediante o pagamento de emolumento, conforme tabela elaborada anualmente pelo Ministério da Economia, Fazenda e Planejamento, como ressarcimento dos custos incorridos nos respectivos serviços".

2.6 A Lei n. 8.522, de 11 de dezembro de 1992, por seu art. 1º, inciso IX, determinou a extinção da "taxa pela emissão de licença ou guia de importação", criadas pelo art. 10 do Decreto-lei n. 2.145/53.

3. *Situação atual*

3.1 A partir do final do primeiro semestre de 1993, o Banco do Brasil passou a exigir o pagamento de tarifa bancária para prestação do serviço de emissão de guia de importação. A cobrança desta tarifa encontra-se prevista em tabela expedida pela referida instituição financeira e precedida da seguinte justificativa: "Tendo em vista que o Banco do Brasil ao longo do tempo não percebeu qualquer remuneração do Tesouro Nacional pelos serviços de comércio exterior prestados ao segmento importador/exportador, informamos que a partir desta data passamos a cobrar tarifas pela prestação de serviços, como segue:..."

Antes de passarmos a análise específica da exação objeto da consulta, algumas considerações de ordem geral são necessárias.

4. Classificação jurídica dos tributos

4.1 Os tributos podem ser classificados em vinculados e não vinculados a uma atuação estatal. Isto porque a lei constrói as hipóteses de incidência dos tributos, descrevendo, ou uma atuação sua (do Estado) — ou um efeito desta, ou uma relação fáctica qualquer desta com o obrigado — ou um outro fato lícito qualquer, que nenhuma relação guarda com essa atuação (embora sempre se relacione com o obrigado) (CF art. 145, I a III).

4.2 Naquela primeira hipótese, diz-se que a lei vinculou o tributo a uma atuação do Estado; na segunda, o tributo é independente desta (portanto, não vinculado). A análise da hipótese de incidência, apontará, então, se se trata de tributo vinculado ou não, como expôs Rubens Gomes de Sousa (RDP 17/309).

4.3 Ao estabelecer a distinção entre imposto e taxa, Giannini, em seu clássico *I Concetti Fondamentalli del Diritto Tributário*, deixou assentado que "o elemento diferencial das duas espécies de tributos é dado pela natureza do pressuposto (hipótese de incidência)"; isto é, "o imposto se vincula a uma situação de fato, que se constitui em objeto de imposição enquanto considerada manifestação direta ou indireta de certa capacidade contributiva; uma situação, portanto, que se refre ao obrigado, e à sua esfera de atividade, sem qualquer relação, nem mesmo de fato, com a atividade do Poder Público relacionada com o obrigado" (ob. cit., p. 103).

Também assim, rogorosamente, o art. 16 do CTN define o imposto, com absoluta correção doutrinária.

Juridicamente, reconhece-se o imposto pela circunstância de que sua hipótese de incidência constitui-se simplesmente num fato típico qualquer, indicador (ou revelador) de capacidade contributiva do obrigado.

4.4 Por outro lado, para que se configurem tributos vinculados, é sempre necessária a presença — como fundamento da exigência de dinheiro — exatamente de uma atuação do Estado (relacionada com o obrigado).

4.5 A conseqüência dessa diversidade de modos do exercício da competência tributária é a diferença na configuração da hipótese de incidência, em cada caso: nos impostos é um fato qualquer, não vinculado a nenhuma atuação do Poder Público; nos tributos vinculados, é sempre um fato consistente numa atuação do Poder Público referida ao obrigado, ou diretamente (taxa), ou indiretamente, mediatamente (por seus efeitos — contribuição). Esta concepção é cabalmente adotada, em todos seus pressupostos e conseqüências, pela Constituição (art. 145).

5. A taxa

5.1 Taxa é o tributo devido por pessoas que recebam, provoquem ou exijam uma atividade estatal divisível e especial, seja decorrente do exercício regular do poder de polícia, seja em face da utilização, efetiva ou potencial, de serviços públicos (art. 145, II, CF). Daí a doutrina designá-la tributo vinculado (precisamente vinculado a uma atividade estatal).

Roque Carrazza, sobre esse tributo, escreveu: "Taxa são tributos que têm por hipótese de incidência uma atuação estatal diretamente referida ao contribuinte. Esta atuação estatal — consoante reza o art. 145, II, da CF (que traça a regra matriz das taxas) — pode consistir ou num serviço público ou num ato de polícia'' (in Curso de Direito Constitucional Tributário, Ed. RT, 1991, p. 242).

Paulo de Barros Carvalho conceitua as taxas como ''tributos que se caracterizam por apresentarem, na hipótese da norma, a descrição de um fato revelador de uma atividade estatal, direta e especificamente dirigida ao contribuinte''.

5.2 Temos, portanto, que as taxas são tributos arrecadados pelo Poder Público em decorrência do exercício de uma atividade específica e divisível dirigida ao contribuinte.

6. Hipótese de incidência. Aspecto material e base de cálculo

6.1 Aspecto material da hipótese de incidência tributária é a própria descrição dos aspectos substanciais do fato ou conjunto de fatos que lhe servem de suporte. É o núcleo da hipótese de incidência (Alfredo Becker).

6.2 Base de cálculo (base imponível) é a perspectiva dimensível da hipótese de incidência. É a dimensão da materialidade do tributo. É a medida de base; ''... é a grandeza instituída na conseqüência da regra-matriz tributária, e que se destina, primordialmente, a dimensionar a intensidade do comportamento inserto no núcleo do fato jurídico, para que, combinando-se à alíquota, seja determinado o valor da prestação pecuniária'' (P. B. Carvalho, in Curso de Direito Tributário, Ed. RT, 1991, p. 226).

Alfredo Augusto Becker, a propósito, esclarece: ''Na composição da hipótese de incidência o elemento mais importante é o núcleo. É a natureza do núcleo que permite distinguir as distintas naturezas jurídicas dos negócios jurídicos. Também é o núcleo que confere o gênero jurídico ao tributo. Nas regras jurídicas de tributação, o núcleo da hipótese de incidência é sempre a base de cálculo'' (in Teoria Geral do Direito Tributário, Ed. Saraiva, 1972, p. 298).

6.3 Vê-se, assim, que fato imponível (concretização do aspecto material da hipótese de incidência) e base são conceitos indissoluvelmente associados; um (base) é a medida do outro (fato). Não há fato imponível sem medida. Não há medida (base) que não seja desse fato.

Isso é constitucionalmente requerido, para que o tributo seja isônomo. Toda incongruência legislativa nessa matéria compromete a constitucionalidade (e conseqüente exigibilidade) do tributo.

7. A base de cálculo da taxa

7.1 Se a taxa é, sempre e inexoravelmente, vinculada ao exercício, pelo Poder Público, de uma atividade específica em relação ao contribunte, para a determinação de sua base de cálculo, deve a lei tomar por critério, sempre, uma dimensão qualquer dessa atividade estatal (v. Aires Barreto, Base de Cálculo, Alíquota e Princípios Constitucionais, Ed. RT, 1987).

A hipótese da incidência da taxa é, segundo a dicção do próprio texto constitucional (art. 145, II), o exercício do poder de polícia ou a utilização — efetiva ou potencial — de serviços públicos específicos e divisíveis, prestados ou postos à disposição do contribuinte.

7.2 E se assim o é, necessária se torna a eleição, pelo legislador, de base de cálculo que tenha relação de direta pertinência lógica com a atuação do Estado relativa ao contribuinte. A lei fixadora da base da taxa deve medir essa atuação, para repartir seu custo entre os seus destinatários.

Becker elucida: ''Em se tratando de taxa, unicamente o valor do serviço estatal ou coisa estatal poderá ser tomado como a base de cálculo que, depois de convertida em cifra pelo método de conversão, sofrerá a aplicação da alíquota'' (ob. cit., p. 348).

7.3 Diversamente do que ocorre no caso dos impostos (que são, por essência, tributos não vinculados a qualquer atividade estatal), as taxas visam à remuneração de atos relacionados com a atividade estatal divisível dirigida ao contribuinte.

Conclui-se, destarte, que a base de cálculo das taxas — tributos vinculados que são — há de ser sempre uma ordem de grandeza ínsita à atividade pública que lhe dá ensejo.

7.4 Daí a base de cálculo das taxas ser o custo da atividade pública (serviço público, ou atividade de polícia) dividido pelos administrados que provocam, usam ou de qualquer forma recebem essa atividade, seus reflexos ou conseqüências, individualmente.

7.5 Por isso todos os doutrinadores insistem em sublinhar que a taxa é instrumento para repartir o custo das atividades públicas divisíveis e específicas, por seus destinatários.

7.6 Aires Barreto expõe-no didaticamente, ao tratar da base e da alíquota (critério de repartição) de taxa: ''A base de cálculo das taxas é sempre o valor da atuação do Poder Público que enseja a taxa. Em sendo o valor, este só pode ser expresso em cruzados, por unidade de atuação. As unidades de medida (metro quadrado, testada, alqueire, exemplificativamente) são as alíquotas das taxas. No imposto, a base de cálculo é específica, apurável (variável) caso a caso; a alíquota é genérica. Nas taxas, a base de cálculo é genérica (o valor da atuação estatal); a alíquota é específica, encontrável (avaliável) caso a caso. A referibilidade direta da atuação é determinada pela alíquota. Repisou-se, até demasiadamente, que a base de cálculo das taxas é unicamente o valor da atuação do Estado que a justifica. Custo efetivo, estimado, presumido, social, são espécies do valor efeito para a atividade e não bases diversas. Neste lanço, cumpre insistir que a escolha de critério dimensionador diverso do valor da atuação do Poder Público enseja a criação de tributo que taxa não é'' (*Base de Cálculo, Alíquota e Princípios Constitucionais*, RT, 1987, p. 67).

8. O tributo instituído pelo Decreto-lei n. 2.145/53 até o advento da lei n. 8.387/91

8.1 Até o advento da Lei n. 8.387/91, vigorava a Lei n. 7.690/88, que alterou o disposto no art. 10 do Decreto-lei n. 2.145/53, que teve, de 1988 a 1991, a seguinte redação:

''Art. 10. A licença ou guia de importação ou documento equivalente será emitida mediante o pagamento de taxa correspondente a 1,8% (um inteiro e oito décimos por cento) sobre o valor constante dos referidos documentos, como ressarcimento dos respectivos serviços''.

8.2 É evidente que o fundamento do tributo está na atividade do Poder Público consistente na *emissão* de documento (guia ou licença) de importação, necessário ao despacho aduaneiro (emissão essa claramente configuradora de ato administrativo *da polícia*).

Diante da Constituição, há um tributo do gênero *vinculado*, da espécie *taxa*, porque cobrado a título de remuneração por *atividade* do Poder Público referida ao contribuinte (atividade de confrontar a pretensão importadora com a vasta legislação administrativa sobre a matéria).

8.3 Ora, o valor *constante* do documento é o valor do negócio jurídico que justifica a importação (em geral, compra de bem no mercado estrangeiro). Sobre essa base de cálculo, aplicava-!se a alíquita de 1,8%.

8.4 Ora, a exigência da mencionada taxa era inconstitucional, porque tinha base de cálculo própria de imposto, o que é vedado pelo § 2º do art. 145 da Constituição Federal. Na verdade, essa denominada taxa era verdadeiro imposto.

8.5 A jurisprudência, nesse sentido, é caudalosa e firme; são disso expressivos exemplos: "TAXA DE MELHORAMENTO DE PORTOS — CÁLCULO — EXPRESSÃO DIMENSÍVEL PRÓPRIA DE IMPOSTO — INCONSTITUCIONALIDADE — I — A taxa cobrada como mensuração de um serviço público divisível independe do preço ou valor da mercadoria para fixar O "quantum" devido a título do serviço prestado ou colocado à disposição do contribuinte. II — A Taxa de Melhoramento dos Portos utiliza-se para cálculo de sua alíquota do valor das mercadorias importadas, tal que o imposto de importação, para aferir o "quantum" devido, com violação do parágrafo 2º do art. 18 da Constituição Federal de 1967, com a redação da Emenda n. 1 de 1969, por não dimensionar o serviço público prestado. III — Apelação provida" (APS n. 7103, TRF, 3ª Região 89.03.26504-1).

"CONSTITUCIONAL E TRIBUTÁRIO — TAXA COM FATO GERADOR IDÊNTICO AO DE IMPOSTO — TMP E IMPOSTO DE IMPORTAÇÃO — Para a cobrança de taxas não se poderá tomar como base de cálculo a que tenha servido para a incidência de impostos (Art. 18, parágrafo 2º da Constituição Federal de 1967, com redação da Emenda n. 1, de 1969). Ou, de modo tecnicamente mais exato, 'as taxas não poderão ter base de cálculo própria de impostos' (CF de 1988, art. 145, parágrafo 2º). O valor comercial da mercadoria é, inegavelmente, uma expressão adequada a servir de base de cálculo de impostos. Não de taxas, que devem ter como base de cálculo expressões de grandeza inerentes à atividade estatal específica a que se liga o nascimento da obrigação respectiva. É inconstitucional a cobrança da TMP, cuja base de cálculo é própria de impostos" (Argüição de Inconstitucionalidade na AMS n. 560-CE, decisão do plenário do TRF da 5ª Região).

8.6 Deveras, a exação em questão, tendo base de cálculo que toma em consideração sinal de riqueza do contribuinte (valor da mercadoria importada, que é o valor constante do documento que a acompanha), adota critério típico para definição de base de cálculo de imposto. Configura, por isso, imposto.

9. Base de cálculo

9.1 A fim de dar cumprimento ao princípio constitucional da capacidade contributiva (art. 145, § 1º), o legislador prevê eventos que signifiquem sinais de riqueza, passíveis de serem utilizados como critérios para a determinação da base de cálculo de impostos. Tais eventos já estão escolhidos pelo constituinte (art. 153, 155 e 156 da CF).

9.2 Essas situações ou fatos indicam — e a presunção é da Constituição — maior ou menor capacidade econômica do contribuinte alcançado pela norma de tributação, como, *v.g., auferir renda, negociar com mercadoria, realizar operação financeira, transacionar com imóvel etc.*

Trata-se, realmente de *signos presuntivos de riqueza*, que devem ser medidos pela base de cálculo dos impostos, porque levam em consideração a capacidade econômica do contribuinte (capacidade contributiva).

9.3 Se tais elementos são utilizados para a determinação de base de cálculo de tributo vinculado, a exação é inconstitucional, em face da já mencionada vedação, constante do § 2º do art. 145

da Constituição Federal (até porque, se a base de cálculo é medida do aspecto material da hipótese de incidência, não poderia o valor de uma coisa de esfera jurídica privada ser a dimensão de uma atuação pública).

9.4 Deveras, a base de cálculo — é unânime a melhor doutrina (v. Aires Barreto, *Base de Cálculo, Alíquota e Princípios Constitucionais*; Paulo de Barros Carvalho, *Curso de Direito Tributário*; Roque Carrazza, *Curso de Direito Constitucional Tributário*; Amílcar Falcão *Fato Gerador da Obrigação Tributária*) — mede o fato posto no cerne da materialidade da hipótese de incidência; mensura o fato tributável; indica a quantificação do fato imponível. É — assim sintetizamos a boa doutrina — a "perspectiva dimensível do aspecto material da hipótese de incidência" (G. Ataliba, *Hipótese de Incidência*). Ora, se a hipótese de incidência é de imposto, o que se mede é fato inserido na esfera jurídica do contribuinte; se taxa, a base mede atuação estatal, atividade pública: prestar serviço ou desenvolver ato de polícia (art. 145, II, CF).

9.5 A base de cálculo da taxa deve sempre medir situação ou fato consistente em atividade estatal (prestar serviço público ou exercer poder de polícia administrativa).

Augusto Becker é incisivo: "A regra jurídica tributária que tiver escolhido para base de cálculo do tributo o serviço estatal ou coisa estatal terá criado uma taxa" (ob. cit., p. 345).

9.6 Não foi o que aconteceu, todavia, no presente caso.

10. Base de cálculo como critério objetivo para a definição do gênero do tributo

10.1 É a base de cálculo que, na verdade, determina o gênero do tributo. Alfredo Augusto Becker elucida: "...ao se investigar o gênero jurídico do tributo, não interessa saber quais os elementos que compõem o pressuposto material ou quais as suas decorrências necessárias, nem importa encontrar qual o mais importante daqueles elementos ou decorrências. *Basta verificar a base de cálculo; a natureza desta conferirá, sempre e necessariamente, o gênero jurídico do tributo*" (g.n.) (ob. cit., p. 338).

Com efeito, é a definição da base de cálculo o critério objetivo e jurídico para a determinação da natureza jurídica do tributo. Conforme a base, ter-se-á imposto ou taxa. São inconfundíveis as estruturas de ambos, como inconfundíveis são — conseqüência lógica — as bases de cálculo.

10.2 Paulo de Barros Carvalho ensina: "As elaborações da Ciência, todavia, encontraram na base de cálculo índice seguro para identificar o genuíno critério material da hipótese, ofertando-nos instrumento sólido e eficiente para confirmar, infirmar ou afirmar o enunciado da lei, surpreendendo o núcleo lídimo da incidência jurídica " (ob. cit., p. 229).

E sublinha que o intérprete deve "comparar a medida estipulada como base de cálculo com a indicação do critério material, explícito na regra de incidência".

E enfatiza: "A grandeza haverá de ser mensuradora adequada da materialidade do evento, constituindo-se, obrigatoriamente, de uma característica peculiar ao fato jurídico tributado. Eis a base de cálculo, na sua função comparativa, confirmando, infirmando ou afirmando o verdadeiro critério material da hipótese tributária. Confirmando toda vez que houver perfeita sintonia entre o padrão de medida e o núcleo do fato dimensionado. Infirmando, quando for manifesta a incompatibilidade entre a grandeza eleita e o acontecimento que o legislador declara como a medula da previsão fáctica. Por fim, afirmando, na eventualidade de ser obscura a formulação legal, prevalecendo, então, como critério material da hipótese, a ação-tipo que está sendo avaliada'' (idem, ibidem).

10.3 Temos, dessa forma, que o tributo consistente na exação em questão — não obstante ser vinculado ao exercício de determinada atividade estatal (emissão de guia ou licença de importação) e, repita-se, até o advento da Lei n. 8.387/91 — era verdadeiro imposto.

10.4 Isto porque, a título de remuneração pelo *serviço* prestado ao contribuinte, relativo à emissão de guia ou licença de importação, exigia-se tributo *sobre* o *valor* constante do referido documento (guia ou licença de importação); sobre o valor da operação de importação, portanto.

Elegia a lei, assim como base de cálculo do tributo, o valor da mercadoria importada (porque é este o valor do documento que acompanha a mercadoria), que é a mesma (base de cálculo) do imposto de importação e do imposto sobre operações relativas a circulação de mercadorias e serviços.

10.5 Assim, ainda que se procurasse fundamento de validade na competência residual da União, a exação analisada continuaria sendo flagrantemente inconstitucional, por ofensa à regra constante do inc. I do art. 154 da Constituição Federal, que assim dispõe:

A União poderá instituir:

''I — mediante lei complementar, impostos não previstos no artigo anterior, desde que sejam não-cumulativos e não tenham fato gerador ou base de cálculo próprios dos discriminados nesta Constituição;...''

De fato, o tributo em questão tinha — frise-se, até o advento da Lei n. 8.387/91 — base de cálculo que se sobrepunha à do imposto de importação, imposto sobre produtos industrializados e à do imposto sobre circulação de mercadorias e serviços.

Esse tributo era, assim, flagrantemente inconstitucional e, pois, inexigível.

11. A exigência de lei complementar

11.1 Cabe repisar: ainda que se busque fundamento de validade na competência residual da União, continua inconstitucional a exação em questão. É que a sua alíquota e base de cálculo não poderiam ter sido alteradas por lei ordinária, posteriormente à Constituição Federal de 1988, tal como pretendido pelas Leis n. 7.690/88 e 8.387/91 (que, respectivamente, alteraram a alíquota — aumentando-a — e a base de cálculo desse tributo).

11.2 Isto porque o já mencionado art. 154, I, da Constituição Federal — frontalmente agredido pela exação em exame — estabelece, ainda, a necessidade de lei complementar para a instituição de ''impostos não previstos no artigo anterior'' (os impostos previstos no art. 153), além de postular os termos da sua não cumulatividade, bem como vedar a sobreposição com impostos já previstos.

E imposto que é, o tributo em questão deve submeter-se às regras e princípios constitucionais que regem a tributação no Brasil. Logo, não pode ser admitido como taxa, em razão da base adotada; também não pode ser tolerado como imposto, por vulneração da tríplice exigência do art. 154, I, da Constituição.

12. Um precedente judicial

12.1 O tributo exigido por força do Decreto-lei n. 2.145/53, com a alteração que lhe foi dada pela Lei n. 7.690/88 (frise-se, até o advento da Lei n. 8.387/91), era inconstitucional, por todas as razões aqui expostas.

A Lei n. 7.690/88 foi objeto de apreciação pelo Plenário do Tribunal Regional Federal da 5ª Região, que declarou a inconstitucionalidade do seu art. 1º:

"*TAXA — COBRANÇA PELA CACEX NAS OPERAÇÕES DE IMPORTAÇÃO — NATUREZA JURÍDICA; LEI N. 7.690/88 — INCONSTITUCIONALIDADE* — Constitucional. Taxa cobrada pela CACEX para emissão de guia ou licença de importação. Natureza tributária da exigência. Valor da mercadoria como base de cálculo. Afronta à proibição contida no art. 145, parágrafo 2º, da Constituição Federal. Declaração de inconstitucionalidade do art. 1º da lei n. 7.690/88." (Ac. do TRF da 5ª R, Pleno, vu, AMS 2.333, CE, *DJU* de 19.7.91, p. 16.836).

13. O tributo instituído pelo Decreto-lei n. 2.145/53 após o advento da Lei n. 8.387/91

13.1 A Lei n. 8.387, de 30 de dezembro de 1991, veio novamente a alterar o malfadado art. 10 do Decreto-lei n. 2.145/53, dispondo, em seu art. 5º:

"O art. 10 da Lei n. 2.145, de 29 de dezembro de 1953, alterado pelo art. 1º do Decreto-lei n. 1.416, de 25 de agosto de 1975, e pelo art. 1º da Lei n. 7.690, de 15 de dezembro de 1988, passa a vigorar com a seguinte redação:

'Art. 10. *A licença ou guia de importação ou documento equivalente será emitida mediante o pagamento de emolumento*, conforme tabela elaborada pelo Ministério da Economia, Fazenda e Planejamento, como *ressarcimento dos custos* incorridos nos respectivos serviços'..."

Foi alterada a base de cálculo do tributo impugnado, tendo sido delegada ao Ministério da Economia, Fazenda e Planejamento competência para a determinação do valor do mesmo sem fixação de qualquer critério para tanto, em total afronta aos princípios constitucionais da legalidade estrita e indelegabilidade de atribuições entre os Poderes. A competência assim delegada foi exercida pela edição da Portaria N. 44, de 21.1.92.

13.2 O art. 2º da Constituição Federal dispõe que os Poderes da União (Executivo, Legislativo e Judiciário) são harmônicos e independentes entre si. Suas funções são exclusivas e reciprocamente indelegáveis, salvo o único caso, expressamente previsto na Constituição, no art. 68.

Não pode o Legislativo, pois, delegar ao Ministério da Fazenda poderes que lhe foram outorgados — a ele, Poder Legislativo — pela própria Constituição Federal. Não pode renunciar a legislar, estritamente, em matéria tributária. Deve exaurir a competência legislativa tributária. Nisso, aliás, é que consiste o sacro princípio da estrita legalidade da tributação, conforme unânime doutrina e indiscrepante jurisprudência.

Esta é, contudo, precisamente, a hipótese do caso vertente: a lei delegou ao Ministério da Economia, Fazenda e Planejamento poderes para a fixação do tributo em questão. Nem ilude o intérprete a pretensão de, num passe de mágica, transformar tributo em emolumento...

13.3 A competência para descrição válida de qualquer aspecto da hipótese de incidência tributária é matéria exclusiva e tipicamente legislativa, que, sob nenhum pretexto, pode ser delegada a órgão do Poder Executivo, como pretendido pelo art. 5º da Lei n. 8.387/91.

Precisos são os ensinamentos de Pontes de Miranda: "Frisamos que a lei não pode deixar ao Presidente da República determinar a suspensão ou o adiamento de sua execução, porque seria delegar poder. Mais profundamente violador das regras jurídicas constitucionais seria delegar a quem não é chefe do Poder Executivo, *e. g.*, ao Ministro tal, á repartição tal, à comissão tal ou Instituto tal" (*Comentários.., tomo III, pp. 313-314).*

Com efeito, a delegação de competência entre os Poderes da República é vedada. Norma de inferior hierarquia nada pode estabelecer contrariando tal básica proibição.

A delegação de competência tributária é efetivamente inconstitucional. Roque Carrazza escrevendo sobre o tema diz: "Aliás, nem mesmo no âmbito da pessoa política, o Poder legislativo (que representa de modo mais direto, o povo) pode delegar aos demais poderes (v.g., ao Executivo), ou a terceiro, qualquer das atribuições, para criar tributos, que lhe foram expressa ou implicitamente conferidas pela Carta Magna" (op. cit., p. 286).

13.4 É, assim, flagrantemente inconstitucional a delegação outorgada ao Ministro da Fazenda pela lei n. 8.387/91, no sentido de conferir-lhe poderes para a fixação do valor do tributo em questão.

A lição do clássico Santi Romano é conclusiva: "A delegação é inadmissível quando há uma constituição rígida que não a permite expressamente; ela, com efeito, importaria uma derrogação a esta Constituição, a qual não se *encontra na competência do poder legislativo ordinário"* (in *Princípios de Direito Constitucional Geral*, Ed. RT, 1977, p. 346, tradução de Maria Helena Diniz).

13.5 A exação em questão, tal como prevista na Lei n. 8.387/91 desconsidera o princípio da legalitariedade — a vigorosa expressão é de Pontes de Miranda — tributária (arts. 5º, II e 150, I da CF).

Com o advento da Lei n. 8.387/91 a exação em questão (cuja quantificação foi delegada ao ministro da fazenda) ganhou mais um título de inconstitucionalidade.

13.6 A Lei 8.522/92 dispôs:

"Art. 1º: Ficam extintos:

"(...)

"IX — a taxa pela emissão de licença ou guias de importação, criadas pelo art. 10 da Lei 2.145, de 28.12.53, (...)"

É, assim, surpreendente que se pretenda, agora, ressuscitar o tributo, mediante simples ato interno do Banco do Brasil.

13.7 A respeito, sintetizamos:

"A descrição completa e acabada da regra matriz de incidência tributária é tarefa soberana *e exclusiva do Poder Legislativo* competente, não podendo ser suprida pelo titular de função administrativa.

"A função administrativa, nos termos da clássica lição de Cirne Lima, é regida pela total submissão à lei, donde o citado Professor dizer que administrar é aplicar a lei de ofício. A autoridade administrativa não detém nenhuma parcela de competência que não venha da lei, sendo certo que deve exercê-la nos limites definidos pela lei. Ela não pode nada além ou aquém da lei, devendo, pela própria natureza de sua atividade, submeter-se rigorosamente aos preceitos legais que visa a aplicar. (...)

"Não há, pois, a menor possibilidade de sustentar a constitucionalidade de qualquer delegação de função (ou atribuição), ao menos a partir da análise de nosso Texto Constitucional e no que se refere a matéria tributária. Assim, definida a total independência e harmonia das funções, tal como delineadas pela Constituição Federal, não se pode admitir a existência de norma tributária aberta, de norma tributária em branco, pois a função consistente em descrever legislativamente a regra matriz de incidência tributária coube, por opção constitucional, única e tão-somente ao Legislativo, não podendo o Executivo alterar-lhe o produto ou suprir-lhe as faltas e omissões. (...)

"Não pode, portanto, o Executivo "completar" regra matriz de incidência tributária, nem tampouco presumir a prática de certos atos, e, muito menos, recorrer à analogia para reputar ocorrido fato imponível e nascida a obrigação tributária correlata.

"A mesma convicção, e decorrente mesmo da anteriormente assinalada, temos ao afirmar que, em matéria de instituição e arrecadação de tributos, não se pode cogitar da existêncoa de lacunas no Direito brasileiro. Esta é a lição de Alberto Xavier, esclarecendo que: "É que a tipologia taxativa, como a tributária, opera, no seu âmbito, como uma plenitude lógica da ordem a que se refere tornando-a, do mesmo passo, completamente livre de lacunas" (in *Os Princípios da Legalidade e da Tipicidade da Tributação*, Ed. RT, 1978, p. 88). E prossegue Xavier citando Oliveira Ascensão: *"Para nós, só pode falar-se de lacunas nos setores da ordem jurídica onde exista uma intenção de regulamentação totalizante.* Nos setores dominados pelo princípio da tipicidade, tal intenção não existe, não cabendo pois falar de lacunas" (idem, ibidem).

"Admitida a tipologia taxativa do Direito Tributário brasileiro, devemos, por questão de simples coerência, admitir que existe plenitude lógica nesta matéria, o que nos leva a concluir que não há intenção de regulamentação totalizante, considerando-se juridicamente relevante tão-só o que tenha sido transformado em lei, material e formal. Só são relevantes, portanto, os fatos ou estados incluídos no catálogo de tributação resultante da atividade seletiva e tipificadora do legislador ordinário. Com isso, cremos, demonstramos que *não há mesmo possibilidade de o chamado Poder Executivo participar na integração de disposição mutilada* (intencional ou não intencionalmente) oriunda do legislativo.

"Pode-se, portanto, fechar o círculo afirmando que, seja de um ponto de vista estrutural (rígida repartição de atribuições e funções harmônica, incomunicável e indelegável), seja do ponto de vista lógico (não há pretensão de regulamentação totalizante, havendo, pois, plenitude lógica), *norma que pretenda instituir tributo deve descrever legislativa e exaustivamente toda a regra matriz de incidência,* não podendo ser considerada perfeita e aplicável enquanto não estiver completamente acabada por obra do próprio legislador, jamais do administrador" (J. A. Lima Gonçalves, in *Revista de Direito Tributário*, vol. 35, p. 253-254).

13.8 A pretensão do Banco do Brasil é absoluta e totalmente destituída de qualquer fundamento, assim constitucional como legal. Não é juridicamente amparada a exigência desses *emolumentos* à consulente.

Conclusão

Em face do quanto exposto, pode-se concluir ser inconstitucional a exigência do tributo que se pretende arrecadar pela emissão de guia de importação (originalmente criado pelo Decreto-lei n. 2.145/53 e alterações), porque:

(1) até o advento da Lei n.8.387/91 (1.1) se considerado como taxa, tinha base de cálculo de imposto (ofensa ao art. 145, § 2º da CF), e (1.2) se considerado como imposto, tinha base de cálculo que se sobrepunha à do imposto de importação e à do imposto sobre a circulação de mercadorias e serviços (ofensa ao art. 154, I da CF);

(2) ainda, considerando-o como taxa ou como imposto, sofreu alteração na sua alíquota — que foi aumentada — e na sua base de cálculo por meio de lei ordinária, posteriormente à promulgação da Constituição Federal de 1988, o que só poderia ter ocorrido por meio de lei complementar (ofensa aos arts. 5º, II, 150, I e 154, I da CF);

(3) após o advento da Lei n. 8.387/91 (quer seja considerado como taxa, quer como imposto), sofreu alteração na sua base de cálculo, por ato do ministro da fazenda, com base em delegação inconstitucional de competência para a fixação do valor do tributo (ofensa aos arts. 2º, 5º, II, 68, § 1º, 150, I da CF e art. 25 do ADCT);

(4) após a sua revogação pela Lei 8.522/92, a pretensão do Banco do Brasil de cobrá-lo com base em ato interno seu não encontra nenhum fundamento jurídico de validade, contrariando toda a sistemática constitucional tributária.

É o parecer, s.m.j.

São Paulo, 4 de agosto de 1993.

CADERNOS DE DIREITO TRIBUTÁRIO

ISS — SEGURO SAÚDE *

José Souto Maior Borges

1. A consulta — 2. A tentativa malograda de descaracterização do contrato de seguro: sua irrelevância — 3. O ISS não incide sobre atos jurídicos — 4. Regime jurídico-privado da prestação de serviços — 5. A definição em lei complementar dos serviços tributáveis pelo ISS: suas limitações constitucionais — 6. O item 5 da lista anexa à Lei Complementar 56/87 — 7. O item 6 da lista anexa à Lei Complementar 56/87 — 8. Regime jurídico da sujeição passiva ao ISS — 9. Nenhuma sujeição passiva por responsabilidade tributária da consulente — 10. Pretensão ao ISS sobre despesa ou de como se pretende usurpar a competência residual da União.

1. A consulta

1.1 Golden Cross Assistência Internacional de Saúde tem como objetivos sociais, nos termos dos seus estatutos, art. 3º, *b*, desenvolver planos de assistência médico-hospitalar de proteção à saúde.

1.2 Consistem essas atividades em atuar no âmbito do seguro-saúde, assumindo os riscos das despesas de pagamento dos serviços médicos-hospitalares utilizados pelos beneficiários dos planos de saúde com ela contratados.

1.3 Antecipa a consulente que, inobstante o art. 5º § 1º, dos seus estatuto lhe autorize a execução direta desses serviços médicos, tal possibilidade jamais se concretizou, porque Golden Cross não mantém ou explora atividades próprias de médicos e/ou hospitais.

1.4 A consulente não é proprietária, gestora ou administradora de nenhum hospital no Município de São Paulo. Os médicos que para ela trabalham — seus consultores — exclusivamente opinam e controlam a idoneidade dos serviços de terceiros — médicos e hospitais credenciados — pagos por Golden Gross, nos termos do contrato de seguro-saúde. São, pois, as funções desses consultores-médicos, meramente administrativas. Eles não prestam serviços a terceiros — os beneficiários dos planos de saúde avençados com Golden Cross.

1.5 Finalmente a consulente explicita que a sua atividade limita-se à cobertura de gastos médico-hospitalares dos que com ela contratam os planos de saúde, na eventualidade de eventos mórbidos, aleatórios, independentes da vontade humana, em contrapartida do paga-

* Parecer sobre a exigência inconstitucional e contrária à Lei Complementar 56/87 do ISS, sobre credenciamento de médicos e hospitais e sobre seguro-saúde.

mento mensal de importância (prêmio), sem correspondência com eventuais indenizações.

1.6 Em suma: a consulente contrata com terceiros o pagamento ou reembolso de valores que eventualmente estes últimos venham a despender com médicos, hospitais, ambulatórios e congêneres, mediante remuneração mensal. Assume — e nisso está a característica básica do contrato — o risco de ressarcir despesas médicas e hospitalares, se e somente se vierem a ocorrer os eventos contratualmente previstos (despesas de assistência médico-hospitalar) em troca de retribuição mensal (prêmio), consubstanciando-se a avença num contrato de adesão, pelo beneficiário do plano, a condições preestabelecidas. É, portanto, a atividade da consulente, objeto de contrato aleatório e não-comutativo, celebrado com terceiros.

1.7 Inobstante essas atividades típicas não se confundirem com serviços, a Prefeitura do Município de São Paulo promoveu contra a consulente várias execuções fiscais para a cobrança do ISS, tempestivamente embargadas.

1.8 Em decorrência dos motivos expostos, indaga Golden Gross: a) a Lei Complementar 56/87, ao formalmente alterar a lista de serviços tributáveis pelo ISS, nos seus itens 5 e 6, introduziu pressupostos — os planos em grupo de assistência médica e planos de saúde — até então sobranceiros à incidência do ISS? b) é constitucional e legal a pretensão ao ISS com relação às atividades por ela desenvolvidas?

A resposta a essas indagações será o objeto das considerações subseqüentes.

Parecer

2. *A tentativa malograda de descaracterização do contrato de seguro: sua irrelevância*

2.1 É claro que tanto o contrato de seguro, como o de prestação de serviços, inconfundíveis entre si, são formas contratuais nominadas e típicas; não constituem portanto contratos inominados e atípicos. Entretanto, todo o esforço da Prefeitura Municipal de São Paulo consiste em descaracterizar o seguro-saúde como uma especificação do contrato de seguro em geral. Como se essa descaracterização envolvesse a conseqüência de que o contrato de seguro-saúde recobriria uma prestação de serviços. Nada mais equivocado. Aliás mais que um simples equívoco. Um problema falso, que visa objetivamente ladear a conseqüência — indesejável para o fisco — de que não há prestação de serviço na hipótese dos planos de saúde e contratos de assistência médica em grupo.

2.2 E essa conseqüência decorre da consideração de que não é logicamente possível extrair da proposição negativa e caracterizadamente "ad hoc" "o contrato de seguro-saúde não é contrato de seguro no sentido próprio" a proposição afirmativa "o contrato de seguro-saúde é um contrato de prestação de serviços". E mesmo que o fosse: o ISS não incide sobre o contrato, senão sobre a efetiva prestação do serviço. Contudo, bem poderia ocorrer que o contrato, mesmo precariamente descaracterizado como seguro, viesse a ser inominado ou atípico, mas ainda assim inconfundível com o de prestação de serviços. Não será por outro motivo que a caracterização ou não de serviços — prestados pela consulente — tem importância crucial na hipótese. Deslocar a questão para o terreno contratual é no entanto inadequadamente localizá-la e enfrentá-la.

2.3 Mas a indagação sobre a existência ou inexistência de uma prestação de serviços tem peso decisivo para firmar ou infirmar a competência do Município de São Paulo, na hipótese da consulta. Certo é que Golden Cross não presta serviço algum ("facere") quer aos seus associados, quer aos médicos que credencia; apenas paga ou reembolsa custos médicos hospitalares ("dare"): nada que sequer se assemelhe a uma prestação de serviços (infra, IV).

2.4 Conseqüência, essa sim, inelutável: não terá maior importância a tipificação das atividades da Golden Cross quer como de seguro-saúde, quer como decorrentes de contrato inominado ou atípico. Só teria se fossem, essas atividades, *serviço*. O que manifestamente não são. E em tal hipótese o contrato não seria inominado, nem atípico. Seria contrato de serviço.

2.5 E como não constituem serviços, estão, as atividades da consulente, situadas ao inteiro abrigo e fora do âmbito material de validade das normas constitucionais e legais sobre ISS.

Quem melhor o viu, e com a habitual clareza, foi o Ministro Leitão de Abreu, versando idêntica hipótese de seguro-saúde, mas envolvendo outra empresa: "O que está em causa — porém — como centro de gravidade da questão —, não é saber se a recorrida pode, ou não, exercer a atividade de seguradora, mas verificar-se se é prestadora de serviços de assistência médica previstos na lista a que se refere o DL 406, de 31.12.68, alterado pelo DL 834, de 8.9.69".

2.6 O contrato de seguro não responde a uma categoria extradogmática, isto é, da Teoria Geral do Direito das Obrigações, nem, muito menos, lógica. É uma categoria puramente *dogmática*. Assim sendo, é a lei que o tipifica, dando-lhe os contornos e o perfil normativo. O estarem fora, as atividades da Golden Cross, da caracterização *tradicional* do seguro, não lhes retira então e só por isso a caracterização como securitárias. É essa uma ponderação de importância fundamental. Porque contrato de seguro é o que a lei diz que é. Noutros termos: trata-se de pura criação legal. Não se reveste de uma *essência* que, enquanto tal, preexista à lei que o disciplina e condiciona. Nada disso: o seguro é um ente puramente jurídico. Nenhuma *seguridade*, privada ou social, sem lei (ou quem excepcionalmente lhe faça as vezes, como o DL).

2.7 Como está então legalmente disciplinada essa matéria? Responde-se: pelo DL 73, de 21.11.66, que precisamente dispõe sobre o sistema nacional de seguros privados e no qual são extraídos os preceitos abaixo transcritos:

"Art. 129. Fica instituído o seguro-saúde para dar cobertura aos riscos de assistência médica e hospitalar.

"Art. 130. A garantia do seguro-saúde consistirá no pagamento em dinheiro, efetuado pela sociedade seguradora à pessoa física ou jurídica prestante da assistência médico-hospitalar ao segurado".

2.8 Como se vê, a afirmação de que o contrato de seguro-saúde não é seguro no sentido próprio, além de contrapor-se a texto de direito positivo, é caracterizadamente "ad hoc", porque objetiva contornar os efeitos, indesejáveis para o fisco, da consideração de que esse contrato é de seguro (supra, 2.2). Noutras palavras: visa apenas *imunizar* uma hipótese teórica e aplicativa conclusivamente falseada. Não tem portanto valor científico algum. Esse falseamento decorre de que a sua base de controle experimental é o direito positivo e pois o DL 73/66, arts. 129 e 130. E são precisamente esses dispositivos que impõem o seu repúdio, dado que ela não resistiu ao teste de inserção sistemática.

2.9 A cobertura do seguro-saúde não é então agenciamento, intermediação ou similar, conclusão que seguramente decorre do art. 129. E a garantia do seguro-saúde, "ex vi" do art. 130 é o pagamento em dinheiro pela empresa seguradora. Mas pagamento a quem? À pessoa física ou jurídica prestante da assistência médico-hospitalar ao segurado, responde-o esse mesmo dispositivo. Serviços de assistência médica são portanto prestados pelos médicos e hospitais credenciados — não pela seguradora, ou seja, Golden Cross.

2.10 Compete privativamente à União legislar sobre seguros (CF, art. 22,

I). Aqui a questão se coloca sob outro ângulo, não menos importante porém. Privativo é o campo de quem está só, não concorrendo com mais ninguém para o exercício da competência. Portanto: o Município não tem competência alguma para legislar a respeito de seguros. E a competência da União não se restringe ao campo das relações privadas, porque a CF, no seu art. 153, item V, atribui competência igualmente privativa à União para instituir imposto que recaia sobre *operações de seguro*, ou por simplificação denominado IOF. Não há no particular competência municipal — inclusive tributária — remanescente para o Município.

3. *O ISS não incide sobre atos jurídicos*

3.1 A claúsula constitucional *serviços de qualquer natureza* (CF, art. 156, IV) é desenganadamente ampla. Sem embargo é essa amplitude mesma que permite entrever os seus limites: só a atividade que revista a natureza de serviço pode compor a hipótese-de-incidência (*fato gerador*) do ISS. O ISS não é, ao contrário do ICMS, um imposto sobre a circulação. Para evidenciá-lo, basta que se atente para a CF, art. 155, I, *b*, ao expressamente distinguir entre (a) operações relativas a circulação de mercadorias e (b) prestações de serviços de transporte e comunicações. A única diferença que há entre esses serviços e os de qualquer natureza é que os primeiros são específicos. Mas ISS e ICMS se diversificam porque o ICM(S) incide sobre atos jurídicos mercantis por meio dos quais são dinamizadas as operações de circulação de mercadorias. São operações esses atos mercantis (venda, consignação, empreitada, etc.). Que tipo de operações? Relativas à circulação de mercadorias. Diversamente, o ISS não grava operações, os atos jurídicos contratuais, relativos à sua prestação. Não incide sobre os contratos de prestação de serviços. Tanto é assim que, se o serviço for apenas contratado, não sendo executado porém, descabe o ISS. A sua hipótese de incidência não é descritível assim: *contratar serviços*, senão por outra fórmula: *prestar serviços de qualquer natureza*.

3.2 Metáforas desafortunadas, como a de que o ISS gravaria a *venda de bens imateriais* (os serviços), em analogia com o ICMS, que gravaria a *venda de bens materiais*, desviam a análise da questão do seu campo apropriado. Até porque o ICM(S) grava também serviços: os de transporte e comunicações. Desservem pois ao esforço de fixação da competência tanto da lei complementar quanto da lei tributária material do Município.

3.3 Insista-se: o ISS não é um imposto incidente sobre atos jurídicos. Diversamente a sua hipótese de incidência é um estado-de-fato. Recai o tributo municipal sobre serviços não configuráveis como públicos (imunes) e não inclusos na competência impositiva estadual (CF, art. 155, I, *b*). Como visto, se ao contrato de serviços não se segue a sua efetiva prestação, nenhum ISS será devido. Ora, se o ISS incidisse sobre atos jurídicos impor-se-ia conclusão inteiramente diversa: a sua hipótese de incidência seria assim enunciável: *contratar serviços*. E se de serviços de assistência médica se tratasse, poderia ser explicitada: *contratar serviços de assistência médica, inclusive planos de saúde e planos de medicina em grupo*. Nenhum contrato se inclui na composição do suporte fáctico da regra jurídica do ISS.

4. *Regime jurídico-privado da prestação de serviços*

4.1 Parte-se agora para caracterizar o regime jurídico dos serviços tributáveis pelo ISS, dado que nem todos os serviços podem ser objeto desse tributo. Por isso mesmo, é necessário demarcar o campo material tributável. Demarcar a competência tributária é tão importante quanto fixar-lhe o conteúdo normativo, o seu âmbito de validade. Intributáveis pelo Município são os serviços prestados sob regime jurídico-público, porque *imunes*. Deveras: é peremptória a CF ao vedar a instituição de impostos sobre serviços da União, estados, DF e municípios (art. 150, VI, *a*). A imunidade é limitação constitucional ao poder de tributar que, no contexto constitucional (arts. 150 a 152), preexiste à própria repartição da competência impositiva municipal (art. 156), particularmente no tocante à instituição do ISS (item IV).

4.2 Há ainda outros serviços intributáveis pelo ISS, embora prestados sob regime jurídico-privado: os serviços de transporte interestadual e intermunicipal e os de comunicações, tributáveis exclusivamente pelo ICMS, de competência estadual (CF, art. 155, I, *b*). Esses serviços não são imunes e pois estão submissos ao imposto estadual.

4.3 Excetuados esses dois últimos, os serviços de qualquer natureza são tributáveis pelo ISS. Mas só serviços prestados sob regime jurídico-privado. Que é serviço? Como caracterizá-lo? Quando se configura o regime jurídico-privado? Serviço é, para o direito privado, prestação de utilidade material ou imaterial, fruível individual ou coletivamente.

A caracterização de serviço no direito privado é lapidamente ofertada pelo Código Civil, art. 1.216, "in verbis": "Toda espécie de serviço ou trabalho lícito, material ou imaterial, pode ser contratada mediante remuneração".

4.4 Mas a especificação da utilidade como material ou imaterial é irrelevante para a caracterização ou descaracterização do serviço. Há pois serviço tanto na elaboração de um parecer técnico de projetista ou calculista (utilidade imaterial) quanto na execução de obra hidráulica ou de construção civil (utilidade material).

4.5 Na relação de serviço, há sempre prestação e contraprestação de dois sujeitos jurídicos nela intervenientes; o prestador e o tomador da utilidade respectiva. A prestação de serviço é ato humano, recebido pelo ISS como ato-fato (extracontratual). Indiferente — tributariamente indiferente — o vínculo contratual que a origina (o ISS não incide sobre contratos). O direito tributário encara o serviço como um ato-fato jurídico. Ato humano produtor de efeitos jurídicos típicos, a obrigação de pagar o ISS. O fato concreto da prestação de serviços é um pressuposto de conteúdo normativo para a imputação de efeitos relacionais, melhor dito: multilaterais: (a) a obrigação de pagar o preço (do tomador), (b) a de prestar o serviço (do prestador), (c) a de pagar o ISS (do prestador). Nela estão pois mesclados efeitos de direito privado e de direito público.

4.6 A relação contratual de serviços rege-se pelo direito privado. O contrato é apenas um pressuposto indireto — dado que sem contratação o serviço não é prestado e sem prestação o serviço não é tributado — para a aplicação de normas de direito público, como as tributárias. É por esse caminho que se instaura a obrigação de pagar o ISS, sob o influxo de princípio constitucional da legalidade.

4.7 A doutrina jurídico-privada tradicionalmente costuma salientar que o contrato de serviços dá origem a uma obrigação de fazer ("facere"), contrapondo-se assim às obrigações de dar ("dare"). Ali onde se manifesta uma obrigação de dar, não será lícito falar em serviço. Consideração de extrema utilidade, porque, se estivermos em presença de obrigações de *dar*, serviços não haverá. A prestação de serviços rege-se, no direito privado, pelas normas disciplinadoras das obrigações de fazer. Ora, Golden Cross não se obriga contratualmente a um "facere", um prestar serviços de assistência médico-hospitalar. Logo não se estará em presença de prestação de serviços para efeito do ISS. A consulente só se vincula a um "dare" — o pagamento das despesas com a execução desses serviços por terceiros — médicos e hospitais.

4.8 Para colocar em estado de questão a legitimidade da pretensão ao ISS deve-se verificar se a obrigação é genericamente de dar ou de fazer. Se de fazer — e somente nessa hipótese — questiona-se se não corresponde a serviço público (*imune* ao ISS) ou privado (tributável pelo ISS). Mas a questão sobre as obrigações de fazer ou dar tem primazia lógica até sobre o seu regime jurídico (público/privado) porque se a obrigação é de dar, não há serviço e pois a situação fáctica subjacente não corresponde à hipótese de incidência do ISS. Critério esse que se mostra extremamente operativo ao demarcar — positiva e negativamente — as obrigações de fazer e dar. Recorde-se a insuperada lição de Hensel: a hipótese de incidência do tributo é como que a imagem abstrata do concreto estado-de-fato. Se essa adequação não se manifesta, indevido é o tributo.

4.9 Por outro lado, a comutatividade é característica indeclinável dos contratos de serviço: presta-se serviço (um "facere") a alguém (o tomador), e este o remunera ("dare"). Exatamente como ocorre com os médicos e hospitais credenciados por Golden Cross e inocorre com as atividades da consulente, que não tipificam serviço de natureza alguma!

4.10 Construídos pelo direito privado, esses conceitos não devem ser desconsiderados pelo direito tributário, porque a lei tributária não pode alterar a definição, o conteúdo e o alcance de institutos, conceitos e normas de direito privado, utilizados pela CF para definir ou limitar competências tributárias (CTN, art. 110). Mas a lei tributária nacional que é a lei complementar, melhor dito: lei sobre leis de tributação, de sobredireito tributário, não deve, também ela, que suporta temperamentos constitucionais de forma (CF, art. 69) e fundo (CF, art. 146), instituir pressuposto para o ISS... que não configure serviço; que não tenha a *natureza* de serviço. E não a têm os *serviços* por equiparação legal, porque só se equiparam coisas diferentes. Se algo tem a natureza de serviço não é necessário equiparação alguma a ... serviço de qualquer natureza. A relação é aí de identidade — não de diversidade, mesmo análoga. Não têm a natureza de serviço, os ainda-não-serviços, que são os serviços potenciais (a rigor aliás todos somos prestadores potenciais de serviços!).

4.11 Golden Cross não presta serviço algum, mormente médico-hospitalar, aos seus associados ("facere"). Apenas lhes reembolsa os custos médico-hospitalares ("dare"). Intributáveis pelo ISS, portanto, as suas atividades. E imunes à inclusão em qualquer lista de serviços, precisamente porque não configuram o pressuposto do ISS. Terá no entanto, a Lei Complementar 56/87, introduzido sub-repticiamente hipóteses de incidência do ISS não caracterizáveis como serviço? Essa é a indagação mais eminente no contexto problemático em que se situa a questão do regime jurídico das atividades da Golden Cross.

4.12 Os prestadores de serviços médico-hospitalares são terceiros na relação entre o fisco de São Paulo e a consulente. Daí a inconstitucionalidade e ilegalidade da pretensão fiscal. Apega-se o fisco municipal à exigibilidade do ISS a quem não é prestador desses serviços, a consulente. Tomadores desses serviços são as pessoas que aderem aos planos de saúde e de assistência médica em grupo que a consulente institui. Bem por isso é que Golden Cross não tem nenhuma relação pessoal, direta ou indireta, com a hipótese de incidência do ISS. A sua atuação responde a um acontecimento futuro e incerto: dada a realização de despesas médico-hospitalares pelos seus segurados, deve a consulente pagá-las ou reembolsar as já consumadas.

4.13 Se a lei tributária municipal extrapassa o seu campo material de competência — demarcado constitucionalmente — *serviços de qualquer natureza*, estará incidindo essa inconstitucionalidade. Inconstitucionalidade que bem pode não residir na lei tributária em si, mas na sua aplicação inconstitucional. É precisamente o que ocorre na hipótese, como se verá: a pretensão da Prefeitura Municipal de São Paulo não encontra fundamento bastante de validade na própria Lei Complementar 56/87, itens 5 e 6. Inconstitucional e ilegal é pois a pretensão ao ISS. Precavenha-se o intérprete e aplicador da lei do erro elementar de não distinguir (a) entre lei inconstitucional e (b) lei constitucional que sofra uma aplicação inconstitucional, pela distorção do seu sentido. A hipótese (b) relaciona-se claramente com o exercício da pretensão ao ISS sobre as atividades da consulente (infra, VI e VII). Ah! esse *erro de não distinguir*, quantos malefícios provoca.

5. *A definição em lei complementar dos serviços tributáveis pelo ISS: suas limitações constitucionais*

5.1 O art. 156, IV da CF, sob uma formulação unitária, abriga duas regras distintas. A primeira atribui aos municípios competência para instituir o ISS. O Destinatário da segunda regra é porém diverso, a União, a quem incumbe em lei complementar definir esses serviços. Se são dois os distinatários do preceito, duas são as regras jurídicas que ele contempla. A CF autoriza, na primeira parte do dispositivo, a instituição do ISS e, na segunda parte, lhe traça o balizamento: incumbe à lei complementar *definir* tais serviços.

5.2 Não que a lei complementar condicione o exercício da competência tributária municipal. Não é essa a função que a cláusula constitucional convoca a lei complementar a exercer. Essa lei do art. 156, IV, "in fine", não passa de uma especificação da lei complementar a que se reporta genericamente o art. 146, III, *a*, da CF, em cujos termos lei complementar disporá sobre a definição de tributos. Como no entanto essa *definição* concorre com a competência dos municípios para definir a hipótese de incidência do ISS, segue-se que a rigor de coerência só na área de conflitos de competências (ISS/ICMS, ISS/IOF, ISS/IR, etc.) caberá à União definir serviços tributáveis pelo ISS. Mesmo que assim não se entenda, dificilmente se ousaria sustentar que o ISS somente poderia ser instituído se fora previamente definida, como uma "conditio sine qua non, a sua hipótese de incidência (*fato gerador*) em lei complementar. Porque aí então o princípio da autonomia municipal, instrumentado dentre outras, pela via tributária, virtualmente poderia converter-se em letra morta. E dentre uma alternativa exegética que prestigia o princípio e outra que o aniquila, a escolha é óbvia.

5.3 A lei complementar que define serviços tributáveis pelo ISS tem portanto o seu campo próprio e indisputado no âmbito das *normas gerais em matéria de legislação tributária* (CF, art. 146, III). O ser, essa lei, não a rigor, tributária, mas sobre leis tributárias (sobredireito) sinaliza claramente para a necessidade de que seja ela entendida como instrumento de atuação de uma limitação constitucional do poder de tributar. E nada mais. No art. 156, IV, a CF autoriza e limita o exercício da competência para instituir o ISS. Retorne-se à lição de Forsthoff: "Toda atribuição de competência representa ao mesmo tempo uma autorização e uma limitação". Hipótese explicativa do mecanismo da competência que foi, no particular, corroborada pela mais eminente das bases experimentais: a própria CF.

5.4 Com esses temperamentos aos destemperos exegéticos tradicionais deve ser interpretada a competência da União, *excepcional* no ordenameno constitucional positivo (porque contrastável com o princípio da autonomia municipal), para definir serviços tributáveis pelo ISS. A persistência dessa ambigüidade (*serviços definidos em lei complementar*) no texto constitucional de 1988 não tem desculpa histórica, dados os seus nefastos antecedentes exegéticos, sobretudo a taxatividade da lista. Todavia, no plano das coisas práticas, importa decisivamente acentuar, na hipótese, que, seja qual for o entendimento dado à malsinada claúsula (*taxatividade* ou *explificatividade* da lista), a lei complementar não pode, exemplificativa ou taxativamente inovar o ordenamento constitucional em matéria de limitações. Só há limites constitucionais ao poder de tributar. Nenhum limite infraconstitucional. Reserva constitucional absoluta em matéria de limitações. Os limites da competência tributária do Município estão — todos eles — dispostos no texto constitucional.

5.5 Pudesse a lei complementar — mas só se o pudesse — inovar as limitações constitucionais em matéria tributária. Elas deixariam de estar a rigor sob reserva constitucional absoluta, que é o seu regime próprio. No plano infraconstitucional, seria possível instituir limites — constitucionalmente imprevistos — para o exercício da competência tributária. Pior ainda: limites à própria definição da competência. Mas só a partir de *concessões* tão aberrantes e desarticuladoras da arquitetura do sistema é que seria possível admitir pudesse a lei complementar: a) omitir-se, no todo ou em parte na definição de serviços tributáveis pelo ISS; b) definir, como atualmente ocorre, um elenco mais ou menos amplo de serviços e, sendo essa definição havida como *taxativa*, eles deixam de ser *de qualquer natureza*, consoante autoriza a CF, para serem apenas os listados em lei complementar; c) reduzir a níveis insuportáveis pelos municípios, o rol de serviços tributáveis, por exemplo, a dois ou três serviços. Até hoje os estragos que essa posição manifestamente equivocada provocou no princípio da autonomia municipal não puderam ser explicados pelos adeptos da taxatividade da lista, adormecidos em sono dogmático (cf. "O ISS e serviços de vigilância privados", *RDT*, 2/62 e ss., onde a matéria está amplamente esclarecida).

5.6 Sirvam essas considerações para evidenciar apenas que a lei complementar tributária (a do art. 156, IV) não pode tudo! Porque, de qualquer sorte, a Lei Complementar 56/87, itens 5 e 6 (infra, VI e VII), não dispõe sobre supressão de serviços tributáveis pelo Município, mas sobre inclusão de serviços específicos, dantes não contemplados na lista revogada, a do DL 834/69. Para os que preconizam a *taxatividade* da lista, esses serviços eram até então intributáveis. Como no entanto a lista só contempla, nos itens 5 e 6, serviços de médicos e hospitais, essas inovações são adiáforas para a consulente.

5.7 Sem embargo, a capacidade de reiteração do erro e insistência no equívoco é infinita e a *esmagadora maioria* que preconiza a taxatividade da lista não se deixa convencer facilmente. E foi essa posição equivocada que possibilitou o entendimento pela pretensa inclusão, com a superveniência da Lei Complementar 56/87, de serviços novos. Ou — o que é muitíssimo mais grave — de que não-serviços passavam a ser serviços (?) com a só previsão dos itens 5 e 6. Quanta indigência exegética! No Brasil, em matéria de aplicação distorcida do sistema constitucional tributário, a experiência é muito mais fértil do que a nossa vã filosofia...

5.8 Na doutrina e jurisprudência há um privilegiamento da lei complementar que chega na prática a dotá-la de uma eficácia supraconstitucional. Como caracterizar diversamente a posição dos que defendem, com precários argumentos ou sem argumentação alguma, que a inclusão de um item na lista anexa atua como o Rei Midas, que transformava em ouro tudo o que tocava: converte "ipso facto" em serviço tudo o que é listado! Sem contraste algum de sua constitucionalidade. Não é bem assim que deve ser contudo serenamente interpretada a lei complementar definidora de serviços tributáveis pelo Município. Porque ela, assim como a lei tributária municipal, é infraordenada ao texto constitucional. Conseqüência: não pode *definir* ou *listar* serviços constitucionalmente intributáveis pelo ISS. No poder de listar serviços não se inclui o de incluir não-serviços. Só serviços de qualquer natureza — e isso não é pouco, mas diz tudo! — são tributáveis pelo ISS. Não pode a lei complementar captar, como se serviços fossem, atividades com eles inconfundíveis, isto é, que não revistam a *natureza* de serviços. Se pudesse fazê-lo, ampliaria obliquamente a própria competência constitucional do Município. Transformaria uma claúsula rígida — a do art. 156, IV — em flexível. Por ser implícito, o princípio da rigidez do sistema constitucional tributário nada perde em positividade e eficácia.

5.9 Conseqüência dessa ordem de ponderações: nenhum *serviço* tributável por similitude ou analogia. Nenhum serviço, por equiparação legal. Nenhum serviço, por definição legal (leia-se: infraconstitucional). Nenhuma potencialidade de prestação de serviços deve ser pretexto para o ato da cobrança do ISS. Sobre nenhum *serviço potencial* (se se prefira insistir na imprecisão terminológica) recai esse tributo. A ação fiscalizadora consegue na hipótese ignorar até a distinção aristotélica entre potência e ato... Todos esses pressupostos são estranhos à hipótese de incidência do ISS. A lei complementar não pode listar como tributáveis serviços intributáveis, porque *imunes*. "A fortiori" não pode listar não-serviços. A inclusão de um pressuposto qualquer em lei complementar não terá portanto caráter decisivo. Ela há-de ser confrontada com a CF. Ou, o que é o mesmo, se a lei complementar definir como serviço o que não o é, será ela inconstitucional.

6. O item 5 da Lista anexa à Lei Complementar 56/87

6.1 Sua redação é a seguinte: "Assistência médica e congêneres previstos nos itens 1, 2 e 3 desta Lista, prestados através de planos de medicina em grupo, convênios, inclusive com empresas para assistência a empregados".

Para a apreensão do sentido normativo do item 5 dessa lista, é necessária uma advertência sobre ponto de importância capital, posto inapercebido pelos que se debruçaram sobre a Lei Complementar 56/87. É que o item 5 não contempla uma hipótese de incidência *diversa* da prevista nos itens 1 a 3. Seu campo material de incidência é o mesmo. Simplesmente ele autonomiza formalmente uma incidência específica do ISS, dando-lhe conotação e denotação especificadoras. Significa o mesmo dizer: os serviços de assistência médica e congêneres (item 5) são os mesmos (não algo diverso) serviços a que se reportam os intens 1 (serviços de médicos), 2 (serviços de hospitais e congêneres) e 3 (serviços de bancos de sangue e congêneres). "*Assistência médica* é, no item 5, forma elíptica para designar *serviços de assistência médica*. O item 5 apenas condiciona ("conditio iuris") a incidência do ISS na hipótese que prevê, isto é, a de serem os serviços prestados em decorrência de (a) planos de medicina em grupo e (b) convênios, inclusive para assistência a empregados.

6.2 É até trivial — posto não bem apercebido — que, se o item 5 faz referência textual ("Assistência médica e congêneres previstos nos itens 1,2 e 3 desta Lista ...") a esses serviços, é porque não disciplina senão a mesma hipótese de incidência genérica do ISS (serviços de qualquer natureza) e específica (serviços médicos, inclusive de hospitais, bancos de sangue e assistência médica). Sem a efetiva prestação desses serviços, nenhuma incidência do ISS.

6.3 *Serviços de médicos* é portanto expressão que na lista, envolve os serviços de médicos "stricto sensu" (item 1), hospitais (item 2), bancos de sangue (item 3) e de assistência médica via planos de medicina em grupo (item 5). Esses serviços — enquanto tais — se diversificam formal e conceitualmente, por exemplo, dos serviços de médicos e hospitais veterinários (itens 8 e 9). O gênero próximo que os une é a incidência sobre serviços; a diferença específica desses últimos: recaem sobre medicina de animais — não sobre a medicina humana. Mas tanto numa hipótese quanto na outra, a incidência do ISS é sobre serviços efetivamente prestados e nada mais. O mesmo se diga para qualquer outro item da lista.

6.4 Quando o item 1 refere os *serviços de médicos* como tibutáveis pelo ISS, acaba por disciplinar tanto o âmbito material de validade da hipótese normativa (o serviço médico em si mesmo considerado) quanto o seu prestador (o médico, o hospital, o banco de sangue), isto é o âmbito pessoal de validade de norma, ou, na linguagem tradicional, o sujeito passivo do ISS. É claro que os estabelecimentos médico-hospitalares podem ser contribuintes do ISS.

6.5 As mesmíssimas considerações são aplicáveis "mutatis mutandis" aos serviços de assistência médica insertos no item 5. Só os médicos (sujeitos passivos) podem prestar ... assistência médica (aspecto objetivo, matéria tributável, pressuposto do tributo). E os planos de saúde? São apenas instrumentos ou avenças que formalizam e viabilizam contratualmente a execução dos serviços de assistência médica, esses sim, tributáveis pelo ISS. Plano de medicina em grupo não é prestação de serviço — é apenas uma formalização tipificadora do respectivo contrato. Convênio não é serviço — é apenas uma "conditio iuris" para a execução dos serviços de assistência médica a que alude o item 5.

6.6 O item 5 da Lei Complementar 56/87, ao prever a incidência do ISS sobre serviços prestados através de planos de medicina em grupo, convênios inclusive com empresas para assistência a empregados, não oferta um primor de técnica legislativa. E essa atecnia responde pelos descaminhos exegéticos que, numa hipótese-limite da interpretação literal, até essa distorcida, pretende ter essa lei passado a tributar os planos de medicina em grupo como se fossem serviços — o que efetivamente não são. Causa espécie constatar que o item 5 de modo algum objetivou a tributação desses planos em si mesmos considerados ou — o que é o mesmo — não erigiu em *fato gerador* do ISS a celebração dos meros contratos para execução "a posteriori" e por terceiros desses planos. Isso ele não poderia fazê-lo sem agravo à CF. Pelas simples razão de que constitucionalmente o ISS só incide sobre serviços e não sobre atos jurídicos — os contratos ordinariamente designados *planos de medicina em grupo*. O ISS não é, recorde-se, um tributo incidente sobre atos jurídicos (supra, III). É o que diretamente decorre da CF, art. 156, IV, e portanto com força vinculante para a lei complementar. Que não pode tudo. Não deve pois considerar serviço o que serviço não é.

6.7 Assim como os de médicos, hospitais e bancos de sangue, os de assistência médica são *serviços*. A redação do item 5 é até isomórfica, no seu desdobramento seqüencial, à dos itens 1 a 3: serviços de médicos; serviços de hospitais; serviços de bancos de sangue; serviços de assistência médica prestados através de medicina em grupo. O cuidado de deixar que nada escapasse à incidência do ISS em matéria de serviços médicos levou quase à tautologia!

6.8 Quem presta no entanto esses serviços? A consulente? Resposta negativa. Tais serviços são prestados exclusivamente pelos médicos e hospitais credenciados por Golden Cross. Mas o item 5, insista-se, não prevê a incidência do ISS sobre tais avenças. Parece insistir no óbvio reiterar que serviços de assistência médica somente podem ser prestados por médicos e hospitais, sujeitos passivos do ISS.

6.9 Não se há-de atribuir ao particípio *prestados*, que comparece no texto do item 5, o teratológico significado de que tanto (a) a empresa credenciadora e que enquanto tal responde pelo plano de medicina em grupo, quanto (b) os terceiros — médicos e hospitais credenciados — são, para a Lei Complementar 56/87, prestadores de serviços. Em si mesmo o plano de medicina em grupo não envolve prestação alguma de serviço. A empresa de seguro-saúde não é prestadora de serviços: apenas os médicos e hospitais credenciados o são. Só uma descomedida e destemperada interpretação (literal?) poderia pretender o contrário e extrair, no item 5, o significado de uma direta vinculação da empresa que apenas contrata a sua execução eventual, a uma inexistente prestação de serviços. *Serviços de assistência médica e congêneres prestados através de planos de medicina em grupo* são então, para além da literalidade infeliz da expressão, os serviços médicos e hospitalares considerados na sua especificidade formal. Decorrem todos eles de um ato contratual típico: o contrato de seguro-saúde executado por meio de (através de) planos de medicina em grupo.

6.10 O item 5 não operou destarte uma deslocação inconstitucional da sujeição passiva ao ISS dos serviços médicos prestados em decorrência do expediente denominado *planos de medicina em grupo*. O procedimento é na hipótese complexo. A empresa celebra com os beneficiários do plano (a) o contrato de seguro-saúde em grupo. A empresa credencia (b) os médicos e hospitais que (c) prestam os serviços de assistência médica aos beneficiários do plano. Só essa última etapa é tributável pelo ISS pois só ela envolve prestação de serviço.

6.11 Não ocorre portanto a pretensa deslocação da sujeição passiva. Até porque não seria lícito à Lei Complementar 56/87 determiná-la. Se assim o tivesse feito, dar-se-ia uma oblíqua e estranhíssima ampliação da própria competência impositiva municipal. Ao ponto de fazer recair *ISS* não sobre uma prestação de serviços, mas sobre a *despesa* que tem a empresa-seguradora-de-saúde em decorrência desses planos. O procedimento seria espantoso, porque a ampliação da competência do Município dar-se-ia pela via infraconstitucional da legislação complementar editada não por ele, mas pela e em prejuízo da União. Seria, para a União, uma autofagia fiscal. Mas o item V não tem esse efeito teratológico e subversivo.

6.12 É curioso observar que a CF de 1988, art. 156, IV, determinou tão somente o âmbito material de validade do ISS — *serviços de qualquer natureza*. É perfeitamente possível admitir então que resta indeterminada no plano constitucional, a sujeição passiva, o âmbito pessoal de validade das normas respectivas. Sua determinação incumbiria pois à legislação integrativa. Conseqüência notável: seria constitucionalmente admissível que o ISS recaísse quer (a) sobre a prestação, quer (b) sobre o tomador e quer finalmente (c) tanto sobre o prestador, quanto sobre o tomador dos serviços. A sujeição exclusiva do prestador de serviços seria apenas um *achado* do DL 406/68, art. 10 (infra, VIII).

6.13 Aqui se interpõe advertência decisiva: a empresa que apenas contrata o plano de medicina em grupo não é prestadora, nem tomadora de serviços de assistência médica. Não pode então ser contribuinte ou responsável, pelo ISS incidente sobre esses serviços. Não guarda relação direta ou indireta com o *fato gerador* da respectiva obrigação (CTN, arts. 121 e 128). Não pode a lei, a seu talante, desvirtuar a sujeição passiva dita *indireta* a ponto de fazer recair o tributo até sobre quem não guarda a mínima relação com o suporte fáctico do tributo.

6.14 As imperfeições (na hipótese, notórias) da linguagem-objeto, a do item 5, não devem comunicar-se, contaminando-a à linguagem (metalinguagem) do intérprete e aplicador desse texto. Nem muito menos incide em incorreção ou, menos ainda, desvirtuamento do seu sentido, quem apenas denuncia essas impropriedades. Imensa a virtude que reveste essa argumentação, porque salva o texto, livrando-o da inconstitucionalidade. Que o contaminaria se fosse caracterizado como uma tentativa de tributar *não-serviços*, como se serviços fossem. Sobre essas tentativas de torção e distorção do item 5 recaía portanto o véu da rejeição e conseqüente superação, pelo repúdio doutrinário e jurisprudencial.

6.15 O ISS incide, ''ex vi'' do item 5, sobre serviços de assistência médica prestados em decorrência da celebração de denominados planos de medicina em grupo. E só sobre esses. É essa uma convocação e exigência incoercíveis da própria *lógica do razoável*. No item 5 onde se lê, *prestados através de planos de medicina em grupo*, leia-se: *serviços prestados em decorrência de planos de medicina em grupo*. Haverá violência alguma ao sentido da lei, com o introduzir-se simplesmente um elemento de ponderação, equilíbrio e razoabilidade?

6.16 A lista de serviços anexa à Lei Complementar 56/87 não comporta interpretação em nenhum dos seus texos, que abstraía o contexto normativo da CF. Serviço tributável pelo ISS (CF, art. 156, IV) é a prestação de utilidade material fruível sob regime jurídico-privado (supra, IV). Sobre o serviço assim considerado recai o âmbito material de validade das normas constitucionais que disciplinam não só o exercício, mas sobretudo as limitações do poder de tributar.

6.17 Precisamente por isso o item 5, ao referir a assistência médica e congêneres prestados mediante planos de medicina em grupo não implica a incidência do ISS sobre os contratos mediante os quais esses planos são acordados. Se assim o fora, o ISS poderia recair sobre atos jurídicos. Mas a pretensão ao ISS não deve recair sobre contratos ou, se se prefira, atos jurídicos contratuais, senão sobre atos-fatos jurídicos, as prestações especificadoras das diversas espécies de serviços, dado que o imposto só incide, por determinação constitucional, sobre serviços de qualquer natureza. Será necessário insistir que contrato não é serviço? Que a celebração de contrato de prestação de serviço é inconfundível com a sua execução? Que só a realização do serviço é tomada em linha de conta pelo ISS? Que nos indica o contrato abreviadamente denominado ''DAME''? Que Golden Cross obriga-se exclusivamente a assegurar cobertura de atendimento aos beneficiários desse plano e seus dependentes (cláusula 27.0).

6.18 O plano de medicina em grupo nada mais nada menos é de que uma denominação especificadora de um contrato de seguro, sobre nominado, típico: o seguro-saúde. Não é porém o pressuposto necessário e suficiente para o surgimento da obrigação de pagar o ISS (CTN, art. 114). Note-se bem: até um contrato de prestação de serviços de assistência médica é insusceptível do tributo. Porque só a efetiva prestação do serviço contratualmente estipulado o é. Com muito maiores razões, será tributariamente indiferente a celebração de um contrato de mera cobertura de despesas médicas e hospitalares, seja individual ou em grupo (seguro-saúde). Porque nessa última hipótese não só a celebração do contrato é intributável pelo ISS, como também a sua execução. Que não é prestação de serviço. A execução do serviço é decorrência de ato diverso — o credenciamento médico-hospitalar.

6.19 A referência literalmente infeliz no item 5 aos planos de saúde *prestados* (?) terá, por si só, o condão de escamotear todos os direitos e garantias constitucionais que protegem os particulares contra as vorazes investidas do poder fiscal? Claríssimamente não! Ninguém *presta* — senão celebra, pactua, acorda, etc. — planos de assistência médica em grupo. É uma gritante evidência! Nenhuma prestação de serviço!

6.20 O item 5 — assistência médica mediante planos de medicina em grupo — não se submete a regime tributário — constitucional e infraconstitucional — diverso daquele dos itens 1 a 3 da indigitada lista. A relação que entre si guardam esses itens é simples relação de gênero para com a espécie; mera apartação formal entre serviços médicos, o continente (os itens 1 a 3) e conteúdo, os serviços de assistência médica, inclusive em grupo (o item 5). Por que essa diversidade formal? Porque ela é necessária para explicitar o campo *total* de serviços médicos cobertos pelo ISS. Nada, mas absolutamente nada, ao longo dos tópicos analisados autoriza o entendimento de que o item 5 introduz sub-repticiamente um pressuposto tributário diverso — e pois um regime fiscal diversificado — contra a CF.

6.21 A prestação é, na hipótese, de serviços específicos, os de assistência médica decorrente de plano avençado em grupo, convênios, etc. Também o convênio é ato jurídico e portanto nada que se confunda com o pressuposto do ISS. Da mera aceitação, pelo segurado em grupo, do plano de assistência médica, decorre apenas a eventualidade da utilização, por ele próprio, de serviços médicos apenas previstos no plano respectivo de medicina em grupo. Note-se que o plano é que se formaliza pela adesão em grupo, não a prestação do serviço médico — que apenas é fruível individualmente, ou seja, pelo seu tomador, individualmente considerado.

7. O item 6 da lista anexa à Lei Complementar 56/87

7.1 A Lei Complementar 56/87 manifesta literalmente esse primor *da técnica redacional*:

"Serviços de:

"("omissis")

"6 — Planos de saúde, prestados por empresa que não esteja incluída no item 5 desta Lista e que se cumpram através de serviços prestados por terceiros, contratados pela empresa ou apenas pagos por esta, mediante indicação do beneficiário do plano".

Os mesmos argumentos para demonstrar que o item anterior não alcançou os planos de medicina em grupo, senão a sua execução, são aplicáveis "mutatis mutandis" à exegese do item 6. Por isso, também aqui, é de corrigir-se a péssima literalidade do preceito. Onde se lê: *planos de saúde prestados por empresa*, leia-se: *planos de saúde contratados com empresa*.

7.2 A interpretação corretiva não restringe o conteúdo normativo do preceito. Não é função do intérprete e aplicador dilargar ou restringir o significado objetivo de um preceito jurídico. Apenas lhe é lícito corrigir a literalidade do preceito. A letra mata, o espírito vivifica! Haverá um jurista digno desse nome capaz de sustentar que uma empresa presta (?) planos de saúde e depois presta (?) a sua execução, por intermédio de terceiros? Quanta confusão de propósito e sem propósito!

A respeito, retorno ao que dantes escrevi e ainda hoje subscrevo: "Causa entretanto estranheza venha a Municipalidade de São Paulo a socorrer-se do argumento de que a consulente prestaria serviços ... a serem executados por terceiros, hospitais e médicos ("sic"). Seria uma prestação de serviços teratologicamente híbrida. Dois prestadores para um só serviço, ou um só serviço prestado e não prestado ao mesmo tempo. Porque dizê-lo executado por terceiros equivale a afirmar que a consulente não o presta. E dizê-la prestadora, importa negar seja o serviço prestado por terceiros. É um emaranhado de argumentos desconexos, onde as exigências lógicas elementares não encontram morada. No mais rigoroso e estrito conteúdo das palavras, um contra-sentido semântico: uma prestação de serviços que simultaneamente o é e não é. Mais que um dilema ou uma alternativa, simplesmente um falso dilema, onde ser e não ser facticamente prestador de serviços são coisas confundidas em inédita proeza" (*RDT* 38/172).

7.3 Note-se que o item 6 não identificou o plano de saúde, a sua *prestação* (?), a uma prestação de serviço. Apenas expressou que esses planos seriam cumpridos através de serviços prestados por terceiros: a única coisa que não pode ser contornada nesse preceito. Quer dizer: o dispositivo não está escrito como se a empresa seguradora de saúde prestasse serviços por intermédio de terceiros, o que seria, como visto supra, uma enormidade. Simplesmente ele prescreveu que terceiros cumprem (= executam) tais planos. Que terceiros? Obviamente os médicos e hospitais credenciados. E, para a integração dessa hipótese de incidência específica do ISS, é indiferente sejam os serviços pagos antecipadamente ou reembolsados pela consulente, contratados ou apenas pagos pela empresa. Se houver sido prestado o serviço médico, mas a empresa-seguradora não o pagou, ainda assim cabe exigir o tributo ao prestador. Se houver obrigação de reembolso pela empresa-seguradora e o beneficiário do plano não for reembolsado, cabe o pagamento do ISS pelo médico e/ou hospital. Se houver serviços pagos, embora não contratados pela empresa-seguradora (hipótese de extensão, por mera liberalidade da seguradora, a situações extracontratuais), caberá o ISS, exigível dos médicos e hospitais para esse fim específica e excepcionalmente autorizados. Tudo isso evidencia a desvinculação da hipótese de incidência do ISS dos pagamentos (despesa) da consulente. Nada mais claro, coerente e consistente. Nada que melhor atenda à razoabilidade na interpretação do item 6.

7.4 Que há, no tópico analisado, prestação de serviço por terceiros é portanto transparente ao primeiro súbito de vista. Porque essa característica é explicitada no próprio texto. Contribuinte do ISS é então na hipótese o médico ou hospital credenciado. Não quem apenas contrata com terceiros honrar o pagamento de seus serviços. Não quem apenas reembolsa o terceiro-tomador pelos custos incorridos com esses serviços: empresa cuja atividade é a de seguro-saúde. Não a de prestação de serviços médicos.

7.5 O preço dos serviços médicos e hospitalares representa para Golden Cross um *custo operacional*, isto é, uma *despesa* efetiva. Nada que legitime a pretensão ao ISS. Plano de saúde é simples especificação de serviços médicos tributáveis pelo ISS. Os serviços, não os planos! Os planos não são serviços! Não deve pois o item 6 ser manipulado como um simples pretexto para a exigibilidade do ISS às empresas seguradoras-de-saúde. Ele é como o item 5, simples especificação de serviços médicos genericamente considerados (itens 1, 2 e 3).

Que nos indica, na sua claúsula 10ª., o contrato de *assistência médica global*, celebrado pela consulente: "Os serviços médicos e hospitalares integrantes deste contrato serão sempre e exclusivamente prestados através dos indicados pela Contratada (isto é, Golden Cross), devidamente autorizado ...". Praticamente a mesma redação está no plano "Pai" claúsula décima: "Os serviços médicos e hospitalares integrantes deste contrato serão sempre e exclusivamente prestados através de credenciados ...".

7.6 Uma ponderação nuclear se interpõe (e essa ênfase não é retórica): todos os itens da lista — nenhum excetuado — estão submissos à claúsula vestibular do seu próprio texto: *Serviços de* é em epígrafe a formulação genérica da lista. É essa uma previsão que condiciona a exegese de *todos* os itens da mencionada lista. A admitir-se de conseguinte que o item 5 tributa o plano de medicina em grupo e o item 6 o plano de saúde, com abstração dos serviços emergentes, é desconsiderar a lista na mais literal de suas formulações: a única aliás que, enquanto os condiciona, é aplicável a todos os seus itens, no seu desdobramento.

7.7 Pretender que o ISS incida sobre esses planos resultará no agravamento da decadência hermenêutica que vem amesquinhando a própria competência municipal para tributar serviços. Por que esse agravamento? Porque dantes doutrina e jurisprudência se limitavam a preconizar a incidência do ISS unicamente sobre os serviços constantes da lista. De qualquer sorte, *serviços*, embora com uma evidentíssima restrição inconstitucional na competência tributária do Município: serviços que, pela CF seriam *de qualquer natureza* passaram a ser especificamente e tão-somente os catalogados em lei complementar. Mas até então não se ousou tributar *serviços potenciais*, serviços prestados por terceiros, serviços por definição legal, etc. Já agora o que se pretende é algo muito mais grave, numa exacerbação da *idolatria da lei complementar*: a só inclusão da atividade em lista anexa teria o condão de converter em serviço algo que serviço não é. Se listado por lei complementar, tudo é serviço. Ou, o que é o mesmo, antes de listado, nada (juridicamente, entenda-se) é serviço. Se revogada a lista o serviço deixa de ser serviço. Se repristinado o efeito revocatório, pela restauração da vigência da lei instituidora, o que deixou de ser serviço, volta a sê-lo. Creio que não será necessário advertir que esses efeitos são inteiramente incompatíveis com o mínimo de racionalidade que deve presidir à exegese dos textos legais. Pior — infinitamente pior — que uma lei mal formulada é uma interpretação que distorça o seu sentido. Com a agravante que o exegeta não tem a seu prol as desculpas que podem ser invocadas em favor do legislador, não necessariamente um cientista ou mesmo especialista do Direito.

7.8 Atingido este ponto da exposição, devo advertir para o dilema com que se depara o exegeta à vista desses textos. Se o serviço médico-hospitalar (a) é prestado exclusivamente por terceiros, Golden Cross não os presta e só esses terceiros — médicos e hospitais credenciados — são tributáveis pelo ISS, por isso mesmo que prestadores de serviços; se (b) esse serviço fosse prestado pela consulente não haveria como simultaneamente e sob o mesmo título jurídico cobrar o ISS dos médicos e hospitais credenciados, dado que serviço algum teriam prestado. Seriam como que a "longa manus" da Golden Cross. Não será por outro motivo que o pagamento do ISS pelos médicos e hospitais credenciados é um indício seguro e muito claro de que Golden Cross não é prestadora de serviço algum. Não se trata na hipótese de um "bis in idem" inocente. Juridicamente tolerado. Mera inconveniência econômica. Ao contrário: a pretenção de fazer recair o ISS sobre o simples credenciamento médico-hospitalar envolve um aplicação inconstitucional dos itens 5 e 6 da lista. Credenciamento não é em absoluto agenciamento, nem intermediação: são coisas inconfundíveis entre si. Convergir a discussão para o problema secundário da natureza jurídica das empresas de seguro-saúde é escamotear o problema principal: não há prestação de serviços pela consulente, seja qual for a natureza jurídica do denominado seguro-saúde.

Se — e exclusivamente se — serviços médicos-hospitalares fossem prestados tanto pela consulente quanto pelos médicos e hospitais que ela credencia seria devido em "bis in idem" o ISS. O que facticamente não ocorre. Logo: a pretensão da fazenda de São Paulo ao "bis in idem", sobre inconstitucional, é ilegal. Não encontra fundamento bastante de validade, quer na CF, quer na legalidade complementar ou ordinária.

7.9 E esse deslocamento da sujeição passiva ao ISS pela via exegética e aplicativa dos itens 5 e 6, é seguramente inconstitucional. Não se confunda porém o problema da caracterização da inconstitucionalidade de um ato legislativo, com o problema inteiramente diverso, da aplicação inconstitucional de um ato legislativo constitucional (supra, 4.13). Interpretado com os razoabilíssimos temperamentos supra indicados, os itens 5 e 6 da Lei Complementar 56/87 nada têm de inconstitucionais. A lei porém, como superiormente adverte Kelsen, é apenas uma moldura onde cabem várias interpretações possíveis. Decidir por uma delas é predominantemente um ato de vontade do órgão jurisdicional. Assim e em linha de hipótese é possível que seja preconizada, como o foi pela Prefeitura de São Paulo, uma exegese diversa: a de que os itens 5 e 6 incluiriam, apesar das denunciadas impropriedades e contra-indicações e em si mesmos considerados, os planos de medicina em grupo e de seguro saúde, como se serviços fossem. Nesse caso, inconstitucional, isso sim, seria a pretensão tributária, porque envolveria uma alternativa exegética inteiramente incompatível com a CF, art. 156, IV. Por que optar pela alternativa de exegese que envolva a necessidade de proclamação da inconstitucionalidade da cobrança do ISS?

7.10 A previsão em lei complementar não opera, sem controle algum de sua constitucionalidade, a tipificação dos serviços tributáveis nela previstos. Ela não pode incluir em lista ou fora dela como serviço o que não corresponda à hipótese de incidência constitucional do ISS, seu âmbito material de validade, que é a prestação de serviços de qualquer natureza. Só o que tem a *natureza* de serviço, serviço é. A amplitude da cláusula constitucional, ao contrário do que se suporia, não é um convite ao extravasamento da competência para instituir o ISS. É um mecanismo para a sua contenção dentro dos seus limites constitucionais. A Lei Complementar 56/87 não extrapassa, com a alternativa de interpretação e aplicação proposta neste parecer, os seus limites constitucionais. Os itens 5 e 6 da lista apenas especificam certas modalidades de prestação de serviços — planos de medicina em grupo, planos de saúde, genericamente abrangidos (a) pela epígrafe da própria lista: *serviços de*; (b) pelos itens 1 e 2, serviços de médicos e hospitais. Não deslocou a sujeição passiva ao ISS, somente imputável a prestadores de serviços. Não a atribuiu a quem apenas os credencia a execução desses serviços por terceiros.

7.11 Não se discute que a lei complementar possa *definir* serviços até então não definidos, isto é, não contemplados — para usar o jargão legislativo usual — na lista de serviços tributáveis.

Definitivamente inaceitável é porém admitir que a lei complementar possa considerar serviço o que não o é, ou seja, que lhe seja lícito definir serviço por mera equiparação legal. Só se a lei complementar não suportasse limites constitucionais de fundo. O art. 156, IV da CF, com o autorizar os Municípios a tributarem serviços de qualquer natureza não lhes vinculou a competência, no particular, a pressuposto extrafáctico, isto é, apenas normativo (*serviço por definição legal*), mas a um pressuposto de fato (serviço de qualquer *natureza*, "sic"). Essa claúsula constitucional em definitivo inviabiliza a tributação de *serviços potenciais* (= ainda não serviços); serviços por equiparação legal (que não são concretamente serviços, não têm a *natureza* de serviços), serviços a serem executados por terceiros (?).

7.12 Com referência à estranhíssima tese da prestação dos serviços da consulente por intermédio de terceiros, médicos e hospitais, retorno o que dantes escrevi e permanece atual: "Causa entretanto estranheza venha a Municipalidade de São Paulo a socorrer-se do argumento de que a consulente prestaria serviços ... a serem executados por terceiros, hospitais e médicos ("sic"). Seria uma prestação de serviços teratologicamente híbrida. Dois prestadores para um só serviço, ou um só serviço prestado e não prestado ao mesmo tempo. Porque dizê-lo executado por terceiros equivale a afirmar que a consulente não o presta. É dizê-la prestadora, importa negar seja o serviço prestado por terceiros. É um emaranhado de argumentos desconexos, onde as exigências lógicas elementares não encontram morada. No mais rigoroso e estrito conteúdo das palavras, um contra-sentido semântico: uma prestação de serviços que simultaneamente o é e não é. Mais que um dilema ou uma alternativa simplesmente um falso dilema, onde ser e não ser facticamente prestador de serviços são coisas confundidas em inédita proeza" (*RDT* 38/72).

7.13 Se a lei complementar pudesse contrapor-se a todos esses condicionamentos que a supra-ordenam, instituiria uma superlegalidade até no confronto com a CF. Mais rigorosamente: sequer seria contrastável com a CF. Na verdade, constituiria uma legalidade derrogante da legalidade constitucional. Nada mais atentatório à letra e não apenas ao espírito da CF.

8. Regime jurídico da sujeição passiva ao ISS

8.1 Também o art. constitucional 156, IV, comporta mais de uma proposta de interpretação. Pode-se pretender, numa primeira alternativa exegética, que, ao autorizar os Municípios a instituir o ISS, ele apenas predetermina o âmbito *material* de validade das normas municipais respectivas. Recairia no campo da indeterminação constitucional o âmbito *pessoal* de validade do ISS ou, se se prefira, a sujeição passiva: contribuintes e responsáveis por esse tributo. Conseqüência dessa disciplina constitucional parcimoniosa é a de que a determinação da sujeição passiva ao ISS está constitucionalmente apenas vinculada à materialidade da hipótese de incidência do tributo. Não pode a legislação integrativa definir como sujeito passivo ao ISS quem não tem relação direta ou indireta, com o suporte fáctico da regra triutária. Mas, observada essa vinculação constitucional, sujeito passivo da relação do ISS poderia ser tanto o prestador quanto o tomador do serviço. A exclusão do tomador dentre os sujeitos passivos do ISS não se daria por vedação constitucional expressa ou implícita, mas apenas por razões de praticalidade e simplificação tributária. É de supor que os prestadores estão melhor instrumentados para a satisfação do crédito tributário do que os tomadores do serviço. Por isso, a legislação deixou esses últimos fora do seu âmbito de incidência.

8.2 Mas a utilidade econômica da operação tributada é do prestador dos serviços. Bem por isso, o DL 406/68 optou por uma única sujeição passiva — a do prestador do serviço: "Art. 10. Contribuinte é o prestador do serviço".

Poder-se-á no entanto e numa alternativa algo diversa da exegese vincular "a posteriori" a sujeição exclusiva do prestador do serviço ao art. 146, § 1º, 1ª parte, da CF de 1988, onde extrairia esse dispositivo o seu fundamento bastante de validação. Porque seria operativamente difícil, se não impossível, graduar o ISS segundo a capacidade econômica do tomador do serviço. O art. 145, § 1º, "ab initio" prescreve: "Sempre que possível, os impostos terão caráter pessoal e serão graduados segundo a capacidade econômica do contribuinte". Essas alternativas exegéticas são postas apenas em obséquio à coerência. De qualquer sorte: Golden Cross não é prestadora, nem tomadora do serviço. Logo não tem relação direta ou indireta com o *fato gerador* do ISS. Não pode integrar a relação tributária, quer como contribuinte, quer como responsável. Até porque concretamente o ISS lhe está sendo exigido pela Prefeitura de São Paulo em caráter *cumulativo*, isto é, em reiteração do ISS exigido dos médicos e hospitais que ela credencia. Mas a consulente não é contribuinte do ISS porque não presta serviços médicos-hospitalares. E não é responsável porque não participa, sequer indiretamente, da prestação de serviço. Se nenhum tomador de serviços médico-hospitalares pode ser responsável pelo ISS, com muito maiores e mais robustas razões não o pode quem não integra o âmbito das prestações de serviços. Nos termos do CTN, art. 128, responsável pelo crédito tributário não é contribuinte; é terceira pessoa, vinculada ao *fato gerador* da respectiva obrigação, excluída a responsabilidade do contribuinte, ou persistente essa responsabilidade, em caráter supletivo.

8.3 Não está, a fazenda municipal de São Paulo, a exigir de Golden Gross o ISS sobre serviços prestados por médicos e hospitais. A pretensão tributária recai sobre a consulente em decorrência *exclusiva* dos planos de saúde e de assistência médica em grupo, como se o ISS pudesse recair sobre atos jurídicos. Na execução do credenciamento, ou seja, na efetiva prestação do serviço, retorna a exigência desse tributo, cobrado já agora dos médicos e hospitais credenciados. São dois pressupostos inteiramente distintos. O primeiro: *celebrar planos de assistência médica em grupo e de seguro-saúde*; o segundo: *prestar serviços médico-hospitalares*. Não é pois a consulente — e manifestamente não o é — responsável por débito tributário desses médicos e hospitais. É havida, inconstitucional e ilegalmente, como devedora por débito próprio, decorrente de pressuposto autônomo e iconfundível até com uma prestação de serviços! Em suma: como contribuinte.

8.4 Evidente que, para Golden Cross ser reponsabilizada por débito tributário, seria necessária a vinculação com o *fato gerador* da obrigação de pagar o ISS. Não basta portanto a mera *potencialidade* — que pode muito bem nunca vir a converter-se em *ato* — da prestação de serviços. Essa potencialidade não identifica vinculação alguma. Não é, o estado de prestador potencial de serviços, o suporte fáctico, a situação legalmente descrita como necessária e suficiente para o surgimento da obrigação tributária (CTN, art. 114). Seria, a cobrança do ISS na hipótese, exigência de tributo antecipada a *fato gerador*, prática havida como inconstitucional pelos tribunais do país. Como poderia ter relação, tributariamente relevante, com o suporte fáctico do ISS quem, nem de longe, tem as suas atividades submissas ao DL 406/68, art. 8º. Este é claríssimo ao prescrever que o ISS incide sobre "a prestação, por empresa ou profissional autonômo ... de serviço constante da lista anexa". Só sobre a prestação de serviço recai então o ISS, na lista anterior, como na subseqüente (Lei Complementar 56/87). Sejam quais forem as críticas que o dito art. 8º comporte, terá nada obstante a função de esclarecer que, no plano das normas gerais, o ISS é estruturado sobre prestação de serviços — e não sobre ato jurídico, o contrato de prestação de serviços.

Em conclusão: Golden Cross não tem a menor relação com o suporte fáctico (*fato gerador*) do ISS. Não é prestadora, nem tomadora de serviços. Só um prestador de serviços pode ser contribuinte do ISS.

8.5 A pretensão fiscal na hipótese não encontra por outro lado nenhum fundamento sequer em texto *legal*. E a reserva de lei para a sujeição passiva tributária decorre do plano constitucional (CF, arts. 5º., II e 150, I) e, no plano infraconstitucional, do CTN, arts. 121, 129 e particularmente do art. 97, III, em cujos termos somente a lei pode estabelecer a definição do sujeito passivo do tributo. Como os itens 5 e 6 da lista anexa à Lei Complementar 56/87 não dispõem sobre ISS/ato jurídico, segue-se que a pretensão tributária não se funda em lei. Até porque lei tributária material alguma poderia atribuir à consulente responsabilidade pelo débito tributário de médicos e hospitais, sem simultaneamente conferir-lhe o "status" de sujeito passivo, devedor de ISS/ato jurídico. Trata-se pois de uma pretensão tributária sobre inconstitucional, ilegal. A pretensão, não a legalidade, se interpretada e aplicada com o mínimo de razoabilidade.

9. Nenhuma sujeição passiva por responsabilidade tributária da consulente

9.1 Que a consulente não guarda relação com o *fato gerador* do ISS, de modo a legitimar a sua sujeição a esse tributo é até intuitivo; portanto nenhuma sujeição como contribuinte (CTN, art. 121, I) ou responsável (CTN, arts. 121, II e 128). Que relação há entre o pagamento, isto é, a despesa com médicos e hospitais credenciados, e a hipótese de incidência do ISS? Absolutamente nenhuma. Que relação há entre o valor dos pagamentos efetuados pela Golden Cross aos médicos e hospitais por ela credenciados (mera *despesa* para a consulente) e o *preço do serviço* (*receita* auferida pelos médicos e hospitais), base de cálculo do ISS (DL 406/68, art. 9º.)? Receita e despesa são como que financeiramente antípodas. Bem por isso são submetidas a regime constitucional diverso. A receita bruta dos médicos e hospitais é tributável pelo ISS (CF, art. 156, IV); a despesa com o pagamento deles seria privativamente tributável pela União, se e somente se lei complementar instituísse o imposto, com fulcro na sua competência residual (CF, art. 154, I). Não há pois nenhuma relação *indireta*, constitucionalmente autorizada na hipótese, que legitime sequer a atribuição de responsabilidade à consulente por débito tributário alheio, o dos médicos e hospitais credenciados. Tanto isso é verdade que o ISS está em "bis in idem" sendo cobrado, isto é, cumulativamente exigido, não só da consulente, mas também dos serviços médicos-hospitalares que credencia (supra, 8.1).

9.2 A legislação integrativa (lei complementar de normas gerais, lei tributária municipal) fez a opção pela sujeição exclusiva do prestador de serviços ao ISS (DL 406/68, art. 10), ao excluir o tomador de serviços. Por isso nem mesmo os tomadores de serviços de médicos e hospitais podem ser responsáveis pelo tributo. E estão como que muitíssimo mais próximos do suporte fáctico da regra do ISS: a prestação dos serviços, porque dela são diretamente beneficiários. Inobstante há ponderáveis razões de ordem prática que inviabilizariam a sua submissão ao ISS. A que ficaria reduzida a arrecadação desse tributo — circunstância que importa a uma visão funcional do ISS — se essa responsabilidade lhes fosse exclusivamente atribuída? A uma inexpressividade balofa! Dificílimo o controle fiscal das situações emergentes dessa sujeição! E isso admitindo-se a juridicidade dela; problema que fica em aberto porque não é necessário solucioná-lo para os fins deste parecer: Golden Cross não é prestadora nem tomadora de serviços médicos.

9.3 E, o que é decisivo: não bastaria sequer fosse a sujeição ao ISS por responsabilidade das empresas seguradoras-de-saúde prevista na Lei Complementar 56/87 (o que somente se concede para efeito de fechamento da argumentação deste tópico). A lei complementar de normas gerais é lei-sobre-leis-de-tributação; institui pois normas de sobredireito. Não tributa diretamente. Tanto que o STF, em mais de uma oportunidade, decidiu que deveria ser ela *recepcionada*, no ordenamento tributário municipal, mediante *lei* específica, nunca por meros decretos que nada teriam de regulamentares. Como a Lei Complementar 56/87 não o fez, nem há lei municipal que, na ausência dela, o previsse, essa hipótese alternativa é meramente retórica, ou seja, visa apenas demonstrar que a pretensão tributária, nem mesmo com esse artifício (muito *artificial* aliás, com a licença do pleonasmo), poderia constitucionalmente sustentar-se.

10. Pretensão ao ISS sobre despesa ou de como se pretende usurpar a competência residual da União

10.1 Pagamento ou reembolso de serviços médico-hospitalares, prestados aos associados da consulente, é para Golden Cross nada mais nada menos do que uma *despesa*, a de remunerar esses serviços. Despesa numa caracterização estritamente jurídica porque contratualmente lhe incumbe remunerar os serviços médicos prestados aos seus associados. Remunerar serviços médicos não é hipótese de incidência do ISS. Nem seria em absoluto cabível viesse o Município a instituir outro imposto sob esse pressuposto, pois que incidiria sobre a remuneração e não sobre a prestação de serviços, com rótulo ou "nomen juris" inadequado. Não pertinentemente invocável, como excludente da inconstitucionalidade na hipótese, o art. 4º, I, do CTN, para o qual a natureza jurídica do tributo é dada pelo seu fato gerador, sendo irrelevante para qualificá-la a sua denominação.

10.2 Relevante é na hipótese ponderar que, para além da denominação do "ISS", está a sua exigibilidade fundada em pressuposto que integra a cédula de competência *residual*, privativa da União, isto é, a *despesa* com o pagamento de serviços médico-hospitalares (CF, art. 154, I). Essa é matéria não para normas gerais de sobredireito (art. 146, III), mas para a instituição *direta* do tributo residual pela lei complementar da União. Essa cédula não passa de um *resíduo* da prória competência tributária nominada (privativa) da União, como estabelecida na CF, art. 153, I a VII. E aquilo que não pode a lei complementar de normas gerais e a lei tributária municipal, é, por muito maiores razões, vedado à administração fiscal, a quem incumbe apenas aplicar a lei de ofício, como ensinou superiormente Seabra Fagundes; lição que vem sendo retomada por Geraldo Ataliba com a insistência de um apóstolo e o brilho habitual.

10.3 A CF de 1946 previa competência *concorrente* entre a União e os estados. A de 1988 nem isso — só a residual da União. Não concorre a União com ninguém para instituir os impostos residuais. A lei complementar obliquamente não pode *delegar* essa competência aos municípios. O que sucederia se os itens 5 e 6 fossem interpretados como aplicando o "ISS" residual (?) sobre as despesas contratuais da consulente. Se o tivessem feito, esses itens seriam manifestamente inconstitucionais. Imposto sobre a despesa sempre foi considerado tributo autônomo: "Seu fato gerador consiste nos dispêndios objetivamente considerados, realizados pelo contribuinte" (Amilcar Falcão, *Sistema Tributário Brasileiro*, 1ª ed., p. 97).

10.4 Que esses pagamentos constituem apenas *despesa* é conclusão alojada não apenas na linguagem opinativa da doutrina, mas no próprio campo do seu objeto de conhecimento, o de normas individuais postas pelo Tribunal de Alçada do Rio de Janeiro, na apelação cível 6.386, envolvendo empresa congênere e transcrito por todos os demais decisórios no mesmo diapasão: "A apelante é tãosomente responsável pelo pagamento que assumiu pelo contrato firmado com o cliente. Na verdade nenhuma disposição, seja da prática contratual, seja da legislação em vigor, impede que terceiro pague, com ou sem reembolso pela prestação de serviços, feita em favor de outra pessoa por ele designada. Isto, com efeito, não altera a relação entre o prestador do serviço e seu cliente, pois esta relação independe de quem paga".

10.5 O preço do serviço, base de cálculo do ISS, é sempre o consectário da prestação do serviço, que o médico ou hospital recebe do cliente da Golden Cross. Mas a quem incumbe o seu pagamento? À consulente, é claro! Logo esse preço é, para Golden Cross, nada mais nada menos do que uma despesa e não receita sua. Sobre a *receita* do médico ou hospital, essa sim, recai o ISS. Nunca sobre a *despesa* da consulente.

10.6 Se, para raciocinar com o "nec plus ultra" dos equívocos, fosse admitido que a consulente prestaria serviços ... por intermédio de terceiros (?), eclodiria a questão do "bis in idem", que não seria juridicamente indiferente, porque um só pressuposto, a prestação de serviços estaria sendo duplamente tributado. Tributado (a) pela prestação efetiva do serviço pelos médicos e hospitais, que a consulente credencia e (b) tributado pela prestação *ficta* do serviço em que o credenciamento consistiria. Prestação de serviço por equiparação legal!

Caberia então invocar a ementa de decisão unânime do Tribunal de Alçada do Rio de Janeiro, na apelação cível 3.386, "in verbis": "Do exposto, conclui-se que cobrar imposto da apelante seria, assim, incidir em uma intolerável bitributação, fazendo gravar o mesmo serviço por um duplo pagamento: sobre quem executa o serviço e sobre quem paga o preço. Como o médico e o hospital pagam regularmente o tributo, o que não é questionado, sobre os valores recebidos da apelante, não é possível cobrá-lo, também, desta última, não existindo portanto qualquer evasão fiscal nesse comportamento".

10.7 Sob esse ângulo, pode-se extrair do ordenamento constitucional tributário regra do segundo excluso (= vedação do "bis in idem"). Nenhuma reiteração da exigência fiscal é, na hipótese, constitucionalmente autorizada. A carga fiscal que a Prefeitura municipal de São Paulo pretende venha a recair sobre Golden Cross não é um simples *adicional* do ISS. Não cabe adicionar ao ISS um imposto residual sobre a despesa, para o qual é incompetente o Município. Porque a competência é só da União. Em conclusão sumária: essa incidência sobre a despesa não pode adicionar-se ao ISS. Seria inconstitucional.

10.8 Finalmente essa matéria recebeu do STF um tratamento irrepreensível, conforme ementa do acórdão unânime da sua Primeira Turma, no agravo de instrumento 115.308.3, rel. Ministro Neri da Silveira: "ISS. SEGURO-SAÚDE. Decreto-lei n. 73/1966, arts. 129 e 130. Cobertura de gastos de assistência médica e hospitalar, nos limites contratuais, em período determinado, quando o associado os tiver de efetuar. Os valores recebidos do associado não se destinam à contraprestação imediata por qualquer serviço médico-hospitalar prestado pela entidade. Quem presta o serviço de assistência é o médico ou hospital credenciado, sob responsabilidade própria. Riscos futuros. Não caracterização da figura do agenciador de serviço''.

É bem verdade que essa matéria foi anterior à Lei Complementar 56/87. Por isso mesmo, a ementa desse acórdão conclui: ''Não aplicação ao caso concreto da Lei Complementar 56/1987''. Daí não será cabível no entanto extrair a conclusão inteiramente equivocada de que, a partir da vigência dessa lei, tenha a Corte Excelsa admitido a tributação de hipóteses que tais. O STF, com sábia e reconhecida prudência, deixou claro que o acórdão não prejulgou questão que antecedentemente não houvesse sido prequestionada, isto é, o problema dos itens 5 e 6 da lista anexa à Lei Complementar 56/87. Nada mais pretendeu o precedente jurisprudencial do STF.

Conclusões

A antecedente exposição converge para as seguintes conclusões: a) a Lei Complementar 56/87, ao aditar à lista anterior de serviços tributáveis pelo ISS os itens 5 e 6 não inovou o regime jurídico dessa matéria; não tributou os planos de saúde, nem os planos em grupo de assistência médica, sob responsabilidade da Golden Cross; b) é inconstitucional e ilegal a pretensão ao ISS sobre os contratos de seguro-saúde celebrados por Golden Cross com os beneficiários desses planos, assim como sobre o mero credenciamento de médicos e hospitais.

Recife, 23 de outubro de 1992.

O PRINCÍPIO DA SEGURANÇA JURÍDICA EM MATÉRIA TRIBUTÁRIA

PAULO DE BARROS CARVALHO
Professor Titular de Direito Tributário e de Lógica Jurídica nos Cursos de Bacharelado Mestrado e Doutorado da Pontifícia Universidade Católica de São Paulo

1. Amplitude semântica do vocábulo "princípio". 2. O Direito no mundo dos objetos culturais. 3. Os "princípios", na textura das várias linguagens jurídicas. 4. Os "princípios" e a compreensão do Direito. 5. "Princípios" como normas jurídicas que introduzem valores de grande importância para o ordenamento. 6. Classificação dos "princípios" em razão dos critérios de objetividade que presidem sua aplicação aos casos concretos. 7. Alguns princípios constitucionais tributários no sistema positivo brasileiro. 8. "Princípios" e "sobreprincípios" — princípios que operam para a realização de outros princípios superiores na escala hierárquica. 9. Sobreprincípio da segurança jurídica no campo dos tributos. 10. Violação de princípios e de sobreprincípios. 11. Conclusões.

1. *Amplitude semântica do vocábulo "princípio"*

No campo das significações, o uso do signo "princípio oferece farta variedade conotativa, de tal sorte que alcança todas as circunscrições de objetos, atuando nas quatro regiões ônticas. É uma palavra que freqüenta com intensidade o discurso filosófico, expressando o "início", o "ponto de origem", o "ponto de partida", a "hipótese-limite" escolhida como proposta de trabalho. Exprime também as formas de síntese com que se movimentam as meditações filosóficas ("ser", "não-ser", "vir-a-ser" e "dever-ser"), além do que tem presença obrigatória ali onde qualquer teoria nutrir pretensões científicas, pois toda a ciência repousa em um ou mais axiomas (postulados). Cada "princípio", seja ele um simples termo ou um enunciado mais complexo, é sempre passível de expressão em forma proposicional, descritiva ou prescritiva. Agora, o símbolo lingüístico que mais se aproxima desse vocábulo, na ordem das significações, é "lei". Dizemos, por isso, que há uma lei, em Física, segundo a qual "o calor dilata os corpos", "os metais são bons condutores de eletricidade", "a matéria atrai a matéria na razão direta das massas e na razão inversa do quadrado das distâncias"; na Metafísica, apanhando como exemplo a filosofia de Schopenhauer, que a "vontade se constitui naquele ímpeto cego e irresistível que consubstancia o querer-viver universal'': entre os objetos ideais, que a ''transitividade'' é uma lei lógica: [(p->q).(q->r)] ->(p->r), assim como a ''reflexidade'' também o é (xRy)->(yRx); em Economia, falamos em ''lei da oferta e da procura'', ao mesmo tempo em que afirmamos que a ''História é fundamentalmente diacrônica'', para ingressarmos nos domínios dos objetos culturais, onde ao lado de ''leis'' ou ''princípios'' descritivos, vamos encontrar as prescrições éticas, religiosas, morais etc, que ostentam o porte de autênticos ''princípios''. Como desdobramentos dessa descritividade ou prescritividade, lidamos com ''princípios gerais'' e ''específicos'', ''explícitos'' ou ''implícitos'', classificando-os como ''empíricos'', ''lógicos'', ''ontológicos'', ''epistemológicos'' e ''axiológicos''. Tudo isso é índice da riqueza significativa que a palavra exibe, compelindo-nos a um esforço de elucidação para demarcar o sentido próprio que desejamos imprimir ao vocábulo, dentro de seu plano de irradiação semântica. Impõe-se uma decisão para cada caso concreto, principalmente se a proposta discursiva pretender foros de seriedade científica.

2. O Direito no mundo dos objetos culturais

Enquanto camada de linguagem prescritiva de condutas, o direito positivo é uma construção do ser humano. Nesse sentido, dista de ser um dado simplesmente ideal, não lhe sendo aplicável, também, as técnicas de investigação do mundo natural. As unidades normativas selecionam fatos e regulam comportamentos, fatos e condutas recolhidos no campo do social. Ora, o fato social, como processo de relação, é um fenômeno com sentido e, sem ele (sentido), que imprime direção aos fatos sociais, é impossível compreendê-los. Os fatos jurídicos, quer os previstos nos antecedentes das normas, quer os prescritos na fórmula relacional dos conseqüentes, apresentam-se na forma de fenômenos físicos (relações de causa e efeito) mais o sentido, isto é o fim jurídico que os permeia. Sem a significação jurídica que presidiu a escolha do evento e inspirou a regulação da conduta, não há falar-se em fatos jurídicos e relações jurídicas. Essa parte do mundo empírico reivindica tratamento especial, que atente para seu lado dinâmico de ações e reações, no esquema de causa e efeito, mas que também o considere, fundamentalmente, naquilo que ele tem de significação, de sentido.

Quem se proponha conhecer o direito positivo não pode aproximar-se dele na condição de sujeito puro, despojado de atitudes axiológicas, como se estivesse perante um fenômeno da natureza ou uma equação algébrica. A neutralidade axiológica impediria, desde o início, a compreensão do sentido das normas, tolhendo a investigação. Além do mais, o conhecimento jurídico já encontra no seu objeto uma auto-explicação, pois o direito fala de si mesmo e este falar-de-si é componente material do objeto. Daí a função reconstrutiva do saber jurídico, expressa nas proposições descritivas da Ciência do Direito.

Demoremo-nos, porém, num ponto: se é impossível conhecer as normas do direito positivo sem estimar-lhes o valor, integrante que inere a todo o bem cultural, outra coisa bem distinta é compor o discurso jurídico-descritivo da Ciência aplicando-lhe, pela segunda vez, uma inclinação ideológica, vale dizer, estabelecendo juízos de valor que incidam nas proposições teoréticas do conhecimento científico, opinando sobre a justiça, a racionalidade ou sobre critérios de segurança ou de funcionalidade que certa ordem jurídica oferece ou não oferece, enquanto sistema de direito positivo. O jurista dogmático não deve julgar as normas do ordenamento, unicamente compreendê-las para bem descrevê-las. Assevera por isso Lourival Vilanova que o sujeito do conhecimento, quando trava contacto com o mundo dos conteúdos sociais e históricos, vem a travar contacto consigo mesmo e ao invés da relação pura sujeito-objeto, mescla-se essa relação com uma inevitável parcela de atitude prático-valorativa (*O Problema do Objeto da Teoria Geral do Estado*, Recife, 1953).

Acontece que o "dever-ser", na modalidade do jurídico, pressupõe o "poder-ser", isto é, a possibilidade objetiva do comportamento regulado vir a realizar-se na plataforma das interações humanas. E esse "poder-ser" da conduta nada mais é que a liberdade de cumprir a ação prevista ou de omiti-la. Eis aqui o valor, expressão de um dos mais caros e proclamados bens da história do homem, fincado, irremediavelmente, na própria raiz do direito e sem o qual a formulação normativa carecerá de sentido deôntico. Inexista a liberdade de exercer a conduta ou de atuar sua omissão e a disciplina da regra jurídica trará consigo um "sem-sentido" prescritivo, não de ordem sintática, de caráter semântico. Tal valor é um "prius" da análise jurídico-normativa.

3. *Os "princípios", na textura das várias linguagens jurídicas*

Empregamos "linguagem jurídica" para referir os sistemas de comunicação que se prestam a realizar ou a mencionar o fenômeno jurídico. Por essa locução designaremos o chamado "direito positivo", a Dogmática Jurídica ou Ciência do Direito em sentido estrito, bem como todos aqueles setores do conhecimento que tomam o sistema do direito positivo como objeto de suas indagações, ainda que não o façam em termos exclusivos. Nessa linha de pensamento, é linguagem jurídica a da Filosofia do Direito e, dentro dela, a da Lógica Jurídica, a da Epistemologia do Direito, a da Axiologia do Direito e a da Ontologia Jurídica. Mas serão também "linguagem jurídica" a Sociologia do Direito, a Antropologia Cultural do Direito, a História do Direito e tantas mais que levem em conta de objeto o sistema das normas positivadas.

De um lado, como linguagem-objeto, temos determinada ordem jurídico-normativa, operando num ponto do tempo histórico e sobre dado espaço territorial; de outro, como metalinguagem descritiva, a Ciência do Direito em sentido estrito ou Dogmática Jurídica, voltada somente a compreender e relatar sua linguagem-objeto. A Filosofia do Direito comparece aqui na condição de metalinguagem se suas reflexões incidirem sobre a linguagem do direito positivo. As meditações filosóficas, entretanto, trabalham muitas vezes sobre construções científicas, momento em que assumem a hierarquia de uma metalinguagem. Outro tanto vale para os demais segmentos contidos no âmbito das "ciências jurídicas em sentido amplo".

Firmados nessas ponderações, é lícito assertar a existência de "princípios jurídicos" em todos os setores da investigação do Direito. E é com tal dimensão significativa que enunciamos os princípios ou leis ditas ontológicas: "tudo que não estiver juridicamente proibido, estará juridicamente permitido" e "tudo que não estiver juridicamente permitido, estará juridicamente proibido"; os princípios jurídicos empiricamente verificáveis, como, por exemplo: "de acordo com a Constituição vigente, o Brasil é uma república federativa" (princípios federativo e republicano). Há o princípio lógico jurídico segundo o qual "toda conduta obrigatória está necessariamente permitida" (em linguagem formalizada, diremos: (Op->Pp), em que "O" é o modal "obrigatório", "P", o "permitido" e "p" uma conduta qualquer). Esse "princípio" ou "lei" da Lógica Deôntico-Jurídica, aliás, é o fundamento da conhecida "ação de consignação em pagamento". Ao lado dele, por oportuno, podemos indicar a lei lógica da "idempotência do conjuntor", aplicada ao Direito: "Se duas ou mais normas servirem-se do mesmo antecedente e prescreverem a mesma regulação da conduta, então todas elas equivalem a uma só". Expliquemos o princípio, formalizando-o e, depois, mediante um exemplo prático e objetivo. A "lei" da idempotência do conjuntor (utilizada para o universo do jurídico) assim se exprime, em linguagem formal: (Vp. Vp. Vp. Vp. Vp.) = Vp, onde "V" é a notação simbólica da "proibição"; "p", uma conduta qualquer; ".", o conectivo da conjunção lógica; e "=", a equivalência. No sistema da Constituição de 1967, havia três preceitos consagrando a "legalidade tributária": um genérico e dois específicos. Quer significar, por outro giro, que o legislador constitucional prescrevia: "só é permitido exigir tributo novo ou aumentar os existentes por meio de lei". Tal era o conteúdo de três normas constitucionais. Pelo princípio da idempotência do conjuntor, os três equivaliam a apenas um.

Bem, até aqui vimos princípios empíricos, ontológicos e lógicos. Examinemos outros. A "norma fundamental" kelseniana é um princípio epistemológico-jurídico, colocado na condição de pressuposto da atividade cognoscitiva do direito. Sem a "norma fundamental", ou regressaríamos ao infinito, jamais começando a tarefa cognoscente, ou sacrificaríamos o cânone do isolamento do objeto, sem o que o estudo não atingiria a dignidade de ciência. Outros princípios epistemológico-jurídicos são os da "homogeneidade sintática" e da "heterogeneidade semântica" das unidades normativas. Já nos domínios axiológicos mencionemos o "princípio da Justiça", da "igualdade", da "segurança", da "racionalidade", entre muitos outros.

Vistos por outro prisma, os "princípios" seriam gerais (a legalidade referida no art. 5º, II, da Constituição de 1988) ou específicos (a legalidade tributária instituída no art. 150, I, do mesmo Estatuto). Além disso, há os explícitos (art. 150, III — princípio da anterioridade tributária) e os implícitos (princípio da isonomia das pessoas políticas — União, estados, Distrito Federal e municípios). Cumpre observar que os princípios mencionados estão distribuídos entre a linguagem-objeto (direito positivo) e as metalinguagens jurídicas acima indicadas. Pois bem. Demos exemplos, tecemos considerações, elucidamos algum conteúdo, mas permaneceu aberta a questão principal: que é princípio?

4. Os "princípios" e a compreensão do Direito

Tomaremos como hipótese de trabalho o estudo do Direito sob o ponto de vista dogmático, a partir das estruturas normativas existentes aqui e agora, que se projetam sobre a realidade social para ordená-la, no que tange às relações interpessoais que nela se estabelecem, canalizando o fluxo das condutas em direção a certos valores que a sociedade anela e quer implantados. Reconhecemos no fenômeno jurídico algo extremamente complexo, em que interferem fatores de naturezas distintas, num intensivo processo de miscigenação. Afigura-se-nos um trabalho dificílimo ingressar em sua ontologia, para extrair dados de sua intimidade existencial, caso isto, porventura, seja possível, premissa que não pretendemos discutir. Nossa concepção há de caminhar predominantemente no padrão analítico da linguagem, respeitando aquela complexidade que salientamos como ínsita ao dado jurídico, mas ao mesmo tempo refletindo na consideração de que ali onde houver regulação jurídica haverá, inexoravelmente, proposições normativas que, escritas ou não escritas, hão de manifestar-se em linguagem. Ora, se isolarmos o universo normativo, naquilo que ele tem de fenômeno lingüístico, aparecerá diante de nós um objeto uniforme (somente normas jurídicas), todas compostas na mesma organização sintática, vale dizer, mediante um juízo hipotético em que o legislador (sentido amplo) imputa, ao acontecimento de um fato previsto no antecedente, uma relação deôntica entre dois ou mais sujeitos, como conseqüente. A previsão fáctica ou "descritor", como suposto, implica a disciplina da conduta intersubjetiva, contida no "prescritor" (Lourival Vilanova). Nunca será demasiado insistir que tanto a ocorrência factual, como o comportamento regulado, têm de ser possíveis, para que a regra venha a ser aplicada, tornando-se individualmente eficaz.

Sobressai à evidência a homogeneidade sintática suso referida, porquanto todas as unidades do sistema terão idêntica estrutura lógica, a despeito da multiplicidade extensiva de seus vectores semânticos. O direito positivo, então, apresentar-se-á aos olhos da Dogmática como um conjunto finito, mas indeterminado, de normas jurídicas, nas quais surpreenderemos fatos jurídicos e relações jurídicas, associados por um ato de vontade de quem pôs as regras no sistema, ato psicológico este que o cientista coloca entre parênteses metódico, para não imitir-se em territórios alheios, como, por exemplo, a Psicologia e outras ciências que poderiam explicar aspectos parciais do fenômeno. Todavia, se os fatos são jurídicos porque previstos em antecedentes normativos, remanesceria apenas um, o mais importante porque fundador do próprio sistema, sem a qualificação de jurídico, circunstância que viria a comprometer a uniformidade objetal: trata-se do acontecimento que dá origem à Constituição. É precisamente neste tópico que Kelsen trouxe a singela, porém genial contribuição da "norma fundamental", não posta, mas pressuposta, juridicizando aquele fato que ficara de fora, por imprimir-lhe o timbre de normatividade que lhe faltava. Fecha-se assim o conjunto, isolado na especificidade de seu objeto, uniforme porque composto tão-somente de normas jurídicas, de tal modo que nele, conjunto, não encontraremos senão descritores e prescritores, bem como suas contrapartes factuais: fatos jurídicos e relações jurídicas.

O corolário natural de tudo quanto se expôs é que o direito positivo, formado unicamente por normas jurídicas, não comportaria a presença de outras entidades, como, por exemplo, princípios. Estes não existem ao lado das normas, coparticipando da integridade do ordenamento. Não estão ao lado das unidades normativas, justapondo-se ou contrapondo-se a elas. Acaso estivessem, seriam formações lingüísticas portadoras de uma estrutura sintática. E qual é esta configuração lógica? Ninguém, certamente, saberá responder a tal pergunta, porque "princípios" são "normas jurídicas" carregadas de forte conotação axiológica. É o nome que se dá a regras do direito positivo que introduzem valores relevantes para o sistema, influindo vigorosamente sobre a orientação de setores da ordem jurídica.

A tipificação dos fatos que ingressam pela porta aberta das hipóteses normativas se dá mediante conceitos que o legislador formula: conceitos sobre os acontecimentos do mundo e conceitos sobre as condutas inter-humanas. Ocorre que todo o conceito, que tem como correlato expressional o termo, assim como o juízo o tem na proposição, todo o conceito, repetimos, é seletor de propriedades não só no Direito, como em qualquer região do conhecimento. Conceituar importa selecionar caracteres, escolher traços, separar aspectos, desprezando os demais. As singularidades irrelevantes, o legislador as deixa de lado, mesmo porque são em tal quantidade que o trabalho ganharia proporções infinitas. E surge o conceito, após a aplicação do critério seletivo que o legislador adotou, critério este que nada mais é que um juízo de valor expedido em consonância com sua ideologia, tomada a palavra, neste ensejo, como pauta de valores, tábua de referências axiológicas. Assim, valora o legislador fatos e condutas, tecendo o conteúdo de significação das normas jurídicas ou, em outras palaras, saturando as variáveis lógicas daquela estrutura sintática que é comum a todas as unidades do sistema. E, ao enfatizar esse ângulo da construção jurídico-normativa, estamos apenas reconhecendo ao direito positivo a condição de objeto cultural, anteriormente consignada. Mantenhamos na retentiva que os objetos do mundo cultural são, invariavelmente, portadores de valores, como também os metafísicos, o que não se verifica com os objetos da natureza e com os da região ôntica dos ideais, ambos axiologicamente neutros.

Até esta parte, firmamos duas proposições que aceitamos por verdadeiras: a) o direito positivo é formado, única e exclusivamente, por normas jurídicas (para efeitos dogmáticos), apresentando todas o mesmo esquema sintático (implicação), ainda que saturadas com enunciados semânticos diversos (heterogeneidade semântica); e b) por outro lado, como construção do ser humano, sempre imerso em sua circunstância (Gasset), é um produto cultural e, desse modo, portador de valores, significa dizer, carrega consigo uma porção axiológica que há de ser compreendida pelo sujeito cognoscente — o sentido normativo, indicativo dos fins (*thelos*) que com ela se pretende alcançar.

Tal é a conclusão a que chegou Genaro Carrió, percorrendo caminhos um pouco distintos, em seu opúsculo sobre *Principios Jurídicos y Positivismo Jurídico* (Abeledo-Perrot, Buenos Aires, 1970): "De lo expuesto se sigue que no existe la pretendida "diferencia lógica" entre las reglas jurídicas y las pautas del tipo de la que expressa que a nadie debe permitírsele beneficiarse con su propia transgresión".

O autor argentino não chega a esse resultado partindo das premissas que adotamos. Seu objetivo foi, antes de mais nada, questionar a procedência de crítica ao positivismo jurídico, que o Professor Ronald M. Dworkin, da Universidade de Oxford, apresentou com o trabalho "The model of rules" (35 *University of Chicago Law Review* 14, 1967), e segundo o qual a análise e consideração adequada dos princípios ficaria prejudicada pela concepção positivista do fenômeno jurídico, já que tal concepção do Direito não deixa ver o papel central que na prática os princípios desempenham. É nesse sentido que parte do sistema de Hart (*El concepto del derecho*, Buenos Aires, 1963), para dele extrair argumentos que demonstrem a plena compatibilidade entre as normas jurídicas, examinadas pelo ângulo de sua positivação e os princípios que com elas se combinam para formar o sistema do direito positivo.

Tendo seu pensamento mais próximo de Hart, em virtude das ligações que sempre manteve com a Universidade de Oxford, Carrió entende que o positivismo de Kelsen ofereceria menos recursos à sustentação de sua tese, não lhe permitindo dar os passos de que necessitava para alojar os princípios dentro da ordem jurídica, consoante os critérios que lhe pareciam justos. Nossa posição contudo, é bem diversa, ainda que tenhamos de intuir certos desdobramentos que o mestre de Viena não empreendeu. Que não seja isso motivo de censuras, porquanto Carlos Cossio proclamou ter ido além de Kelsen sem haver transbordado os limites do próprio sistema kelseniano (foi além de Kelsen sem sair de Kelsen). E, de fato, há desdobramentos que se afiguram como corolários de uma teoria, não extraídos por aquele que a concebeu, mas que podem perfeitamente ser sacados por quem se dispuser a segui-la.

O que importa é que Genaro Carrió chega aos mesmos resultados, não só admitindo a existência de "princípios" dentro da ordem jurídica positiva, como reconhecendo que não há qualquer desencontro entre o esquema lógico das normas e o daqueles primados. Ainda que não ingresse na análise dos "valores", fala, insistentemente, no "peso" dos princípios, o que basta para identificar a referida concordância.

5. *"Princípios" como normas jurídicas que introduzem valores de grande importância para o ordenamento*

Recortemos determinado ambiente social. Os indivíduos da comunidade tendem a ter um núcleo coincidente de valores básicos, advindos da contingência de viverem no mesmo território e no mesmo tempo hitórico. Em derredor desse núcleo, contudo, a trajetória existencial de cada um vai depositando outros valores, recolhidos individualmente de tal arte que os padrões axiológicos das pessoas acabam apresentando variações muitas vezes sensíveis, repercutindo em fontes inesgotáveis de divergências, sempre que o homem se manifesta acerca de objetos de índole metafísica ou cultural. Seja uma obra literária, uma película cinematográfica, uma peça de mobiliário, uma crença religiosa, seja a interpretação de norma do direito positivo, os valores aparecem como centros significativos que expressam uma preferibilidade (abstrata e geral) por certos conteúdos de expectativa, ou melhor, por certos conjuntos de conteúdos abstratamente integrados num sentido consistente (Tercio Sampaio Ferraz Jr., *Introdução ao Estudo do Direito*, Editora Atlas, 1988, p. 109). Esses símbolos de preferência por ações indeterminadas permanentes, como alude o jusfilósofo paulista, consistindo em núcleos significativos muito abstratos, requerem outro mecanismo integrador, credenciado a imprimir-lhes um mínimo de consistência: é a função das ideologias, conjuntos de avaliação dos próprios valores. Atuam para avaliar os valores, já que estes, por sua abstração, se mostram abertos e flexíveis. As ideologias, por isso mesmo, operam como sistemas rígidos e limitados, que hierarquizam os valores, organizando-os e permitindo que os identifiquemos.

Muito bem. Toda vez que houver acordo, ou que um número expressivo de pessoas reconhecerem que a norma *N* conduz um vector axiológico forte, cumprindo papel de relevo para a compreensão de segmentos importantes do sistema de proposições prescritivas, estaremos diante de um "princípio". Quer isto significar, por outros torneios, que "princípio" é uma regra portadora de núcleos significativos de grande magnitude influenciando visivelmente a orientação de cadeias normativas, às quais outorga caráter de unidade relativa, servindo de fator de agregação para outras regras do sistema positivo. Advirta-se, entretanto, que ao aludirmos a "valores" estamos indicando somente aqueles depositados pelo legislador (consciente ou inconscientemente) na linguagem do direito posto. Não cremos existir uma "região de valores", existente-em-si, como o *topos uranos* de Platão ou qualquer tipo de sistema suprapositivo de valores, ao modo de algumas vertentes jusnaturalistas. Aqueles de que nos ocupamos são os postos, centros significativos abstratos, mas positivados no ordenamento.

Se tais observações forem procedentes, cabe cogitar de uma hierarquia de valores jurídicos ou, de outra maneira, de uma classificação hierárquica das normas do direito positivo, elegendo-se como critério a intensidade axiológica nelas presente. Todavia, plantadas essas premissas, aquilo que se não pode admitir consoante assentamos linhas atrás, é a coalescência de "normas" e "princípios", como se fossem entidades diferentes, convivendo pacificamente no sistema das proposições prescritivas do direito. Os princípios são normas, com todas as implicações que esta proposição apodítica venha a suscitar.

A resistência de Kelsen em compor uma teoria da interpretação fundou-se, certamente, nesse profundo subjetivismo que acompanha o processo dialético de compreensão dos conteúdos normativos. os radicais desconcertos entre as teorias doutrinárias, tendo em vista preceitos jurídicos, são exemplos eloqüentes do cabimento dessa tese. Sabemos que as mensagens prescritivas dos arts. 29 a 31, da Constituição do Brasil, realizam o "princípio da autonomia dos municípios", confirmado pela análise do sistema vigente. Nada obstante, juristas de renome, menos inclinados ao "municipalismo", conquanto não neguem a indigitada autonomia, reduzem drasticamente a relevância dessas pessoas políticas, em suas interpretações, chegando ao ponto de designá-las por "entes menores". Esforçados nessa mesma inspiração, compreendem, ao pé da letra, o que preceitua o art. 187, parágrafo único, do Código Tributário Nacional, chegando ao resultado deplorável de admitir a "ordem" que o dispositivo estabelece, com o que relegam os municípios a uma condição de flagrante inferioridade em face dos estados, do Distrito Federal e da União, sobre violarem de maneira frontal o princípio implícito da isonomia das pessoas políticas de Direito Constitucional interno.

Desloquemos o foco da análise para o reino específico das imposições tributárias e encontraremos, desde logo, a discussão a propósito da existência ou não do "princípio da anualidade". Já expressamos nosso entendimento segundo o qual o velho primado desaparecera com o advento da Constituição de 1967. Em sentido contrário, porém, autores de prestígio não se cansam de invocá-lo, atribuindo-lhe lugar preeminente no quadro dos mais elevados princípios constitucionais tributários.

Já podemos extrair mais duas conclusões: a) o próprio saber se u'a norma, explícita ou implícita, consubstancia um "princípio", é uma decisão inteiramente subjetiva, de cunho ideológico; e b) no que concerne ao conjunto dos princípios existentes em dado sistema, a distribuição hierárquica é função da estrutura axiológica daquele que interpreta, equivale a reconhecer, é função de sua ideologia.

6. A classificação dos "princípios" em razão dos critérios de objetividade que presidem sua aplicação aos casos concretos

É sedutora, ao menos no exame do primeiro instante, a classificação dos princípios levando-se em conta o grau de objetividade que se verifica no momento de sua efetiva aplicação. Há princípios que são postos em termos vagos e excessivamente genéricos, ao lado de outros, enunciados de modo tão preciso, que passam a ser escassas as dissenções a respeito de sua incidência numa situação concreta. Vamos aos exemplos. A Lei Fundamental, no art. 37, *caput*, expressa-se de maneira vaga ao impor que a administração pública obedeça ao princípio da "moralidade", tornando-se no mínimo duvidosa e discutível sua indicação numa faixa enorme de eventos reais. A "função social da propriedade" (art. 5º, XXIII da Constituição) acha-se também envolvida por forte teor de indeterminação. E o mesmo se diga da "liberdade", da "segurança", da "racionalidade", do "bem comum", da "finalidade pública" etc. Bem certo que toda a palavra encerra alguma vaguidade. Mas queremos insistir que existem fórmulas expressionais onde predomina densamente a indeterminação, ao lado de outras de fácil e intuitivo reconhecimento, em que a ocorrência do mundo exterior está visivelmente demarcada, sobrando pouco espaço para os desacordos de opinião. É o caso da irretroatividade tributária (art. 150, inciso III, *a*, da Lei Magna). Basta saber o momento em que se deu o fato jurídico tributário e confrontá-lo com aquele que marcou o início da vigência da lei instituidora ou majoradora do tributo. Temos para nós que o princípio que prestigia a casa como asilo inviolável do indivíduo (art. 5º, XI, da Constituição), bem como o que protege o sigilo de correspondência, das comunicações telegráficas e das comunicações telefônicas, todos eles, em maior ou menor amplitude, podem acomodar-se rigorosamente no plano da aplicação factual.

Apesar da aparente simplicidade operativa, o critério que anima essa classificação procura transmitir uma objetividade que os valores não têm nem podem ter. A natureza eminentemente subjetiva desses núcleos significativos jamais poderá ser aprisionada, como se fora um mero fato cosmológico insularmente levado à análise. Fiquemos com sua operacionalidade, mas desde que reconheçamos a impossibilidade de fixar diretrizes objetivas e, portanto, com validade intersubjetiva, para delimitar valores. O que distrai nossa atenção entre as duas classes de princípios é que o legislador injeta valores (sempre subjetivos) em situações diferentes: incertas, indecisas, indeterminadas, as primeiras; limitadas e rigidamente delineadas, as últimas. Reflitamos sobre este tópico e estaremos autorizados a utilizar a classificação. Caso contrário seremos surpreendidos quando o legislador empregar o mesmo valor em hipóteses abertas, sem fronteiras onde o desenho recortado do suporte fáctico (Pontes de Miranda) não corresponda aos traços que a realidade material sugerir aos nossos sentidos. Eis o princípio da "igualdade" que pode ser tomado como exemplo. Ao projetar-se num dado acontecimento do mundo, essa diretriz experimenta curiosas configurações. Sabemos quão difícil seria sutentar a discriminação entre homens e mulheres, no processo de seleção para ingresso na carreira do Ministério Público. A singela invocação do art. 5º., I, da Carta Constitucional vigente, seria o bastante para tolher qualquer entendimento discriminatório. Ao mesmo tempo, em matéria publicada na *Folha de São Paulo*, em janeiro de 1992. Flávia Piovesan, mestranda da PUCSP, discutiu a interessante tese de benefícios pleiteados por pessoas do mesmo sexo vivendo "maritalmente". Tudo sobre o fundamento daquela norma que sobranceira, estaria impregnando o sentido das demais regras do ordenamento. Num caso, o primeiro, a mera alusão ao primado da igualdade tem a força suficiente para decidir o problema. No segundo, em que a complexidade do desenho típico se vê agravada pela presença de outros valores, numa combinatória que suscita considerações mais profundas, o mesmo princípio perde seu aparente conteúdo de objetividade, não se prestando mais para, sem outros torneios retóricos, encaminhar a solução exegética.

Recobremos a lembrança de que as expressões lingüísticas conservam sempre um mínimo de vaguidade em sua integridade compositiva, inafastável por maior que seja o esforço de argumentação para efeito de convencimento. Não há como escapar dessa porção movediça que se aloja nos termos e nos enunciados proposicionais, alimentando, incessantemente, os estudos semânticos. Admitir esse traço, porém, longe de trazer a insegurança que desde logo imaginamos, significa reconhecer que há uma matéria-prima própria para o discurso persuasivo, tecendo a linguagem jurídica que antecede a decisão normativa.

7. *Alguns "princípios" constitucionais tributários no sistema positivo brasileiro*

À moda daquelas pesquisas de laboratório, em que o cientista suspende o interesse pelas coisas do mundo para poder concentrar sua atenção exclusivamente no objeto que está sobre a lâmina do microscópio, vamos esquecer, por um pequeno intervalo de tempo, o sistema do direito positivo na sua finitude indeterminada de normas jurídicas, dirigindo nossa atenção para preceitos constitucionais que versam a temática dos tributos e, mais que isso, ostentem a estatura de renomados "princípios". De plano, uma distinção útil, porque esclarecedora: há princípios que valem para todo o ordenamento e, por via de conseqüência se aplicam ao campo tributário; assim como há "princípios" que regem, com foros de especificidade, o desempenho da função impositiva que o Estado exerce mediante o instrumento que chamamos "tributo". Entre os dois subdomínios, fiquemos com o último, a fim de imprimir ao presente trabalho a índole que almejamos. Sendo numerosos os comandos que o constituinte inseriu no Texto Supremo, com *status* de princípios tributários, separemos alguns para efeito de experiência. Vejamos, por exemplo, o "princípio da estrita legalidade", cravado na redação do art. 150, I, da Lei Maior. Tal diretriz aponta para a necessidade impostergável de que a entidade seja criada ou majorada por lei. Põe-se, desde já, um problema: lei no sentido estreito, isto é, lei ordinária, ou lei na sua acepção larga, vale dizer, todos os diplomas credenciados a introduzir normas inaugurais no ordenamento? Como outro elemento complicador não se pode esquecer que o sistema conecta este princípio com um valor extremamente caro para o setor: a tipicidade, isto é, ao conceber o legislador o ente tributário, estará jungido a fixar, em sua plenitude, o desenho integral da figura típica do gravame. Vê-se aqui uma conjunção de valores impregnando as proporções semânticas do princípio da estrita legalidade.

Sobre o da anterioridade, já assinalamos que grassa forte divergência entre os autores, no sentido de aceitá-lo como mera antecedência cronológica da lei que institui ou majora o tributo, tomando-se por referência o primeiro dia do exercício financeiro seguinte (art. 150, III, *b*, da CF), ou como tal, acrescido do consentimento dos administrados, manifestado na lei orçamentária, segundo prescrevia o velho princípio da anualidade. Atinando-se à possibilidade de acatamento do princípio da anterioridade até as vésperas da exigência fiscal, fala-se hoje no princípio da não-surpresa que predica o conhecimento antecipado, por parte do sujeito passivo, daquilo que lhe será cobrado no ano subseqüente, mas com antecedência significativa que, por falta parâmetros constitucionais, alguns postulam ser de um ano.

Queremos insitir na tese de que onde há princípios existem valores de magnitude para o sistema e tais valores vêm sempre acompanhados de elevado grau de indeterminação. Vejamos, por exemplo, o chamado princípio da proibição de confisco. É sobremaneira difícil opinar sobre o tema, e, quando o fazemos, utilizamos mecanismos intuitivos. A propósito deste assunto lidamos com índices que, além de tudo, eles mesmos — os índices —, não podem ser objetivamente aceitos. Por certo que todos concordariam que uma alíquota de 25%, incidente sobre base de cálculo que tome o valor do imóvel como referência, caracterizará hipótese de confisco. Todavia se colhermos outro imposto, que não seja cobrado periodicamente sobre o mesmo bem, como o do exemplo, mas que incida sobre produtos de consumo, ninguém se surpreenderá com uma alíquota de 350% percutindo no valor da operação de venda. Já dissemos algures, que a doutrina do confisco não fora elaborada, permanecendo em solo estéril as construções que tomem esta figura em linha de consideração. Outro tanto se diga a respeito do princípio da capacidade econômica ou da capacidade contributiva do sujeito passivo da obrigação tributária. Por mais que a Ciência do Direito Tributário, principalmente a da Europa continental, tenha se esforçado para descrever o perfil desse primado, buscando limites e teorizando sobre possíveis demarcações práticas, nada de objetivo se realizou, permanecendo o quadro de incertezas que é, era e sempre foi. Sabe-se, quando muito, que o fato jurídico do tributo há de ser presuntivo de riqueza econômica, mesmo porque os números da pretensão impositiva hão de sair de avaliação que ele próprio ofereça. Porém, daí a pretender critérios intersubjetivamente válidos, constantes e satisfatórios, para dosar a carga tributária, vai uma distância realmente grande. Em parcelas homogêneas do universo de contribuintes ou de bens e situações que sejam tomadas como referência básica para a tributação, de fato o princípio se apresenta não só útil e imprescindível, como de fácil manipulação. Basta, contudo, o ingresso de outro valor significativo, implicado na situação, para que as opiniões se dividam. Saquemos um exemplo atual. O IPTU (Imposto Predial e Territorial Urbano) tem como base de cálculo o valor venal do imóvel, consoante planta elaborada pelas prefeituras municipais. Ponhamos também entre parênteses que, por tradição, houve um acomodamento das autoridades administrativas, correspondendo ao interesse direto das pessoas tributadas, de tal modo que, neste passo, a lei nunca foi cumprida. Inobstante isso, quantos problemas, quantas discussões se instauram, tendo como origem a cobrança dessa exação. Se a base de cálculo é o valor venal da propriedade, constante da planta de valores; se a alíquota é aquela indicada pela lei; onde estaria o ponto que irradia tantas disceptações? Afastando de cogitação o tema das atualizações, que cabe perfeitamente no espaço dos parênteses que abrimos e fechamos, não é penoso isolar casos em que a pretensão impositiva se torna discutível. Uma viúva, sem renda, que receba em herança determinado imóvel. Como atender sua obrigação tributária em relação ao IPTU? São ocorrências protocolares, não há dúvida. Mas o que se quer demonstrar é que a aplicação do princípio da capacidade contributiva, para este imposto projetada sobre o "ser proprietário de bem imóvel no perímetro do Município", está plenamente satisfeita ainda que remanesça um sentimento geral de injustiça em face da pretensão do Poder Público. É que a peculiaridade do evento trouxe à tona outros valores que afetam a singela consideração da capacidade econômica do contribuinte, tornando mais complexa a compreensão do tema. A concretude factual permite que surjam alternativas hermenêuticas, servindo ao jogo de interesses que penetra as interações sociais e proporciona elementos para as digressões retóricas imprescindíveis ao convencimento a propósito da direção jurídica a ser tomada.

Como dissemos, há muitos princípios constitucionais tributários no direito positivo brasileiro, circunstância que vem jusificando até o surgimento de um campo próprio de especialização nos domínios da Dogmática. Entre outros, há o trabalho clássico e pioneiro de Geraldo Ataliba (*Sistema Constitucional Tributário Brasileiro*) e, recentemente, a obra do Professor Roque Carrazza, intitulada *Curso de Direito Constitucional Tributário*. Os dois livros, do mais elevado padrão científico, ocupam-se, exclusivamente dessa temática e tratam com especificidade, cada um dos magnos princípios que regem a atividade jurídico-tributária no Brasil. Ao versar o tema da outorga de poderes que a Constituição promove, entre as pessoas políticas de Direito Constitucional interno Roque Carrazza aponta os princípios da indelegabilidade (os titulares da competência não podem delegá-la a outras pessoas), da incaducabilidade ("seu não exercício, ainda que prolongado no tempo, não tem o condão de impedir que a pessoa política, querendo, venha a criar, por meio de lei, os tributos que lhe foram constitucionalmente deferidos", obra citada, pp. 325-326), da inalterabilidade (não pode ser alterada pela própria pessoa que a detém), da irrenunciabilidade (não as podem renunciar, seja total ou parcialmente e da facultatividade, pois ainda que as pessoas titulares da competência não as possam delegar, alterar ou renunciar, têm a faculdade de exercê-las, vale dizer, podem fazê-lo ou não, segundo seus critérios de decisão. A "faculdade" comparece aqui no seu estrito sentido lógico-deôntico, de permissão bilateral (Pp.P-p), permissão de cumprir a contura ou de omiti-la.

8. "Princípios" e "sobreprincípios" — "princípios" que operam para a realização de outros "princípios" superiores na escala hierárquica

Coloquemos entre parênteses as corriqueiras dissenções ideológicas que separam os juristas em múltiplas direções e meditemos na organização de um conjunto qualquer de valores jurídicos. Há "princípios" e "sobreprincípios", isto é, normas jurídicas que portam valores importantes e outras que aparecem pela conjunção das primeiras. Vejamos logo um exemplo: a isonomia das pessoas políticas de Direito Constitucional interno tem importante repercussão no setor das imposições tributárias. Não há, contudo, formulação expressa que lhe corresponda no texto do direito positivo. Emerge pelo reconhecimento de outas normas que, tendo a dignidade de princípios, pelo *quantum* de valor que carregam consigo, fazem dele um "sobreprincípio". Realiza-se pela atuação de outros princípios. Assim também ocorre com o primado da justiça. Agora, há um princípio que sempre estará presente, ali onde houver direito: trata-se do cânone da certeza jurídica, entendido o termo não como garantia de previsibilidade da regulação da conduta (que é uma de suas acepções), mas como algo que se situa nos fundamentos do dever-ser, ínsita que é ao domínio do deôntico. Na sentença de um magistrado, que põe fim a uma controvérsia, seria absurdo figurarmos um juízo de probabilidade, em que o ato jurisdicional declarasse, como exemplifica Lourival Vilanova, que *A* possivelmente deve reparar o dano causado por ato ilícito seu. Não é sentenciar, diz o mestre, ou estatuir, com pretensão de validade, o *certum* no conflito de condutas. E, ainda que consideremos as obrigações alternativas, em que o devedor pode optar pela prestação *A, B* ou *C*, sobre uma dela há de recair, enfaticamente, sua escolha, como imperativo inafastável da certeza jurídica. Eis outro sobreprincípio, mas de feição independente, pois querendo ou não querendo o legislador, havendo ou não havendo justiça, segurança ou qualquer valor jurídico que se colha para a experiência, as normas do sistema hão de consagrá-lo, para poder aspirar ao sentido deôntico. Regra do direito que não discipline comportamentos intersubjetivos com observância do princípio da certeza expressará um sem-sentido na linguagem do dever-ser. Torna-se evidente que a certeza jurídica é também um sobreprincípio, mas dotado de aspectos lógicos peculiares, que lhe atribuem preeminência sintática com relação a todos os demais.

O campo de irradiação semântica da locução "certeza jurídica", todavia, abriga também o sentido, como dissemos, de possibilidade de previsão, pelos destinatários da mensagem normativa, do modo como se dará a regulação da conduta. Dito de outra forma, a confiança de que, acontecidos certos eventos que a norma tipifica, os direitos e deveres prescritos estavam adredemente conhecidos, uma vez que as regras jurídicas repartem os comportamentos entre as três regiões materiais (permitido, proibido e obrigatório) e, ao fazê-lo, canaliza as condutas na direção de determinados valores. Essa proporção de sentido, mesmo que cabível como fonte de indagação, como autêntico valor do ordenamento, tem sempre a relatividade própria das questões ideológicas. Com efeito, que se pode prever se o fato *X* vai ou não ensejar a prestação jurídica *P* é alguma coisa perfeitamente admissível onde houver um pingo de racionalidade no sistema considerado. Entretanto, saber, antecipadamente, como vão comportar-se os sujeitos da relação, no que tange ao cumprimento do dever jurídico ou com que intensidade o titular do direito subjetivo público vai exigir ou não o conteúdo da prestação, é assunto bem diferente. Dependerá da maneira pela qual a comunidade jurídica estiver utilizando seus signos, variação que depende de uma série de fatores extralingüísticos e circunstanciais, que ninguém pode prever com rigor. Estamos, aliás, na dimensão pragmática da linguagem do direito, caracterizada por forte oscilação de tendências e intensa variação de expectativas, responsável direta por mutações semânticas e sintáticas no conjunto dos signos.

9. Sobreprincípio da segurança jurídica no campo dos tributos

A segurança jurídica é, por excelência, um sobreprincípio. Não temos notícia de que algum ordenamento a contenha como regra explícita. Efetiva-se pela atuação de princípios, tais como o da legalidade, da anterioridade, da igualdade, da irretroatividade, da universalidade da jurisdição e outros mais. Isso, contudo, em termos de concepção estática, de análise das normas enquanto tais, de avaliação de um sistema normativo sem considerarmos suas projeção sobre o meio social. Se nos detivermos num direito positivo, historicamente dado, e isolarmos o conjunto de suas normas (tanto as somente válidas, como também as vigentes), indagando dos teores de sua racionalidade; do nível de congruência e harmonia que as proposições apresentam; dos vínculos de coordenação e de subordinação que armam os vários patamares da ordem posta; da rede de relações sintáticas e semânticas que respondem pela tessitura do todo; então será possível imitirmos um juízo de realidade que conclua pela existência do primado da segurança, justamente porque neste ordenamento empírito estão cravados aqueles valores que operam para realizá-lo. Se a esse tipo de verificação circunscrevermos nosso interesse pelo sistema, mesmo que não identifiquemos a primazia daquela diretriz, não será difícil implantá-la. Bastaria instituir os valores que lhe servem de suporte, os princípios que, conjugados, formariam os fundamentos a partir dos quais se levanta. Vista por esse ângulo, difícil será encontrarmos uma ordem jurídico-normativa que não ostente o princípio da segurança. E se o setor especulativo é o do Direito Tributário, praticamente todos os paíess do mundo ocidental, ao reconhecerem aqueles vetores que se articulam axiologicamente, proclamam, na sua implicitude, essa diretriz suprema.

Nada obstante tudo que se disse, o direito existe para cumprir o fim específico de regrar os comportamentos humanos, nas suas relações de interpessoalidade, implantando os valores que a sociedade almeja alcançar. As normas gerais e abstratas, principalmente as contidas na Lei Fundamental, exercem um papel relevantíssimo, pois são o fundamento de validade de todas as demais, indicando os rumos e os caminhos que as regras inferiores haverão de seguir, mas é naquelas individuais e concretas que o direito se efetiva, se concretiza, se mostra como realidade normada, produto final do intenso e penoso trabalho de positivação. É o preciso instante em que a linguagem do direito toca o tecido social, ferindo a possibilidade da conduta intersubjetiva. Daí porque não basta o trabalho preliminar de conhecer a feição estática do ordenamento positivo. Torna-se imperioso pesquisarmos o lado pragmático da linguagem normativa, para saber se os utentes desses signos os estão empregando com os efeitos que a visão estática sugere. De nada adiantam direitos e garantias individuais, placidamente inscritos na Lei Maior, se os órgãos a quem compete efetivá-los não o fizerem com a dimensão que o bom uso jurídico requer. São múltiplos os exemplos que a realidade dos nossos dias oferece. A Constituição brasileira de 1967 previu, insistentemente (por três vezes), a necessidade de lei para que qualquer obrigação tributária fosse criada. Todavia, distorcendo o conteúdo de significação que as palavras têm, as autoridades administrativas violentaram, em muitas oportunidades, aquele magno princípio. A instituição do ''decreto-lei'', nessa matéria, foi instrumento de iterativas transgressões a preceitos superiores. Tanto o Poder Executivo, quanto o Legislativo, utilizando o quadro de variação de sentido dos vocábulos jurídico-tributários, têm obtido orientações diversas daquelas fixadas no ordenamento, inúmeras vezes com a complacência do Poder Judiciário. Também nossa experiência com as "Medidas Provisórias" estabelecidas na dicção do art. 62 e seu parágrafo único, da Constituição Federal, rendeu ensejo às mais desastrosas conseqüências. Não, propriamente que os defeitos estivessem contidos na estrutura mesma desses diplomas, os quais, no Brasil, têm força de lei. Mas, em virtude da manipulação extravagante e arbitrária que fez delas, medidas provisórias, instrumentos que atentavam, a cada passo, contra a integridade de valores sobranceiros da ordem jurídica nacional.

A utilização inadequada de símbolos jurídico-normativos não se dá apenas com regras de "decretos-leis" ou de "medidas provisórias", diplomas que por suas próprias peculiaridades são vistos com restrições pela comunidade jurídica. A Lei n. 8.383/91 que foi editada no dia 31 de dezembro pretendendo vigorar no ano subseqüente, isto é, a partir de 1º de janeiro de 1992, começou a circular tornando-se pública, tão-só no dia 2 de janeiro. Ora, segundo o princípio da anterioridade, sua vigência deveria ficar protraída para o ano seguinte (1.1.93), uma vez que o sentido de "publicar" é "dar ao conhecimento público", "tornar o ato conhecido por todos", e tal providência veio a realizar-se somente com a circulação, no dia 2 de janeiro de 1992. Todavia, contra todas as expectativas, o Poder Público Federal vem defendendo a tese de que a "impressão" aconteceu em 31.12.91, o que seria suficiente para determinar a ciência dos administrados. Por mais absurda que seja a argumentação, o singelo uso de "circular", com o valor semântico de "publicar" modifica o conteúdo de significação do princípio da anterioridade, exatamente no intante máximo de sua concretude, evitando que a genuína concepção daquele primado chegue intacto ao plano das condutas intersubjetivas e desse modo, ameaçando a "segurança jurídica".

Desde logo se vê que sem atinarmos para aquilo que se passa na instância pragmática, pouco poderemos falar acerca dos valores que o sistema consagra para manter a atividade jurídico-tributária dentro de padrões de respeito para com o direito dos administrados garantindo-lhe conquistas seculares. Cremos, por isso que as investigações relativas ao princípio da segurança jurídica, em matéria tributária, não podem prescindir de incursão por esse plano semiótico, sob pena de não compreendermos a linguagem do direito positivo na sua integridade constitutiva.

10. Violação de princípios e de sobreprincípios

Quando o comando emergente de um princípio é transgredido, nem por isso estaremos autorizados a declarar que a diretriz não tem eficácia, é "letra morta". Os sistemas de direito positivo prevêem a conduta infringente de suas prescrições, montando dinamismos de controle que se voltam à recomposição dos interesses violados. E sempre que esses dispositivos funcionam, restabelecendo a situação anterior, confirma-se a efetividade daqueles valores. Diante desse quadro, a desconsideração de princípios, como o da igualdade, anterioridade legalidade estrita, entre outros, é o meio juridicamente próprio para testarmos sua eficácia. Se, quantas vezes atacado, tantas vezes reafirmado na sua força axiológica, confortavelmente poderemos afirmá-lo como vetor relevantíssimo do sistema.

Agora, se a agressão prospera, surte efeitos que se consolidam na ordem jurídica; se o Poder Judiciário a absorve, então se opera uma modificação no sistema, simplesmente porque a norma que hospedava certo sentido, adquire outra interpretação, passando a abrigar novos valores. E como esses valores são muito significativos, já que influenciam importantes porções de outras regras do conjunto, o antigo princípio já não se apresenta com eficácia, substituído que foi por vetores que atuam em outra direção semântica.

Fixemo-nos, porém, num ponto: a substituição de um princípio por outro, construído por alterações que se realizam no plano pragmático, é algo natural e perfeitamente compreensível, mesmo porque a sociedade humana vive em constante mutação e os conteúdos axiológicos exercem um papel histórico, portanto delimitado no tempo. A distorção significativa a que aludimos, contudo, manifesta-se de maneira um pouco diversa: em determinado preceito do sistema se reconhece a presença de um valor, que todos apontam. Mas, no percurso da sua implantação para disciplinar as condutas em interferência intersubjetiva, ocorrem desvios, de tal sorte que ao chegar no seu destino a norma não traz a mesma orientação valorativa. Acaso se consolide a situação final, diremos que o princípio foi violado. Entretanto, se funcionarem os dispositivos de recomposição, o princípio será reafirmado, saindo fortalecido.

Transportando-se a reflexão para o domínio dos sobreprincípios, em particular o da "segurança jurídica", é possível dizermos que não existirá, efetivamente, aquele valor, sempre que os princípios que o realizem forem violados. Tratando-se de entidades axiológicas, onde, como vimos, o teor de subjetividade é decisivo para identificar resultados, não cabe atinarmos a dados quantitativos, motivo pelo qual não se cogita de saber se uma única transgressão consolidada é suficiente ou se o juízo de reconhecimento requer uma sucessão delas. Os recentes problemas político-institucionais por que passou o Brasil, intervalo que se encerrou com o impedimento de ex-Presidente da República, é o melhor exemplo que se pode dar de insegurança das instituições ou, como alguns preferem, de "quebra do sobreprincípio da segurança jurídica".

11. Conclusões

1ª) Em termos de direito positivo, princípios são normas jurídicas portadoras de intensa carga axiológica, de tal forma que a compreensão de outras unidades do sistema fica na dependência da boa aplicação daqueles vetores. Acatando-se o enunciado assim formulado, preserva-se a uniformidade do objeto, permanecendo o sistema do direito posto como um conjunto de normas jurídicas: todas com a mesma estrutura sintática (homogeneidade sintática), porém diversas semanticamente (heterogeneidade semântica).

2ª) Assim como existe uma hierarquia sintática, podemos falar numa distribuição hierárquica dos valores jurídicos, dispostos também de maneira escalonada. Os princípios estariam ocupando posições privilegiadas nos patamares do ordenamento. E, mesmo que haja, em muitas circunstâncias, coincidência entre supremacia sintática e superioridade axiológica, a relação de correspondência não é necessária.

3º) Ao mencionarmos a locução "valores jurídicos" queremos aludir àqueles plasmados na linguagem do direito positivo e não a outros. Temos presente que as discrepâncias axiológicas conduzem a interpretações diferentes da mesma unidade normativa. Tais dissonâncias, porém, se instalam em face de valores que o exegeta extrai do texto, porquanto rejeitamos a tese da existência de um reino de valores suprapositivos, pairando sobre o sistema vigente. Esses núcleos significativos que revelam a preferência do legislador são depositados, consciente ou inconscientemente, na linguagem prescritiva do direito, presidindo a seleção de aspectos factuais e orientando a regulação das condutas intersubjetivas.

4º) Como decorrência de tudo quanto foi dito, o saber se u'a norma consubstancia ou não determinado princípio é uma decisão eminentemente subjetiva, de cunho ideológico.

5ª) Entendemos que descabe um segundo juízo de valor que, incidente sobre o primeiro, opine a respeito das proposições teoréticas do conhecimento científico, manifestando-se o jurista dogmático a respeito da justiça, da racionalidade, da segurança ou da operacionalidade que certa ordem jurídica apresenta ou não apresenta. A aplicação, pela segunda vez, de uma inclinação ideológica, desvirtuaria os objetivos da Ciência, deslocando a atenção do objeto.

6ª) Refutamos, igualmente, qualquer tentativa de aprisionar tais núcleos de significação, que chamamos de valores, por meio de esquemas objetivos, adredemente preparados. Peleja contra eles o subjetivismo ínsito ao domínio do axiológico, que não admite esquemas dessa ordem. Tudo se dá, repetimos, pela combinação dos valores do sistema. Não é de estranhar-se, por conseguinte, que ninguém tenha inventado uma fórmula adequada para indicar a presença e orientar a aplicação de princípios como o da capacidade contributiva, o da proibição de confisco, o da estrita legalidade, o da anterioridade, o da igualdade tributária, para nos cingirmos tão-só a alguns exemplos.

7ª) A interpretação dos princípios, como normas que verdadeiramente são, depende de uma análise sistemática que leve em consideração o universo das regras jurídicas, enquanto organização sintática (hierarquia sintática) e enquanto organização axiológica (hierarquia dos valores jurídicos), pois assim como uma proposição prescritiva do direito não pode ser apreciada independentemente do sistema a que pertence, outro tanto acontece com os valores jurídicos injetados nas estruturas normativas. Desse processo de integração resultará o entendimento da mensagem prescritiva, em sua integridade semântica, sempre elástica e mutável.

8ª) Não vemos qualquer incompatibilidade entre o reconhecimento de princípios, expressos ou implícitos, e a proposta metodológica do neopositivismo lógico, seja no esquema de Hart, como na concepção de Kelsen.

9ª) No sistema constitucional brasileito há muitos princípios que versam matéria tributária, razão pela qual a compreensão desse ramo do direito pressupõe demorada análise de preceitos da Lei Maior. Ressaltemos, dentre outros, o da igualdade, da legalidade estrita, da anterioridade, da isonomia das pessoas políticas de Direito Constitucional interno, da irretroatividade, da universalidade da jurisdição, da proibição de confisco etc.

10ª) Todo princípio atua para implantar seus valores. Há, contudo, conjuntos de princípios que operam para realizar, além dos respectivos conteúdos axiológicos, princípios de maior hierarquia, aos quais chamaremos de "sobreprincípios". Entre esses está o da "segurança jurídica".

11ª) Se num determinado sistema jurídico tributário houver a coalescência de diretrizes como a da legalidade, da igualdade, da irretroatividade, da universalidade da jurisdição, da anterioridade etc, dele diremos que abriga o sobreprincípio da segurança jurídica em matéria tributária.

12ª) A ilação anterior, entretanto, comporta duas verificações: uma, que se dá no plano sintático-semântico; outra, no plano pragmático da linguagem jurídico-normativa.

13ª) A certificação sintático-semântica da existência daqueles princípios, em dado ordenamento, não garante o reconhecimento do sobreprimado da segurança jurídica, pois uma linguagem não pode prescindir de sua dimensão pragmática, e o direito positivo, como tal, é concebido para projetar-se sobre a região material das condutas intersubjetivas, disciplinando-as para a obtenção de certos valores.

14.ª) Sendo assim, de nada adiantam direitos e garantias individuais, placidamente inscritos na Lei Magna, se os órgãos a quem compete efetivá-los não o fizerem das maneiras que o bom uso jurídico requer.

15.ª) A circunstância de que um princípio seja transgredido, uma ou mais vezes, pouco diz sobre sua eficácia. Impende saber se os mecanismos de recomposição, previstos pelo sistema, funcionaram a ponto de restabelecer os valores ofendidos. Em caso afirmativo, teremos a manifestação de sua efetividade.

16.ª) Não haverá respeito ao sobreprincípio da segurança jurídica sempre que as diretrizes que o realizem venham a ser concretamente desrespeitadas e tais situações infringentes se perpetuem no tempo, consolidando-se.

ICMS — COMPRA E VENDA MERCANTIL (BASE DE CÁLCULO)

PAULO SALVADOR FRONTINI
Professor da Faculdade de Direito da Universidade de São Paulo

Operação à vista, com emissão de nota-fiscal-fatura e sem saque de duplicata. Termo final para pagamento à vista em 30 dias a contar da emissão da fatura. Prazo contratual que resulta da legislação brasileira e dos estilos da praça. Influência da inflação diária nas condições de pagamento. Estipulação contratual de "taxa de permanência" com natureza de correção monetária, que não se confunde com o preço certo e determinado. Natureza jurídica da correção monetária: vedação ao enriquecimento sem causa no Direito brasileiro. Caráter de ressarcimento ou de indenização dos valores pagos a título de correção monetária, sem acréscimo do valor da operação e sem alterar a equivalência comutativa do contrato. I — Os fatos. II — A consulta — quesitos. III — Divisão deste parecer. IV — Desenvolvimento das questões postas: A) Aspectos incontroversos da prática comercial adotada pela consulente ao ensejo de colocar em circulação os produtos que fabrica; B) Doutrina e legislação aplicável em tema de contratos destinados à circulação de mercadorias; C) Análise jurídica do caso concreto da consulente; D) Conclusões.

A empresa TSP, sociedade comercial estabelecida no Estado de São Paulo, expõe-nos fatos e formula consulta jurídica como segue:

I — Os fatos

A consulente é empresa dedicada à laminação de metais não ferrosos, produzindo basicamente chapas, tubos, cabos, etc., que servem como insumos para outras indústrias nacionais.

Para a comercialização de seus produtos, a consulente vem adotando unicamente a sistemática de vendas à vista, mediante a emissão da respectiva nota fiscal fatura com data de vencimento coincidente com a data da saída da mercadoria, procedendo em seguida ao seu encaminhamento para cobrança bancária (docs. 4/6).

A consulente costuma conceder alguns dias de graça para que o pagamento do valor faturado seja realizado sem qualquer acréscimo, e parte significativa dos clientes paga realmente nesse prazo, enquanto o restante acaba postergando a liquidação da fatura.

Cumpre esclarecer que a consulente não sabe de antemão o que de fato ocorrerá em cada operação específica, vale dizer, se o adquirente será pontual ou se irá adiar o pagamento por decisão unilateral.

Ultrapassado o prazo de graça sem que se verifique o pagamento esperado, o valor original faturado sofre então a incidência do acréscimo pré-fixado constante do corpo da própria nota fiscal a título de taxa de permanência, que é calculado para cada dia de atraso, até a data da efetiva liquidação. É praxe ainda a observância de determinado limite máximo de tolerância para a realização do pagamento com o referido acréscimo, antes que sejam tomadas medidas concretas de cobrança.

A consulente procura fixar o montante do enfocado acréscimo sempre de acordo com o custo atual do dinheiro, que embute a expectativa inflacionária vigente, não computando aí qualquer valor real agregado.

Os acréscimos assim recebidos são contabilizados como receita financeira. A consulente não incorpora esses acréscimos (taxa de permanência) ao preço, pois entende que se trata de importâncias de outra natureza, além de não representarem qualquer incremento efetivo do preço originariamente ajustado.

II — A consulta — quesitos

Assim expostos os fatos, a interessada solicita nosso exame jurídico sobre a natureza e características do negócio jurídico através do qual comercializa os produtos de sua fabricação junto a seus clientes.

Podemos desdobrar essa formulação genérica nos seguintes quesitos:

A) qual a natureza do contrato celebrado pela consulente com cada um de seus clientes, para o fim de comercializar os produtos de sua fabricação?

B) como se classifica esse contrato?

C) a que título jurídico recebe ela, consulente, de cada cliente, o pagamento que é feito na data de entrega ou nos cinco dias úteis seguintes?

D) a que título jurídico recebe ela, consulente, de cada cliente, o pagamento feito, após o 5º dia da emissão da fatura?

E) qual a natureza da taxa de permanência que cada cliente paga à consulente, ao liquidar a fatura após o 5º dia da emissão da fatura?

F) Quando ocorre a liquidação da fatura após o 5º e até o 30º dia subseqüente à sua emissão, é possível considerar a taxa de permanência como reajuste do preço ou acréscimo do valor da operação?

III — Divisão deste parecer

Para melhor compreensão deste estudo, fica ele dividido nos seguintes tópicos:

A — Aspectos incontroversos da prática comercial adotada pela consulente ao ensejo de colocar em circulação os produtos que fabrica.

B — Doutrina e legislação aplicável em tema de contratos destinados à circulação de mercadorias.

C — Análise jurídica do caso concreto da consulente.

D — Conclusões.

Propomo-nos, através deste estudo, evidenciar que as práticas comerciais desenvolvidas pela consulente estão em conformidade ao estilo de contratação desenvolvido hoje em dia no âmbito da atividade econômica organizada, inclusive quanto aos aspectos formais (n. 2 a 6).

Expomos, a seguir, os argumentos pelos quais se mostra que a consulente celebra, em cada caso, um contrato interempresarial (n. 7). Que esse contrato é uma compra-e-venda mercantil, consensual, bilateral, onerosa, comutativa e de execução imediata embora não simultânea (n. 8).

Acentuamos o traço de comutatividade, pela sua relevância para o caso (n. 9). E procuramos acentuar as características de preço certo, mercantes para a hipótese (ns. 10 e 11).

A ingerência de fator inflação nos contratos vai examinada no n. 12, para reconhecer-se que a *taxa de permanência* é cláusula de correção monetária, plena de juridicidade, como obrigação alternativa a critério do devedor (n. 13).

A correção monetária como instituto filiado à vedação do enriquecimento indevido vem a seguir (n. 14).

Afinal, parece-nos claro que recebimentos feitos pela consulente, a título de *taxa de permanência*, não têm outra natureza senão a de ressarcimento. É restituição de indébito pactuada contratualmente. Não é preço, nem reajuste de preço, nem parcela do preço, nem ganho de capital, nem resultado de aplicação financeira (n. 15).

Com o que apresentamos nossas conclusões.

IV — Desenvolvimento das questões postas

A — Aspectos incontroversos da prática comercial adotada pela consulente ao ensejo de colocar em circulação os produtos que fabrica.

Tais prática assim se apresentam:

a) celebração entre a consulente e cada cliente de um contrato, pelo qual aquela se obriga a entregar a este determinado produto (insumo), que fabrica. Recebendo em contraprestações um pagamento em dinheiro;

b) combinação de que a consulente cumpre em primeiro lugar sua prestação, entregando a mercadoria, documentado a operação com nota-fiscal-fatura, desta constando o valor do pagamento a ser feito, em moeda corrente, com vencimento à vista;

c) contraprestação do cliente mediante pagamento até cinco dias do valor constante da nota-fiscal-fatura;

d) possibilidade do comprador pagar o valor da nota-fiscal-fatura à vista mesmo após o 5º dia útil. Mas, nesse caso, incorrendo na obrigação de pagar, também, outra verba, designada como *taxa de permanência*, variável diariamente, em valor crescente, em função de indicador inflacionário.

B — Doutrina e legislação aplicável em tema de contratos destinados à circulação de mercadorias

1. Algumas observações prévias em torno de como a doutrina jurídica e os textos legais encaram as questões postas são recomendáveis.

Tais observações ajudarão, por certo, o encadeamento do raciocínio para uma clara apreensão da realidade jurídica a ser identificada.

2. Nos tempos atuais, mais do que nunca, as figuras contratuais assumiram extraordinária importância. a vida social conduziu o ser humano a um quadro de intensas relações, com marcante prevalência de seu teor econômico. O traço mais expressivo que se assinala nesse contexto é o da absoluta interdependência dos indivíduos. Sua sobrevivência material, máxime nos grandes aglomerados urbanos, necessariamente depende da colaboração do próximo, mesmo para obtenção das utilidades mais elementares da subsistência física (Heilbroner, *A Formação da Sociedade Econômica*, Capítulo I).

Essas intensas relações econômicas viabilizam-se por meio de vínculos jurídicos. E estes assumem, maciçamente, feição contratual.

O principal instrumento contratual de efetivação de relações econômicas, pelas quais as utilidades chegam aos que delas carecem, é a compra-e-venda.

3. Certamente nenhum outro instituto jurídico tenha, como a compra-e-venda, atravessado séculos, adaptando-se e modernizando-se ante as mais variadas solicitações de cada época, sem perder os lineamentos básicos que o estruturam.

De fato, em meio às transformações que a revolução industrial, o avanço tecnológico e a internacionalização da economia imprimiram ao processo de criação, circulação e consumo de riqueza, a compra-e-venda passou a revestir as mais variadas feições, mas nunca perdeu suas características estruturais. Essa asserção se evidencia claramente à análise de figuras como o contrato de câmbio, o trespasse do fundo de comércio, a alienação de controle de companhia aberta, a operação a termo em bolsa de valores, a compra futura em bolsa de mercadorias, a aquisição de safra, o fornecimeto, o leilão, o consórcio para aquisição de bens duráveis, todos eles negócios jurídicos de grande atualidade; aqui citados exemplificativamente. São roupagens novas que se apresentam no universo das transações econômicas. Mas, a despeito da originalidade dos paramentos, são, em sua essência, apenas e tão-somente, variantes em tema de compra-e-venda.

Alteram-se aspectos acessórios e acidentais. Mas, na essência, resulta nítida a figura da compra-e-venda.

Seus três elementos básicos — coisa, preço e consentimento — sempre estão presentes. Quer dizer, acordo de vontade entre duas partes, no sentido de que uma concorda em transferir o domínio da coisa à outra, recebendo certo preço em dinheiro, que esta última concorda em pagar.

4. Interessa observar, nesse conjunto de evidências, que as inovações surgidas ao redor desse clássico contrato, tiveram como vertente de revelação, tanto as relações de produção e de circulação de bens, como as de consumo. Aquelas sediadas, por sua própria natureza, no campo da ordem empresarial. Estas, naturalmente fundeadas no plano da vida privada. Daí a antiga distinção entre contratos civis e mercantis, de discutível alcance prático, pelo menos no Brasil de hoje. É que nosso sistema jurídico há mais de cem anos não dissocia a jurisdição civil da comercial e, ademais, admite a existência de atividades econômicas, de fins lucrativos, exercidas sob o manto de natureza civil.

Com isso, estamos dizendo que não há maior interesse prático na distinção entre contratos civis e contratos comerciais.

Sobreleva, entretanto, a importância de reconhecer-se a utilidade de novas sistematização dos contratos, subdividindo-os, no âmbito do Direito Privado, em três categorias, a saber:

a) contratos celebrados entre sujeitos que exercem atividade econômica (empresas), os chamados *contratos interempresariais* (Bulgarelli, *Contratos Mercantis*);

b) contratos celebrados entre sujeito exercente de atividade econômica (empresa) e um (ou mais de um) particular, a seu turno designados *Contratos empresariais*;

c) contratos celebrados entre particulares, sem relação com o exercício de qualquer atividade econômica, ou seja, negócio jurídico esporádico, eventual ou avulso.

Os primeiros (letra *a*, supra) correspondem hoje aos que um dia foram os contratos mercantis, celebrados entre comerciantes, ou pelo menos por um comerciante, em função de sua atividade (Fran Martins, *Contratos e Obrigações Comerciais,* Capítulo II); os segundos (letra *b*), correspondendo a uma categoria sempre controvertida, a do *ato misto*, responsável por tanta polêmica no âmbito da teoria dos atos de comércio, constituem, hoje, o território dos *contratos de massa*. É nessa vertente que o direito contratual sofre a intersecção das normas de proteção ao consumidor (Lei 8.078/90 — Código de Defesa do Consumidor). Quer sejam considerados contratos civis, como a compra-e-venda a consumidor final, quer mercantis, como o transporte de passageiros, o seguro, a locação de bens móveis e outros, costumam ser *contratos de massa*, freqüentemente sob forma de adesão contratual; e, por essa razão, ficam sob incidência das normas sobre defesa do consumidor; finalmente, os terceiros (letra *c*) são os contratos civis, sujeitos ao regime do Código Civil e ao direito comum das obrigações privadas.

5. Se aceitarmos — como nos parece inevitável — essa subdivisão dos contratos privados, facilmente compreenderemos que entre si se diferenciam pelos *motivos* que os inspiram, pela *forma* como se estipulam e pelos *critérios* a considerar em sua interpretação.

É, com efeito, problemático admitir a idéia de contrato interempresarial que não seja paritário e comutativo. É difícidl admitir que as partes não tenham encetado tratativas em igualdade de condições de negociação, sabendo cada uma desde logo avaliar os ônus e vantagens materiais supervenientes. Aliás não é senão em atenção a essa circunstância que, já em 1850, nosso venerando Código Comercial enunciava que "a rescisão por lesão não tem lugar nas compras e vendas celebradas entre pessoas todas comerciantes" (art. 220).

Por outro lado, é lógico e compreensível que, nos *contratos de massa* celebrados entre fornecedor e consumidor, se interponham os preceitos de tutela das relações de consumo, a partir do princípio de *reconhecimento da vulnerabilidade do consumidor no mercado de consumo* (Lei 8.078, art. 4º, I).

Finalmente, é curial que o contrato que dois particulares, ocasionalmente, celebram entre si enquadra-se em outro perfil de motivação, e deve subordinar-se a outros critérios, mais tradicionais, de forma e de interpretação.

6. Dentro desse quadro de relações jurídicas dinâmicas e variadas, resta analisar outro ângulo da realidade contratual moderna, também digno de sérias reflexões.

Referimo-nos ao aspecto da *forma dos contratos* interempresariais e empresariais.

Ressalvando os negócios jurídicos para cujo aperfeiçoamento a lei exige forma especial (os contratos solenes), de há muito vige entre nós o princípio da forma livre, explicitado no art. 129 do Código Civil, e reconhecível no art. 124 do Código Comercial, "a contrario sensu". Donde resulta o ensinamento de A. Rocco, ainda nos albores deste século, de que "no direito moderno, reconhecida como princípio geral a autonomia da vontade... prevalece também, como conseqüência lógica, daí resultante, a aceitação duma absoluta liberdade de escolha quanto aos meios de essa vontade se manifestar" (*Princípios de Direito Comercial*, Saraiva, 1931, p. 293). Na mesma linha de pensamento, Enzo Roppo, referindo-se ao *princípio de liberdade de forma*, que caracteriza o direito moderno, assevera que "em geral as declarações de vontade podem, em princípio, ser expressas de qualquer modo: com palavras escritas, com palavras faladas, até com um comportamento concludente que prescinda das palavras" (*O Contrato*, Almedina, p. 96).

De fato, a crescente velocidade dos negócios empresariais, dentro de um mercado competitivo e sensível, vem gerando modos extremamente ágeis e sumários de efetivar um contrato. Mensagens por telex ou fax, boletos computadorizados, senhas eletrônicas, propostas impressas, formulários de adesão, *avulsos* com remissão a condições gerais arquivadas em cartório de títulos e documentos, ofertas públicas, eis breve mas expressivo elenco de vias de contratação, adotadas freqüente e validamente para negócios jurídicos obrigacionais inclusive de execução continuada. Sem falar-se em operações bancárias acionadas por terminal de computador e negócios de bolsa, efetivados oralmente ou por gestos simbólicos, não obstante seu eventual vulto.

Outrossim, em contratos de execução instantânea, especialmente a compra-e-venda, a nota-fiscal acabou assumindo foros de especial importância.

Nos atos jurídicos próprios da relação de consumo, com pagamento em dinheiro, a função da nota-fiscal tornou-se, aliás, decisiva para exercício dos chamados direitos do consumidor.

Toda essa evolução, ditada pelas circunstâncias operacionais do mercado, impõe se reconheça, hoje, a realidade das chamadas *relações contratuais fáticas*. Nelas, consoante feliz análise de Bulgarelli, a *conduta conclusiva*, que se expressa por gestos e atitudes, sem palavras, é a melhor evidência da declaração de vontade (*Contratos Mercantis*, 6ª ed., 1.15). Vale dizer, os estilos da praça elevam-se a fator decisivo a ser considerado para correta interpretação do contrato.

Em suma, à luz dessa realidade, bem é ver-se que o informalismo e a sumariedade, ganhando em freqüência, reforçam a importância dos "facta concludentia", que evidenciam a *declaração de vontade indireta* das partes. Ou, como ensina Orlando Gomes, "a vontade é inferida de comportamento concludente" (*Contratos*, 12ª ed., p. 54) (Idem, Galgano, *Diritto Privato*, 5ª ed., p. 239).

O problema é atualíssimo, adequado a estes tempos de computação, de informática e de negociações à distância. Mesmo asim, já no século passado, não escapara à acuidade do codificador do Império. Com efeito, consta do Código Comercial brasileiro — "sendo necessário interpretar as cláusulas do contrato" — que "o fato dos contraentes, posterior ao contrato, que tiver relação com o objeto principal, será a melhor explicação da vontade que as partes tiveram no ato de celebração do mesmo contrato" (art. 131, III).

Em síntese, salvo hipóteses pontuais de solenidade ou formalismo, previstas em lei, a forma é livre. Interessa colher e valorizar a efetiva declaração de vontade das partes, que determinou a formação do contrato, ainda que essa declaração seja indireta ou tácita.

Estas observações, em suma, revelando o cenário em que se desenrolam os ritos contratuais no Brasil, servem de premissas às questões concretas que foram submetidas à nossa apreciação.

C — Análise jurídica do caso concreto da consulente

7. À luz das observações doutrinárias já expostas, simplifica-se a tarefa de identificar o contrato celebrado entre a consulente e cada um de seus clientes.

Celebra a consulente, em cada caso, um negócio jurídico em que a outra parte é agente econômico, ou seja, um sujeito de direito, com personalidade de direito privado, dedicado a atividades industriais. Ou seja, essa outra parte, revestindo, na generalidade dos casos, a natureza de sociedade comercial, é uma empresa.

O Contrato evidencia-se ser interempresarial, já que tem por objeto coisas móveis que, para a outra parte, interessam como insumos. Vale dizer, matéria prima semi-acabada (chapas, tubos, cabos e congêneres). Evidentemente, a outra parte contratante *não é consumidora final* desses bens. Vai, isto sim, comercializá-los, após remanufaturá-los.

Eis por que cabe identificar na outra parte contratante alguém que exerce, também, atividade econômica organizada. *v.g.*, uma empresa.

Por essa rezão, o contrato é interempresarial, ou, na linguagem tradicional, contrato mercantil entre comerciantes.

8. A configuração desse contrato não oferece maiores dificuldaes, no caso concreto.

Trata-se, inequivocamente de compra-e-venda mercantil.

Identificam-se claramente seus elementos: consentimento, coisa e preço, tal como despontam perfeitamente indicados nos arts. 1.122 do Código Civil e 191 do Código Comercial (Clóvis, *Código Civil Comentado*, 4/232).

Evidentemente, o elemento essencial decisivo para formar-se o contrato de compra-e-venda é o acordo de vontades. É que, para haver consentimento, há que pressupor-se tenham as partes chegado a acordo sobre a coisa e o preço. O consentimento, assim, vai operar no sentido de formar-se o contrato e, como tal, tornar-se obrigatório, vale dizer, insuscetível de arrependimento unilateral por qualquer das partes.

Tornar-se obrigatório significa que o vendedor assumiu a obrigação de transferir o domínio da coisa para o comprador. E este assumiu a obrigação de pagar o preço, em dinheiro, ao vendedor.

É esse o contrato que a consulente, caso a caso, celebra com cada um de seus clientes; uma compra-e-venda.

Ajustada entre comerciantes, é mercantil.

Sobrevindo no exercício de atividade econômica de agentes econômicos privados, é interempresarial.

E, não se subordinando seus efeitos a qualquer evento futuro e incerto, ressalvado em cláusula contratual, é compra-e-venda *pura e simples* (Agostinho Alvim, *Da Compra e Venda e da Troca*, p. 46 e ss.).

Sendo pura, considera-se obrigatória desde que as partes tenham se acordado sobre a coisa e o preço (Código Civil, art. 1.126; Código Comercial, art. 191).

Celebrado o negócio jurídico, impõe-se reconhecer que essa compra-e-venda é um contrato *consensual, bilateral, oneroso, comutativo e de execução imediata.*

Consensual, porque o simples e informal acordo de vontades faz nascer o contrato, prescindindo-se de qualquer requisito formal ou solene. Dispensam-se escritas e escrituras.

Bilateral, porque, no momento em que se aperfeiçoa, produz, como efeito, obrigações para as duas partes contratantes.

A onerosidade resulta de que cada um dos contraentes deve executar em favor do outro prestação correspondente àquela que recebe.

É comutativo, pela presença de equivalência econômica das prestações recíprocas. E é de execução imediata, pois estes contratos, "são os que se esgotam num só instante, mediante uma única prestação, como, por exemplo, a compra e venda de uma coisa à vista, a troca, etc" (M. H. Diniz, *Curso*, 3/e. 3.6.1).

9. Interessa, neste ponto, ressaltar a comutatividade da compra-e-venda celebrada pela consulente.

"No momento da conclusão do contrato de compra-e-venda, sabe-se o que é que se presta e o que se contrapresta. Diz-se, pois, que é contrato comutativo. Não há álea". É a lição de Pontes de Miranda (*Tratado de Direito Privado*, 39/§ 4.265). Em outras palavras, o objeto do contrato é certo e seguro (Cunha Gonçalves, *Compra e Venda Mercantil*, p. 29), ou, como salienta Orlando Gomes, "a relação entre *vantagem* e *sacrifício* é subjetivamente equivalente, havendo certeza quanto às prestações" (ob. cit., n. 54).

Messineo sintetiza a noção de comutatividade do observar que ela está presente no contrato em que *a avaliação, pelas partes, do respectivo sacrifício ou vantagem pode ser feita no mesmo momento em que o contrato se aperfeiçoa* ("... la valutazione del rispettivo sacrificio, o vantaggio (cioè, del rischio) possa farsi, da ciascuna delle parti, all'ato stesso, in cui il contratto si perfeziona..." — "Il Contrato in Genere", *Trattato*, XXI/781).

Bem se vê, pela natureza da operação, que o critério norteador da aceitação da proposta do cliente, pela consulente, consiste, quanto ao preço, em estabelecer seu preciso valor. O sacrifício econômico da consulente consistente em privar-se da coisa, transferindo-a para o cliente, estará adequadamente compensado pelo recebimento, em contrapartida, do preço que estipulou, foi aceito e ficou expresso na nota fiscal fatura, para pagamento à vista.

Isto significa que, para a entrega daquela mercadoria, aquele preço, pago à vista, tem conteúdo econômico equivalente, na estimação da vendedora, ao bem alienado.

Essa é a equação econômica do contrato de compra-e-venda sob exame, à luz de sua natureza comutativa.

A isso se acrescenta a circunstância de se cuidar, no caso, de contrato interempresarial.

Ora, o bom senso indica que, em avença dessa índole, ajustada entre empresas, ambas estão em situação de igualdade na condução das tratativas. Ambas sabem o que querem e têm condições administrativas de avaliar todos elementos do negócio.

Sabem que suas respectivas atividades não comportam favores, nem atos de liberalidade, nem perdas.

É nessas circunstâncias que se obrigam.

E é sob essa ótica que urge analisar a comutatividade ínsita nesse tipo de contrato interempresarial. Cada parte sabe que o outro contratante também precisa ter uma vantagem econômica na operação, e que há limites óbvios a respeitar, determinados por fatores necessários (custos, margem de lucro, concorrência e mercado).

Já nos contratos que a empresa celebra com o consumidor final (contratos empresariais, retro, n. 4), inclusive nos contratos de massa, a equação econômica admite a interferência de outros fatores, que podem imprimir maior flexibilidade à equivalência econômica estimada pelas partes. Assim, por exemplo, a sazonalidade, o modismo, a liquidação de pontas de estoque, os saldos, os impulsos consumistas, etc. Aliás, de há muito se sabe que o consumidor final longe está de ater-se somente ao critério de equivalência econômica para decidir-se por uma aquisição. Ao contrário, premido pelos mais variados impulsos, corre o risco de ser gravemente lesado, o que justifica o conjunto de normas voltados a protegê-lo.

Assim, forçoso é reconhecer que, no âmbito de uma compra e venda interempresarial, com as peculiaridades da espécie examinada, a comutatividade se apresenta em termos rigorosamente estritos. Ela está necessariamente presente, dentro das acanhadas margens que proporcionam a uma operação em que as duas partes, movidas por fins profissionais, têm que ter proveito material. Em outras palavras, dentro do sinalagma que assinala um contrato bilateral, oneroso, a prestação de cada parte deve proporcionar à outra parte uma atribuição patrimonial, suficiente para esta sentir-se também recompensada (Antunes Varela, *Direito das Obrigações*, pp. 186 e ss.)

É importante observar, nesse tópico, que, em contrato com as características examinadas, se uma parte cometer um erro na avaliação da equivalência econômica que lhe toca, deverá suportá-lo e assumir as perdas que daí advierem. Isso por se tratar de contrato de execução imediata, que se exaure mediante uma única prestação de cada parte. Em contratos de execução continuada (*contratos de duração*) podem ser invocadas as regras deduzidas pela teoria da imprevisão que, como anota Orlando Gomes, "não cabem nos contratos de execução imediata" (ob. cit., p. 88). Mas, em contrato desta última espécie, cumpridas as respectivas prestações, ele se esgota. Desaparece o vínculo obrigacional; não há mais direitos e deveres vinculando contratantes. E se uma das partes teve prejuízo, é evidente que tal perda resultou de uma avaliação errada da operação, em sua quantificação comercial. Ora, tratando-se de negócio jurídico entre empresas, não será possível fazer qualquer impugnação jurídica a respeito.

Destas considerações, a conclusão a extrair é de que, ao decidirem celebrar a compra-e-venda, formando o contrato, as partes agem com plena consciência dos quadrantes jurídicos e comerciais próprios à espécie.

10. É dentro desse contexto que cabe examinar, no caso proposto, a questão do *preço*. (Dispensamo-nos de maiores considerações, no caso concreto, sobre o elemento *coisa*, ou seja, os insumos comercializados pela consulente, visto não sugerirem qualquer dificuldade. Anote-se, apenas, que, na compra-e-venda mercantil, os bens móveis, objeto da venda, enquadram-se como *mercadorias*).

11. Derradeiro elemento essencial da compra-e-venda é o preço.

A doutrina desenvolve alguns requisitos pertinentes ao preço na compra-e-venda mercantil.

Deve ser pago em dinheiro. Taxativas, a propósito, as asserções de Pontes de Miranda ("O preço tem de ser em dinheiro" — ob. cit., § 4.267) e de Agostinho Alvim ("O preço deve ser em dinheiro. Se as partes pactuarem de outro modo, o negócio vale: mas não será compra-e-venda" — ob. cit., p. 19).

O Código Civil, aliás, afasta dúvidas, ao explicitar, no texto do art. 1.122, *preço em dinheiro*.

Ademais, há que ser *sério e certo*. Assim, se a contraprestação do comprador é vil, fictícia, simulada ou irrisória, não há preço, o que induzirá a vício do ato jurídico. E deve ser determinado, desde logo fixado ao ensejo do aperfeiçoamento do contrato, ou determinável, por terceiro ou por taxa ou cotação do mercado (Código Civil, arts. 1.123 e 1.124; Código Comercial, arts. 194 e 193).

A consulente sempre avençou, com seus clientes, preço certo e determinado, cuidando de inseri-lo na nota-fiscal-fatura, com vencimento coincidente com a data da saída da mercadoria (ato de entrega).

Nenhuma dúvida a respeito.

E, consoante prática comercial adotada, sempre concedeu cinco dias para efetivação do pagamento. Após esse qüinqüídio, inocorrendo pagamento, o preço à vista sempre foi mantido.

Nem poderia deixar de sê-lo.

É que o conceito de compra-e-venda à vista apresenta uma certa amplitude no tempo, aliás devidamente registrada em tema de obrigações mercantis.

Não cabe correlacionar o vencimento de um título de crédito à vista, com o vencimento de uma compra-e-venda à vista.

Se o título de crédito tem vencimento à vista, tal significa que o cumprimento da obrigação cambial deve efetuar-se no momento da apresentação da cártula ao devedor.

É, em síntese, o que diz a legislação vigente, em texto que serve de paradigma para todos os títulos de crédito ("A letra à vista é pagável à apresentação" — art. 34, Anexo I, da Lei Uniforme relativa às Letras de Câmbio e Notas Promissórias, ou, como resume Whitaker, "a letra a vista... vence-se no ato da apresentação ao sacado" (*Letra de Câmbio*, n. 126); Pontes de Miranda, *Tratado de Direito Cambiário*, I/n. 294).

Caso o devedor não pague, urge protestar o título (Lei Uniforme, anexo I, art. 44, 3ª alínea, *in fine*). Quer dizer: apresentado o título de crédito, deve ser pago no ato.

É uma decorrência da lei. Mas, acima disso, é uma conseqüência da *circulação* de créditos envolvendo terceiros de boa fé, que precisam e contam com a segurança jurídica da literalidade dos títulos de crédito.

Na compra-e-venda à vista, sem saque de duplicata, o conceito de vencimento à vista é mais dilatado no tempo.

Consoante o ensinamento de Pedro Nunes, "a nossa praxe comercial e as leis fiscais... consideram como venda à vista toda aquela cujo pagamento é efetuado dentro dos trinta dias seguintes ao da conclusão do negócio" (*Dicionário*, verbete). No mesmo sentido, *Enciclopédia Saraiva de Direito*, verbete de autoria da comissão de redação. Cunha Gonçalves, utilizando-se de terminologia pretérita, caída em desuso, lembra que "em comércio, também se diz *venda a contado* quando o comprador tem um pequeno prazo para pagar, prazo que não é superior a 30 dias, e que se não reputa como concessão de crédito" (ob. cit., n. 144).

Vê-se, assim, que, na compra-e-venda mercantil, à vista, o vencimento da obrigação do comprador, que é o termo final de exigibilidade do preço, protrai-se até 30 dias. Dentro desse prazo, o comprador está adimplindo com exacção sua prestação.

A origem remota desse prazo encontra-se por certo, em usos comerciais, próprios de épocas menos velozes. E associa-se ao fato de que o crédito do vendedor, não se achando em circulação por meio de título de crédito, não envolve terceiros estranhos à relação de compra-e-venda. Por isso, o prazo de vencimento da obrigação do comprador tem maior elasticidade.

Mas, a verdade é que, historicamente, o Direito positivo brasileiro fixou o conceito de venda à vista como sendo "a que é effectuada mediante pagamento em dinheiro de contado e as que forem realizadas, pagas e escripturadas dentro de trinta dias, contados da data da operação" (Decreto n. 17.535 de 10.11.1926, art. 18, 1º — regulamento do Imposto do Selo sobre vendas mercantis). A Lei n. 187, de 1936, que criou pioneiramente a duplicata, repetiu esse conceito de venda à vista, ou seja, com abrangência de um período de trinta dias para pagamento, contados da data da operação (art. 25, I).

É invocando esses subsídios que podemos afirmar tratar-se, no caso concreto, de compra-e-venda mercantil à vista, com preço determinado e sem saque de duplicata.

Com essas características, a vendedora faz constar da nota-fiscal-fatura o preço ajustado. Esse preço somente pode expressar-se em dinheiro, pois se trata de uma compra-e-venda; e em moeda nacional, de curso forçado em nosso país.

E é esse preço, certo, determinado, que deve ser pago dentro do lapso de trinta dias. Nesse interregno, como vimos, caracteriza-se a compra-e-venda como sendo à vista.

Como o preço, no caso, é certo (Código Civil, art. 1.122, certo preço), e assim consta da nota-fiscal-fatura, fica claro que ele não é incerto e determinável. Não se submete à estimação de terceiro, nem à cotação em bolsa, nem à taxa do mercado. Tanto isso é correto que o comprador, a partir da data da entrega, sabe o "quantum" que deve pagar. E essa mesma soma, tratando-se de venda à vista, é que, no já referido intercurso de trinta dias, deve ser paga a título de preço.

Assim, nas circunstâncias do contrato, nada mais deveria o comprador cumprir, além do pagamento em dinheiro, do preço da venda fixado na nota-fiscal-fatura, *não fosse a intercorrência em noso meio, do fator inflação.*

12. Dentre o leque de conseqüências nocivas que a inflação acarreta, uma das mais expressivas diz respeito à sua interferência no quadro dos contratos. Daí a oportuna observação de Orlando Gomes no teor que, acelerando-se o processo inflacionário, os princípios básicos do direito contratual vacilam, "transformando-se, alguns deles, em obstáculos a que muitos contratos continuem a ser instrumentos de aplicação da justiça comutativa" ("Influência da Inflação nos Contratos", in *Transformações Gerais do Direito das Obrigações*, p. 126).

Em verdade, a depreciação monetária, inerente ao fenômeno inflacionário, compromete a base econômica de qualquer contrato.

O Brasil, ao longo das últimas décadas, construiu um conjunto de normas voltadas a corrigir juridicamente as distorções econômicas causadas pela inflação. Agrupam-se sob o título *correção monetária*. Theotonio Negrão, sob essa rubrica, elencou, até 4 de janeiro de 1993, 109 diplomas legais sobre a matéria, a partir da Lei n. 5.670, de 2 de julho de 1971, até a Lei n. 8.383, de 30 de dezembro de 1991 (*Código Civil e Legislação Civil em Vigor*, Malheiros Editores, 12ª ed., p. 785 e ss.).

Ao cabo desses anos, evoluiu-se da rigorosa observância do princípio nominalista da moeda até os extremos da indexação diária das obrigações de pagamento em dinheiro. Transformou-se a correção monetária em verdadeiro instituto jurídico, e adquiriu foro constitucional, ainda que dissimulada como *atualização de valores* ou *cláusula de preservação do valor real* (Constituição, arts. 101, § 1º, e 184).

À luz da jurisprudência do Supremo Tribunal Federal registra-se evolução análoga, que desponta nítida no confronto entre o enunciado de n. 416, claramente nominalista e já revogado, e os de n. 490 (dívida de valor), 561 (atualização da justa indenização) e 562 (indenização de danos materiais por ato ilícito) (Roberto Rosas, *Direito Sumular*, 6ª ed., comentários ao enunciado 562, pp. 274 e ss.; Arnold Wald, "A Correção Monetária na Jurisprudência do Supremo Tribunal Federal", *Justitia* 114/147).

Nessa jornada pretoriana, importante marco foi assinalado, já em 1973, por decisão do Pretório Excelso, admitindo a legitimidade da cláusula que instituiu correção monetária em contrato de compra-e-venda (RE n. 72.562, relator, Min. Rodrigues Alckmin, *Jurisprudência Brasileira* 5/97).

Pouco tempo depois, a Lei n. 6.423 de 17.6.77, admitia genericamente a correção monetária devida em virtude de estipulação de negócio jurídico (art. 1º).

Acórdãos mais recentes, sempre do Supremo Tribunal Federal (RE. 110.426-SP; RE 107.603-SP e 112.265-SP) todos relatados pelo Ministro Francisco Rezek, consolidaram de vez a tese de que "no ilícito contratual, é devida a correção monetária independentemente da Lei n. 6.899", o que significa a incidência da correção antes do ajuizamento do competente procedimento.

Comparato, com a acuidade de sempre, comenta essa postura jurisprudencial, que aplaude, salientando "o fundamento racional dessa jurisprudência" (*Direito Empresarial*, pp. 365 e ss.).

Na verdade o consagrado autor das Arcadas estuda o tema em texto relacionado a ilícito contratual ("a mora no cumprimento de obrigações contratuais e suas conseqüências", ob. e loc. cit.). Suas palavras cobrem-se de atualidade, face à crônica inflação brasileira, e reforçam o melhor sentimento da consciência jurídica nacional, a revelar que o fator inflação fica temperado em sua nocividade pelos mecanismos da correção monetária.

É esse senso de dar a cada um o que é seu que, a despeito de tradições nominalistas e da rigidez de textos normativos feitos para outras épocas veio se impondo e consagrando a cláusula, legal ou contratual, de correção monetária. Pois com essa cláusula, como diz Pontes de Miranda, "apenas se tem por fito, nos negócios jurídicos comutativos, a equivalência das prestações respectivas" (*Tratado*, 50/§ 5.347).

Dentro desse contexto, forçoso reconhecer que a consulente, como vendedora que cumpre em primeiro lugar sua prestação, entregando a coisa (saída da mercadoria), vê-se diante de uma estranha situação. Por um lado, deve aguardar até 30 dias o pagamento do preço, que é certo e determinado (consta nominalmente da nota-fiscal-fatura). Por outro lado, se receber apenas o valor nominal do preço certo, como contratualmente se obrigou, fica exposta à sua deterioração, face à inflação diária superior a um por cento. Sob outro enfoque, face às circunstâncias do mercado em que opera, se alterar as características de sua política de vendas, exigindo, por exemplo, pagamento no ato da entrega, certamente perderá posição perante a clientela. Ficará fora do mercado!

Vale a pena relembrar e insistir: Trata-se de contrato interempresarial e comutativo ajustado com margens estreitas de negociação e de vantagens.

Para superar competitivamente essas dificuldades, adotou a consulente a praxe de ajustar, com a parte compradora, a incidência de uma *taxa de permanência*. Caso o preço não seja pago até o 5º dia, após esse qüinqüídio fica o comprador obrigado a pagar, além do preço, essa *taxa*. Consiste ela em um valor em dinheiro, variável crescente e diariamente.

É gritante a correlação entre esse item (*taxa de permanência*) e o fator inflação. Se não existisse inflação, essa verba não seria combinada pelas partes, nem seria cobrada e paga.

Tanto é verdade que essa verba se refere à inflação, que seu montante é quotidianamente crescente. Destina-se, à toda evidência, a cobrir inflação.

Não é demais relembrar: entregue a mercadoria, conta a vendedora (consulente) com o recebimento do preço. Aceita uma demora, suportável, de cinco dias.

Mas, dentro da comutatividade da operação, após esse qüinqüídio, se o comprador não pagar (está no seu direito fazê-lo até o 30º dia), necessita a vendedora ver-se compensada pelos prejuízos que a inflação diária passa a imporlhe.

Não se trata de alterar o preço. Juridicamente não pode fazê-lo. Pela natureza do negócio, o preço é certo. Absurdo seria admitir ao mesmo tempo preço certo e incerto. E o comprador tem o direito de pagá-lo, no período próprio de venda à vista sem saque de duplicata, ou seja, até trinta dias.

O que é, então, esse valor cobrado após o quinto dia da entrega? Qual sua natureza?

Só há uma resposta. Esse valor, que as partes denominam, no caso, *taxa de permanência*, é *correção monetária*.

13. No momento em que o contrato se forma, por acordo de vontades, celebrado ainda que verbalmente, fica combinado que a compra-e-venda é à vista, com preço certo, pagável pelo modo (dinheiro) e tempo (até 30 dias) devidos.

Fica também ajustado que a consulente (vendedora) emite nota-fiscal-fatura e entrega a mercadoria, dando início à execução do contrato.

A partir desse momento, e sempre conforme a combinação das partes, o comprador (devedor) tem, à sua opção, dois caminhos a seguir. Paga o preço determinado, pura e simplesmente em até cinco dias; ou, entre o sexto e o trigésimo dia (termo final para adimplemento à vista) paga o preço certo e mais a correção monetária (*taxa de permanência*).

Cumpre ver, nesse procedimento, em favor do devedor, uma obrigação alternativa, submissa à sua vontade (Código Civil, art. 884).

A alternatividade não se relaciona com o pagamento do preço. Este, é claro, sempre deve ser pago. Relaciona-se, ela, alternatividade, à faculdade contratual do devedor pagar o preço em até cinco dias, ou entre o sexto e trigésimo dia, neste último caso quitando também a *taxa de permanência*.

Há, nessa fórmula, tão-somente a utilização de um mecanismo contratual. Tudo se resume à implementação de cláusula referente à execução da principal obrigação do comprador, cláusula essa que não é senão uma forma de tutela dos direitos de credor em face da espiral inflacionária (Carli & Capriglione, *Inflazione e Ordinamento Giurídico*, Giuffré, 1981, pp. 81 e ss.).

E nada obsta que a correção monetária seja avençada contratualmente, consoante já o dissemos, invocando precedente do Supremo Tribunal Federal (retro, n. 12).

Assim deve ser, realmente, em tema de contrato interempresarial, ajustado por pessoas jurídicas, em negociação para a qual há que presumir-se, absolutamente, a igualdade formal e substancial dos contratantes.

Dispensa-se qualquer tutela do Estado, pois não há, no caso, relação de consumo, nem há que ver-se uma parte em condições de inferioridade (vulnerabilidade) perante a outra.

Trata-se, pois, de respeitar a autonomia de vontade das partes, e a eficácia de cláusulas referentes à sua economia interna, dentre estas figurando a questão do índice mensurador da inflação. Se jamais qualquer cliente da consulente impugnou a indexação adotada, não há como pretender-se qualquer vício na doção de um certo índice, contratualmente pactuado.

Ascarelli, em lauda repassada de sensibilidade, discorrendo precisamente sobre a compra-e-venda mercantil, enfatiza a importância da liberdade de contratar. "Liberdade de contratar (afirma o Mestre) é liberdade de iniciativa e de escolha". E aduz: "Afirmar o princípio da liberdade contratual singnifica afirmar esta autonomia e liberdade privada e não é talvez sem profundo sentido a conexão histórica, também no direito público, da tradição democrática, com a tradição contratualista" (*Panorama do Direito Comercial*, Saraiva, pp. 61 e 62).

Dentro da linha de raciocínio que orienta estas reflexões, salientamos a importância desse pensamento do ilustre jurista. Talvez, neste Brasil assinalado por intervencionismo estatal na economia, estejamos nos esquecendo de valorizar a liberdade contratual em toda sua amplitude. E nada mais lógico do que identificá-la e respeitá-la especialmente na seara de relações econômicas privadas, entre empresas.

14. Queremos, doravante, abordar mais um aspecto relevante da questão.

Já afirmamos que a *taxa de permanência* corresponde a uma cláusula contratual de correção monetária.

Cabe então perguntar: o valor da correção monetária, ou seja, o "quantum" da *taxa de permanência* integra o preço da compra-e-venda?

A resposta à indagação exige se identificque o que é a correção monetária perante o Direito.

Ou, em jargão de bacharel: qual é a natureza jurídica da correção monetária?

A argüição é cabível, pois, se a *taxa de permanência* vier a ser paga pelo devedor, cumpre saber a que título o faz. Sim, porque o pagamento do preço, como contraprestação do comprador, tem como causa a prestação do vendedor, a entrega da coisa.

Ora, o preço é certo. Ficou determinado pelas partes, no acordo de vontades. E se o comprador paga o preço, pelo modo e tempo devidos, não pode ser penalizado nem com multa (cláusula penal) nem com juros. Estes enquanto compensatórios, não foram estipulados.

E enquanto moratórios, são incabíveis, pois está ocorrendo exacção contratual também por parte do comprador. De qualquer modo, juros jamais poderiam acompanhar os valores da taxa de permanência. A consulente não é instituição financeira, e, em tema de juros, fica adstrita aos limites da lei civil.

Também não faz sentido vislumbrar, na parcela dita *taxa de permanência*, um financiamento. Pondere-se que a venda é à vista e o comprador pode pagar o preço desde logo; ou fazê-lo em até trinta dias, sem que a venda à vista se descaracterize.

Ora, não é difícil perceber que a *taxa de permanência*, sendo correção monetária, é mera recomposição financeira do valor da contraprestação a que a vendedora faz jus.

É unívoco o conhecimento de que a inflação é um fenômeno de desequilíbrio monetário, por força do qual ocorrem, simultaneamente, uma redução do poder aquisitivo da moeda e uma alta geral dos preços.

Seja imputável a fatores conjunturais, nacionais ou internacionais; ou à incompetência de políticas governamentais; ou à ganância dos que fixam seus preços, a conclusão é uma só: a inflação é um fato objetivo, ínsito há tempos na realidade brasileira.

Esse fato não é imputável a qualquer das partes, ao menos nos contratos de compra-e-venda que a consulente e seus clientes celebram.

No entanto, esse fato é apto, por si só, a destruir o equilíbrio econômico de contratos comutativos, mesmo que sejam de execução imediata (embora não instantânea).

O fenômeno inflacionário, aliás, sugere se estabeleça distinção entre contratos de execução instantânea (ou simultânea) e os de execução imediata mas não instantânea. Nestas, como o caso analisado revela, ante a erosão diária do valor real do preço, a procrastinação de seu pagamento ao vendedor, que já entregou a mercadoria, significa a certeza de prejuízos.

O vendedor, na verdade, recebe o preço, na compra-e-venda, como o equivalente financeiro da coisa alienada. Se esse preço vem em valor aviltado pela depreciação da moeda, resulta que o vendedor perdeu. E o comprador saiu favorecido, porque *pagou menos* do que o valor real da contraprestação ajustada. Obviamente, teve este uma vantagem patrimonial.

Como o contrato celebrado não previa, nem pretendia, esse desequilíbrio, mas ele resulta da inflação, fato estranho às partes, a cláusula que prevê um "plus" além do preço destina-se a evitar um *enriquecimento sem causa* do comprador em prejuízo do vendedor.

Chega-se, assim, ao fundamento jurídico da cláusula de correção monetária. Esse fundamento é o princípio jurídico e ético que, no Direito Privado, veda o enriquecimento injustificado do titular de um patrimônio, em detrimento de outro titular.

Foi, aliás, o que, há quase vinte anos, afirmou o Supremo Tribunal Federal (RE 80.287-RJ) em ementa: "A não incidência da correção monetária, dada a desvalorização da moeda, pela inflação, acarretaria, em favor do vencido, locupletamento indébito". Daí haver, pelo voto do Ministro Aliomar Baleeiro, determinado, por unanimidade, incidisse correção monetária sobre condenação por ilícito civil (*RTJ* 77/532).

Conquanto o Código Civil brasileiro não haja disciplinado o enriquecimento sem causa como um instituto próprio, inegável é sua adoção pelo sistema jurídico nacional. Orozimbo Nonato e Caio Mario, criticando o rumo seguido pela codificação brasileira, ressaltam haverem proposto caminho diverso, explicitando o instituto tanto no projeto do Código de Obrigações como no Anteprojeto de Código de Obrigações (incorporado, depois, ao projeto de Código Civil) (*Curso de Obrigações* II/84; *Instituições de Direito Civil* II/246).

Antunes Varela bem analisa a questão, criticando a postura de Clovis e mostrando que não há, no Código Civil, nenhum preceito vinculativo que proíba o reconhecimento da presença do instituto, (*Direito das Obrigações* p. 187). Aliás, na mesma obra e local, o ilustre jurista aponta casos de enriquecimento sem causa tratados pelo Código Civil do mesmo modo como o faz Serpa Lopes (*Curso*, V/80). A antiga lei cambial explicitou, também, o instituto (Decreto 2.044, art. 48).

O instituto está assim acolhido pelo Direito Nacional. Em feliz síntese, Orlando Gomes enuncia que "há enriquecimento ilícito quando alguém, a expensas de outrem, obtém vantagem patrimonial sem causa, isto é, sem que tal vantagem se funde em dispositivo de lei ou em negócio jurídico" (*Obrigações*, p. 303).

É o que ocorre nas situações inflacionárias. Se as partes não observarem uma equivalência substancial entre as prestações, fatalmente a depreciação monetária favorecerá o contratante que executa sua obrigação por último. Fica evidente aí o desenho de um enriquecimento de uma parte a expensas de outra, sem título jurídico hábil para tanto.

Nesse contexto, o instituto do enriquecimento sem causa ajusta-se como uma luva às distorções contratuais causadas pela inflação. Não é demasia lembrar que o melhor fundamento doutrinário para a proibição do enriquecimento sem causa acha-se na teoria da equivalência das prestações (Serpa Lopes, ob. cit., p. 69). De tudo resulta, em suma, que a estipulação de cláusula de correção monetária arrima-se no princípio que veda o enriquecimento sem causa. Generalizando a maior, impõe-se concluir que todo o instituto da correção monetária tem lastro na teoria do enriquecimento sem causa.

15. Aquele que se empobrece, num quadro de enriquecimento sem causa, tem direito a haver, do favorecido, a respectiva compensação. "A compensação da ordem jurídica se manifesta — acrescenta Orlando Gomes — por uma sanção civil, que consiste na obrigação imposta do enriquecido de restituir o que recebeu por injusto locupletamento" (ob. e loc. cit.).

Paulo Barbosa de Campos Filho, em monografia célebre, já havia indicado esse caminho, associando a compensação por correção monetária ao instituto da inexecução das obrigações contratuais; e, ao mesmo passo, apontando o art. 327, parágrafo único, do primeiro projeto de Código de Obrigações como supedâneo para sua imposição: "Provado que os juros da mora não cobrem o prejuízo, pode o juiz atribuir ao credor indenização suplementar'' (*Obrigações de Pagamento em Dinheiro*, 1971, p. 95).

E, de fato, se ocorre mora contratual, geradora de depreciação monetária, a hipótese é de indenização. Mas, se não há mora contratual, e o enriquecimento sem causa decorre do curso inflacionário, a contrapartida devida manifesta-se como restituição do indébito.

Foi a solução que, por fim, se adotou no projeto do Código Civil, art. 886: ''Aquele que, sem justa causa, se enriquece à custa de outrem, será obrigado a restituir o indevidamente auferido, feita a atualização dos valores monetários''.

Transplantando esses princípios e conceitos para o caso concreto, conclui-se que, ao estipular contratualmente, com seus clientes, a denominada *taxa de permanência*'', limitou-se a consulente a, desde logo, compensar-se ante eventual exercício, pelo comprador, da cláusula alternativa de pagar após o 5º e até o 30º dia útil. O pagamento da citada *taxa de permanência*, mera correção monetária, é, assim, restitução de indébito.

Não tem essa verba senão o caráter de recomposição de interesses mensuráveis em dinheiro (Paulo Barbosa, ob. cit., p. 103), ou de reconstituição de capital. Capital de que a consulente é privada ao entregar a mercadoria, no ato de sua saída.

Não há, assim, no recebimento do valor da *taxa de permanência*, nenhum ganho de capital, nem há auferição de receita de aplicação financeira.

Muito menos há que ver-se, aí, um reajuste de preço. Reajustar o preço significa modificar um dos elementos básicos do contrato de compra-e-venda que as partes celebraram (consentimento, coisa e *preço*). Esse reajuste depende de novas tratativas e novo acordo de vontades. Verdadeiro aditamento ao contrato. Pelo modo como os fatos se passam entre as partes, não é possível enxergar onde e quando estaria ocorrendo essa renegociação.

Em tema de liberdade de contratar, com forma livre (retro, n. 6), a estrutura do negócio jurídico é, exclusivamente, aquela que as partes soberanamente lhe imprimiram. Não cabe senão a estas fixar o conteúdo e as cláusulas do negócio. E somente a elas cabe alterá-las.

Assim o reajuste de preço envolve a idéia de modificar esse elemento essencial do contrato, alterando sua grandeza substancial dentro da equivalência das prestações. Reajustar o preço é afetar a comutatividade do contrato, o que claramente não se pode ver em cláusula cuja finalidade e cujos efeitos apenas repõem o valor inicial do negócio, que a inflação diária corroeu.

Insistimos pois na convicção de que a *taxa de permanência* é mera recomposição, em termos reais, do valor do sacrifício econômico do vendedor, ao entregar a mercadoria, dando execução inicial ao contrato.

Por óbvio, essa *taxa de permanência*, sendo correção monetária, não altera o valor da operação.

O *valor da operação*, à luz do Direito Privado é a expressão patrimonial da onerosidade efetiva, real, do sacrifício de cada parte. No caso, essa onerosidade baliza-se pelo traço de comutatividade. Haveria acréscimo do valor da operação (''rectius'', do ato jurídico) se, em favor de uma das partes, sobreviesse ganho patrimonial efetivo, real, por conseqüência do pagamento daquela *taxa de permanência*. Mas esse ganho real não se vislumbra em cláusula que, como correção monetária, apenas recompõe o valor original da comutatividade desejada e validamente contratada pelas partes, no fundo e na forma.

Cuida-se de correção monetária, como tal destituída inclusive de repercussões fiscais, como historicamente sempre o admitiu a legislação tributária nacional.

Um exemplo prático ilustra bem o caso: celebrada compra-e-venda de imóvel, com intermediação de corretor, faz este jus à respectiva comissão, sobre o preço ajustado. Suponha-se que, no ato, o vendedor a pague. Se, por qualquer vicissitude, o vendedor somente receber o preço tempos após, devidamente corrigido, terá aquele corretor direito a um complemento em sua comissão? a resposta é negativa, pois a diferença recebida pelo vendedor foi meramente nominal e nada acrescentou ao preço. O percentual da comissão já fora pago, e o recebimento com atraso foi um problema do vendedor, apenas reembolsado pela atualização monetária do valor nominal da prestação.

Apoiados nestes argumentos, temos convicção em concluir afirmando que a correção monetária tem como fundamento a vedação do enriquecimento indevido. E que qualquer pagamento a título de obrigação decorrente de enriquecimento sem causa ou tem caráter de indenização, ou é mero ressarcimento a título de repetição de indébito. Não é ganho de capital e não é lucro de operação financeira. Invocando novamente a lição de Comparato, lembramos sua conclusão no estudo já citado: "A correção monetária não pode ser, tecnicamente, considerada um acréscimo ao principal, mas sim a sua recomposição (ob. cit., p. 371).

No contrato de compra-e-venda examinado, as partes contratualmente ajustaram desde logo esse ressarcimento, denominando-o *taxa de permanência*, mas sabendo tratar-se tão-somente de correção monetária.

Com esse traço, as partes sempre contrataram e cumpriram seus acordos de vontade.

Não parece cabível, nesse quadro fático, interpretar de outro modo essa realidade.

Os princípios jurídicos (retro, n. 6), o bom senso e a autonomia da vontade não autorizam se enxergue na *taxa de permanência* outra substância, senão a de ressarcimento, recomposição ou indenização.

Tal acréscimo, em sua interpretação, não pode compor o preço da venda, até porque sua causa jurídica encontra-se em fato posterior à formação do contrato, que é opção do comprador, a seu exclusivo critério, quanto ao tempo de efetuar sua contraprestação, no âmbito da obrigação alternativa que qualifica sua posição contratual, tudo em conexão em outro fato, este externo, que é o fator inflação.

D — Conclusões

Respondemos aos quesitos:

a) O contrato celebrado pela consulente, com cada um de seus clientes, para comercialização dos produtos que fabrica é uma compra-e-venda mercantil, à vista, com preço certo.

b) Classifica-se como contrato consensual, bilateral, oneroso, comutativo e de execução imediata, embora não simultânea.

c) O recebimento pela consulente, na data da entrega (emissão da nota-fiscal-fatura e saída da mercadoria) ou até o 5º dia útil seguinte, é pagamento do preço.

d) O recebimento após o 5º dia útil divide-se em dois componentes. Um, fixo, é o preço certo. O outro é correção monetária, que as partes denominam *taxa de permanência*.

e) A *taxa de permanência*, sendo mera correção monetária, é mero ressarcimento destinado a impedir enriquecimento sem causa do comprador, em detrimento da consulente, por haver pago o preço após o 5º dia útil.

É repetição de indébito. Não é preço, não é reajuste de preço, não é juro, não é ganho de capital, nem cláusula penal, nem retorno de aplicação financeira. Como tal, não altera, nem afeta o valor da operação, pois não significa nenhum ônus patrimonial efetivo, para qualquer das partes, além do inicialmente acordado para equivalência econômica das prestações dentro da comutatividade do contrato.

f) Não houve renegociação ou aditamento contratual que alterasse, por acordo de vontades, o preço — elemento essencial, básico, da compra-e-venda. Nem acréscimo do valor da operação (ver acima resposta ao quesito anterior).

São Paulo, 8 de outubro de 1993.

CADERNOS DE DIREITO TRIBUTÁRIO

MANDADO DE SEGURANÇA E CONSULTA FISCAL

HUGO DE BRITO MACHADO
Juiz do Tribunal Regional Federal da 5ª Região
Professor Titular de Direito Tributário da Universidade Federal do Ceará

1. A finalidade da consulta. 2. Consulta sobre situação hipotética. 3. Consulta em caso concreto. 4. O parecer normativo e os equívocos da doutrina e da jurisprudência. 5. Julgado anterior. 6. Os diversos efeitos da resposta: 6.1. Efeito vinculante; 6.2. Efeito de simples interpretação. 7. A resposta à consulta e o mandado de segurança. 8. O mandado de segurança preventivo contra respostas em tese.

1. A finalidade da consulta

É sabido que a atividade administrativa de cobrança do tributo é *plenamente vinculada*.[1] Na verdade, porém, é impraticável uma vinculação plena dos atos administrativos concretos da Administração Tributária à lei. Por isto, "utiliza-se a técnica da atividade administrativa normativa. Através dos regulamentos e das denominadas *normas complementares* da legislação tributária, mencionadas no art. 100 do CTN, opera-se a redução da vaguidade dos conceitos usados na lei, de sorte que o ato de concreção, vale dizer, o ato administrativo de execução, é praticado com o mínimo possível de discricionarismo".[2]

A finalidade da consulta é assegurar o máximo de certeza possível na relação fisco-contribuinte. Evitar, quanto possível, o discricionarismo. Não em uma relação jurídica específica e determinada, mas *no relacionamento*, que é duradouro e composto de múltiplas relações jurídicas.

2. Consulta sobre situação hipotética

A certeza é desejada não apenas em face de fatos consumados. Ela é importante, também, como elemento a viabilizar decisões, sobretudo para os que desenvolvem atividades empresariais, onde os custos, inclusive tributários, devem ser cuidadosamente calculados.

A consulta, por isto mesmo, não pressupõe a existência da *lide*. Nem mesmo a iminência, ou probabilidade desta. Sua formulação, portanto, é possível em face de situações hipotéticas.

Luciano da Silva Amaro, no melhor estudo até hoje publicado a respeito des-

1. CTN, art. 3º.

2. Hugo de Brito Machado, *O Conceito de Tributo no Direito Brasileiro*, Rio de Janeiro, Forense, 1987, p. 86.

se instituto jurídico, assevera, com inteira propriedade: "A consulta não precisa ser instruída com documentos nem com quaisquer outras provas, salvo quando necessários à exata compreensão da hipótese sobre que se consulta, vale dizer, não se requer que o consulente apresente provas de que o fato descrito na consulta corresponde fielmente ao fato real em que tem interesse, pois a consulta é feita *em tese*, e a resposta soluciona a dúvida proposta, sendo inaplicável à situação real do consulente, se esta não coincidir com a hipótese descrita".[3]

A resposta à consulta, neste caso, vale como simples orientação. Não passa de manifestação antecipada, por parte da Administração Tributária, de seu ponto de vista a respeito da interpretação de determinada norma tributária.

3. *Consulta em caso concreto*

Pode ocorrer, porém, que a consulta seja formulada em face de caso concreto. Consumado já está o fato, e a dúvida suscitada diz respeito aos efeitos jurídicos deste, em face de determinada norma tributária. O que se põe, então, ao exame da Administração Tributária, não é simplesmente uma questão teórica, mas a questão de saber se, no caso, surgiu, ou que dimensões terá, determinada relação jurídica tributária.

Neste caso, a resposta oferecida pela Administração Tributária tem efeito vinculante para o consulente. Não é, em relação a este, simples opinião.

Nos termos da vigente legislação a respeito de consulta fiscal, a resposta oferecida pela Administração, uma vez aprovada pela autoridade competente, passa a valer como critério de interpretação da lei. Isto, porém, não significa tenha tal resposta perdido seu caráter de ato administrativo concreto e individual, relativamente àquele que formulou a consulta.

Tem-se de distinguir, nesse passo, os efeitos que da resposta decorrem, para o consulente, e para terceiros.

A resposta à consulta, ensina Bernardo Ribeiro de Moraes, "se contrária ao contribuinte, obriga-o a ajustar-se à nova orientação dentro do prazo de 30 dias, a contar da ciência da decisão".[4] Realmente, segundo estabelece o art. 56 do Decreto n. 70.235, de 6 de março de 1972, que regula o processo administrativo fiscal, cabe recurso voluntário, com efeito suspensivo, de decisão de primeira instância, dentro de trinta dias contados da ciência. O ter efeito suspensivo, significa, exatamente, que o efeito da consulta somente se produzirá depois de apreciado o recurso. Não tivesse a resposta, vale dizer, a decisão proferida no processo de consulta, efeito lesivo a direito do consulente, não haveria razão para se atribuir ao recurso efeito suspensivo.

Estabelece, ainda, o art. 50, do mencionado Decreto, que "a decisão de segunda instância não obriga ao recolhimento de tributo que deixou de ser retido ou autolançado após a decisão reformada e de acordo com a orientação desta, no período compreendido entre as datas de ciência das duas decisões". Isto significa que em se tratando, por exemplo, de imposto de renda na fonte, ou dos tributos objeto do denominado lançamento por homologação, impropriamente aí ditos tributos *autolançados*, a decisão de primeira instância, favorável do contribuinte consulente, produz efeitos que não são afetados em virtude de sua reforma. Em outras palavras: se a decisão de primeira instância disse não ser devido o imposto de renda na fonte, ou o IPI, em certo caso, e essa decisão foi

3. Luciano da Silva Amaro, "Do Processo de Consulta", em *Novo Processo Tributário*, São Paulo, Resenha Tributária, 1975, p. 96.

4. *Compêndio de Direito Tributário*, Rio de Janeiro, Forense, 1984, p. 880.

reformada em segunda instância, o contribuinte não será obrigado a recolher esses tributos relativamente ao período compreendido entre as duas decisões.

A regra do art. 50, acima transcrita e interpretada, significa também que *a decisão proferida em processo de consulta obriga o consulente a recolher tributo*. Em outras palavras, a resposta tem efeito vinculante para o contribuinte, ressalvado, é claro, o recurso deste ao Judiciário. A resposta dada pelo Fisco a uma consulta do contribuinte não é, portanto, apenas *um critério genérico* de aplicação obrigatória para a Administração.

4. O parecer normativo e os equívocos da doutrina e da jurisprudência

Independentemente dos efeitos que produz, relativamente ao consulente quando formulada em face de caso concreto, a resposta à consulta, toma a forma de *parecer normativo*.[5] Daí decorreram lamentáveis equívocos.

O mestre Alfredo Buzaid, por exemplo, fez doutrina: "Cumpre ressaltar que embora apresente o instituto da *consulta* efeitos que vinculam a administração à posição assumida, não vai além entretanto de uma manifestação do poder tributante, sobre dúvida na aplicação da legislação tributária, constituindo "parecer normativo", segundo ensina o saudoso Fábio Fanucchi (*Curso de Direito Tributário*, v. 1, p. 329). Como tal, a consulta não pode ser considerada como ato lesivo ou como ameaça aos direitos do contribuinte, em termos de autorizar a impetração de mandado de segurança".[6]

Manifestação partida de doutrinador do porte de Alfredo Buzaid, inegavelmente um dos maiores processualistas brasileiros, certamente exerceu influência nos meios jurídicos. Talvez por isto, equívocos também cometeu a jurisprudência.

O antigo TFR decidiu ser incabível ação ordinária na qual, ao argumento de que a autoridade administrativa teria interpretado mal o direito, pretendia-se o anulamento da decisão administrativa. Decidiu pelo "incabimento da ação, por pretender discutir ato administrativo em tese, sem lesar direito individual em concreto". Confirmou sentença que acolhera preliminar de carência de ação, suscitada pela União Federal. Foi acolhida, assim, em ambas as instâncias, a tese pela qual "a Administração é livre para interpretar as disposições legais e, por conseguinte, para responder a consultas segundo seu entendimento, nos casos em que a lei lhe concede essa faculdade. Não pode o Poder Judiciário substituí-la nesse mister, ingerindo-se indebitamente nas atribuições do outro Poder, de modo a fazê-lo aceitar, acima de seu próprio entendimento, o da autoridade judicial. Somente é dado ao Poder Judiciário manifestar-se, nos casos concretos, quando tenha havido lesão a direito individual...".

Depois de transcrever as razões da sentença, afirmou o Ministro Pedro Acioli, relator do caso: "Não vejo como, à luz das regras processuais, discutir-se, em tese, o acerto ou desacerto de decisão administrativa sem efeito concreto e malferidor de direito individual".[7]

Em outra oportunidade, decidiu o mesmo tribunal não ser cabível mandado de segurança contra resposta a consulta porque esta, depois de aprovada pela autoridade competente, converte-se em critério genérico de aplicação obrigatória para a Administração. "O que conta, para imprimir generalidade ao parecer exa-

5. Salvo, é claro, nos casos em que a legislação específica considera desnecessária tal providência.

6. Alfredo Buzaid, *Do Mandado de Segurança*, São Paulo, Saraiva, 1989, 1º vol, p. 104.

7. AC. 60.107-RJ, Rel. Ministro Pedro da Rocha Acioli, *DJU* de 1.7.82.

rado em caso de interesse individual, é a aprovação pela autoridade legalmente competente. A partir da concordância da autoridade antevista na lei, para estabelecer o critério, o parecer perde seu caráter individual, transubstanciando-se em disposição normativa, a cavaleiro de ataque por via de segurança, por força do princípio de que descabe tal medida contra lei em tese — Súmula 266 — sendo comportável somente contra lei em espécie, isto é, contra o ato que tenha aplicado a norma genérica, lesionando o interesse de determinada pessoa''.[8]

5. *Julgado anterior*

Aliás, o mesmo TFR, por sua antiga Terceira Turma, já decidiu, acolhendo recurso por nós interposto, pouco antes de nosso ingresso na magistratura federal. O MM. Juiz Federal da 2ª Vara no Ceará negara mandado de segurança a cliente nosso, acolhendo a tese da Fazenda, segundo a qual a decisão, solucionando consulta fiscal, não constitui ato decisório sujeito a controle jurisdicional.[9] O emintente Ministro Armando Rollemberg, relator do caso, disse havermos argumentado com inteira propriedade, e transcreveu em seu voto os argumentos por nós utilizados no recurso, concluindo que ''se a decisão da autoridade impetrada fora dada em consulta formulada pelo impetrante a qual se seguiu intimação para recolhimento do tributo assentada na decisão, não é possível considerar a esta norma em tese desde que, concretamente, incide sobre direito que o executado pretende lhe assistir''. O referido julgado está assim ementado: ''Mandado de segurança. Sua admissibilidade contra decisão proferida em consulta e seguida de intimação para recolhimento do tributo. Sentença reformada para que outra seja proferida examinando-se o mérito da pretensão posta na inicial''.[10]

6. *Os diversos efeitos da resposta à consulta*

É importante, neste contexto distinguir o efeito da resposta do Fisco à consulta: (a) em relação ao consulente, em face de caso concreto; (b) em relação ao consulente, em face de situação hipotética; e finalmente, (c) em relação a terceiros.

6. 1 *Efeito vinculante*

Na primeira dessas três situações, a resposta tem efeito vinculante para o consulente. Em relação ao consulente, a resposta opera como ato administrativo *em concreto*. Afirma a existência, ou o modo de ser, de uma relação jurídica tributária, e afirma a pretensão do fisco de haver o que em função daquela relação lhe é devido.

O fato de haver sido a resposta aprovada, passando a ter efeito genérico, não lhe retira o efeito de ato administrativo *em concreto*, relativamente ao consulente. O voto do eminente Ministro José Dantas, no MS 96.797-DF, antes referido, é bastante expressivo. Não obstante tenha acompanhado o Ministro Relator, considerando as impetrantes carecedoras de ação, Sua Excelência esclareceu que o fazia, ''tanto mais porque essa conclusão se colhe da própria posição das impetrantes, que se dizem alcançadas pelos ditos atos quando sequer foram partes no seu processamento, isto é, estão rebeladas contra os atos, por mera extensão, a qual não poderia ser outra, senão a extensão normativa, certamente não possuída pelos atos de específica individuação''. No mesmo julga-

8. Mandado de Segurança 96.797-DF, *DJU* de 4.8.83, p. 11.126.

9. Processo n. 0011/71, Classe II, Sentença n. 133/71, de 24.5.71.

10. AMS 69.307-CE, julgado em 17.4.74.

do, voto vencido, mas com absoluta propriedade, o eminente Ministro Antonio de Pádua Ribeiro, afirmando: "discordo do eminente Sr. Ministro Relator apenas em parte, isto é, no tocante às empresas que fizeram a consulta; entendo que, quanto a elas, ocorreu a prática de ato concreto que poderá ser violador de seus direitos individuais. E, portanto, no tocante a elas, afasto a carência de ação".

6.2 Efeito de simples interpretação

Nas duas últimas situações ("b" e "c"), a resposta realmente não passa de manifestação de opinião da Administração Tributária. Tem efeito de simples interpretação.

Quando diga respeito a consulta formulada em situação hipotética, pela razão, óbvia aliás, de que sem o fato, sem a ocorrência da hipótese descrita, não se pode falar de relação jurídica, e sem esta não se pode falar em efeitos vinculantes da conduta do consulente, ou de terceiros.

Em relação aos terceiros, vale dizer, a pessoas diversas do consulente, a resposta não pode ter efeito vinculante, mesmo que formulada em face de caso concreto. É que o caso concreto objeto da consulta diz respeito apenas à relação que do fato pode ter nascido, vinculando ao fisco o consulente. Não terceiros em relação aos quais não se pode afirmar a existência daquela relação.

Na verdade a resposta oferecida pelo Fisco à consulta, formulada em face de caso concreto, produz efeito como ato administrativo, *em concreto*, relativamente ao consulente. E produz efeito *normativo*, isto é, vale como norma em tese, em qualquer situação, tenha sido formulada em face de caso concreto ou de situação hipotética, relativamente a terceiros.

Isto, porém, não autoriza a conclusão pelo descabimento do mandado de segurança, mesmo nos casos da inexistência de efeito vinculante, como adiante demonstraremos.

7. A resposta à consulta e o mandado de segurança

Há, é certo, doutrina extremamente restritiva do cabimento do mandado de segurança: "Até mesmo a segurança *preventiva*, só poderá ser pedida ante um ato perfeito e exeqüível, mas ainda não executado. Enquanto o ato estiver em formação, ou com efeitos suspensos, ou depender de formalidades complementares para a sua operatividade, não se nos antolha passível de invalidação por mandado de segurança".[11]

Adotando-se tal entendimento, que consideramos "data venia" inteiramente inaceitável, mesmo diante do lançamento tributário consumado não caberia mandado de segurança. Sabemos todos que o lançamento só se torna exeqüível depois da inscrição do crédito correspondente na dívida ativa da pessoa jurídica de Direito Público credora. A inscrição é uma formalidade complementar da qual depende a operatividade do lançamento.

O cidadão tem o direito de não ser molestado por cobranças indevidas, mesmo administrativas. Tem o direito de não ser considerado *devedor*, quando em verdade devedor não é. Tem, assim, o direito de impedir que se faça contra ele um lançamento tributário, se tal lançamento é indevido. Assim, a cobrança que lhe é feita, administrativamente, de tributo que não deve, é lesiva de seu direito e enseja a impetração de mandado de segurança.

A resposta a consulta formulada em face de situação concreta, pode significar uma cobrança de tributo, feita administrativamente inclusive sob a ameaça das sanções legalmente previstas para o inadimplente da obrigação tributária. E sendo assim, enseja, induvidosamente, a impetração de mandado de segurança.

11. Hely Lopes Meirelles, *Mandado de Segurança*, 14ª ed. São Paulo, Malheiros Editores, 1992, p. 37.

De todo modo ainda que não significasse uma lesão ao direito do impetrante, de não ser molestado com cobranças indevidas significaria uma ameaça concreta de agressão a seu patrimônio, a ser executada mediante a posterior cobrança judicial. Por isto o cabimento do mandado de segurança, em caráter preventivo, não admite, nesses casos, qualquer contestação razoável.

8. O mandado de segurança preventivo contra respostas em tese

Como acima demonstrado, as respostas a consultas feitas pelo contribuinte sobre situações hipotéticas, ou feitas por terceiros, valem apenas como manifestação de opinião do Fisco.

Se a consulta foi feita pelo contribuinte, em face de situação hipotética, e tal situação não chega a concretizar-se, evidentemente não se pode cogitar de lesão a direito. A norma editada sob a forma de *parecer normativo* não saiu, para aquele contribuinte do plano da abstração. Não incidiu, à míngua de suporte fático.

Se a consulta foi formulada por terceiro, a resposta, salvo para o consulente que tenha feito a consulta em face de caso concreto, também não passa de um *parecer normativo*.

Não se pode, todavia, ao argumento de que a resposta à consulta é simplesmente manifestação de opinião do fisco, é simplesmente um parecer normativo, afastar o cabimento do mandado de segurança. Fazê-lo seria confundir a impetração contra a lei em tese, com a impetração preventiva.

Como doutrina, com inteira propriedade, Arnaldo Vasconcelos, "O que se aplica é a interpretação normativa, e nunca a norma em seu presumível e problemático significado original".[12] Havendo um *parecer normativo*, por certo é a interpretação nele consubstanciada que a autoridade da Administração Tributária vai aplicar.

Assim, uma vez concretizada a situação objeto de um *parecer normativo*, com o qual contribuinte não esteja de acordo e por isto não adote a conduta no mesmo indicada, surge, evidentemente, para esse contribuinte, o *justo receio* de vir a ser molestado pelo fisco. A autoridade administrativa responsável pelo lançamento do tributo, ou pela aplicação de penalidade em face de inobservância de obrigações tributárias, com certeza, providências vai adotar, para fazer valer a interpretação oficial. Em situações assim é induvidoso o cabimento do mandado de segurança preventivo.

Inadmissível é a impetração do mandado de segurança por parte de alguém que, sem participar de situação concreta sobre a qual incide a norma, pretende uma sentença que lhe garanta a certeza no que diz respeito ao alcance da norma para só então decidir se concretiza, ou não, a situação. É que, neste caso inexistente o *fato*, inexiste o *direito*, cuja titularidade confere ao impetrante a legitimidade para pedir a prestação jurisdicional.

12. Arnaldo Vasconcelos, *Teoria da Norma Jurídica*, 3ª ed., 1993, Malheiros Editores, p. 27

CADERNOS DE DIREITO TRIBUTÁRIO

IR — RENDIMENTOS AUFERIDOS EM APLICAÇÕES FINANCEIRAS (EM REGIME DISTINTO E SEGREGADO DA TRIBUTAÇÃO DOS LUCROS OPERACIONAIS) — LEI N. 8.541, DE 23.12.92

OSWALDO OTHON DE PONTES SARAIVA FILHO
Procurador Judicial da Procuradoria Geral da Fazenda Nacional

1. Introdução. 2. As normas de tributação dos arts. 36 e 29 da Lei n. 8.541/92. 3. A juridicidade do tratamento tributário concernente à instituição de dois regimes distintos e apartados para tipos de fatos geradores diversos. 4. Conclusão.

1. Introdução

Algumas empresas têm criticado o tratamento tributário da Lei n. 8.541 de 23.12.92, no que tange a previsão de dois regimes de tributação para as pessoas jurídicas, totalmente independentes entre si: um, para os resultados apurados nas atividades normais da empresa e outro para as receitas decorrentes de aplicações financeiras.

Concebem que o fato gerador do imposto de renda das pessoas jurídicas só poderia ser complexivo, reputando-se ocorrido ao término do período previsto em lei e que o momento de apuração da base de cálculo desse tributo seria aquele determinado em lei — agora o final de cada mês — e não episodicamente como pretende o guerreado artigo 36.

Aduzem que, em face de, em suas declarações de rendimentos, constarem prejuízos fiscais a compensar, do que resultaria um longo período sem se sujeitarem ao pagamento do imposto de renda, a retenção de exação na fonte e em definitivo sobre suas aplicações financeiras constituiria em atentado aos princípios constitucionais da capacidade contributiva e do não-confisco.

Em suma, advogam ser inconstitucional a ordenada segregação da tributação dos resultados obtidos em aplicações financeiras e dos lucros operacionais, não cabendo impedir-se a compensação de eventuais prejuízos operacionais com os ganhos auferidos em aplicações financeiras.

2. As normas de tributação dos arts. 36 e 29 da Lei n. 8.541/92

O "caput" do art. 36, da Lei n. 8.541/92, institui a tributação exclusiva na fonte, à alíquota de 30%, nos termos do art. 20, II, da Lei n. 8.383/91 sobre os rendimentos auferidos pelas pessoas jurídicas, inclusive isentas, em aplicações financeiras de renda fixa (CDB, RDB, Fundos de Renda Fixa, etc) iniciadas a partir de 1º de janeiro de 1993.

Ressalte-se que, no caso de pessoas jurídicas não tributadas com base no lucro real, incluída a isenta, a tributação já era definitiva, vedada, pois, a compensação na declaração de ajuste anual "ex vi" do preceito do art. 36, II da Lei n. 8.383/91.

Cabe destacar que a profunda alteração introduzida pela questionada norma se direciona às pessoas jurídicas tributadas pelo lucro real, que, até 31 de dezembro de 1992, ficavam exoneradas da retenção sobre aplicações de renda fixa na hipótese de preenchimento das condições do revogado art. 24 da Lei n. 8.383/91, mas, mesmo que viessem a ser tributadas, por força do art. 36, I, da Lei n. 8.383/91, o recolhimento do imposto era tido como antecipação do devido na declaração, enquanto que agora a tributação é definitiva, exclusiva na fonte e em separado da tributação do gravame, em baixa referente ao lucro operacional.

Cumpre, ainda realçar que, como a exação, em comento, não pode ser compensada; a sua base de cálculo deve ser excluída do lucro líquido para efeito de determinação do lucro real, nos termos do "caput" e § 1º do art. 36 da Lei n. 8.541, de 23.12.92, uma vez que o imposto incide separadamente, no caso de ocorrência de lucros auferidos em operações financeiras.

Ademais, saliente-se que a impossibilidade de dedução do imposto retido na fonte lançado como despesa (§ 4º, do art. 36, da Lei n. 8.541/92), decorre da norma do § 2º, do art. 7º, da Lei n. 8.541, segundo a qual "na determinação do lucro real, a pessoa jurídica não poderá deduzir como custo ou despesa o imposto sobre a renda de que for sujeito passivo ...".

Encime-se, no que respeita às normas do art. 36 desta lei, dizendo que, como preceitua o seu § 7º, a forma de tributação sobre as aplicações em Fundo de Aplicação Financeira — FAF — não foi tocada, permanecendo essas aplicações submetidas à tributação na fonte à alíquota de 5% sobre o rendimento bruto apropriado diariamente ao quotista.

Quanto às normas do art. 29 da Lei, em comento, vale relevar que as pessoas jurídicas tributadas pelo lucro real passam a ter os seus ganhos líquidos em operações de renda variável, a partir de 1º de janeiro de 1993, segregados dos resultados operacionais e tributados à parte.

Já em relação às demais pessoas jurídicas, a inovação consiste no prazo de recolhimento do gravame, que passa a ser mensal.

Insta esclarecer que nos casos previstos neste preceptivo, não se trata de retenção do imposto na fonte, visto que o "caput" do art. 29, da Lei n. 8.541/92, refere-se ao *pagamento do imposto sobre a renda* pela própria pessoa jurídica que auferir os ganhos líquidos em operações nas bolsas de valores, de mercadorias, de futuros e assemelhadas.

Ademais, o inc. IV do § 5º do dispositivo legal, "in examine", diz que o imposto será pago até o último dia útil do mês subseqüente ao da apuração.

O resultado decorrente das operações de que trata este artigo passa a ser apurado mensalmente e, se positivo (ganho líquido), será tributado em separado, devendo ser excluído para efeito de determinação do lucro real; se negativo (perda líquida), será indedutível para efeito de determinação do lucro real, admitida sua compensação, corrigido monetariamente pela variação da UFIR diária, com os resultados positivos da mesma natureza em meses subseqüentes (art. 29, § 4º).

Por fim, resta ressaltar que o imposto, de que trata o comentado artigo, é definitivo, não podendo ser compensado com o imposto sobre a renda apurado com base no lucro real, presumido ou arbitrado, e indedutível na apuração do lucro real (art. 29, § 5º., incs. I e II).

3. *A juridicidade do tratamento tributário concernente à instituição de dois regimes distintos e apartados para tipos de fatos geradores diversos*

De início, apresenta-se oportuna a transcrição de trechos da monografia de nossa lavra sobre o "IRPJ — Lei n. 8.383, de 30.12.91", publicada in *Suplemento Tributário* n. 16/93, São Paulo, Ed. LTr, 1993, pp. 127 a 128, que se adaptam perfeitamente ao caso "in tela":

"O art. 153, III, da Constituição Federal atribui competência tributária plena para a União legislar sobre o imposto de renda e proventos de qualquer natureza.

"No uso deste poder, a União, no que concerne ao imposto de renda das pessoas jurídicas, pode, através de lei ordinária, dispor sobre o período de apuração e, conseqüentemente, determinar o respectivo fato gerador, bases de cálculo, o sujeito passivo, as alíquotas, obrigações acessórias, tudo, aliás, como autoriza o art. 97 do Código Tributário Nacional.

"A propósito, como leciona Carlos Maximiliano, no seu clássico *Hermenêutica e Aplicação do Direito*, 11ª. ed., RJ, Forense, 1991, p. 312: "Quando a Constituição confere poder real ou prescreve dever, franqueia também, implicitamente, todos os poderes particulares, necessários para o exercício de um ou cumprimento de outro. É força não seja a lei fundamental casuística, não desça a minúcias, catalogando poderes especiais, esmerilhando providências. Seja atendida inteligentemente: se teve em mira os fins, forneceu meios para os atingir".

"O art. 146, III, da Lei Suprema, dispõe que cabe à lei complementar estabelecer normas gerais em matéria de legislação tributária, incluindo a definição dos fatos geradores, bases de cálculo e contribuintes dos impostos discriminados na Constituição, a obrigação, lançamento e crédito tributário.

"Contudo, Roque Antônio Carraza, in *Curso de Direito Constitucional Tributário*, 3ª.ed., São Paulo, Ed. Revista dos Tribunais, 1991, p. 397, leciona que o art. 146 da CF, se interpretado sistematicamente não dá margem a dúvidas: a competência para editar normas gerais em matéria de legislação tributária desautoriza a União a descer ao detalhe, isto é, a ocupar-se com peculiaridades da tributação de cada pessoa política. Entender o assunto de outra forma poderia desconjuntar os princípios federativos...".

"Assim, observadas as vedações de cobrança do imposto em relação a fatos geradores ocorridos antes do início da vigência que o houver instituído ou aumentado (princípio da irretroatividade da lei tributária — art. 150, III, 'a', da CF), de cobrança do imposto no mesmo exercício financeiro em que haja sido publicada a lei que o instituiu ou majorou (princípio da anterioridade tributária — art. 150, III, 'b', da CF), de aplicação de lei retroativa com descuramento ao direito adquirido e ao ato jurídico perfeito (art. 50, XXXVI, da CF), inexiste na Carta Magna qualquer obstáculo a que lei ordinária federal fixe o regime de tributação dos lucros das pessoas jurídicas, seja ele em bases mensais, semestrais ou anuais.

"Outrossim, no plano do Código Tributário Nacional inexiste qualquer óbice. (...)"

"(...)"

Com efeito, a análise de algumas normas constantes do Código Tributário Nacional conduz a essa conclusão, tendo-se em mente que a exigência essencial e indispensável é quanto a ocorrência da disponibilidade econômica e jurídica de renda e proventos de qualquer natureza, como pressuposto fático material, para que seja considerado existente o fato gerador do imposto de renda e seja este cobrado.

Desde que considere a efetiva aquisição de disponibilidade econômica ou jurídica de renda ou proventos, e nunca antes desse fato, nada pode ser oposto contra a lei ordinária federal no que respeita à fixação por parte dela de quando o fato gerador do imposto de renda pode ser considerado ocorrido, ou no que concerne à definição legal do regime da tributação dos rendimentos em bases mensais, coincidentes com a aquisição isolada de cada rendimento, semestrais ou anuais.

Insta notar que o art. 43 do CTN contém tipos de fatos geradores diversos, referentes às diversas aquisições de disponibilidade de renda e proventos.

De fato, recorde-se que o fato imponível do imposto sobre a renda e proventos de qualquer natureza apresenta-se de quatro espécies distintas de aquisição, vale dizer: o produto do capital, o produto do trabalho, o produto da combinação de ambos e o produto dos proventos, isto é, os demais acréscimos patrimoniais de qualquer natureza que não se comportem no conceito de renda, como, por exemplo, a doação.

Aduza-se ao art. 43 do CTN, o dispositivo do art. 114, no sentido de que o fato gerador da obrigação principal é a situação definida em lei como necessária e suficiente à sua ocorrência e do § 2º, do art. 144, ambos do mesmo Diploma Legal, segundo o qual os impostos podem ser lançados por períodos certos de tempo e a lei pode estabelecer expressamente a data em que o fato gerador deva considerar-se ocorrido, para fins de que a lei disciplinadora da respectiva obrigação tributária seja aquela vigente na data assim fixada legalmente. Junte-se a essas normas o art. 117 do CTN, que regula a interferência de condições suspensivas e resolutivas sobre ocorrência de fatos geradores que constituam situações jurídicas.

Assim, diante de espécies distintas de fatos geradores do imposto sobre a renda e proventos de qualquer natureza, nada há, a nível constitucional ou de lei complementar, que venha obstacularizar a adoção por parte da Lei n. 8.541, de 23.12.92, de regimes distintos concernentes às diversas aquisições de disponibilidade.

Ressalte-se que o regime jurídico dos rendimentos de aplicações financeiras corresponde a aquisições de disponibilidade do produto do capital. A seu turno, o regime jurídico dos lucros das atividades normais das empresas diz respeito à conjugação do produto do capital e do trabalho.

Destarte, é perfeitamente constitucional e legal que lei ordinária federal fixe regimes de tributação diversos e estanques para o mesmo sujeito passivo produtor de fatos geradores de natureza distinta, aquisições diferentes de disponibilidade de renda.

Também, nem a Constituição, nem o Código Tributário Nacional vedam que lei ordinária federal considere ocorrido o fato gerador no momento exato e real da aquisição por parte da pessoa jurídica de cada disponibilidade isolada de renda, decorrentes de aplicações financeiras, repisando-se que o imposto é cobrado a partir da ocorrência do fato imponível, nunca antes dele.

Neste ponto, assevere-se que não há qualquer desarmonia ou incompatibilidade entre o art. 36 da Lei n. 8.541/92, que determina o recolhimento do imposto de renda na fonte e definitivo sobre as aplicações financeiras de renda fixa das pessoas jurídicas, considerando existente o fato gerador no momento da real aquisição da disponibilidade, com os arts. 1º e 2º, do mesmo Diploma Legal, que estabelece que o fato gerador do imposto de renda das pessoas jurídicas ocorre no final de cada mês, isto porque o preceptivo do art. 36 representa, em face de sua especificidade, uma simples exceção a regra geral, sendo as normas supracitadas perfeitamente conciliáveis.

Aliás, transcreve-se o magistério do jurista Carlos Maximiliano, em obra já citada: "A lei geralmente não contém disposições contraditórias ou incompatíveis ente si; nas regras aparentemente antinômicas há sempre um nexo que as concilia".

Insta asseverar, que, como a União está exercendo a sua competência tributária, instituindo, por lei, regimes distintos e segregados para fatos geradores diversos, não tem, pois, o sujeito passivo direito de insurgir-se contra tal poder de tributação, nem, portanto, direito adquirido ou fato jurídico perfeito que lhe garantam a vedada compensação dos resultados auferidos em operações financeiras com o eventual prejuízo da pessoa jurídica por força de sua operacionalidade.

Esclareça-se que a faculdade de compensação, que já era anteriormente prevista, de prejuízos com lucros referentes a resultados obtidos face a operacionalidade das empresas, permanece.

Por outro lado, tanto o art. 36 como o art. 29, ambos da Lei n. 8.541, de 23.12.92, se dirigem a resultados das operações financeiras realizadas a partir de 1º de janeiro de 1993, tendo sido, pois, observadas as vedações de cobrança de imposto no mesmo exercício financeiro em que haja sido publicada a lei que a instituiu ou aumentou (princípio da anterioridade tributária — art. 150, III, "b", da CF), de cobrança do imposto em relação a fatos geradores ocorridos antes do início da vigência da lei que o houver instituído ou aumentado (princípio da irretroatividade da lei tributária art. 150, III, "a", da CF), bem como colimada a garantia de que a lei não prejudicará o fato jurídico perfeito (art. 5º, XXXVI, CF).

Ademais, o fato de empresas investirem na ciranda financeira, em aplicações de renda fixa e nos mercados especulativos de renda variável, demonstra a capacidade contributiva dessas pessoas jurídicas de serem submetidas ao imposto, sendo legítimo considerar que elas devem possuir, ainda, recursos suficientes para suas atividades produtivas.

Por outro lado, mostra-se surpreendente o fato de empresas que vêm apresentando prejuízos em seus balancetes mensais e em balanços anuais, decorrentes de suas atividades normais, por longos períodos, ainda não tenham sofrido concordata ou mesmo a declaração de falência, o que autoriza a Receita Federal suspeitar de existência de sonegação fiscal nesses casos.

Quanto à observância do princípio da capacidade contributiva pelo novo tratamento tributário adotado pela Lei n. 8.541, de 23.12.82, especialmente, pelos seus arts. 36 e 29, devo acrescentar que em monografia intitulada "Isenção-Microempresas" publicada na *Revista de Direito Tributário* n. 53, julho-setembro de 1990, Ed. Revista dos Tribunais Ltda., São Paulo, pp. 182 a 183, tive o ensejo do comentar que "este princípio deve ser considerado obedecido, quando a Administração tributária acolhendo a faculdade prevista no art. 145, § 1º, segunda parte, do Estatuto Político, e, *nos termos da lei, investiga o patrimônio, os rendimentos e as atividades econômicas* dos contribuintes, e determina a real capacidade contributiva destes, sendo lícito, também, ao Fisco, através desses fatos signo-presuntivos de renda, patrimônio e atividade econômica, *presumir* a idoneidade econômica da pessoa de contribuir para a coletividade...''.

Quanto à efetividade desse princípio, prossegui, no referido artigo, transcrevendo a lição do Professor de Direito Tributário das Faculdades de Direito das Universidades de São Paulo e Católica de São Paulo, Eduardo D. Botallo, pinçada de trechos de lúcida monografia intitulada ''Capacidade Contributiva'', publicada na *Revista de Direito Tributário* 47/239, ''verbis'': ''Em princípio a capacidade contributiva é uma regra que deve vincular o legislador ordinário e não o juiz. E não compete ao juiz deixar de aplicar a regra tributária, levando em consideração a situação individual de cada contribuinte. Em outras palavras, mesmo que o juiz reconheça que, no caso concreto, aquela aplicação da lei possa eventualmente significar uma negativa à capacidade contributiva individual de cada contribuinte, não obstante, ele deverá propiciar plena aplicabilidade à regra tributária, desde que essa regra tenha sido eleita com respeito a esses fatos signo-presuntivos de renda, de patrimônio, de atividade econômica, acima do mínimo indispensável''.

Quanto à suposta nódoa ao princípio da utilização do tributo como confisco, deve-se enfatizar que a União simplesmente utilizou o seu poder de tributar, conferido pela Constituição Federal, ao instituir dois sistemas de tributação, totalmente independentes entre si, para as pessoas jurídicas, como é adequado, diante da ocorrência de fatos geradores distintos, como os resultados auferidos nas atividades normais da empresa, que, como já comentamos, representa a conjugação do produto do capital e do trabalho, e as receitas oriundas pelas pessoas jurídicas em suas aplicações financeiras de renda fixa e renda variável, que corresponde produto, apenas, do capital. Sendo assim, o ato conseqüente do regular uso da competência tributária não pode ser, evidentemente, tachado de confiscatório.

Como bem leciona o Ilustre Magistrado e Professor Sacha Calmon Navarro Coêlho em palestra sobre os Princípios Constitucionais Tributários, publicada na *Revista de Direito Tributário* 48, abril-junho de 1989, Ed. Revista dos Tribunais, p. 76: ''O princípio do não confisco significa, em última análise, que a tributação não pode ser tanta que absorva a coisa ou renda, porque isso significa absorver a própria fonte da tributação. Se eu ganho 100 milhões e devo pagar 100 milhões eu fico confiscado. Se eu tenho uma propriedade imobiliária que vale 10 milhões e o imposto é de 10 milhões, eu fico confiscado através de tributos. Na verdade, o confisco tributário significa essa absorção tributária do patrimônio ou renda''.

Nos casos dos arts. 36 e 29, da Lei n. 8.541/92, os resultados obtidos nas aplicações financeiras de papéis, como CDB, RDB, debênture, etc. e de Fundos de Renda Fixa sofrem a incidência da alíquota de 30% sobre o rendimento real; já, nos Fundos de Aplicação Financeira a alíquota é de 5% sobre o rendimento bruto apropriado diariamente ao quotista; no ''Daytrade'' de Renda Fixa a alíquota é de 30% sobre o rendimento bruto; nos Fundos Mútuos de Ações, Clubes de Investimento, Plano de Poupança e Investimento PAIT e outros fundos da espécie a alíquota é a de 25% sobre o rendimento real; por sua vez, as receitas obtidas nas aplicações de rendas variáveis sofrem a incidência da alíquota de 25% sobre ganhos líquidos.

Destarte, não há, no caso, dano algum aos princípios constitucionais tributários do não-confisco e da capacidade contributiva por parte do tratamento tributário adotado pelos acoimados preceitos legais.

4. Conclusão

Diante de todo o exposto, podemos concluir pela cabal juridicidade do tratamento fiscal previsto pela Lei n. 8.541, de 23.12.92, especialmente, pelos seus arts. 36 e 29.

NOTAS & COMENTÁRIOS

PRINCÍPIOS CONSTITUCIONAIS TRIBUTÁRIOS E REFORMA FISCAL

SACHA CALMON NAVARRO COÊLHO
Professor da Faculdade de Direito da Universidade Federal de Minas Gerais

1. Em que os princípios da progressividade, seletividade e proporcionalidade se diferenciam?

1.1 Embora sirvam a objetivos axiológicos, estes princípios são *estritamente funcionais* (técnicos). Trabalham em cima das *bases de cálculo* e das *alíquotas dos impostos*.

1.1.1 *Progressividade*: Quanto maior for a base de cálculo do imposto maiores são as alíquotas. O objetivo é satisfazer o princípio axiológico da capacidade contributiva das pessoas físicas e jurídicas (contribuintes "de jure" ou contribuintes de direito). Aplica-se aos impostos diretos sobre a renda ganha e sobre patrimônios. Nos impostos sobre a renda consumida ou se se preferir, sobre o consumo, não há falar em progressividade. "A priori" não é possível descobrir a capacidade contributiva dos consumidores, pessoas sem rosto ou endereço para a administração fiscal. O contrário da progressividade é a regressividade, que, nos impostos diretos, constitui figura de patologia tributária, porquanto quem mais ganha ou mais tem paga menos, provocando flagrante injustiça.

1.1.2 *Seletividade*: Trata-se de princípio técnico comum aos impostos ditos *de mercado*. Quanto maior a importância social do bem ou serviço consumido, ou a consumir, menores são as alíquotas. Se a progressividade remete-se ao sujeito, ao contribuinte de direito, sendo, portanto, subjetiva, a seletividade remete-se ao objeto, ao bem ou serviço que será consumido, sendo, portanto, objetiva. O alvo consiste em privilegiar com alíquotas baixas os bens e serviços *essenciais* postos ao consumo tributável dos contribuintes de fato (os consumidores em geral enquanto categoria). Tributa-se mais o perfume e menos o remédio. Só faz sentido, conseqüentemente, nos impostos indiretos sobre o consumo das coletividades.

1.1.3 *Proporcionalidade*: Esta se perfaz com espeque numa só alíquota, portanto, fixa. O que varia é a *base de cálculo* (10% sobre 10, 20, 30 e assim por diante). Deduz-se que nos impostos diretos sobre a renda e os patrimônios, a utilização da tributação proporcional é iníqua. Nos impostos indiretos sobre o consumo — nas sociedades de grande homogeneidade social, superdesenvolvidas — a proporcionalidade consagra uma orientação de *neutralidade da tributação*. Até certo ponto, é uma técnica contrária à da seletividade, no campo dos impostos indiretos. O que se pode afirmar aqui é algo muito simples. Ser seletivo ou neutro o imposto sobre consumo depende exclusivamente da opção do *legislador*.

2. O princípio da *não-cumulatividade* comporta a exigência de recolhimento do imposto antes da ocorrência do fato gerador da respectiva obrigação tributária?

2.1 O princípio em si, evidentemente, não, e até pelo contrário, vez que supõe-se uma série de operações tributadas, uma após outra, servindo o imposto pago na operação anterior como crédito dedutível do valor a ser pago na que se lhe segue. Este é, todavia, um raciocínio linear e analítico.

2.1.1 É que nos impostos sobre valores agregados a técnica da não-cumulatividade está a serviço da antecipação do imposto, devendo cada elo da cadeia-de-circulação econômica *adiantar* o imposto incidente sobre *o valor que precisamente acrescentou ao preço do bem ou serviço*. O verbo adiantar está sendo usado para expressar o fenômeno da *translação do ônus fiscal*. Nos impostos sobre o consumo, não-cumulativos, plurifásicos, *cada agente econômico* a um só tempo *adianta o imposto* e o repassa *pela mecânica dos preços* ao elo seguinte e, por conseguinte, até o consumidor final, que paga toda a carga, exatamente por ser a estação última do ciclo fiscal. Os autores alemães repudiam isenções no IVA, por isso que visualizam os industriais, comerciantes e prestadores de serviços como *meros agentes econômicos* do imposto, destinados a levar ao consumidor final, o contribuinte real, a *carga fiscal efetiva*. Expressiva nesse sentido a fala de Klaus Tipke: "A exoneração do empresário que somente é interposto por motivos técnicos de arrecadação ou como coletor é essencial. Somente os consumidores particulares é que devem ser onerados. A negação do crédito do imposto anterior levaria a tributar o empresário".

Essa tese foi referendada no RE n. 87.610 do STF.

2.1.2 Dessa característica decorrem outras concepções que se opõem a uma visão estritamente linear do princípio da não-cumulatividade, esforçadas noutro princípio, também técnico, o da *praticabilidade da tributação*, algo parecido, já no campo do processo, com o princípio da economia processual. Assim sendo, por querer expresso do legislador, desde que utilize determinadas cláusulas de salvaguarda, será possível atribuir a certos agentes da circulação econômica de bens e serviços, a responsabilidade pelo recolhimento do imposto devido ou que venha a ser devido por outros agentes dessa mesma cadeia de circulação. Não estou me referindo à questão da *substituição tributária* usual, em que, por exemplo, os frigoríficos e usinas de leite ficam responsáveis pelo ICMS devido pelos fornecedores de bois e leite "in natura". Neste caso os fatos geradores dos fazendeiros já ocorreram. As usinas e frigoríficos no ato da aquisição assumem a responsabilidade de recolher ao Fisco o imposto devido pelos fornecedores. Estou me referindo a hipótese contrária, caso "verbi gratia", das montadoras de automóveis que já vendem os carros incluindo no preço o ICMS que será devido pelos revendedores nas suas futuras operações de revenda. É o caso também das fábricas de cigarros e bebidas em relação aos atacadistas das respectivas redes de comercialização. Ora, esta é precisamente a hipótese suposta na indagação propiciadora desses comentários.

2.1.3 Entre nós parece que o CTN, de uma maneira um tanto ambígua, permite a "substituição tributária com presunção jurídica do fato gerador do substituído". Reza o art. 128 do mesmo: "Sem prejuízo do disposto neste capítulo, a lei pode atribuir de modo expresso a responsabilidade pelo crédito tributário a terceira pessoa, vinculada ao fato gerador da respectiva obrigação, excluindo a responsabilidade do contribuinte ou atribuindo-a a este em caráter supletivo do cumprimento total ou parcial da referida obrigação."

Inicialmente convém notar que os casos de responsabilização de terceiros por fato gerador alheio já ocorrido ou que devesse ocorrer não fosse algum ato de evasão, como é o caso dos *sucessores* "inter vivos" ou "causa mortis" (arts. 129 a 133) dos *representantes* de pessoas físicas e jurídicas, inclusive espólios e massas (arts. 134 e 135) e *pela prática de infrações* (arts. 136 e 137) estão todos previstos no Código. A substituição tributária propriamente dita aparece no CTN apenas no artigo transcrito supra, que remete às leis ordinárias a função de estabelecê-la. Nas hipóteses que vimos de referir *há sempre um contribuinte originário* e em seguida uma *transferência de responsabilidade para outra pessoa*. Os fatos que desencadeiam a transferência são previstos. O CTN mais não fez que *tipificar* estas hipóteses de *transferência da responsabilidade tributária*. Diz-se, com freqüência, que são hipóteses legais de responsabilização tributária de terceiros por *transferência*. Em contraposição, a responsabilidade tributária por substituição, outra espécie, estaria regrada no art. 128, já transcrito. Assevera a doutrina majoritariamente que nessa espécie a *lei* desde logo atribui a uma dada pessoa a responsabilidade básica pelo tributo devido por fato gerador de terceiro. Não há nenhuma transferência de responsabilidade mas fixação original do "debitum" na pessoa do contribuinte substituto (em sentido econômico). É ele um devedor original por fato gerador alheio. Hector Villegas, ao propósito, chama a esta figura de *responsável legal tributário* e cuja existência deve-se, já vimos, às exigências da *praticabilidade da tributação*.

2.1.4 O nó górdio da questão está em determinar se no direito brasileiro o *fato gerador*, nos casos de substituição tributária, exige, necessariamente, a ocorrência do fato gerador (caso das montadoras de automóveis). Parece-nos que a *legitimação jurídica* dessa última modalidade — substituição tributária com presunção de fato gerador — encontra fundamentação, aqui e alhures, em dois valores: (a) na necessidade de evitar a evasão fiscal (segurança fiscal) e (b) na necessidade de assegurar recursos com alto grau de previsão e praticabilidade (certeza fiscal). Todavia não bastam. Para um sistema desse tipo existir com validez jurídica, é necessário, ainda, prever salvaguardas (justiça fiscal). É, portanto, absolutamente necessário que a lei garanta àqueles que sofrem a *tributação antecipada*, três ordens de providências legais:

"Primus" — A imediata recuperação, indexada se for o caso, do imposto que compulsoriamente o substituto lhe cobrou, no caso de não vir a realizar o fato gerador suposto.

"Secundus" — A compensação imediata do imposto retido a maior, se menor for o valor da operação, antes suposta.

"Tertius" — O direito de o adquirente do substituído — se contribuinte for — aproveitar o crédito daquele imposto pago pelo substituto, para preservar o princípio da não-cumulatividade.

Quanto ao *retentor* ou *substituto*, a ordem jurídica tem que lhe assegurar necessariamente, o direito de recuperar automaticamente, via mecanismo de preços, o valor despendido no pagamento do imposto devido pelo *retido* ou *substituto*. É o que se deduz aliás, do CTN, em seu art. 128. Em suma a existência de *fatos geradores supostos* por presunção legal depende do tratamento jurídico que se dê à questão. O princípio da não-cumulatividade, por si só, não lhe é impeditivo.

2.1.5 Há que se fazer ainda uma ressalva muito importante. O *fato gerador suposto* só tem cabimento em impostos plurifásicos sobre o consumo. Nos impostos sobre a renda e o patrimônio é absolutamente injusto, além de a-ético e a-técnico, a adoção de *presunção legal de fato gerador*, consoante a doutrina nacional e estrangeira, o que não impede tipos de tributação instantânea pelo imposto de renda, como é o caso dos ganhos de capital no momento de sua apropriação ou ainda o caso da percepção de renda advinda de lucros financeiros pelas pessoas físicas e jurídicas. Nestes casos a disponibilidade econômica e jurídica é imediata. Tudo depende, em síntese, do tratamento legal.

3. Os princípios de respeito à privacidade e ao sigilo de dados, hospedados pelos arts. 145, § 1º, 5º, inc. X e XII da Constituição Federal, constituem cláusulas pétreas ou podem ser alterados por emenda constitucional?

3.1 O *sigilo bancário* visa preservar as pessoas físicas e jurídicas de intromissões indevidas tanto por parte de particulares como por parte das autoridades públicas. Inobstante, o *sigilo bancário* não é *absoluto*, eis que diante do legítimo *poder de polícia do Estado*, como ocorre nos EEUU, na França, na Alemanha e na Inglaterra, países sabidamente democráticos e capitalistas, admite-se a sua relativização por fundados motivos de ordem pública, notadamente derivados do combate ao *crime*, de um modo geral, e a evasão fiscal, omissiva e comissiva. Não pode a ordem jurídica de um país razoavelmente civilizado fazer do sigilo bancário um baluarte em prol da impunidade, a favorecer proxenetas, lenões, bicheiros, corruptos, contrabandistas e sonegadores de tributos. O que cumpre ser feito é uma legislação cuidadosa que permita a manutenção dos princípios da privacidade e do sigilo de dados, sem torná-los bastiões da criminalidade. De resto, reza a sabedoria popular que quem não deve não teme. A recíproca é verdadeira.

3.1.1 Concluir, portanto, que os arts. 145, § 1º e 5º, incs. X e XII, expressam direitos individuais garantidos e que não podem ser objeto de emenda ou revisão. Contudo à interpretação da Constituição não repugna que tais direitos sejam relativizados em prol da segurança da sociedade, observados os devidos limites, como ocorre por toda parte. Em suma, para quebrar o sigilo bancário, quando preciso, não se faz necessário alterar a Constituição. A sua redação sequer obsta a suspensão do sigilo, nos casos previstos em lei, em favor do bem comum. Finalizando, afirmamos que a questão é matéria de lei. Não se trata de questão constitucional. A lei maior põe o princípio, com temperamentos. Ao cabo, outros direitos, como o da liberdade, não obstam a prisão nem a penitenciária...

4. O princípio da irretroatividade (art. 150, inc. III, letra *a* da Constituição Federal), que proíbe seja o fato gerador ocorrido, mesmo que pendente, atingido por lei posterior, e o da anterioridade (art. 150, III, *b* da Constituição Federal), que veda a cobrança de tributo no mesmo exercício financeiro em que publicada a lei que os instituir ou aumentar, podem ser alterados por emenda constitucional?

4.1 O princípio da irretroatividade da lei fiscal bem como o da anterioridade da mesma, com os caracteres que lhes atribuem as doutrinas pátria e peregrina, constituem cláusulas pétreas, não podendo ser objeto de emenda ou revisão. Existem para sempre. Duas ordens de considerações levam a tais conclusões. A primeira é de fundo histórico. Com efeito, ao longo do vir-a-ser social, na história de todos os povos, tais princípios representam limitações ao poder de tributar e, pois, se caracterizam como *direitos do cidadão-contribuinte*, oponíveis ao Estado. Em segundo lugar, uma interpretação sistêmica da Constituição demonstra que os direitos individuais intangíveis não são apenas os expressamente numerados ("numerus clausus") no art. 5º da Superlei e seus respectivos incisos. Isto posto, a teor do art. 5º combinado com o art. 150 da Lei Maior intui-se a situação sobranceira dessas duas garantias individuais. A questão de um ou outro tributo escapar das constrições que tais princípios projetam, depende do próprio Constituinte de 88. Como sabido, desde então, existem algumas exceções na Constituição brasileira. O IPI, os impostos ao comércio exterior e até o ISOF, podem ser majorados por ato administrativo e cobrados imediatamente. São quebras de princípios expressamente previstos na Constituição. Não obstante, o *imposto residual* exige lei complementar e anterioridade. É dizer, o imposto novo, inclusive contribuições, submetem-se à legalidade, à anterioridade e a irretroatividade, pelo sistema da Superlei. Pode-se dizer que a leniência do sistema de freios da atual Constituição não pode ser ainda mais elastecida. Os princípios da anterioridade e da irretroatividade, tanto como postos, a regra e a exceção, são cláusulas pétreas, inadmitem alteração. Como estão ficam e não mudam a não ser para melhor.

5. Em que o princípio da anualidade referido no art. 165, § 2º, difere do princípio da anterioridade (art. 150, III, *b*)?

5.1 O Direito brasileiro atualmente não prestigia o princípio da anualidade, que significa a inserção das leis fiscais materiais na lei ânua (Lei orçamentária). Sem que isso ocorresse — enquanto existiu o princípio — não podia o Estado cobrar o tributo. Ao propósito, escrevemos sobre o assunto em livro de comentários à Constituição. Sobre o princípio da anualidade, inserto no art. 141, § 34, da Constituição democrática de 1946, de ver a dissecação que dele fez o constituinte Aliomar Baleeiro, depois Ministro do STF:

"Parece-nos que a boa interpretação do art. 141, § 34, leva às seguintes conclusões lógicas;

"a) a lei material, que decreta ou majora tributo, ressalvados a tarifa aduaneira e o imposto de guerra, há de ser anterior ao Orçamento, pois não se autoriza nem se condiciona o que ainda não existe;

"b) a lei do tributo não pode ser alterada ou retificada, depois do Orçamento, para vigência no exercício a que este se refere;

"c) o Orçamento, na parte relativa à autorização para cobrança de tributos, não pode ser modificado ou alterado depois do prazo constitucional fixado para sua sanção (Constituição, art. 74 combinado com o art. 70 e parágrafo);

"d) a lei material do imposto cuja vigência se esgotou pela revogação ou pelo decurso de prazo fixado no texto de suas próprias disposições, não é revigorada pela simples autorização orçamentária para cobrança em exercício posterior;

"e) a lei tributária, revogada por outra, não volta a vigorar pela revogação desta última;

"f) a lei que aplica especialmente tributo à manutenção de órgão paraestadual, ou parafiscal, não pode delegar a este a fixações ou alteração do objeto da prestação, isto é, do "quantum" a ser exigido dos contribuintes, nem dispensar a autorização orçamentária para a cobrança em cada exercício;

"g) prorrogado o Orçamento, por força do art. 74 da Constituição, permanecem autorizados os impostos nele previstos, resultantes de leis ainda em vigor, sem que possa realizar a cobrança dos decretados posteriormente à aprovação do mesmo orçamento;

"h) vetado o Orçamento nos dias posteriores a 30 de novembro, não se prorroga o do exercício em curso, pois o art. 74 da Constituição determina a prorrogação "pleno jure" somente se os autógrafos do novo não tiverem sido enviados à sanção até aquela data: não se poderá realizar a cobrança de quaisquer tributos ("Apud" Sacha Calmon Navarro Coêlho in *Aliomar Baleeiro no STF*, Forense, 1987)."

Infelizmente, não mais existe o princípio da anualidade no Direito Constitucional brasileiro. Afora o lapso de 90 dias das contribuições sociais, temos somente o princípio da anterioridade, que muita vez é meramente retórico ou pouco eficaz. Basta o Congresso aprovar a lei fiscal no final da legislatura e o Executivo promulgar a lei no final do ano, para que em 1º de janeiro do ano seguinte o imposto ou a sua majoração possam ser eficazes, tomando de surpresa a comunidade dos contribuintes, contrariando os fundamentos axiológicos do princípio...

Presentemente, o art. 165, § 2º, da Constituição Federal, não preconiza a anualidade, que é até constrição mais forte que a anterioridade. Trata-se ali de regra de direito orçamental, o que não impede, infelizmente, que um tributo possa ser alterado ou mesmo criado depois da votação da lei de meios, conquanto apenas incida no exercício seguinte (art. 150, III, *b*, da CF). Preconiza-se a volta da anualidade.

NOTAS & COMENTÁRIOS

IR — DECLARAÇÃO DOS BENS DE PESSOA FÍSICA PELO VALOR DE MERCADO (LEI N. 8.383/91, ART. 96) E SUAS CONSEQÜÊNCIAS TRIBUTÁRIAS

EUGÊNIO DOIN VIEIRA
Professor Titular de Direito Tributário da
Universidade Federal de Sta. Catarina

Consulta

Pessoa Física, contribuinte do imposto sobre a renda, consulta quanto aos efeitos da incidência do imposto sobre bens de sua propriedade, que não haviam sido incluídos nas declarações de bens do exercício financeiro da aquisição e nos posteriores, e que foram relacionados na declaração de bens do ano-base de 1991, exercício de 1992, com registro do valor original de custo e do valor de mercado em 31.12.91, atualizado de acordo com as disposições do art. 96 da Lei n. 8.383, de 30.12.91. Esclarece que a omissão do registro no ano-base da aquisição e nos seguintes foi involuntária, sem dolo ou má-fé, e que sua declaração de rendimentos apresentava disponibilidades financeiras amplamente suficientes, no ano da compra, que comprovavam a origem dos recursos utilizados. E indaga:

1ª) Está sujeita à incidência do imposto de renda a diferença entre o valor de mercado atualizado que atribuiu ao bem e o valor de custo corrigido até 31.12.91, ante o que dispõe o § 1º do art. 96 da Lei n. 8.383/91, mencionada? Em que momento é devido este tributo?

2ª) o bem, que é um imóvel, foi vendido no decurso do ano-base de 1992, posteriormente à sua inclusão na declaração de bens do exercício financeiro de 1992. Como calcular o imposto sobre a renda incidente sobre o resultado da alienação? E se o preço de venda for inferior ao valor de mercado atribuído para 31.12.91, corrigido até o mês da alienação pela expressão monetária da UFIR mensal (de acordo com o § 7º do art. 2º da Lei n. 8.383/91, mencionada)?

3ª) Deve o contribuinte tomar outras providências fiscais, ante a omissão ocorrida e posteriormente sanada, e face à alienação posterior do mesmo bem? Quais?

Resposta

1. Iniciemos nossa exposição com a transcrição necessária e esclarecedora dos dispositivos da Lei n. 8.383/91 que interessam à elucidação da consulta:

"Art. 1º Fica instituída a Unidade Fiscal de Referência-UFIR, como medida de valor e parâmetro de atualização monetária de tributos e de valores expressos em cruzeiros na legislação tributária federal, bem com os relativos a multas e penalidades de qualquer natureza.

"...

"§ 7º A expressão monetária do coeficiente utilizado na apuração do ganho de capital, de que trata a Lei 8.218, de 29 de agosto de 1991, corresponderá, a partir de janeiro de 1992, à expressão monetária da UFIR mensal.

"...

"Art. 96. No exercício financeiro de 1992, ano-calendário de 1991, o contribuinte apresentará declaração de bens na qual os bens e direitos serão individualmente avaliados a valor de mercado no dia 31 de dezembro de 1991, e convertidos em quantidade de UFIR pelo valor desta no mês de janeiro de 1992.

"§ 1º A diferença entre o valor de mercado referido neste artigo e o constante de declarações de exercícios anteriores será considerada rendimento isento.

"...

"§ 4º Todos e quaisquer bens e direitos adquiridos a partir de 1º de janeiro de 1992 serão informados, nas declarações de bens de exercícios posteriores, pelos respectivos valores em UFIR, convertidos com base no valor desta no mês de aquisição.

"§ 5º Na apuração de ganhos de capital na alienação dos bens e direitos de que trata este artigo será considerado custo de aquisição o valor em UFIR:

"a) constante da declaração relativa ao exercício financeiro de 1992, relativamente aos bens e direitos adquiridos até 31 de dezembro de 1991;

"b) determinado na forma do parágrafo anterior, relativamente aos bens e direitos adquiridos a partir de 1º de janeiro de 1992.

"...

"§ 8º A isenção de que trata o § 1º não alcança:

"a) ...

"b) os bens adquiridos até 31 de dezembro de 1990, não relacionados na declaração de bens relativa ao exercício de 1991."

2. A Lei n. 8.383, de 30.12.91, especialmente em seu art. 96, está lamentavelmente mal redigida. Em princípio, a exigência de atualização do valor dos bens pelo *valor de mercado no dia 31 de dezembro de 1991*, a que o CTN classificaria como *obrigação acessória* (CTN, art. 113, § 2º, e 115), não nos parece eivada de inconstitucionalidade. Ela encontra amparo, inclusive, na Constituição de 1988, em seu art. 145, § 1º, que faculta à administração tributária "*identificar ... nos termos da lei... o patrimônio do contribuinte*". A obrigação acessória de informar o valor atualizado do bem, estimado pelo próprio declarante, não constitui agressão à privacidade ou a qualquer outro direito constitucional.

3. Ante o texto da Carta, não há também porque pretender que a exigência seja expressa por lei complementar. Não se trata de nenhum dos casos para os quais o art. 146 da CF-1988 exige este procedimento legislativo especial.

4. O que não tem amparo constitucional, em nosso entender, é extrair, desta norma que expressa uma *obrigação de fazer*, as conseqüências tributárias pretendidas.

5. Ressalta à evidência que o § 1º do referido art. 96 *isenta* do imposto de renda hipótese que constitucionalmente *não pode ser tributada por este gravame*, porque não é *renda* nem *proventos de qualquer natureza* (CF-88, art. 153, III), mas apenas a simples *atualização monetária ou gráfica* do valor de bens e direitos. Ela não constitui *acréscimo patrimonial*, não há como pretender tributá-la, no sistema constitucional tributário brasileiro vigente; e não se pode *isentar* o que não é *tributável*.

6. Valemo-nos da lição de Alberto Xavier: "A isenção dá-se quando, *não obstante se ter verificado o fato tributário em todos os seus elementos*, a eficácia constitutiva deste é paralisada originariamente pela ocorrência de um outro fato a que a lei atribui assim eficácia impeditiva" (*Manual do Direito Fiscal*, Lisboa, 1974, pp. 283-284, grifo nosso).

7. É mister que o fato imponível tenha ocorrido, com todas as características descritas na hipótese legal de incidência, para que se possa cogitar de isenção. O entendimento é claro, meridiano, e pacífica é a lição da doutrina. Rememoremo-la, na palavra autorizada de Misabel Machado Derzi, em seu excelente *Direito Tributário, Direito Penal e Tipo*:

"Hipótese ou "fato gerador" e tributabilidade são necessários e imprescindíveis à configuração de todo tributo, sendo cada um desses aspectos, de per si, insuficiente à sua existência. As isenções legais funcionam como cláusulas excludentes do tributo, mas não do pressuposto (ou fato gerador ou tipo, no sentido impróprio).

"Como representantes dessa posição, no Brasil, destacam-se as figuras exponenciais de Amílcar A. Falcão e de Gomes de Sousa, os quais, recebendo o ensinamento de certa parte da doutrina italiana, sobretudo de A. D. Giannini, influenciaram fortemente, a jurisprudência e a teoria nacionais" (op. cit., p. 203; grifos do original).

8. Dentro das melhores lições de hermenêutica, cabe ao jurista buscar, na interpretação da norma, aquele comando que a concilie e integre com o sistema normativo em que foi introduzida. E o § 1º. do art. 96 só admite uma exegese à luz do texto constitucional. Há que ser entendido como se redigido da seguinte forma: "§ 1º. A diferença entre o valor de mercado referido neste artigo e o constante de declarações de exercícios anteriores corrigido monetariamente será considerada rendimento isento, quando da apuração do ganho de capital a tributar, por ocasião da alienação do bem ou direito".

9. A norma, como a elaborou o legislador, só pode ser interpretada como preceito de isenção, e não de tributação; como benefício, não como gravame. Não há amparo constitucional, repita-se à exaustão, para tributar, com o imposto sobre a renda, o acréscimo gráfico do valor atualizado dos bens da pessoa física.

10. Registre-se que, mesmo o Poder Executivo da União, através de seu Ministro da Economia, Fazenda e Planejamento, ao aprovar a manifestação oficial da Procuradoria Geral da Fazenda Nacional, em recente Parecer n. 696/92, datado de 25 de junho de 1992, da lavra do Procurador Judicial Oswaldo Othon de Pontes Saraiva, e que mereceu o *de acordo* do Procurador-Geral da Fazenda Nacional, o consagrado jurista Tércio Sampaio Ferraz Júnior, já reconheceu e explicitou que:

"A obrigação acessória de informar os valores de mercado de bens e direitos, transformados em UFIR, não implica em surgimento de novo fato gerador do Imposto de Renda ou de qualquer outro imposto...

"...Os preceitos legais impugnados não criaram nem aumentaram tributo...

"...O princípio da irretroatividade só deve ser cogitável quando lei nova institua, efetivamente, obrigação principal, o que, como vimos, "in casu" não sucedeu.

"Repita-se que os preceptivos do art. 96 da Lei n. 8.383/91, especialmente, os seus "caput" e parágrafos 4º., 5º. e 9º., tratam de obrigação acessória" (Parecer mencionado, itens 30 a 36, *DOU* 3.7.92).

11. Com esta preliminar constitucional, entendemos afastada a primeira hipótese de cálculo do tributo, no caso da consulta, qual seja a de fazê-lo em duas etapas: uma até 31.12.91, outra até o mês da alienação. Por todo o exposto, ante a repugnância constitucional à interpretação literal do malsinado § 1º, não há o que tributar em 31.12.91.

12. Se a lei não pode isentar o que é intributável constitucionalmente, pode fazê-lo (ou *não o fazer*, como é o caso sob exame), no momento em que se deflagra a incidência do tributo, ou seja, na realização do ganho de capital, pela alienação. É o que se deve entender da interpretação restritiva à *isenção*, expressa no § 8º do art. 96, letra *b*. É como se ele, coerentemente com a leitura feita do § 1º, assim estivesse redigido:

"§ 8º. A isenção de que trata o § 1º não alcança:

"a) ...

"b) A diferença entre o valor de mercado referido neste artigo e o valor original do custo de aquisição, quando da apuração do ganho de capital a tributar, por ocasião da alienação do bem ou direito adquirido até 31 de dezembro de 1990 e que não tenha sido relacionado na declaração de bens relativa ao exercício de 1991."

13. Não sendo aplicável, por força deste § 8º do art. 96 sob estudo, a hipótese isencional do § 1º, há que se apurar o "quantum debetur" com a utilização das normas legais anteriormente vigentes, e que não foram revogadas (em especial a Lei n. 7.713, de 22.12.88, arts. 3º, 8º e outros; a Lei n. 8.134, de 27.12.90, arts. 1º, 2º, 18; a Lei n. 8.177, de 1.3.91, arts. 1º a 3º; a Lei n. 8.218, de 29.8.91, art. 16), e das novas normas da Lei n. 8.383, de 30.12.91.

14. A legislação recepcionada pela CF-88, combinada com as novas normas introduzidas pela Lei n. 8.383/91, preceitua que o valor a tributar, por ocasião da alienação do bem ou direito, no caso sob consulta (em que não ocorrem os benefícios da *isenção* do § 1º do art. 96, face ao que preceitua o § 8º), corresponde à diferença positiva entre o valor de alienação e o custo corrigido do bem; e que, para obter o custo corrigido do bem no mês da alienação, há que atualizar seu valor inicial, até dezembro de 1991, pelos percentuais de correção expressos pelo INPC, e, a partir daí até o mês da alienação, pela nova unidade instituída, a UFIR.

15. É mister então enfrentar a exegese do § 7º do art. 2º da Lei n. 8.383/91, que diz: "§ 7º. A expressão monetária do coeficiente utilizado na apuração do ganho de capital, de que trata a Lei 8.218, de 29 de agosto de 1991, corresponderá, a partir de janeiro de 1992, à expressão monetária da UFIR mensal".

16. Ainda uma vez a redação é deficiente e obscura. A Lei n. 8.218 não cuida de *coeficientes*, mas sim determina, em seu art. 16, os *índices* que poderão ser utilizados, para efeito da correção do custo de aquisição dos bens, na apuração do ganho de capital: no ano de 1990, IPC; em janeiro e fevereiro de 1991, o BTN; a partir de março de 1991, o INPC; na falta do INPC, o IGP-M. Estes índices são transformados em *tabela de coeficientes* divulgada periodicamente pela Secretaria da Receita Federal, em atos declaratórios de sua Coordenação do Sistema de Tributação; esta tabela auxiliar de cálculos foi consolidada pelo A. D. CST n. 76/91 (*DOU* de 4.9.91), e, atualizada pelo INPC, está divulgada no verso do formulário DAGC ("Demonstrativo de Apuração dos Ganhos de Capital") aprovado para a declaração do imposto de renda de pessoa física do exercício financeiro de 1992. A simples divisão do valor original do bem pelo *coeficiente* do mês de aquisição, e a multiplicação da quantidade de *coeficientes* assim obtida pelo *coeficiente* do mês da alienação, fornece o custo do bem *em cruzeiros (Cr$)*, corrigido até o mês da alienação.

17. O entendimento lógico leva a interpretar o § 7º do art. 2º da Lei n. 8.383/91, como disciplinando no sentido de que, "a partir de janeiro de 1992", a correção do custo de aquisição deverá ser feita *pelos mesmos índices percentuais com que for corrigida a UFIR mensal*.

18. Aparentemente muito claro, mas há que se perguntar: e qual então a correção de dezembro/1991 para janeiro/1992? Porque a UFIR só foi instituída a partir de janeiro de 1992, e os índices anteriores de correção, como já vimos, estão previstos somente para até dezembro de 1991. E é preciso corrigir o valor de custo do bem, de dezembro/1991 para janeiro/1992, pelo índice que for aplicável, para então passar a atualizá-lo proporcionalmente à UFIR. De outra forma, o custo atualizado oficial do bem em janeiro/1992 seria o mesmo de dezembro/1991, o que, para o contribuinte, em momento econômico inflacionário como o atual, significaria evidente e ilegal prejuízo, quando da apuração do ganho tributável, na alienação.

19. Admitida esta interpretação — que nos parece a única juridicamente correta, ainda que talvez não pretendida pelo legislador (mas a boa hermenêutica não cansa de ensinar que não importa o que quis o legislador dizer, mas sim o que disse, na norma escrita: vale a "mens legis", não a "mens legislatoris") —, há que se aplicar, sobre o *custo atualizado* até dezembro de 1991, o índice de atualização do INPC de janeiro/1992 (Lei n. 8.218/91, art. 16), que foi de 25,92%, o que oferece, então, o valor de aquisição do bem, atualizado para janeiro/1992.

20. Em conclusão, e já como parecer opinativo, recomendamos a seguinte linha de comportamento:

1º) elaborar a apuração do imposto devido com a utilização do sistema tradicional, atualizando o custo de aquisição do bem, do mês de aquisição até dezembro/1991, pelos coeficientes oficiais divulgados, baseados no INPC; de dezembro/1991 para janeiro/1992, pelo percentual do INPC (Lei n. 8.218/91, art. 16, III); e de janeiro/1992 até o mês da alienação, pela UFIR (Lei n. 8.383/91, art. 2º, § 7º);

2º) emitir o "Demonstrativo da Apuração dos Ganhos de Capital" (DAGC) e, com base neste, o DARF, se houver imposto a pagar;

3º) recolher o tributo no prazo legal;

4º) conservar o formulário DAGC com o contribuinte;

5º) transmitir ao Fisco, quando do preenchimento da declaração de bens do exercício de 1993, ano-base de 1992, as informações relativas à alienação havida e a seus efeitos tributários.

21. Passamos agora a responder às perguntas formuladas, pela ordem:

1ª) Não. Conforme exposto e demonstrado nos itens anteriores do presente parecer, a simples correção ou atualização gráfica dos bens e direitos pelo valor de mercado não é tributável pelo imposto sobre a renda; ela não constitui renda, nem proventos de qualquer natureza (CF-1988, art. 153, III). *Pela atualização dos valores declarados, exigida pelo art. 96 da Lei n. 8.383/91, não há imposto sobre a renda a pagar*. Mas é jurídica a isenção do § 1º, se aplicada no momento da alienação do bem, quando se apura o ganho de capital a tributar.

2ª) A verificação do "quantum debetur", no caso da alienação de bem omitido na declaração referente a 31 de dezembro de 1990, será feita sem os benefícios do § 1º do art. 96 da Lei n. 8.383/91, e na forma exposta no presente Parecer. Não afetam o cálculo do ganho tributável, no caso, nem o valor de mercado que tenha sido atribuído ao bem para 31 de dezembro de 1991 de acordo com o art. 96 mencionado, nem a isenção prevista no § 1º do mesmo artigo.

3ª) Não. A omissão está regularizada pela inclusão, na declaração do exercício de 1992, do bem que havia sido omitido em declarações anteriores. Admitimos que, ao se advertir da omissão havida, e antes da apresentação da DIR-91/92, poderia o contribuinte promover, na forma da legislação, a retificação de suas declarações anteriores, para incluir o bem omitido. Mas este é assunto vencido.

Este o nosso parecer, s. m. j.

São Paulo, setembro de 1992.

NOTAS & COMENTÁRIOS

POLUIÇÃO E TRIBUTAÇÃO*

JOSÉ MARCOS DOMINGUES DE OLIVEIRA
Professor Adjunto e Livre Docente da Faculdade de Direito
da Universidade do Estado do Rio de Janeiro

1. O comportamento humano em face do meio ambiente — princípios jurídicos. 2. O Estado como promotor da preservação ambiental — princípio do poluidor-pagador — recursos públicos. 3. As espécies tributárias e sua inserção na política de defesa do meio ambiente. 4. Conclusões.

1. O comportamento humano em face do meio ambiente — Princípios jurídicos

Talvez a mais antiga preocupação ambientalista se encontre na Bíblia, ao traduzir, *no princípio*, a manifestação do comando divino: "Submetei a terra; dominai sobre os peixes, as aves e os animais; dou-vos as ervas que dão semente, as árvores que dão frutos que dão semente como vosso alimento; aos animais dou como alimento toda a verdura das plantas". E, completa o Livro Sagrado, "assim se fez e era muito bom".[1]

Parece que o homem interpretou erroneamente o sentido das palavras *submetei e dominai*. Identificando-se com as concepções de subjugar, espoliar, degradar, ao invés de fazê-las convergir para a idéia de usufruir naturalmente, auferir harmonioso proveito, gozar do que era e deveria ser mantido *bom*, ou seja, *equilibrado*.

A preocupação do homem em *dominar* a Natureza tem levado à substituição do equilíbrio do meio ambiente por uma histórica e crescente destruição proveniente da intervenção humana, geralmente desastrada e degradadora da ordem natural, não raro determinada pelo imediatismo egocêntrico que compromete a harmonia ambiental.

Assim é que há necessidade de um regramento jurídico da conduta humana, da sociedade e do Estado em face do meio ambiente. E a Organização das Nações Unidas, através da sua Comissão Mundial sobre Meio Ambiente e Desenvolvimento, houve por bem formular nada menos que *vinte e dois* princípios a respeito, devendo-se notar que ao "*di-*

* Trabalho originalmente apresentado à Comissão Fulbright para o Intercâmbio Educacional Brasil-Estados Unidos em decorrência da participação do Autor no Seminário de Direito Ambiental Comparado realizado nos Estados Unidos sob os auspícios daquela Comissão e exposto em painel durante a Conferência Internacional de Direito Ambiental (Rio de Janeiro, dezembro de 1991).

1. *Gênesis*, capítulo 1.

reito humano fundamental a um meio ambiente adequado à saúde e bem estar de todos os homens'' correspondem *vintre e um deveres*, tais como:

— ''os Estados devem conservar e utilizar o meio ambiente e os recursos naturais em benefício das gerações presentes e futuras'' — que estabelece responsabilidade social fundada na eqüidade entre as gerações, na medida em que se opera historicamente um *empréstimo ambiental* ao futuro, no qual não se colhe opinião, licença ou voto dos potenciais prejudicados;

— ''os Estados devem usar os recursos naturais além-fronteiras de forma razoável e equitativa'' — que prevê a um só tempo a solidariedade e a igualdade internacionais contrárias ao desenvolvimento e ao bem-estar à custa da perversa espoliação e degradação da qualidade de vida de outros povos;

— ''os Estados devem garantir que a conservação seja considerada parte integrante do planejamento e da implantação de programas de desenvolvimento'' — que estabelece como meta econômico-social o que se denomina de *desenvolvimento sustentável*.[2]

Mas os princípios jurídicos não se justificam se não refletirem uma tomada de posição da sociedade, da comunidade, da espécie humana, que precisam alterar profundamente sua conduta face ao meio ambiente.

Aquele feliz binômio *desenvolvimento sustentável* ou *desenvolvimento sustentado* parecer ser a harmoniosa solução para a permanente tensão entre desenvolvimento econômico e preservação do meio ambiente.

O desenvolvimento sustentável representa o grande *não* ao desperdício, à ineficiência e ao desprezo pelos recursos ambientais escassos e finitos, pois que a Ciência e a criatividade têm mostrado, entre outras, a viabilidade da substituição dos pesticidas (que geram intoxicação humana e poluição de águas superficiais e interiores) pelo controle biológico de pragas nas lavouras; a reciclagem de diversos materiais como metais, vidros, papéis; a substituição de combustíveis fósseis (reconhecidamente limitados e poluidores) por combustíveis renováveis, de fontes infinitas e não-poluentes.

2. O Estado como promotor da preservação ambiental — Princípio do poluidor-pagador — Recursos públicos

Da rápida resenha dos princípios jurídicos relativos ao meio ambiente adotados pela ONU exsurge claramente a monumental responsabilidade que deve ser assumida pelo Poder Público na preservação do meio ambiente.[3]

O primeiro passo nesse sentido há de consistir na coordenação entre políticas e órgãos governamentais da área econômica e da área ambiental.

Tradicionalmente os órgãos formuladores de planejamento econômico, financeiro, energético etc., que controlam os recursos financeiros públicos, não têm como atribuição institucional a proteção ambiental e, não recebendo a adequada co-participação ou interferência prévia dos setores ambientais abalizados, tendem a não sopesar ou não avaliar adequadamente as repercussões ambientais de decisões de política econômica, comercial, agrícola, energética, tributária.

2. *Nosso Futuro Comum*, publicação da Comissão Mundial sobre Meio Ambiente e Desenvolvimento, Rio de Janeiro, Ed. Fundação Getúlio Vargas, 1988, pp. 388-389.

3. A Constituição do Brasil dispõe no seu art. 225 que: ''Todos têm direito ao meio ambiente ecologicamente equilibrado, bem de uso comum do povo e essencial à sadia qualidade de vida, impondo-se ao Poder Público e à coletividade o dever de defendê-lo e preservá-lo para as presentes e futuras gerações''.

Ora, para promover essa indispensável coordenação, há necessidade de estruturar-se serviço público, de contratar obras, estudos etc., de fiscalização, monitoramento, planejamento — tudo a gerar despesas e a suscitar a questão do custeio da proteção ambiental.

Neste ponto torna-se inarredável a atribuição ou imputação, aos agentes poluidores, da responsabilidade da integração do valor das medidas de proteção ambiental nos seus custos de produção, diretriz que se denomina *princípio do poluidor-pagador*.[4] No Brasil, a Constituição do Estado do Rio de Janeiro, de 1989, consagrou expressamente este princípio.[5]

Cria-se, assim, do ponto de vista econômico, um *preço* pela utilização dos recursos ambientais, que, do contrário, tendo *custo-zero*, tendem a ser desperdiçados pela falsa impressão de sua abundância ou caráter infinito.[6].

O princípio do poluidor-pagador pode realizar-se tanto através do licenciamento administrativo, da imposição de multas, da determinação de limpeza ou recuperação ambiental, como através da cobrança de tributos, enquanto fonte de recursos para custeio da proteção ambiental.

Exemplo de engenhoso mecanismo de financiamento estatal da preservação ambiental é fornecido pelo chamado "Superfund" nos Estados Unidos: trata-se, como diz o nome, de um gigantesco fundo público (previsão de recursos da ordem de US$ 9,000,000,000.00 até o final de 1991), o qual é destinado ao combate à poluição por resíduos perigosos ("hazardous wastes").

O "Superfund" foi criado pela lei de revisão, de 1986, do Cercla — Comprehensive Environmental Response, Compensation and Liability Act, de 1980, e compõe-se de receitas provenientes da arrecadação do imposto de renda, do imposto sobre petróleo e derivados e do imposto sobre produtos químicos perigosos e derivados. Respaldada por esses volumosos recursos, a autoridade ambiental pode determinar a limpeza ("clear-up") de determinado local degradado pelos resíduos perigosos. O(s) administrado(s) resposável(is) pela limpeza que não a fizerem sujeitar-se-á(ão) ao ressarcimento, em *triplo*, dos respectivos custos incorridos pelo Estado, salvo hipóteses de justa causa, quando se dá, apenas, o reembolso das despesas efetuadas pelo Poder Público. Anote-se que se trata de responsabilidade objetiva e solidária dos atuais e dos anteriores proprietários ou operadores do local ("site"), e dos transportadores ou lançadores dos resíduos perigosos.[7]

O "Superfund" se constitui em exemplo representativo de *eficiência legislativa* na constituição e utilização de fundos públicos através da *vinculação de impostos*, e de satisfação do *princípio do poluidor-pagador* no custeio da recuperação ambiental.

Além do "Superfund" há nos Estados Unidos outros fundos constituídos com *receita vinculada* de impostos, geralmente indiretos, sobre combustíveis, sobre emissões de gases poluentes, sobre equipamentos de caça e pesca, etc., como o Oil Spill Liability Trust Fund, o

4. *The Polluter-pays Principle*, publicação da Organização para a Cooperação e Desenvolvimento Econômico, Paris, 1975.

5. O art. 258,§ 1º., XVIII, determina a adoção de política tributária que implemente o princípio do poluidor-pagador.

6. Wallace E. Oates, "Deveria a poluição ser tributada?", in *Economic Impact* n. 65, pp. 27-31 (ed. em português), USIA, Washington, DC, 1989-1993.

7. Admitem-se como justa causa para não proceder à limpeza ou recuperação determinada administrativamente a força maior, o caso fortuito, o risco de falência em virtude da realização de tal despesa, a exigüidade do prazo concedido pela autoridade ambiental etc.

Black Lung Disability Trust Fund e o Wild Life Restoration Fund.[8]

No Brasil, salvo revisão do art. 167, IV, da Constituição Federal,[9] a técnica de vinculação de impostos não pode ser aplicada.[10] É que, ressalvadas as exceções ali expressas, consagrou-se constitucionalmente (como na Carta de 1967) o princípio orçamentário da não-afetação da receita. É verdade que já se verificou uma evolução em relação à Constituição anterior, que vedava a vinculação de qualquer *tributo*, enquanto a atual restringe a proibição aos *impostos*. De qualquer maneira, embora respeitável, o princípio financeiro-orçamentário da não-vinculação da receita não deveria estratificar-se draconianamente no texto da Constituição, o que impede o atendimento a exceções que se impõem em face de relevantes circunstâncias ou valores que necessitam ser atendidos. E se a saúde da população e o meio ambiente ecologicamente equilibrado são *prioridades nacionais* (arts. 197 e 225 da Constituição), muitas vezes haver-se-á que garantir também a *primazia do desembolso* das verbas públicas respectivas, o que se enseja exatamente através da vinculação da receita.[11]

3. As espécies tributárias e sua inserção na política de defesa do meio ambiente

A Constituição Federal, consagrando a melhor doutrina esposada há muito pelo Código Tributário Nacional, dispõe que são tributos os impostos, as taxas e as contribuições de melhoria (art. 145).[12]

8. USA, Commitees on Ways and Means US House of Representatives: *Overview of the Federal Tax System*, Washington, DC, 1990 Edition.

9. "Art. 167. São vedados:

"I a III — "omissis".

"IV — a vinculação de receita de impostos a órgão, fundo ou despesa, ressalvadas a repartição do produto da arrecadação dos impostos a que se referem os arts. 158 e 159, a destinação de recursos para manutenção e desenvolvimento do ensino, como determinado pelo art. 212, e a prestação de garantias às operações de crédito por antecipação de receita, previstas no art. 165, § 8º".

10. Cf., do Autor, "Meio Ambiente, Tributação e Vinculação de Impostos" in *RDT* 56/84-91, em que se apresenta a seguinte proposta de emenda à Constituição Federal:

"Art. 167. São vedados:

"I a III — ... "omissis"...;

"IV — a vinculação de receita de impostos a órgão, fundo ou despesa, ressalvadas a repartição do produto da arrecadação dos impostos a que se referem os arts. 158 e 159, a destinação de recursos para manutenção e desenvolvimento do ensino *e para prover a preservação do meio ambiente e a recuperação de áreas degradadas*, como determinado nos arts. 212 e 225, § 7º, a prestação de garantias às operações de crédito por antecipação de receita, previstas no art. 165, § 8º, *e nos demais casos previstos em lei complementar*".

Introdução de um § 7º ao art. 225 da Constituição Federal, com a seguinte redação: *"A lei poderá vincular a receita de impostos, ou parte dela, para a criação de fundos destinados à execução da política de meio ambiente"*.

11. A saúde pública *depende* da preservação do meio ambiente. E a saúde, di-lo a Constituição, é direito "garantido mediante políticas sociais e *econômicas* que visem à redução do risco de doença..." (art. 196), devendo-se, portanto, assegurar-se-lhe também a *primazia do desembolso* das verbas públicas respectivas, o que se enseja exatamente através da *vinculação da receita*.

12. Código Tributário Nacional, § 5º, Cf., do Autor "Espécies tributárias", Conferência proferida no V Congresso Nacional de Estudos Tributários, da Academia Brasileira de Direito Tributário, Rio de Janeiro, 1991, in *RDA* 183/42-55. Não quer isto dizer que a Carta Magna não considere tributos outras figuras financeiras, como o empréstimo compulsório e a contribuição parafiscal, pois o regramento constitucional reservado a elas é nitidamente tributário. Simplesmente a Constituição não quis reconhecer-lhes autonomia, na medida em que não dispõem de fatos geradores próprios, mas sim correspondentes aos do imposto ou da taxa, estes sim, categorias ontologicamente distinguidas pelo Direito Tributário em função dos respectivos fatos geradores, critério cientificamente hábil a diferenciar as espécies tributárias, como aliás, em boa hora, veio a ser reconhecido pelo Código Tributário Nacional (art. 4º) ao dispor que: "A natureza jurídica específica do tributo é determinada pelo fato gerador da respectiva obrigação, sendo irrelevantes para qualificá-la: I — a denominação e de-

Sem dúvida, entre os meios de prevenção e combate à poluição o tributo surge como instrumento eficiente tanto para proporcionar ao Estado recursos para agir (tributação fiscal), como para estimular condutas não-poluidoras e desestimular as poluidoras (tributação extrafiscal).[13]

Do ponto de vista ambiental é usual[14] a classificação das exações públicas em:

— "effluent charges" (literalmente, encargos sobre efluentes): cobrados em geral sobre as descargas poluentes líquidas, aéreas ou sonoras;

— "user charges" (encargos de usuário): cobrados sobre a utilização dos sistemas de esgotamento sanitário público;

— "administrative charges" (encargos administrativos): cobrados em face das atividades públicas de controle, autorização, registro e fiscalização;

— "product charges" (encargos sobre produtos): cobrados sobre o preço de produtos poluentes; um sistema de graduação de alíquotas ("tax differentiation") permite incentivar-se ou desestimular-se a produção e o consumo de bens mais ou menos meritórios face às políticas ambientais.

O sistema tributário pode atuar complementarmente ao sistema administrativo de licenças ambientais, que é indispensável à prevenção e ao combate à poluição: também se revela útil na preservação dos recursos ambientais, adequando-se as espécies tributárias (o imposto, a taxa e a contribuição de melhoria) à chamada *tributação ambiental*.

Nos Estados Unidos, o imposto é amplamente empregado no mecanismo da tributação ambiental, como é o caso da incidência de impostos sobre a produção e o consumo de certos produtos poluidores, com isenção parcial ou total a outros não ou menos poluidores ou reciclados ou recicláveis, de que é exemplo a restituição do imposto sobre vasilhames, quando devolvidos. Também o imposto de renda contempla um *adicional ambiental* e a dedutibilidade de doações de terrenos e matas com finalidade preservacionista.

Ora, no Brasil, tendo-se em consideração o disposto no art. 16 do CTN (Código Tributário Nacional),[15] os impostos indiretos[16] sobre a produção e o consumo podem ser amplamente utilizados como instrumento de tributação am-

mais características formais adotadas pela lei; II — a destinação legal do produto da sua arrecadação". Cf., do Autor, *Capacidade Contributiva — Conteúdo e Eficácia do Princípio*, Rio de Janeiro, Ed. Renovar, 1988, pp. 53-54.

13. Diferentemente do que sucede com a imposição tradicional — que visa exclusivamente à arrecadação de recursos financeiros (fiscais) para prover ao custeio dos serviços públicos — conceitua-se como tributação *extrafiscal* aquela que é orientada para *fins outros* que não a captação de dinheiro para o Erário, tais como a redistribuição da renda e da terra, a defesa da indústria nacional, a *orientação dos investimentos para setores produtivos ou mais adequados ao interesse público*, a promoção do desenvolvimento regional ou setorial etc. (Cf., do Autor, *Capacidade Contributiva*, cit., pp. 54, n. 28 e 73).

14. Cf. *Economic Instruments for Environmental Protection*, Paris, Organization for Economic Co-operation and Development, 1989, pp. 14-15 e ss.

15. Art. 16 do CTN: "*Imposto* é o tributo cuja obrigação tem por fato gerador uma situação independente de qualquer atividade estatal específica relativa ao contribuinte".

16. Impostos *pessoais* são aqueles cujo fato gerador e base de cálculo levam em consideração as condições individuais do contribuinte; são geralmente ditos *diretos*, pois, economicamente, o respectivo ônus financeiro é suportado pelo próprio contribuinte indicado na lei como tal. Ao revés, dizem-se *reais* (do Latim "res, rei") os impostos que são decretados sob a consideração única da matéria tributável com abstração das condições personalíssimas do contribuinte; são geralmente ditos *indiretos*, pois, pago o tributo, o contribuinte, dito *de direito*, logra ressarcir-se do seu ônus, transferindo-o a terceiro (*contribuinte de fato*) que, economicamente e indiretamente, acaba sofrendo o peso do sacrifício fiscal. Cf., do Autor, *Capacidade Contributiva*, cit., n. 5, p. 70.

biental, através de um sistema de graduações de alíquotas, isenções e restituições conforme a natureza dos produtos ou mercadorias de sorte a se estimular a fabricação de produtos mais eficientes e menos poluidores e desestimular a dos que sejam ineficientes e poluidores (excelente exemplo seria a tributação diferenciada para veículos ou máquinas que apresentassem baixo consumo e que utilizassem combustíveis *limpos* ou não-poluentes ou tivessem equipamentos anti-poluição). O imposto de transmissão e o imposto de renda podem ser adequadamente combinados através de isenções e reduções de alíquotas ou da utilização do valor do primeiro como crédito contra o que for devido a título do segundo, estimulando-se, assim, doações para fins de preservação ambiental. Também os impostos sobre a propriedade imóvel prestam-se à criação de incentivos à preservação quando conjugada com a utilização dos bens de que se trata, estabelecendo-se, por exemplo, alíquotas inferiores às comuns no caso de o proprietário proceder à preservação de parte da gleba, que tenha interesse ecológico, e desde que dê utilização intensiva ao solo agricultável remanescente.[17]

Deve-se registrar neste passo original contribuição legislativa que o Município do Rio de Janeiro vem de oferecer ao direito da tributação ambiental no Brasil. Trata-se da Lei n. 1.849, de 28 de fevereiro de 1992, que instituiu incentivo fiscal para patrocínio de projetos ambientais e para projetos culturais e artísticos de conteúdo ecológico integrantes da programação do Município relativa à Conferência Rio-92, autorizando os contribuintes pessoas jurídicas a deduzir até quinze por cento do valor devido relativo ao imposto sobre serviços de qualquer natureza para o patrocínio desses projetos. Se alguma crítica se pode fazer a iniciativa é à sua natureza efêmera, já que o art. 4º da lei previu que o benefício por ela instituído cessaria no dia 30 de junho de 1992.

Na Europa, além dos impostos empregam-se as *taxas ambientais*[18] (às quais os Estados Unidos são refratários)[19] como fonte de custeio dos serviços públicos de licenticamento, fiscalização e limpeza ou recuperação ambiental. A este processo tributário os norte-americanos procuram contrapor uma *solução de mercado*, denominada "trade-off of permits", consiste na criação de um *direito de negociar limites de poluição*, mecanismo ainda incipiente e de aplicação prática pioneira no Estado de Wisconsin, que, aliás, se tem revelado precursor de importantes idéias ambientalistas nos Estados Unidos.[20]

No direito brasileiro, em matéria de *taxa*, à luz do art. 77 do CTN,[21] parecem admissíveis como fatos geradores o licenciamento, a fiscalização e a limpe-

17. A legislação do ITR (Imposto Territorial Rural) prevê isenção do tributo aos proprietários das terras situadas em áreas de proteção ambiental e de outras reservadas à preservação ambiental, mas é ainda tímida, deixando de explorar todo o potencial que a sua harmonização com a tributação ambiental poderia oferecer à realização da reforma agrária.

18. Cf. *Deregulation and Environmental Quality — The Use of Tax Policy to Control Pollution in North America and Western Europe*, de Craig E. Reese, Westport, Connecticut, Quorum Books; London, England, 1983. Cf. também *Economic Instruments for Environmental Protection*, Paris, Organization for Economic Co-operation and Development, 1989.

19. Roger W. Findley e Daniel A. Faher, in *Environmental Law*, 2ª ed., West Publishing Co., Nutshell Series, St. Paul, 1988, p. 121.

20. *International Handbook of Pollution Control*, Edward Kormondy, coord. New York, Greenwood Press; Westport, Connecticut; London, 1989.

21. Art. 77 do CTN: "As *taxas* cobradas pela União, pelos Estados, pelo Distrito Federal ou pelos Municípios, no âmbito de suas respectivas atribuições, têm como fato gerador o exercício regular do poder de polícia, ou a utilização, efetiva ou potencial, de serviço público específico e divisível, prestado ao contribuinte ou posto à sua disposição".

za ou recuperação ambientais, tendo como respectivas bases de cálculo o custo dos serviços públicos de licenciamento e fiscalização, e o custo da limpeza ou recuperação correlacionáveis, exemplificativamente, a situações individuais dos contribuintes (tipo de estabelecimento/instalações/atividades, área fiscalizada, etc.) e aos volumes de emissões, despejos ou produção de resíduos poluidores.

A Constituição Federal brasileira omitiu-se quanto à *tributação ambiental*. Mas a Constituição do Estado do Rio de Janeiro, de 1989, é, como visto, expressa no art. 258 ao determinar a adoção de *política tributária* que implemente o *princípio do poluidor-pagador*, enquanto o art. 259 assim dispõe, a propósito das *taxas ambientais*: "A utilização dos recursos naturais com fins econômicos será objeto de *taxas* correspondentes aos custos necessários à fiscalização, recuperação e manutenção dos padrões de qualidade ambiental".

Finalmente, a *contribuição de melhoria* prevista no art. 81 do CTN,[22] incidente sobre a valorização imobiliária, se legitimará sempre, do ponto de vista ambiental, quando obras de natureza preservacionista beneficiarem a propriedade imobiliária do contribuinte. Ou seja, este é um tributo que pode transformar-se num elemento estimulante de grandes obras de profundo sentido ambiental por ele financiadas, realizando ao mesmo tempo a justiça fiscal.

Na perspectiva jurídico-tributária, o essencial à cobrança da contribuição de melhoria é que haja *valorização imobiliária*, pois esta é a medida da capacidade contributiva específica que "in casu" justifica e distingue este tributo.[23]

4. *Conclusões*

O estudo precedente demonstra, a nosso juízo, a necessidade de a *mudança da conduta humana* em face do meio ambiente ser acompanhada de uma *modificação do comportamento estatal* relativamente ao Direito Financeiro, especialmente quanto a seu ramo mais desenvolvido, que é o Direito Tributário.

O Direito Financeiro e o Direito Tributário têm importante contribuição a oferecer ao esforço que presentemente se desenvolve no Brasil em prol da proteção ambiental, principalmente em certas regiões como a Amazônia, Pantanal, Mata Atlântica, Serra do Mar e Zona Costeira, onde o problema assume proporções dramáticas, remarcando-se que, bem a propósito, a Constituição Federal os considera *patrimônio nacional* assegurando a sua preservação (art. 225, § 4º).

A inserção da temática *poluição e tributação* no Direito Financeiro e Tributário brasileiro, a par de sistematizar a chamada *tributação ambiental*, se recomenda em virtude da relevância assumida pela preservação do meio ambiente e dos vultosos recursos necessários a que a ela se proceda eficazmente, sobretudo se se considerar a priorização desse valor na própria Constituição Federal. É inegável a utilidade da *tributação ambiental* como instrumento de arrecadação de recursos para a prevenção ou recuperação do meio ambiente (tributação fiscal), bem como, de um ponto de vista extrafiscal, para combater práticas degradadoras ou estimular condutas preservadoras do meio ambiente.

A experiência tributária estrangeira pode ser adaptada ao direito brasileiro,

22. Art. 81 do CTN: "A *contribuição de melhoria* cobrada pela União, pelos Estados, pelo Distrito Federal ou pelos Municípios, no âmbito de suas respectivas atribuições, é instituída para fazer face ao custo de obras públicas de que decorra valorização imobiliária, tendo como limite total a despesa realizada e como limite individual o acréscimo de valor que da obra resultar para cada imóvel beneficiado".

23. Cf. do Autor, *Capacidade Contributiva*, loc. cit.

que não é infenso à tributação ambiental.

Também as taxas e as contribuições de melhoria prestam-se, por sua natureza, a servir de meio de financiamento das ações do Poder Público destinadas à promoção da preservação e recuperação do meio ambiente.

Nesta como noutras matérias pertinentes ao Direito Ambiental, a adoção e a implementação do instrumental jurídico dependerá da determinação política dos governantes e da mobilização da sociedade com vistas a dotar o país de mecanismos eficientes de proteção ao meio ambiente, processo que há de deitar raízes na educação da população e que deverá frutificar na consciente harmonização do desenvolvimento econômico com o respeito ao equilíbrio da ordem natural em benefício da qualidade de vida das gerações presentes e sobretudo das futuras.

Bibliografia

DOMINGUES DE OLIVEIRA, José Marcos. *Capacidade Contributiva, Conteúdo e Eficácia do Princípio*, Rio de Janeiro, Ed. Renovar, 1988.

_________. "Espécies Tributárias", conferência proferida no V Congresso Nacional de Estudos Tributários da Academia Brasileira de Direito Tributário, Rio de Janeiro, 1991, in *RDA* 183/42-55.

_________. "Meio Ambiente, Tributação e Vinculação de Impostos", in *RDT* 56/84-91.

FINDLEY, Roger W. e FAHER, Daniel. *Environmental Law*, 2ª ed. St. Paul, West Publishing Co., Nutshell Series, 1988.

KORMONDY, Edward (coord.). *International Handbook of Pollution Control*. New York, Greenwood Press; Westport, Connecticut; London, England, 1989.

OATES, Wallace E. "Deveria a poluição ser tributada?", in *Economic Impact*, n. 65 (ed. em português), USIA, Washington, DC, 1989-1993.

ORGANIZATION FOR ECONOMIC CO-OPERATION AND DEVELOPMENT. *Economic Instruments for Environmental Protection*, Paris, 1989.

_________. *The Polluter-Pays Principle*. Paris, 1975.

ORGANIZAÇÃO DAS NAÇÕES UNIDAS (Comissão Mundial Sobre Meio Ambiente e Desenvolvimento). *Nosso Futuro Comum*. Rio de Janeiro, Ed. Fundação Getúlio Vargas, 1988.

REESE, Craig E. *Deregulation and Environmental Quality — The Use of Tax Policy to Control Pollution in North America and Western Europe*. Wesport, Connecticut, Quorum Books; London, England, 1983.

USA. Committees on Ways and Means US House of Representatives: *Overview of the Federal Tax System*, Washington, DC, 1990 edition.

NOTAS & COMENTÁRIOS

DISTRIBUIÇÃO DISFARÇADA DE LUCROS — NÃO CARACTERIZAÇÃO EM OPERAÇÃO DE MÚTUO SEM ENCARGOS CELEBRADA ENTRE PESSOA JURÍDICA E SEU SÓCIO, EM FACE DA INEXISTÊNCIA DE LUCROS OU RESERVAS DE LUCROS

EDUARDO D. BOTTALLO
Professor de Direito Financeiro da Faculdade de Direito da Universidade de São Paulo

Consulta

Empresa relata que empresta dinheiro a seu sócio quotista majoritário através de contrato escrito onde está prevista a devolução do respectivo valor dentro do prazo máximo de 15 meses, sem juros ou correção do respectivo valor.

Relata também que não dispõe de reserva de lucros ou lucros acumulados ou em suspenso.

Diante desses fatos, submete-nos para exame e resposta os seguintes quesitos:

1º) A operação de empréstimo, nas condições indicadas, caracteriza modalidade de distribuição disfarçada de lucros?

2º) A Consulente está obrigada a oferecer à tributação os rendimentos que teria recebido se não houvesse efetuado a seu sócio o empréstimo aqui indicado?

3º) O sócio, pessoa-física, está sujeito a algum tipo de contingência fiscal em razão da mesma operação?

Passamos a responder.

Parecer

1. As hipóteses de distribuição disfarçada de lucros, nas suas diversas modalidades elencadas pela legislação em vigor, traduzem-se, em última análise, em uma série de presunções ou ficções que equiparam a lucros e dividendos figuras jurídicas que ontologicamente não têm esta natureza (cf. Antonio Roberto Sampaio Dória, *Distribuição Disfarçada de Lucros e Imposto de Renda*, São Paulo, Ed. Resenha Tributária, 1975, p. 23).

No caso específico de que ora se cuida, a espécie, a ser, de início, analisada é a que consta do art. 60, V, do Decreto-lei 1.598/77 (art. 367, V, do Regulamento do Imposto de Renda) segundo a qual *"presume-se distribuição disfarçada de lucros no negócio pelo qual a pessoa ju-*

rídica: (...) V — empresta dinheiro a pessoa ligada se, na data do empréstimo, possui lucros acumulados ou reservas de lucros".

Exatamente por se tratar de preceito com inegável conotação penal tributária, está ele sujeito e condicionado, para sua configuração concreta, à observância de requisitos precisos, bem sintetizados por autorizada doutrina, como sendo os da tipicidade cerrada, da estrita legalidade e da reserva absoluta da lei fiscal (cf. Alberto Xavier, *Os Princípios da Legalidade e da Tipicidade da Tributação*, São Paulo, Ed. Revista dos Tribunais, 1978, e Antonio Roberto Sampaio Dória, ob, cit., p. 41).

Disto decorre que imposição decorrente de mero processo de integração, assemelhação ou extensão da regra tributária é inadmissível, assim como o é a que possa resultar de atos infralegais.

Dentro destes parâmetros, se é certo, de um lado, que no caso concreto sob exame, cogita-se da realização de negócio (empréstimo de dinheiro) entre pessoa jurídica e seu sócio, vale dizer, pessoa *ligada* (cf. Decreto-lei 1.598/77, art. 60, § 3º; Regulamento do Imposto de Renda, art. 368, I), menos certo não é que está ausente, para a necessária caracterização da espécie, o inafastável requisito da existência de *lucros acumulados ou reservas de lucros* em poder daquela, o que é mais do que suficiente para afastar a presunção de distribuição disfarçada de lucros.

Entendimento em contrário implicaria a admissão de que modalidades da questionada figura de que se cuida poderiam ser estruturadas a partir da interpretação analógica ou extensiva da lei fiscal, expediente, como visto, intolerável no campo onde ora se transita.

Aliás, é conveniente lembrar que mesmo na área de atuação dos órgãos administrativos de julgamento, onde teses fiscalistas encontram, não raro, amparo sobremodo complacente, não há, a rigor, maior questionamento quanto ao fato de estar a hipótese de distribuição disfarçada de lucros prevista no art. 367, V, do Regulamento do Imposto de Renda visceralmente ancorada à efetiva existência de lucros ou reservas de lucros em poder da parte mutuante.

Cabe destacar, apenas, que, se após a concessão do empréstimo e enquanto estiver pendente, ocorrer a formação de lucros ou reserva de lucros, a hipótese de distribuição disfarçada poderá caracterizar-se em face de tal evento a partir desta formação e até o montante do empréstimo, nos termos do art. 20, V, do Decreto-lei 2.065/83.

Assim, sentimo-nos autorizados a concluir que a operação pretendida pela consulente não contraria nem é *obstada* pelo disposto no art. 60, V, do Decreto-lei 1.598/77 (art. 367, V, do Regulamento do Imposto de Renda).

2. Vejamos, a seguir, se a operação proposta poderia encontrar algum tipo de enquadramento no inc. VII do art. 367 do Regulamento do Imposto de Renda (Decreto-lei 2.064/83 e 2.065/83, art. 20, II), pelo qual também se tem distribuição disfarçada de lucro quando a pessoa jurídica "realiza com pessoa ligada qualquer outro negócio em condições de favorecimento, assim entendidas condições mais vantajosas para a pessoa ligada do que as que prevaleçam no mercado ou em que a pessoa jurídica contrataria com terceiros".

A propósito deste hipotético enquadramento, mantemos o entendimento de que o inciso em consideração exclui as hipóteses expressamente tratadas nos que lhe são precedentes, inclusive aquela que diz respeito à tomada de empréstimo por sócio, já analisada.

Para suportar esta opinião, são inteiramente cabíveis e pertinentes as observações anteriormente expendidas quanto ao fato de estarem as matrizes legais que descrevem hipóteses de distribuição disfarçada de lucros sujeitas a regras rigorosas de enquadramento e aplicação, entre as quais se destaca a da interpretação restritiva de seus comandos.

Na verdade, e como foi a princípio afirmado, para desenhar o quadro das modalidades de distribuição disfarçada de lucros, o legislador elegeu, segundo critérios próprios, algumas situações que poderiam induzir à respectiva configuração: cogitou expressamente, entre elas, do negócio jurídico do empréstimo de pessoa jurídica a pessoa ligada, mas com as limitações já analisadas, ou seja, presente a absoluta necessidade da existência de lucros ou reservas de lucros.

Não proibiu, entretanto, nem, por alguma forma, sancionou, ou sequer qualificou tributariamente, o empréstimo de dinheiro entre as mesmas partes, ainda que sem encargos para os mutuários, quando inocorrentes referidos lucros ou reservas de lucros.

De conseqüência, empréstimo celebrado nestas condições nem foi eleito para fins de caracterização da figura tributária, nem pode ser identificado atipicamente como *outra* forma de favorecimento, pois é intuitivo que estas *outras* formas não se confundem com nenhuma daquelas já expressamente consideradas pelo direito positivo.

3. Na verdade, a situação fática sobremodo "sui generis" de que desfruta a empresa consulente permite possa ela validamente lançar mão de expediente próprio de elisão fiscal ("tax avoidance") que ocorre quando "o contribuinte pratica atos ou omissões tendentes a evitar ou a retardar a própria constituição da obrigação tributária. Isto é, impedir o surgimento do fato, ou modelar este fato gerador em termos que determinem uma prestação tributária inferior" (Alberto Xavier, "Evasão e Elisão Fiscal", *ABDF, Resenha* n. 15, maio-junho de 1986, p. 3)

A elisão fiscal, diferentemente do que ocorre com a evasão ("tax evasion"), constitui um recurso legítimo, inobjetável tanto sob o ponto de vista de direito quanto o puramente ético, uma vez que sempre pressupõe a natureza lícita dos meios utilizados, a efecácia destes, no sentido de produzirem resultados próprios, e sua utilização antes da verificação do fato gerador da obrigação tributária (cf. A. R. Sampaio Dória, *Elisão e Evasão Fiscal*, Edições Lael, 1971, p. 93).

Observados tais requisitos, o expediente que tal figura materializa nenhuma moléstia pode causar ao contribuinte.

No caso sob consulta, a empresa, valendo-se, repita-se, da configuração peculiar de seus negócios, pode manifestar, perante a ordem jurídica, a legítima opção pela economia fiscal que esta lhe possibilita. E mais, dado o leque de garantias que esta mesma ordem contempla, em nossa opinião, está apta a fazê-lo em condições que não lhe causem constrangimentos quer jurídicos, quer morais.

4. Em face das precedentes considerações, assim respondemos aos quesitos formulados:

1º) *Não.*

2º) A consulente não está obrigada a oferecer à tributação rendimentos inexistentes, como são os que *poderia* ter recebido se não houvesse celebrado, com seu sócio, a operação de empréstimo nas condições indicadas. Todavia, entendemos que se a consulente, durante o período em que estiver pendente dito empréstimo, tiver de socorrer-se do mercado financeiro para obtenção de recursos destinados ao financiamento de suas próprias atividades, não deverá considerar como despesas operacionais os encargos resultantes dessa obtenção, no que corresponderem ao principal repassado ao sócio.

3º) Entendemos, pelos fundamentos constantes do presente parecer, que nenhuma ilicitude fiscal pode ser imputada ao sócio em razão da operação aqui analisada.

São Paulo, abril de 1993.

NOTAS & COMENTÁRIOS

VALIDADE DE NORMAS INTERNAS CONTRÁRIAS A DISPOSITIVOS DE ACORDOS DE BITRIBUTAÇÃO NO DIREITO E NA PRÁTICA NORTE-AMERICANA

LUÍS EDUARDO SCHOUERI
Mestre em Direito (LLM) pela Universidade de Munique
Advogado em São Paulo

I — Introdução. II — Superação de normas de acordos de bitributação por leis internas no direito e na prática norte-americana. III — A superação de normas de acordo de bitributação por leis internas numa perspectiva de direito internacional. IV — Conclusão.

I — Introdução

O estudo da evolução legislativa dos Estados Unidos nos últimos dez anos não permite senão concordar com Eilers, quando este se refere à última década como a ''decade of treat overrides''.[1] Fala-se em ''override of tax treaties'', ou em superação de normas de acordos de bitributação, quando é editada uma norma, no âmbito do direito interno de um país, em conflito com o disposto num acordo num acordo válido, limitando-se a aplicação deste. O estudo deste fenômeno, que vem ocorrendo nos Estados Unidos parece de grande importância para o jurista brasileiro tendo em vista as recentes notícias de evoluções nas negociações de um acordo de bitributação entre o Brasil e os Estados Unidos.[2]

Apesar de ser possível apontar um caso, datado de 1962, quando a edição da ''Section 31'' do ''Revenue Act'' contrariou o disposto no acordo de bitributação entre os Estados Unidos e a Grécia,[3] a década dos ''treaty overrides'' iniciou-se com a publicação do ''Foreign Investment in Real Property Tax Act'' (FIRPTA) (1980). De acordo com o art. 13 do modelo de acordos de bitributação editado pela Organização para a Cooperação e Desenvolvimento Econômico — OCDE (cujo texto é amplamente seguido, inclusive em grande parte pelo Brasil), o ganho de capital que um residente em um Estado contratante obtiver em decorrência da alienação de bens imóveis, localizados no outro Estado contratan-

1. Cf. Stephen Eilers, ''Override of Tax Treaties Under the Domestic Legislation of the US and Germany'', in *Tax Management International Journal* vol. 19, n. 7 p. 295.

2. Cf. 49 *Tax Notes*, 1.169 (dez. 1990).

3. Cf. Marshall J. Langer, ''Override of Tax Treaties by Ordinary Legislation'', in 34 *Bulletin for International Fiscal Documentation* (1980), p. 553.

te podem ser tributados por este Estado (admitindo-se a tributação na fonte dos rendimentos). Entretanto, este mesmo Estado não pode tributar o ganho de capital que um residente no outro Estado obtiver na alienação de participações societárias, ainda que as mesmas se refiram a empresas localizadas no seu território (admite-se, no caso, apenas a tributação pelo Estado onde reside o alienante). A fim de evitar possíveis estruturações fiscais pelos contribuintes o FIRPTA[4] impôs a tributação dos ganhos de capital auferidos por não-contribuintes, em alienações de participações societárias, no caso de as mesmas refletirem efetiva alienação de bens imóveis ali localizados. Em evidente reconhecimento de que tal lei contrariava diversos acordos de bitributação celebrados pelos Estados Unidos[5] o legislador declarou que os benefícios garantidos por acordos de bitributação continuariam em vigor até 31 de dezembro de 1984. Trata-se de clássico caso de superação de norma de acordos de bitributação, cuja ocorrência foi apontada pela própria OCDE.[6]

Uma nova ocorrência de superação de norma de acordos de bitributação por lei interna, nos Estados Unidos, pode ser apontada por ocasião da publicação do "Tax Reform Act", de 1986 (TRA), que modificou a "Section" 884 do "Internal Revenue Code" (IRC). O objetivo desta modificação foi impedir que as filiais de empresas estrangeiras, que se instalassem em território norte-americano, tivessem tratamento tributário mais vantajoso que as empresas ali constituídas.[7] No entanto o legislador reconheceu que a nova norma poderia contrariar compromissos assumidos pelos Estados Unidos em acordos de bitributação. Por este motivo, declarava-se que não era a sua intenção que tal norma superasse o disposto no acordo internacional.[8]

Apesar de não se pretender como regra geral, que se desse a superação dos acordos de bitributação, declarou-se que tampouco era desejado que terceiras pessoas não domiciliadas em um país signatário de um acordo de bitributação com os Estados Unidos, se valessem dos benefícios deste. A fim de evitar que tal fenômeno se desse, foi introduzida no IRC a "Section" 884 (e), segundo a qual os privilégios de um acordo de bitributação somente se aplicariam se o beneficiário fosse um "qualified resident". O conceito de "qualified resident", por sua vez, foi dado pela "Section" 884-e-4-A: uma sociedade cuja titularidade de, pelo menos, cincoenta por cento de seu capital, não pertença a pessoas que não sejam contribuintes dos Estados Unidos ou do outro Estado contratante. Na mesma "section", prevêem-se algumas exceções para este critério geral (companhias abertas, empresas agindo com boa fé etc.).

Nos acordos de bitributação assinados pelos Estados Unidos, não se encontrava, entre os requisitos para a concessão dos benefícios, que o beneficiário fosse um "qualified resident". Deste modo, uma pessoa que fosse "non-qualified resident" passava a deixar de gozar dos benefícios do acordo de bitributação, apesar de se enquadrar em todos os requisitos que tal acordo previa para a concessão de benefícios.

Outros casos de superação de acordos de bitributação podem ser encontrados na recente evolução legislativa norte-americana, tais como o "Omnibus Bud-

4. Cf. Herbet H. Alpert e Fred Feingold, "USA: Foreign Investment in Real Property Act of 1980", in 35 *Bulletin for International Fiscal Documentation* (1981) pp. 195 e ss.

5. Idem, ibidem, p. 198.

6. Cf. Relatório da OCDE in 2 *Tax Notes International* 31.

7. Cf. *The Tax Reform Act of 1986*, vol. I, "Legislative History" Tax Management Portfolios, Washington, DC, Tax Management Inc., p. 454; Carl Estes, "Recent Developments in U.S. Taxation of Foreign Direct Investment", in 1991 *Bull. Int'l Fiscal Documentation* pp. 17 ss.

8. Cf. *The Tax Reform Act*..., pp. 455-456.

get Reconciliation Act'' (1989)[9] ou ''Technical and Miscellaneous Revenue Act'' (TAMRA) (1988).[10]

Merece nota, entretanto, o fato de que os casos acima mencionados não devem ser vistos como ocasionais. Em 1990, o senador norte-americano Paul S. Sarbones declarou que é de conhecimento geral dos parceiros dos Estados Unidos que este país costuma adotar normas internas que superam dispositivos de acordos de bitributação, cabendo a eles se submeter a este privilégio constitucional dos Estados Unidos ao assinarem um acordo de bitributação.[11]

Considerando a futura posição do Brasil, como parceiro dos Estados Unidos, num acordo de bitributação, deve ser estudada a legalidade do procedimento norte-americano, em face do direito interno daquele país e do Direito Internacional.

II — Superação de normas de acordos de bitributação por leis internas no direito e na prática norte-americana

Conforme o art. VI.2 da Constituição dos Estados Unidos (a ''supremacy clause''), a Constituição, as leis editadas em confomidade com esta e os acordos celebrados sob a autoridade dos Estados Unidos (inclusive os acordos de bitributação)[12] são o direito supremo do país (''the supreme law of the land''). Conforme a jurisprudência pacífica daquele país, a ''supremacy clause'' não dá ao acordo de bitributação ou à lei uma posição hierárquia superior.[13] Deste modo, o direito norte-americano admite que o Congresso modifique uma norma decorrente do acordo de bitributação. Tal entendimento é, aliás coerente com o ponto de vista de que um país não renuncia a sua soberania, pela assinatura de um acordo de bitributação.[14] No entanto este entendimento não é suficiente para que se afirme, de imediato que na hipótese de um conflito entre uma lei interna e um acordo de bitributação, deve prevalecer a norma mais recente (''later-in-time'').

Efetivamente, a questão já foi objeto de exame, pelo judiciário norte-americano, em 1902 quando se declarou que: ''The purpose of a law to override all or part of a treat will not be lightly assumed. It should appear clearly and distinctly from the words used in the law''.[15] Do mesmo modo, em 1933 afirmou-se que a vontade do legislador de superar uma norma de um acordo de bitributação deve ser claramente reconhecida.[16]

Também o Fisco norte-americano declarou que não se deve automaticamente apontar uma superação de um acordo de bitributação por uma lei posterior, devendo o legislador deixar claro que aquela determinada lei contraria e supera o acordo de bitributação.[17]

9. Cf. Eilers, ob. cit. p. 295.

10. Cf. Rosemarie S. Shadé ''Tax Treaty Overrides in the Technical and Miscellaneous Revenue Act of 1988'', in 1989 *Bulletin for International Fiscal Documentation*, p. 216.

11. Cf. 47 *Tax Notes* 1.418 (1990).

12. *Samman v. Commissioner*, 313 F. 2d 461 463 (4th Cir. 1963), *American Trust Co. v. Smyth* 247 F.2d 149, 153 (9th Cir. 1957).

13. *The Head Money Cases*, 112 US 580, 599 (1884); *Whitney v. Roberson* 124 US 190 (1888); *The Chinese Exclusion Case*, 130 US 581, 600 (1889); *The Cherokee Tobacco*, 78 US 616 (1871); *Reid v. Covert*, 354 US 1, 18 (1956).

14. Helmut Becker, und Felix Würm, ''Double-taxation conventions and the conflict between international agreements and subsequent domestic laws'', in 1988 *INTERTAX*, 257 (259).

15. *Lee Zen Tai v. United States*, 185 US 213, 221 (1902).

16. *Cook v. United States*, 288 US 102 (1933).

17. Rev. Rul. 80-223: ''The courts do not favor repudiation of an earlier treaty by implication and require clear indications that Congress, in enacting subsequent inconsistent legislation meant to supersede the earlier treaty.

Deste modo, pode-se afirmar que, até então, era claro, nos Estados Unidos, que (1) era lícito ao legislador interno modificar a norma de um acordo de bitributação mas (2) somente quando o desejo do legislador fosse explicitamente declarado é que se deveria assumir tal superação.

No sistema baseado no Direito Continental, poder-se-ia aproximar este entendimento da noção de "lex specialis", como o fazem os doutrinadores alemães.[18] Neste sentido, a lei posterior, sendo de aplicação geral, não cobriria os casos tratados pelo acordo de bitributação, que somente abrangeria um caso especial e, por isso, manter-se-ia em vigor, a menos que o legislador claramente declarasse o contrário.

Tal entendimento entretanto, já não é mais pacífico, desde a edição do TAMRA, acima referido, em 1988.

O IRC de 1954 continha dois dispositivos acerca da relação entre normas de Direito Internacional e as leis internas dos Estados Unidos. A "Section" 7852 (d) declarava que todos os acordos de bitributação em vigor, quando da publicação do Código (1954), prevaleceriam sobre o mesmo. Quanto aos acordos de bitributação que fossem celebrados a partir de então valeria a regra do "later-in-time", de modo que, nos termos da "Section" 894 (a) as regras do IRC não seriam aplicáveis quando em conflito com os acordos promulgados.

Com a edição do TAMRA, em 1988, ambos os dispositivos foram modificados. A nova redação da "Section" 7852 (d) (1) do IRC declara que "for purposes of determining the relationship between a provison of a treaty and any law of the United States affecting revenue neither the treaty nor the law shall have preferential status by reason of its being a treaty of law". Ao mesmo tempo, a nova redação da "Section" 894 (a) (1) dispõe que as normas daquele Título valem para todos os contribuintes, "with due regard to any treaty obligation of the United States". Quanto à relação entre as normas dos acordos de bitributação e a legislação interna, a "Section" 894 (a) (2) declara que deve ser empregada, na hipótese, a regra da "Section" 7852. No caso de um conflito entre uma norma de um acordo de bitributação e uma lei interna deve ser aplicada, portanto a norma da "Section" 7852 (d) do IRC.

A interpretação do disposto na referida "Section" 7852 (d), entretanto não é pacífica. Eilers[19] se refere a uma *interpretação européia*, que se contrapõe a uma *interpretação norte-americana*.

A *interpretação norte-americana* leva em consideração a história legislativa. Neste sentido,[20] deve-se observar que o TRA, datado 1986, promulgou uma nova versão do IRC. No entanto, alguns dispositivos do IRC anterior (de 1954) foram literalmente repetidos, entre os quais a "Section" 7852 que dispunha que nenhum dispositivo do IRC deveria ser aplicado "where its applica-

18. Cf. Klaus Vogel, *Doppelbesteuerungsabkommen Kommentar*, 2. Ed. Beck, 1990, Einleitung, Rz. 44; idem, in *Grundfragen des Internationalen Steuerrechts*, Schimidt, 1985, p. 266; Klein, Franz und Orlopp, Gerd, *Abgabenordnung — eischließlich Steuerstrafrecht*, pp. 15-16; Debatin, Helmut *Doppelbesteuerung-Sammlung der zwischen der Bundesrepublik Deutschland und dem Ausland bestehenden Abkommen über der Vermeidung der Doppelbesteuerung*, Beck, Systematik-III, Rz. 52; Hübschmann, Hepp und Spitaler, *Kommentar zur Abgabenordnung und Finanzgerichtsordnung*, Schmidt, §2 Anm. 15; Wiegell, Jörg, "Das Verhältnis der Vorschrift des § 2a EStG zu den Doppelbesteurerungsabkommen", in 1987 *RIW*, S.124-125; e Mössner, "Zur Auslegung von Doppelbesteurungsabkommen", in Böckstiegel, Karl (org.), *Völkerrecht, Recht der Internationalen Organisationen, Weltwirtschaft — Festschrift für Ignaz Seidl-Hohenveldern*, Carl Heymanns, 1988, p. 413.

19. Cf. ob. cit., p. 299.

20. Cf. Langbein Volker, "*Treaty Overriding* durch nationales Recht — Ein Beitrag zur Auslegung von Doppelbesteuerungsabkommen" in 1988 *RIW*, 875 (876 ss).

tion would be contrary to any treaty obligation of the United States in effect on the date of enactment of this title". Acontece que esta data era 1986, não 1954, como previa o antigo IRC. O objetivo do TAMRA foi, portanto, dentre outros, corrigir este *erro* do legislador de 1986. Assim, declaravam-se quais os dispositivos do IRC de 1986 que em caso de dúvida deveriam deixar de ser aplicados prevalecendo o texto de um acordo de bitributação, bem como se elencavam as normas do IRC que deveriam prevalecer sobre qualquer acordo de bitributação. Após estas listas de dispositivos declarava-se que eram desconhecidos quaisquer outros casos, em que não fosse possível alcançar "*a harmonious reading of the Act and US treaties*".[21] A fim de se assegurar que não mais houvesse qualquer contradição entre uma norma de um acordo de bitributação e uma norma do IRC, incluiu-se a "Section" 7852 (e). Na Comissão de Finanças do Senado esclareceu-se que: "The bill provides that for purposes of determining the relationship between a provision of a treaty and any law of the United States affecting revenue, neither the treaty nor the law shall have preferential status by reason of its being a treaty or a law. In adopting the rule *the committee intends to permanently codify (...) present law* to the effect that canons of construction applied by the courts to the interaction of two statutes enacted at different times apply also in constructing the interactions of revenue statutes and treaties enacted and entered into at different times. *The committee does not intend this codification to alter the initial presumption of harmony between, for example, earlier treaties and later statutes.*"[22]

Do mesmo modo, na "Joint Committee on Taxation", foi declarado: "The bill modifies the 1954 transition rule (embodied in sec. 7852 (d) governing the relationship between treaties and the Code *to clarify that it does not prevent application of the general rule providing that the later-in-time of a statute or a treaty controls* (sec. 7852 (d)".[23]

Para os defensores da *interpretação européia*, portanto, o legislador de 1988 não procurou inovar, com a edição do TAMRA, mas apenas retornar à situação jurídica existente antes de 1986.[24] Deste modo, tal corrente doutrinária defende que continua a valer, nos Estados Unidos, o princípio de que um acordo com bitributação somente pode ser revogado por uma lei interna, quando o legislador claramente assim dispõe.

Contrapondo-se à *interpretação européia*, encontra-se a *interpretação norte-americana* que não se baseia no histórico da lei ou na intenção do legislador, mas na literalidade da norma. Segundo tal interpretação, a "Section" 7852 (d) consagra o Princípio do "later-in-time", de modo que não se faz necessário que o legislador expresse o seu desejo de superar algum dispositivo de um acordo de bitributação.[25]

Até o momento, não se relata qualquer precedente judicial, em que se exigiu uma interpretação da "Section" 7852 (d) do IRC. Deste modo, não se pode determinar se prevalecerá a *interpretação européia* ou a *interpretação americana*. Em nosso entender, assiste razão aos que defendem a *interpretação européia*, posto que a mesma protege, de modo mais amplo, o Direito Internacional, de infrações por parte de normas de direito interno.

Diante do exposto, já podemos afirmar que, no direito norte-americano, as

21. Cf. Senate Finance Commitee Report nr. 45, 100th. Cong. 2 d. Sess. (Aug. 3, 1988), p. 374.

22. Cf. Senate Finance Committee Report cit., pp. 376-377.

23. Cf. Joint Committee on Taxation, *Description of the Technical Corrections Act of 1988 (H. R. 4333 and S. 2238)*, 31.3.88, p. 321.

24. Cf. Eilers, ob. cit., p. 299.

25. Cf. Shadé, ob. cit., p. 215.

normas do direito interno e as decorrentes de acordos de bitributação são colocadas em igual nível hierárquico. Admite-se, portanto, que uma lei interna posterior supere um mandamento contido em um acordo de bitributação. Entretanto, de acordo com a *interpretação européia* (com a qual concordamos), cabe ao legislador explicitar sua intenção de superar a norma do Direito Internacional.

Por outro lado, mesmo com esta *interpretação*, a realidade é que os casos de superação expressa de normas de acordos de bitributação por leis internas são freqüentes, não se revelando, pois, no direito interno norte-americano, qualquer garantia, aos parceiros dos Estados Unidos, de que os compromissos assumidos por aquele país, através de seus acordos de bitributação, serão mantidos.

III — A superação de normas de acordos de bitributação por leis internas, numa perspectiva de Direito Internacional

A relação entre normas do direito interno e regras decorrentes de acordos internacionais é matéria de disciplina, no Direito Internacional, do art. 27 da Convenção de Viena sobre Direito dos Tratados. Segundo esta norma, as partes de um acordo internacional não se podem valer de dispositivos de seu direito interno, para escapar de compromissos assumidos internacionalmente. O artigo precedente positiva, para os acordos internacionais, o princípio "pacta sunt servanda".

Não é difícil constatar que o procedimento adotado pelos Estados Unidos, ao impor limites para a concessão de benefícios de acordos de bitributação, não previstos nos textos dos mesmos, constitui infração às normas acima.

Na verdade, há que se registrar uma tentativa, por parte de McIntyre,[26] no sentido de conciliar a atitude dos Estados Unidos com os princípios do Direito Internacional. Para tanto, o autor diferencia três tipos de "overriding": a *interpretação extensiva*, o *balão de ensaio* e a *superação potencial, mas não efetiva*. A verdade, no entanto, é que, como mostra Eilers, os argumentos utilizados por McIntyre, embora politicamente interessantes, carecem de fundamentos jurídicos.[27] Por exemplo, o autor se manifesta no sentido de que qualquer parte pode interpretar o acordo do modo que mais lhe convenha, não se caracterizando uma superação do acordo de bitributação, uma *interpretação extensiva*.[28] Tal opinião, entretanto, vai diretamente contra o art. 31 da Convenção de Viena, que esclarece que os acordos de bitributação devem ser interpretados de boa fé e de conformidade com o sentido comum que deve ser atribuído a seus termos em seu contexto e à luz de seu objeto e de sua finalidade. Uma interpretação *conveniente* não é, geralmente, aquela que condiz com o objeto e a finalidade do acordo. Não menos infeliz é a tentativa de McIntyre, ao defender que não feriria o Direito Internacional, a atitude de adotar, no direito interno, normas conflitantes com o texto de acordos de bitributação. Para o autor, tal procedimento seria válido, já que se asseguraria ao outro Estado contratante o direito de protestar e, em este não o fazendo, presumir-se-ia sua concordância. Em nossa opinião, embora seja verdade que a prática posterior das partes de um acor-

26. Cf. Mike McIntyre, "A Defense of Treatry Overrides", in 1 *Tax Notes International* 611 ss. (1989).

27. Cf. Eilers, ob. cit., pp. 300-301.

28. Mais exatamente, o autor utiliza a expressão "interpretative overrides", o que dá a idéia da superação de uma norma de um acordo de bitributação, em virtude de uma lei interna que o *interpreta*, superando, entretanto, os limites de seu texto.

do internacional tem um papel relevante, na *interpretação* de acordos internacionais, tal raciocínio não pode levar à conclusão de que qualquer parte pode, arbitrariamente, modificar um acordo internacional, sem qualquer negociação com a outra parte.

A opinião prevalecente, mesmo nos Estados Unidos, é de que a atitude do legislador daquele país, de adotar normas contrárias a preceitos de acordos de bitributação, não afasta sua responsabilização, perante o Direito Internacional.[29] Isto é reconhecido inclusive pelas autoridades norte-americanas.[30]

De acordo com o Direito Internacional, uma parte pode denunciar um acordo internacional, quando a outra parte adota uma lei que fira os compromissos assumidos internacionalmente. Para tanto, assim que seja informada da infração, deve a parte inocente dirigir um protesto à outra parte.[31]

Tal protesto pode, entretanto, não ser suficiente para que a outra parte afaste a aplicação da norma contrária ao acordo de bitributação. Exemplificativamente, mencione-se que quando foi editado o TRA de 1986, os paíes europeus componentes do "Grupo dos Seis" dirigiram um "memorandum" ao governo norte-americano, no qual aqueles países (Alemanha, Bélgica, França, Grã-Bretanha, Luxemburgo e Países Baixos) manifestavam sua preocupação, quanto ao fato de que o TRA estaria em conflito com acordos de bitributação assinados pelos Estados Unidos.[32] Tal "memorandum" não provocou, entretanto, qualquer atitude dos Estados Unidos, no sentido de afastar tal superação de seus compromissos internacionais pela lei interna.

Diante da pouca força de um protesto, há que se pesquisar a existência, no Direito Internacional, de uma medida mais concreta, para a hipótese de o protesto não atingir o fim objetivado. Neste caso, há de se aplicar o art. 60 da Convenção de Viena, que assegura à parte inocente o direito de exigir o término do acordo internacional, ou sua suspensão, no caso de uma infração substancial, por parte da outra parte, de uma regra decorrente do mesmo.

De imediato, há que se examinar em que medida a superação de um acordo internacional por uma lei interna pode ser considerada uma infração substancial, no sentido do art. 60 da Convenção de Viena. Para tanto, há que ser considerado o art. 60 (3) daquela Convenção, que conceitua tal infração. Considerando não se tratar de uma hipótese de uma denúncia unilateral, há que se verificar se a hipótese se enquadra no caso de infração de um dispositivo que se revele essencial para o objetivo e a finalidade do acordo de bitributação.

A OCDE pesquisou a hipótese da edição de uma norma semelhante ao FIRPTA norte-americano e concluiu que, apesar de se tratar de uma norma visando a evitar a ocorrência de abusos, a mesma configura uma hipótese de infração substancial, no sentido do art. 60 da Convenção de Viena.[33]

Sobre a questão, alerta Geiger[34] que as cortes internacionais são tradicionalmente bastante cautelosas, quanto à admissão da aplicação deste dispositivo

29. Cf. American Law Institute, *Restatement of the Law, Third, Foreign Relations Law of the United States,* § 115 (1) (a), St. Paul, Minn., 1987; tb, "Legislative Overrides of Tax Treaties", Committee on U. S. Activities of Foreign Tax Payers and Foreign Activities of U. S. Taxpayers of the New York State Bar Association Section of Taxation, 37 *Tax Notes*, 931 (932), 1987.

30. Vide entrevista com o Conselheiro para Assuntos Tributários do Tesouro norte-americano, Stephen E. Shay, in 36 *Tax Notes* 759 (760), 1987.

31. Cf. Relatório da OCDE in 2 *Tax Notes International* 25 (30), 1990.

32. Cf. 36 *Tax Notes* 437 (1987).

33. Cf. Relatório citado na nota 31.

34. Cf. Rudolf Geiger, *Grundgesetz und Völkerrecht*, München, Beck, 1985, pp. 136-137.

da Convenção de Viena, como base para a extinção de um acordo de bitributação. Somente no caso *Namíbia*,[35] teria a Corte Internacional de Justiça decidido pela extinção do mandato conferido à África do Sul, em virtude de uma infração substancial, por parte deste Estado, do Acordo de Mandato.

De todo modo, deve-se considerar que a norma do art. 60 da Convenção de Viena é aplicada a partir do princípio da proporcionalidade. De acordo com tal princípio, a não aplicação de uma norma de um acordo internacional somente pode ser exigida, pela parte inocente, em proporção à ofensa provocada pela outra parte.[36] Aplicando-se este princípio, há que se verificar se a norma interna feriu todo o acordo de bitributação ou apenas algumas de suas cláusulas. Neste sentido, na hipótese de o legislador interno impor condições para a concessão de benefícios, não previstas no acordo de bitributação, deve-se examinar, inicialmente, se tais condições se impõem para a concessão de qualquer benefício ou apenas para alguns deles (dividendos, por exemplo). Neste caso, dir-se-á que o acordo de bitributação foi somente parcialmente ferido (somente em relação aos dividendos) e, portanto, não se conferirá à outra parte o direito de pleitear a extinção de todo o acordo.

Não obstante o acima exposto, entendemos que a aplicação do princípio da proporcionalidade não pode levar à conclusão de que uma parte pode unilateralmente deixar de aplicar alguma cláusula de um acordo de bitributação. Caso a superação de uma norma de um acordo de bitributação por uma lei interna prejudique mais a uma parte que a outra, entendemos que a parte inocente deve ter o direito de pedir a extinção de todo o acordo, apesar de somente uma cláusula ter sido ferida. Baseamos nosso entendimento no texto do art. 60 (3) da Convenção de Viena, segundo o qual se dá uma infração substancial, quando o objeto e a finalidade do acordo são atingidos. Tal afirmação se baseia, também, no princípio da proibição do abuso de direito por parte de um Estado, cuja existência é reconhecida, no Direito Internacional, pela doutrina[37] e pela jurisprudência internacional.[38]

Por outro lado, é evidente que o fato de uma parte adotar uma legislação interna que supere o disposto num acordo de bitributação não é, em si, causa para uma extinção automática do acordo de bitributação. Pode ocorrer que a parte inocente julgue mais vantajoso que o acordo continue a ser aplicado, apesar da infração.[39] De qualquer modo, a parte inocente tem o direito de pleitear a extinção ou suspensão do acordo de bitributação.

Fica claro, de todo modo, que mesmo no caso da adoção de uma norma de direito interno contrária a um dispositivo de um acordo de bitributação, não se assegura, no Direito Internacional, o direito de uma automática rescisão do acordo internacional.[40] A superação do acordo pela lei interna constitui um fundamento para a sua extinção, mas a parte inocente deve, nos termos do art. 65 da Convenção de Viena, comunicar sua decisão à outra parte. Caso esta, no prazo de três meses, não conteste o fato, pode dar-se a suspensão ou extinção do contrato. Havendo, entretanto, uma contestação, pela outra parte, os Estados de-

35. Cf. *ICJ Reports*, 1971, p. 16.

36. Cf. A. Verdross und B. Simma, *Universelles Völkerrecht — Theorie und Praxis*, Berlin, Duncker & Humblot, p. 414.

37. Cf. Alexandre Kiss, *L'Abus de Droit en Droit International*, Paris, Librairie Générale de Droit et de Jurisprudence.

38. Cf. "Affaire Nottebohm — 2me. Phase", in *Recueil des Arrets, Avis Consultatifs et Ordonnances*, Cour International de Justice, 1955.

39. Cf. McNair, *The Law of Treaties*, Oxford, Clarendon Press, 1961, p. 553.

40. Cf. Ignaz Seidl-Hohenveldern, *Völkerrecht*, Köln, Berlin, Bonn, München, Carl Heymanns Verlag, Kg, 6. Ed., 1987, p. 102.

vem buscar uma solução para o caso. Aplica-se, para tanto, a cláusula, que se apresenta na maior parte dos acordos de bitributação, do procedimento amigável. Não sendo possível esta solução, a questão deve ser levada a um tribunal internacional, a quem caberá decidir sobre a extinção do acordo.

Além do direito de pleitear a extinção do acordo, a parte inocente também tem assegurado, no direito internacional, a prerrogativa de adotar medidas de repressão, nos termos do art. 73 da Convenção de Viena.[41]

No entanto, a realidade é que não se conhece, até o momento, um caso em que uma parte tenha pleiteado a extinção de um acordo de bitributação, em virtude da superação de algum de seus dispositivos por normas internas. Possivelmente, o fundamento para tal atitude se explica no fato de que, para a parte inocente, o acordo de bitributação possui outras cláusulas cuja aplicação é muito importante, para que se torne conveniente a sua resolução. De qualquer modo, parece-nos inquestionável que a possibilidade de se pleitear a extinção do acordo não tem sido eficaz, para impedir que os Estados Unidos adotem medidas unilaterais limitando o alcance de seus acordos de bitributação.[42]

Em resumo, pode-se afirmar que, de acordo com o princípio da proporcionalidade, nem toda a limitação do alcance de um acordo de bitributação, por leis internas, justifica a pretensão de extinção do mesmo. Tal superação de seus preceitos deve ser substancial. O direito da parte inocente, de pleitear a extinção do acordo de bitributação, entretanto, não tem sido suficiente para que se impeça a prática norte-americana de superação de normas internacionalmente adotadas, por leis internas.

41. Cf. Verdross e Simma, ob. cit., pp. 410, 652 e ss.

42. Cf. Becker e Würm, ob. cit., p. 262.

IV — Conclusão

A superação de acordos de bitributação por leis internas é um fenômeno que se tornou freqüente nos Estados Unidos. Trata-se de algo lícito, no sistema constitucional norte-americano e, apesar de a *interpretação européia* entender ser necessária a expressa manifestação do Congresso, tal limitação não significa uma dificuldade efetiva, tendo em vista as várias vezes em que houve tal manifestação, por parte do legislador.

Tampouco no Direito Internacional, pode-se apontar a existência de qualquer medida efetiva de que se possa valer um Estado contratante, a fim de afastar a superação do que foi internacionalmente acordado. As regras da Convenção de Viena nem sempre podem ser aplicadas e a experiência dos últimos anos ensina que os Estados hesitam em se valer de tais direitos. Faz-se necessária, pois, uma solução mais eficaz.

A questão não pode ficar, no entanto, sem uma solução jurídica. Cabe encontrar-se uma alternativa, no campo do Direito Internacional. Neste sentido, merece nota a posição da França, ao exigir a inserção, no texto do próprio acordo de bitributação, de uma cláusula que permita à parte inocente, no caso de superação das normas do acordo por leis internas, denunciar o contrato.[43] Tal cláusula deveria, a nosso ver, permitir que a parte inocente considere *automaticamente* rescindido o acordo, mediante mera comunicação à outra parte, esclarecendo-se, ainda, que *qualquer* norma interna contrária ao acordo (e não só as infrações substanciais) pode ser o suficiente para a extinção do acordo.

É claro que tal cláusula pode gerar o risco de que um conflito de menor importância, entre uma lei interna e um acordo de bitributação, seja suficiente

43. Cf. 46 *Tax Notes* 1251 (1990).

para uma parte denunciar o acordo de bitributação. No entanto, nossa opinião é no sentido de que tal solução é preferível à atual situação. Desse modo, um Estado, ao adotar uma norma contrária a qualquer dispositivo de um acordo de bitributação, ver-se-á obrigado a sentar diante de uma mesa de negociações com a outra parte, sob o risco de ver o acordo extinto. A nosso ver, esta é a melhor solução, para evitar que o Direito Internacional se transforme, em pouco tempo, no *Direito da Força*. Os negociadores brasileiros devem seguir o exemplo francês e exigir a inserção de semelhante cláusula em seu acordo de bitributação com os Estados Unidos.

DEPÓSITO JUDICIAL E CRÉDITO TRIBUTÁRIO

WANDERLEY JOSÉ FEDERIGHI
Juiz de Direito em São Paulo

A discussão em Juízo dos créditos tributários da Fazenda Pública pode dar-se por iniciativa da própria Fazenda, por meio do ajuizamento de execução fiscal, ou por iniciativa do contribuinte, com o ajuizamento de ação declaratória, anulatória ou de repetição de indébito, ou pela via expedita do mandado de segurança.

A Lei n. 6.830/80, mais conhecida como a Lei das Execuções Fiscais, estabelece, no que toca à referida discussão judicial, que ela "só é admissível em execução, na forma desta lei, salvo as hipóteses de mandado de segurança, ação de repetição de indébito ou ação anulatória do ato declarativo da dívida, esta precedida do depósito preparatório do valor do débito, monetariamente corrigido e acrescido dos juros e multa de mora e demais encargos" (art. 38, "caput").

É verdade que o dispositivo legal acima citado tem sido acoimado de inconstitucional por vários juristas, como José da Silva Pacheco (*Comentários à Nova Lei de Execução Fiscal*, Ed. Saraiva, 1981, p. 152) e Celso Ribeiro Bastos (*Curso de Direito Financeiro e de Direito Tributário*, Ed. Saraiva, 1991, p. 248).

Aqui, algumas considerações se fazem necessárias.

A norma do art. 38, "caput", da Lei das Execuções Fiscais deve sempre ser examinada em conjunto com o dispositivo do art. 151, II, do Código Tributário Nacional, que admite a suspensão da exigibilidade do crédito tributário pelo depósito do montante integral da dívida discutida.

Boa parte da jurisprudência de nossos tribunais entende que o depósito prévio não pode ser considerado obrigatório, em face do cotejo das normas dos dispositivos legais já citados com a expressa determinação do art. 585, § 1º., do Código de Processo Civil. Mas, realizado o depósito, tanto nas ações anulatórias como nas declaratórias negativas de débito fiscal, fica transferido "para estas a discussão em torno da dívida. É o que decorre do art. 38. E, por isso, não pode ser proposta nem prosseguir a execução fiscal" (Theotonio Negrão, *Código de Processo Civil e Legislação Processual em Vigor*, 18ª. ed., Ed. Revista dos Tribunais, p. 676; nota n. 4 ao art. 38 da LEF).

A propósito, diz Celso Ribeiro Bastos que "a interpretação correta desse preceptivo legal é aquela que defende a imperiosidade deste depósito somente para o efeito de evitar a propositura concomitante da execução fiscal" (ob. e loc. citados). E é com essa posição que ficamos.

Em muitos casos, quando proposta ação anulatória, os contribuintes têm oferecido, à guisa do depósito reputado pela lei como indispensável, cartas de fiança bancária, títulos de dívida agrária ou outros semelhantes, o que tem gerado diversos incidentes processuais.

A lei refere-se a *depósito* do valor do débito fiscal. Não se vê, apesar dos esforços dos procuradores dos contribuintes, como se pode interpretar tal dispositivo legal extensivamente, para concluir que o *depósito* exigido pela lei não é apenas e tão-somente em dinheiro.

Não é por outra razão que juristas do escol de Paulo de Barros Carvalho se referem ao "depósito, pelo sujeito passivo, da *importância* (grifo meu) relativo ao crédito tributário", ou "depósito do montante integral da dívida" (*Curso de Direito Tributário*, 3ª ed., Ed. Saraiva, 1988, p. 268), como hipótese ensejadora de suspensão da exigibilidade do crédito tributário. A argumentação utilizada pelos contribuintes, em muitos casos, tem girado em torno da redação do art. 38, "caput", Lei das Execuções Fiscais, que não teria, no seu entendimento, estabelecido a espécie de caução necessária. Afirma-se que, dessa forma, fica valendo a regra geral o art. 827 do Código de Processo Civil, podendo a caução ser efetivada "mediante depósito em dinheiro, papéis de crédito, títulos da União ou dos estados, pedras e metais preciosos, hipoteca, penhor e fiança".

Contudo, a jurisprudência de nossos tribunais tem rechaçado, acertadamente, tal pretensão.

A Lei das Execuções Fiscais, no art. 38, falou especificamente em *depósito* do montante integral do débito, não se podendo entender que é possível a garantia do Juízo, com outro tipo de caução que não em dinheiro.

Examinando recurso da Fazenda do Estado de São Paulo contra decisão de 1ª Instância que admitiu a substituição do depósito em dinheiro por prestação de fiança bancária, assim se pronunciou o egrégio Tribunal de Justiça de nosso Estado;

"O depósito prévio, por conseguinte, ao transferir para a ação anulatória a discussão em torno da dívida, tem, como conseqüência, o condão de tornar indiscutível o crédito da Fazenda, caso a sentença conclua pela improcedência da ação, de forma que o depósito em dinheiro irá afastar os inconvenientes de uma execução demorada, já que o Juízo da execução estará assegurado pela quantia depositada.

"Nessas condições, não se justifica a substituição do depósito reclamado pela lei, pela fiança bancária, que traz o inconveniente de transferir à Fazenda os ônus de, posteriormente, promover nova execução para haver, do fiador, a importância que lhe é devida" (AI 87.654-2, da Capital; j. 27.2.85; relator o Desembargador Joaquim de Oliveira).

Nem mesmo a norma do art. 9º da lei n. 6.830 pode ser invocada como fundamento para a pretendida substituição. Na mesma decisão acima citada, afirmou a colenda Câmara que: "Finalmente, se no art. 9º da Lei n. 6.830, de 1980, o legislador permitiu a garantia da execução mediante depósito em dinheiro (inc. I), ou fiança bancária (inc. II), enquanto no art. 38 reclamou, expressamente, o depósito integral do valor do débito, monetariamente corrigido com os acréscimos ali indicados, foi exatamente porque distinguiu entre garantia da execução e forma de assegurar o resultado da ação anulatória, não podendo, assim, o intérprete equiparar as situações que a lei considerou distintas, para estender a ambas as garantias reclamadas por somente uma delas e não previstas para outra" (*RJTJESP*, Lex, 93/236).

Em outro recente episódio, buscava o contribuinte garantir o Juízo com títulos da dívida agrária. Afirmava o douto advogado da empresa que tais títulos se prestam à fiança em geral e, inclusive, para o depósito, objetivando assegurar a execução em ações administrativas, traduzindo-se na transformação do depósito em receita, no caso da demanda ser julgada contra o sujeito passivo da obrigação tributária.

A pretensão foi indeferida em 1ª Instância, tendo o Egrégio Tribunal de Justiça de nosso Estado mantido tal decisão, assim se manifestando:

"Nada a alterar-se no bem lançado despacho agravado, porquanto a hipótese é regida pelas disposições do Código de Processo Civil, expressamente indicadas na decisão, porque se cuida de medida cautelar invocada pela agravante para obtenção de liminar.

"Conseqüentemente, são as regras processuais que se aplicam ao caso presente, e o art. 804 do Código de Processo Civil invocado no decisório atacado fala em caução real ou fidejussória, e, evidentemente, os títulos da dívida agrária não se enquadram nessa espécie, e, na falta desta caução deve a caução ser prestada em dinheiro, que deve corresponder ao montante integral do débito fiscal (art. 151, n. II, do Código Tributário Nacional).

"Não há falar-se em pretensão legalmente amparada, porque o próprio agravante argumenta com o Código Tributário Nacional (art. 151, n. II) e com a Lei n. 6.830/80 (art. 38) que cuida das dívidas fiscais.

"Portanto, pretender-se criar nova modalidade de depósito não pode ser aceito, como decidido, porquanto ambas as legislações — Código de Processo Civil, Código Tributário Nacional (com a lei das execuções fiscais) — é que regem a matéria, não podendo interpretar-se ampliativamente as possibilidades legais, como se busca" (AI 185.884-2/1, da Capital; j. 9.12.91; relator o Desembargador Egas Galbiatti).

Theotonio Negrão, ao comentar o dispositivo legal em questão, observa que "só o depósito integral do débito, em dinheiro" é que impede o ajuizamento de execução, ressalvando expressamente a inadmissibilidade, para tal fim, da fiança bancária e do depósito de imóvel, em garantia (ob. cit. p. 677; nota n. 4c ao art. 38 da LEF).

Desta forma, com o respaldo de tais decisões de nossa jurisprudência e de tais ensinamentos de nossa doutrina, é autorizado concluir-se que: a) o depósito, referido no art. 38, "caput", da Lei das Execuções Fiscais, tem por objetivo evitar o ajuizamento de execução fiscal contra o contribuinte, limitando-se a tal efeito a sua obrigatoriedade; b) tal depósito deve ser feito em dinheiro, inadmitindo-se outras formas de garantia do crédito fiscal.

NOTAS & COMENTÁRIOS

ISS — MOMENTO EM QUE SE TORNA DEVIDO

BETINA TREIGER GRUPENMACHER
Assistente da Faculdade de Direito da Universidade Federal do Paraná

1. Introdução. 2. O princípio de capacidade contributiva. 3. O princípio da vedação da cobrança de tributo com efeito de confisco. 4. O ISS — Um tributo sem lançamento. 5. Conclusão.

1. Introdução

É fato que a Fazenda Municipal de Curitiba, tem entendido que o aspecto temporal do Imposto Sobre Serviços se dá quando da extração da respectiva nota fiscal, e não quando do pagamento do preço de serviço prestado.

Diversamente do posicionamento adotado por corrente respeitável de doutrinadores pátrios, é nosso entendimento que a fluência do prazo para recolhimento do tributo considerada a partir da extração da nota fiscal é inconstitucional e portanto não merece guarida.

2. O princípio da capacidade contributiva

Dispõe o art. 145, § 1º., da CF: "§ 1º. Sempre que possível, os impostos terão caráter pessoal e serão graduados segundo a capacidade econômica do contribuinte, facultado à administração tributária, especialmente para conferir efetividade a esses objetivos, identificar, respeitados os direitos individuais e nos termos da lei, o patrimônio, os rendimentos e as atividades econômicas do contribuinte".

Hugo de Brito Machado, ao analisar o princípio da capacidade contributiva afirma: "E induvidoso que o legislador deve atribuir o dever de pagar tributo a quem tenha capacidade econômica para tanto. A razão é óbvia. Quem não pode pagar, não paga, e o assunto fica encerrado" (*Os Princípios Jurídicos da Tributação na Constituição de 1988,* Ed. RT, p. 53).

Entendemos ser inadmissível a cobrança do imposto, antes de efetivamente percebida pelo sujeito passivo a remuneração decorrente da prestação de serviço, já que por inferência do dispositivo constitucional citado, não há, este caso, como se avaliar a capacidade econômica do contribuinte.

Admitamos, por exemplo, que a referida remuneração pela prestação de serviço deixe de ser paga pelo utente do espectivo serviço, ainda neste caso do imposto deverá ser pago? Segundo o entendimento de alguns estudiosos de nosso direito, sim; pois para tal corrente doutrinária, a só ocorrência do fato imponível já autoriza a cobrança do tributo.

O legislador constituinte ao erigir o Sistema Constitucional Tributário, o fez objetivando atingir a todos aqueles contribuintes que por alguma das formas nele prevista espelhassem algum tipo de riqueza.

Para a hipótese de não pagamento do preço do serviço, alguns autores apresentam a solução da repetição do que foi indevidamente pago.

Achamos não ser esta a opção mais acertada para a solução de tal impasse.

Se de todas as formas se tem procurado na atualidade desafogar o sistema judiciário, solução de ta natureza só agravaria o problema, além de traduzir-se em dispêndios ao contribuinte que, além de não ter percebido a remuneração a que fez jus pela prestação de serviço, terá que ajuizar ação contra a Fazenda Pública Municipal para haver de volta o que indevidamente pagou.

Não estamos com isso afirmando que o ISS seja um imposto sobre o lucro. E sem sombra de qualquer dúvida, um imposto que incide sobre a prestação de serviço, por empresa ou profissional. No entanto, é certo também que a prestação de serviço, isoladamente, não é fato que espelhe enriquecimento.

Consoante preleciona Alfredo Augusto Becker a capacidade contributiva se realiza através da identificação de fatos signo-presuntivos de riqueza.

Aliás, nesse sentido com propriedade, afirma Marçal Justen Filho:

"E inegável, porém, que a prestação de serviço, considerada em si mesma e isolada de outros dados, não é o fato signo-presuntivo de riqueza alguma.

"Intrinsecamente, a prestação de serviço é atividade (situação de fato) que evidencia uma capacidade física e intelectual; não é, ela própria avaliável, economicamente e nem externa riqueza alguma, autorizadora de apropriação pelo Estado sob forma tributária.

"Tanto é assim que a Constituição elege a prestação do serviço como núcleo a ser adotado na norma dispositiva do ISS. Se intentasse autorizar a tributação sobre a capacidade física e intelectual, não seria sequer necessária a prestação do serviço. Bastaria a habilitação para o exercício de certas profissões ou a capacidade potencial de exercício de certa atividade.

"Como temos insistido, o elenco discriminatório da Constituição no que tange aos critérios materiais para tributação, envolve situações que são indício de capacidade econômica. Ou seja, situações eleitas pelo direito porque externam riqueza dos envolvidos nelas. Há uma presunção absoluta e inafastável de que as pessoas que se encontram referidas aos dados fáticos indicados são titulares de uma riqueza parcialmente apropriável pelo Estado.

"Ora, a prestação de serviço só funciona como riqueza quando se a tome como um indício de riqueza. Vale dizer, somente enfocando a prestação de serviço enquanto evidência de riqueza é que será cabível a tributação. Se é assim, a base imponível do tributo só pode envolver um aspecto da situação fática, o qual permita apreensão de seu aspecto patrimonial.

"Em suma, enquanto signifique valor econômico, tentar apreender a patrimonialidade da prestação do esforço físico e intelectual não é tarefa simples — porquanto o esforço físico e intelectual, intrinsecamente, não é conversível à patrimonialidade. Seguir esse caminho acarretaria, necessariamente, imposição arbitrária da prestação tributária, em contradição com o próprio conceito de base imponível. E isso pela inexistência de vínculo entre prestação tributária e materialidade da hipótese de incidência. O legislador, valendo-se da prestação de serviço, estaria a confiscar riquezas individuais ao aspecto material da hipótese" (*Imposto Sobre Serviços na Constituição*, Ed. RT, 1985, p. 162).

3. *O princípio da vedação da cobrança de tributo com efeito de confisco*

A exigibilidade do ISS pelo fisco municipal de Curitiba, a partir da extração da nota fiscal, além de ferir o princípio da capacidade contributiva fere também o princípio constitucional da vedação da cobrança de tributo com efeito de confisco (art. 150, IV, da Constituição Federal) no caso em que a remuneração devida pela prestação do sujeito passivo não seja paga pelo tomador do serviço.

A Constituição argentina assegura a inviolabilidade da propriedade privada, seu livre uso e disposição e proíbe o confisco (arts. 14 e 17). Sustenta a Corte Suprema da Argentina que os tributos são confiscatórios quando absorvem uma parte substancial da propriedade ou de renda.

É bastante complexa e genunuína a aferição do confisco. O único meio de se aferir com segurança se há ou não confisco é considerando a renda de forma direta ou indireta, observando-se se o esforço produtivo está sendo observado ou preservado.

Nessa medida, em consonância com o entendimento firmado pela jurisprudência argentina, entendemos que há confisco quando o tributo devido absorver uma parte substancial da propriedade ou da renda.

Um tributo é confiscatório quando violar o direito de propriedade constitucionalmente assegurado, conforme, aliás, registra Ramon Valdés Costa: "Pero las precedentes consideraciones no pueden traducirse en la conclusión de que por la vía del impuesto el legislador puede desconecer y hacer ilusório el derecho de propriedad consagrado en la Constitución con particular firmeza".

O art. 150, I, da CF também proíbe a utilização do tributo com efeito de confisco. A imposição tributária deve abranger apenas uma parte da expressão econômica do fato imponível. Deve ser razoável, no sentido de não ser tão pequena ao ponto de ser insignificante, mas também não pode exceder um determinado montante, a partir do qual estaria havendo uma apropriação que feriria o próprio direito de propriedade.

É pacífico entre os estudiosos do Direito Tributário ser difícil estabelecer a exata demarcação do ponto a partir do qual um tributo se torna confiscatório.

Na verdade, para que se possa aferir se um tributo é ou não confiscatório, devemos examiná-lo face ao direito de propriedade, garantido pela Constituição Federal. É evidente que a expropriação está vedada. O mesmo ocorre em relação à apropriação decorrente da tributação excessiva, a não ser por motivos extra-fiscais, como ocorre, por exemplo, com o o imposto territorial rural exacerbado e o IPTU progressivo, utilizados para compelir os proprietários de propriedades improdutivas ou de imóveis urbanos mal aproveitados a conferir-lhes maior aproveitamento face às suas potencialidades, atendendo, assim, à *função social da propriedade*.

Temos assim que o único modo seguro de se quantificar a prestação de serviço é adotar a percepção efetiva da remuneração como base imponível do imposto, ou seja, o preço do serviço desde que efetivamente pago ao sujeito passivo da obrigação tributária.

Na verdade, tal base imponível não é aquela hipoteticamente consignada na hipótese de incidência, mas a chamada, por Aires Fernandino Barreto, de base calculada, "o resultado expresso em moeda da aplicação do critério abstrato (designado base de cálculo) a um caso concreto. A base calculada, sendo a concreta mensuração de um fato tributário, só exsurge através do lançamento" (*Base de Cálculo, Alíquota e Princípios Constitucionais Tributários*, Coleção

Textos de Direito Tributário, vol. 12, 91).

4. *O ISS — Um tributo sem lançamento*

A exemplo do que se dá com o IPI e com o ICMS, o Imposto Sobre Serviço de qualquer natureza é um imposto sem lançamento. Assim se é certo que o lançamento é o ato administrativo que torna exigível o crédito tributário, que nasceu potencialmente com a ocorrência do fato imponível, o recolhimento do ISS independe de formalização através de lançamento para que seja exigível. É essa a lição de Paulo Barros Carvalho: "Para o IPI e o ICMS, tomados como referência, o ato de lançamento, quando existe, aparece como um acidente na vida desses impostos, que foram concebidos para dele prescindir. Realizado o evento típico e inaugurada a relação jurídica, o sujeito devedor encontrará na lei todas as informações relativas ao fiel cumprimento da obrigação que lhe cabe, em nada interferindo o Poder Público que, ao menos em tese, permanece vigilante, numa posição meramente controladora da conduta dos administrados" (*Curso de Direito Tributário*, 5ª ed., Ed. Saraiva, p. 281).

Assim, considerando-se que o Imposto Sobre Serviços, a princípio, é um imposto que independe de lançamento, a sua exigibilidade só surge com o implemento da remuneração, ou seja, o tributo só é devido com o recebimento da vantagem financeira pelo prestador do serviço.

Tal entendimento extraiu-se da interpretação sistemática das disposições de cunho tributário contidas na Magna Carta Constitucional, das quais se infere que o legislador constituinte ao erigir o Sistema Tributário Nacional o fez objetivando atingir fatos indicadores de riqueza, os quais são assim considerados como hipóteses de incidência dos impostos nele discriminados.

Repisamos, não estamos afirmando com tal posicionamento que o ISS seja um imposto sobre o lucro. Lucro e remuneração são figuras distintas. O lucro só é obtido após a dedução dos custos. Segundo De Plácido e Silva, "lucro significa a diferença entre o capital empregado e aquilo que ele produziu, dentro de certo tempo, Os lucros são, pois, os frutos produzidos pelo capital investido nos diversos negócios" (*Vocabulário Jurídico*, Ed. Forense, p. 119).

5. *Conclusão*

O que é certo é que a só extração da nota fiscal não é fato que espelhe riqueza alguma enquanto não corresponda ao recebimento da remuneração pelo respectivo prestador.

O posicionamento adotado pelo fisco municipal de Curitiba, de que o prazo para recolhimento do tributo conta-se a partir da extração da nota fiscal fere frontalmente os dispositivos constitucionais citados e assim contraria aos objetivos que pretendeu atingir o legislador constituinte ao elaborar o Sistema Constitucional Tributário.

Tanto o que se afirma é verdade, que é indevido o tributo sobre serviços gratuitos.

Ora, se assim não fosse, a só prestação de serviços autorizaria a cobrança do imposto.

Estes serviços não estão destituídos de preços, pois podem ser dimensionados a exemplo dos demais, o que ocorre é que naquele caso específico o prestador dispensa a remuneração a que teria direito.

Enfim, se o contribuinte extrai a nota fiscal e antes mesmo de perceber a remuneração antecipa o recolhimento do Imposto, não há como não se admitir a não ocorrência de confiscatoriedade caso a remuneração não seja paga, já que nesta hipótese o fisco municipal estará se apropriando do patrimônio do contribuinte e com tal atitude ferindo o direito de propriedade constitucionalmente assegurado.

Assim é de se concluir que a cobrança do ISS só pode ocorrer após a percepção da remuneração, pelo prestador do serviço e não a partir da extração da nota fiscal, sob pena de estar irremediavelmente inquinada de inconstitucionalidade a aludida cobrança.

Bibliografia

BARRETO, Aires Fernandino. *Base de Cálculo — Alíquota e Princípios Constitucionais Tributários*. Ed. RT, 1990.

CARVALHO, Paulo de Barros. *Curso de Direito Tributário*, 5ª ed. Saraiva.

DE PLÁCIDO E SILVA. *Vocabulário Jurídico*, 7ª ed. Forense.

JUSTEN FILHO, Marçal. *O Imposto Sobre Serviços na Constituição de 1988*, Ed. RT, Coleção Textos de Direito Tributário, vol. 10.

MACHADO, Hugo de Brito. *Os Princípios Jurídicos da Tributação na Constituição de 1988*. 1ª ed., Ed. RT.

NOTAS & COMENTÁRIOS

O "DUE PROCESS OF LAW" NO PROCEDIMENTO ADMINISTRATIVO-FISCAL NA ÁREA ADUANEIRA

J. LENCE CARLUCI
Mestrando da Faculdade de Direito da Universidade Católica de São Paulo

I — Considerações Preliminares: 1. A presunção de constitucionalidade das leis; 2. Eficácia dos pareceres da Consultoria Geral da República e das Consultorias Jurídicas dos Ministérios; 3. Isonomia na Constituição. II — Configuração Constitucional: O duplo grau de jurisdição. III — Configuração legal: 1. Procedimento administrativo-fiscal de apreensão de mercadorias estrangeiras; 2. Procedimento administrativo-fiscal de determinação e exigência de créditos tributários. IV — Conclusão.

I - Considerações preliminares

Necessário se torna como premissa à conclusão do trabalho que ora nos propomos desenvolver, e ao desenvolvimento do raciocínio, que preliminarmente fiquem assentados alguns delineamentos doutrinários acerca do problema da constitucionalidade das leis, da eficácia dos pareceres emanados da Consultoria Geral da República e do princípio da isonomia consagrado na Constituição, tudo com vistas ao devido processo legal na condução do contencioso na área aduaneira.

1. A presunção de constitucionalidade das leis

Cabe no desenvolvimento do presente trabalho tecer breves considerações acerca da problemática da constitucionalidade das leis, estas entendidas não só no seu sentido estrito como produção normativa dos órgãos do Poder Legislativo, mas também em seu sentido amplo, abarcando os atos de hierarquia menor, bem assim todos os atos infraconstitucionais no escalonamento de nosso ordenamento jurídico.

A elaboração doutrinária respeitante ao tema é muito pródiga no tempo e no espaço. Assim, conforme reconhece a Procuradoria Geral da Fazenda nacional em parecer do Procurador Oswaldo Othon de Pontes Saraiva Filho n. 116/92 (*DOU* 17.2.92, pp. 1949 e ss.), "milita em favor das leis, com o apoio da doutrina e jurisprudência, pacíficas no Brasil e no exterior, a presunção de constitucionalidade ou o princípio da interpretação compatível, segundo o qual somente se deve declarar a inconstitucionalidade da lei quando esta não puder ser interpretada de forma compatível com a Constituição".

No parecer citado, magistral e convincentemente o douto Procurador descortina a evolução no tempo e no direito comparado da doutrina nacional e alienígena, dos juristas e exegetas do quilate de João Barbalho, Carlos Maximiliano, Lúcio Bittencourt, Gilmar Ferreira Mendes e os norte-americanos Willoughby, Bryce e Black, entre outros, não menos brilhantes.

Em síntese, conclui que:

a) só se declara (pelo Judiciário) a inconstitucionalidade quando esta é evidente, patente, incontestável, absoluta;

b) face a duas interpretações da lei, uma que a torna incompatível com a lei suprema e outra que permite a sua eficácia, deve ser adotada a exegese que salve a lei da inconstitucionalidade;

c) na interpretação, deve-se preservar tanto quanto possível a ordem jurídica em vigor.

Com esses rápidos comentários passemos a análise da eficácia dos pareceres emitidos pela Consultoria Geral da República.

2. *Eficácia dos pareceres da Consultoria Geral da República e das consultorias jurídicas dos ministérios*

Os pareceres da Consultoria Geral da República têm eficácia normativa, isto é, são mandamentais para os órgãos e entidades da Administração Pública Federal uma vez aprovados pela Presidência da República e publicados no *Diário Oficial da União*.

A esse respeito dispõem os arts. 21, II e 24 do Decreto n. 99.244, de 10.5.90, que repete regra já estabelecida anteriormente pelo Decreto n. 93.237, de 8.9.86:

"Art. 21. À Consultoria Geral da República compete:

"...

"II — fixar a interpretação da Constituição, das leis, dos tratados, dos decretos e de outros atos normativos, *a ser uniformemente seguida pelos órgãos e entidades da administração Pública Federal* (grifos nossos).

"...

"Art. 24. À Consultoria da República compete elaborar com o Consultor-Geral da República no desempenho das atividades-fim do órgão, produzindo pareceres, informações, pesquisas e estudos jurídicos, examinando e elaborando anteprojetos de atos normativos."

Analisando a regra do art. 21, II, quando, normatizada pelo Decreto n. 93.237, de 8.9.86, assim se manifestou o eminente Consultor Geral da República J. Saulo Ramos em brilhante parecer publicado no *Diário Oficial da União* de 17.6.88:

"Cuidou-se aí de regra destinada a consagrar, no âmbito da Administração Federal, em bases mais amplas, a interpretação jurídica revestida de eficácia normativa.

"Essa especial atribuição conferida à Consultoria Geral da República não justifica, porém, a supressão e nem a limitação dos poderes reconhecidos às Consultorias Jurídicas dos Ministérios, que por ela não devem ser substituídas concernentemente às suas próprias atividades-fim (...)

"Atuam, sob a coordenação desse órgão de cúpula da Advocacia Consultiva da União, a Procuradoria Geral da Fazenda Nacional e as Consultorias Jurídicas dos Ministérios, que a integram como instâncias superiores das atividades de consultoria e assessoramento jurídicos (v. art. 3º, § 3º).

"Os pronunciamentos da Consultoria Geral da República, desde que aprovados pelo chefe do Poder Executivo da União publicados no Diário Oficial, tornam-se vinculantes e obrigatórios, estendendo-se, em caráter normativo, a todos os órgãos e entidades da administração federal. (...)

"É preciso enfatizar, por isso mesmo, que, no âmbito dos Ministérios, incumbe às respectivas Consultorias Jurídicas o desempenho do papel mais relevante, no que concernir ao "jus dicere".

"As Consultorias Jurídicas dos Ministérios, enquanto peças essenciais do respectivo subsistema, possuem, ainda, um campo de atuação residual, posto que terão plena autonomia para "fixar, nos casos não resolvidos pela Consultoria Geral da República, a interpretação da Constituição, das leis, dos tratados e demais atos normativos, a ser uniformemente seguida" (v. Decreto n. 93.237/88, art. 5º, n. II).

"Os pareceres dos Consultores Jurídicos, aprovados pelos Ministros de Estado, terão nas matérias ainda não apreciadas e definidas pela Consultoria Geral da República, supremacia irrecusável no que se referir às conclusões pertintentes a interpretação do ordenamento positivo nacional.

"Afinal, compete-lhes apreciar todos os aspectos relativos à questão da legalidade dos atos administrativos, no âmbito da estrutura administrativa em que se posicionam.

"(...)

"A eficácia da atividade consultiva no âmbito do Poder Executivo repousa, essencialmente, na preservação da intangibilidade da regra de competência, que atribui às Consultorias Jurídicas, componentes da Advocacia da União, a condição de instâncias superiores das atividades de orientação e assessoramento jurídicos na esfera do respectivo Ministério.

"(...)

"Por tal razão, e por expressa decorrência da vontade presidencial, formalmente manifestada no ato regulador da Advocacia Consultiva da União, estabeleceu-se norma de comando inconstrastável: é a Consultoria Jurídica, no âmbito do Ministério, o único órgão cujos pronunciamentos jurídicos, qualquer que seja a matéria disciplinada pela norma legal, são considerados relevantes, para efeito de interpretação e de controle da legalidade da ação estatal.

"(...)

"A norma que confere, no plano administrativo, definitividade aos pareceres do Consultor Geral, tornando-os imperativos e mandatórios para toda a Administração Federal — sempre em função de prévia aprovação presidencial e regular publicação ofical — dá efetiva concreção ao princípio da hierarquia, subjacente à organização administrativa."

E, para encerrar essas considerações preliminares, abordaremos a seguir o tema da isonomia na Constituição.

3. A isonomia na Constituição

O princípio da isonomia é amplamente consagrado na constituição em vários de seus dispositivos. Selecionamos apenas dois, relacionados com o sistema tributário e que interferem diretamente no tema em estudo. São eles o art. 150, inc. II e o art. 173, §§ 1º e 2º, que transcrevemos:

"Art. 150. Sem prejuízo de outras garantias asseguradas ao contribuinte, é vedado à União, aos Estados, ao Distrito Federal e aos Municípios:

"(...)

"II — instituir tratamento desigual entre contribuintes que se encontrem em situação equivalente, proibida qualquer distinção em razão de ocupação profissional ou função por eles exercida, independentemente da denominação jurídica dos rendimentos, títulos ou direitos.

"(...)

"Art. 173. (...)

"§ 1º. A empresa pública, a sociedade da economia mista e outras entidades que explorem atividade econômica sujeitam-se ao regime jurídico próprio das empresas privadas inclusive quanto às obrigações trabalhistas e tributárias.

"§ 2º. As empresas públicas e as sociedades de economia mista não poderão gozar de privilégios fiscais não extensivos às do setor privado."

José Cretella Júnior denomina o princípio expresso no art. 150, II de *princípio da uniformidade impositiva* em lugar do princípio da igualdade perante a lei ou princípio da isonomia. Diz mais, que o princípio da igualdade perante a lei tributária ordena que o tratamento de contribuinte seja uniforme, proibido, pois, o tratamento desigual entre contribuintes que se encontrem em situação equivalente, proibida qualquer distinção (in *Comentários à Constituição 1988*, vol. VII, Forense, 1992, p. 3.551).

Pois bem, quando tratarmos do procedimento administrativo-fiscal de determinação e exigência de créditos tributários na área aduaneira, na unidade III-2 deste trabalho iremos analisar o impacto destes princípios sobre o art. 39 do Dec.-lei n. 1.455/76, e em especial sobre o item 4 da Portaria n. 389, de 13.10.76, do Ministro da Fazenda. Tal análise será feita também em consonância com os arts. 4º. e 5º. do Dec.-lei n. 200, de 25.2.67, com a redação dada pelo Dec.-lei n. 900, de 29.9.69, que trata da organização da administração pública.

II — Configuração constitucional

O duplo grau de jurisdição

A Constituição anterior em seu art. 153, § 11, previa a pena de perdimento de bens, "verbis": "§ 11. A lei disporá sobre o perdimento de bens por danos causados ao erário ou no caso de enriquecimento ilícito no exercício da função pública".

Em 5 de outubro de 1988 foi promulgada a atual Constituição da República Federativa do Brasil.

Erigidos em princípios constitucionais, no contexto dos direitos e garantias fundamentais, estão os incs. LIV e LV do art. 5º., que assim se expressam:

"LIV — Ninguém será privado da liberdade ou de seus bens sem o devido processo legal.

"LV — Aos litigantes, em processo judicial ou administrativo, e aos acusados em geral são assegurados o contraditório e ampla defesa, com os meios e recursos a ela inerentes."

Note-se que a Constituição, no inc. LIV do art. 5º., deixa patente que no regime democrático os bens jurídicos de *liberdade* e *patrimônio* dos cidadãos são colocados no mesmo nível de valoração e merecedores da proteção máxima do Estado, no estado de direito: o *devido processo legal.*

Para José Frederico Marques, estava implícita entre as garantias constitucionais da Carta de 1967, a do "devido processo legal", em face do que dizia o seu art. 150, § 35, reafirmada no art. 153, § 36 da Emenda Constitucional n. 1, de 17.10.69, "verbis": "A especificação dos direitos e garantias expressos nesta Constituição não exclui outros direitos e garantias decorrentes do regime e dos princípios que ela adota" ("A garantia de "due process of law" no direito tributário", *RDP* 5/28).

Pinto Ferreira, in *Comentários à Constituição Brasileira*, Saraiva, São Paulo, 1988, 1º. vol. pp. 175 e 176, ao comentar o art. 5º., LIV, da Constituição vigente, assim se expressa: "A norma constitucional do devido processo legal tem longa história no direito comparado. Remonta à "Magna Charta Libertarum" de 1215 (art. 39), daí pasando para o direito norte-americano.

"Nos EUA a cláusula do "due process of law" (devido processo legal) foi elaborada por força da Emenda XIV à Constituição Federal, em 28 de julho de 1868, distinguindo-se da locução constitucional "equal protection of the law".

"O devido processo legal significa o direito a regular curso de administração da justiça pelos juízes e tribunais. A cláusula constitucional do devido processo legal abrange de forma compreensiva:

"a) o direito à citação, pois, ninguém pode ser acusado sem ter conhecimento da acusação;

"b) o direito de arrolamento de testemunhas, que deverão ser intimadas para comparecer perante a justiça;

"c) o direito ao procedimento contraditório;

"d) o direito de não ser processado por leis "ex post facto";

"e) o direito de igualdade com a acusação;

"f) o direito de ser julgado mediante provas e evidência legal e legitimamente obtidas;

"g) o direito ao juiz natural;

"h) o privilégio contra a auto-incriminação;

"i) a indeclinabilidade da prestação jurisdicional quando solicitada;

"j) o direito aos recursos;

"l) o direito a decisão com eficácia de coisa julgada."

O Eminente Consultor da República, Alexandre Camanho de Assis, em brilhante parecer aprovado pelo ilustrado Consultor Geral da República, Célio Silva, publicado no *Diário Oficial da União*, de 13 de março de 1992, tece os contornos interpretativos dos incs. LIV e LV do art. 5º. da Carta Constitucional, dando a exata medida de seu conteúdo e abrangência.

De maneira magistral demonstra que o duplo grau de jurisdição se compreende no art. 5º., LIV, e em outras disposições constitucionais, quais sejam, o art. 5º., inc. LV, supra transcrito, o art. 5º., inc. XXXVI (no tocante à coisa julgada) e o capítulo III, do título IV, que apresenta o Poder Judiciário como dotado de competências originárias e recursais de todo o gênero, de molde a garantir a efetividade da tutela jurisdicional, revelando e propiciando o duplo grau de jurisdição.

Considera que o duplo grau de jurisdição aparece como conteúdo do devido processo legal, pois tem tríplice função: a garantia ao indivíduo — como parte de um processo — quanto a imparcialidade do juiz e quanto a correta aplicação da lei (ou do Direito), a garantia da vigência da lei objetivamente considerada, isto é, a certeza de que a lei — norma elaborada pelos representantes do povo — está sendo aplicada independendo da opinião da parte quanto a *injustiça* da decisão recorrida e a garantia funcional do exercício da jurisdição dentro dos limites positivos, a ser fiscalizado pela instância superior.

No tocante ao inc. LV do art. 5º., assim se expressa: "Nem se diga que a terminologia aí utilizada abstrai a técnica: se *recursos* devessem ser entendidos como *meios*, então a Constituição estaria sendo redundante ao falar de meios e recursos á ela inerentes. E talvez até a expressão não se limite ao acervo de impugnações existentes nas leis processuais, mas parece de todo modo induvidoso que ao menos a inclui. Em outras palavras, *recursos*, enquanto expressão, deve ser interpretada "lato sensu" — o que faz incluir o sentido estrito, técnico das impugnações judiciais (e administrativas, claro)".

E conclui: "Daí restar comprovado que ampla defesa e contraditório só se garantem inteiramente com a existência do duplo grau: por isso a menção a recursos no inciso analisado".

A imposição constitucional do duplo grau de jurisdição também pode ser inferida da interpretação sistemática do art. 5º., inc. XXXVI, quando se refere a imutabilidade da coisa julgada.

A esse respeito assim se manifesta o ilustre Consultor: "Ao fazer uso da expressão coisa julgada, deixou a Constituição claro que a garantia não se aplica senão àquelas hipóteses em que franqueado o uso do recurso, não foi o mesmo ativado, ou tendo sido, proporcionou resultado imutável. Para existir um conceito constitucional de coisa julgada é necessário pensar em uma sentença que, tendo ficado à mercê da impugnação recursal, conseguiu superá-la e por isso alcançou imutabilidade".

O mestre Hely Lopes Meirelles, em sua obra *Direito Administrativo Brasileiro*, pp. 588-589, 17ª ed., 1992, Malheiros Editores, preleciona: "O processo administrativo sem oportunidade de defesa ou com defesa cerceada é nulo, conforme têm decidido reiteradamente, nossos tribunais judiciais, confirmando a aplicabilidade do princípio constitucional do devido processo legal, ou mais especificamente, de garantia de defesa." E esclarece ser, "não só a observância do *rito adequado* como a cientificação do processo ao interessado, a oportunidade para contestar a acusação, produzir prova de seu direito, acompanhar os atos da instrução e utilizar-se dos *recursos cabíveis*" (grifos nossos).

No mesmo sentido é o parecer do eminente Consultor da República Sebastião Baptista Affonso que mereceu aprovação do então Consultor Geral da República Saulo Ramos, publicado no *Diário Oficial da União*, de 29.6.89, p. 10.566, que transcrevemos: "A certeza da falibilidade dos julgamentos humanos foi a força criadora dos recursos, de sorte que a garantia de duplo grau de jurisdição é cânone indissociável do próprio Estado de Direito, estando assim insculpido na Constituição Federal: "aos litigantes em processo judicial ou administrativo e aos acusados em geral, são assegurados o contraditório e a ampla defesa, com os meios e recursos a ela inerentes (Cf art. 5º, inc. LV)".

Compõem incontrastavelmente o conceito de *ampla defesa*, albergada no precitado cânone constitucional, as garantias de *duplo grau de jurisdição* e do *devido processo legal*.

Segundo Frederico Marques "o direito de defesa é uma decorrência do princípio constitucional do *devido processo legal*" (in *Elementos de Direito Processual Penal*, vol. I, 1967, p. 376). Também Hely Lopes Meirelles lembra que a defesa "é garantia constitucional de todo acusado em processo judicial ou *administrativo*, e compreende a ciência da acusação, a vista dos autos na repartição, a oportunidade para oferecimento de contestação e provas, a inquirição e reperguntas de testemunhas e a observância do *devido processo legal* ("due process of law"). É um princípio universal dos Estados de Direito, que não admite postergação, *nem restrições*, na sua aplicação" (*Direito Administrativo Brasileiro*, cit, p. 643; original sem grifos).

No mesmo sentido firmou-se a jurisprudência:

"A garantia do "due process fo law" que existe no nosso Direito tem inteira aplicação não só no processo judicial, mas também no administrativo, em sentido amplo, tanto no punitivo quanto no administrativo não punitivo. Isto quer dizer que a administração, quando tiver que impor uma sanção, uma multa, fazer um lançamento tributário, ou decidir a respeito de determinado interesse do particular, deverá fazê-lo num processo regular, legal, em que ao administrado se enseja o direito de defesa" (Ac. un., 2ª T., TFR, publicado em 4.8.77).

III — Configuração legal

Na área aduaneira o contencioso se acha disciplinado por dois ritos processuais distintos: quando se tratar de processo fiscal de apreensão de mercadorias estrangeiras e quando se tratar de determinação e exigência de créditos tributários. Iremos agora analisá-los em consonância com os princípios constitucionais explícitos nos arts. 5º, LIV e LV, 150, II e 173, §§ 1º e 2º, Dec.-lei n. 1.455/76, arts. 27 e 39, Dec.-lei n. 200/67, art. 4º e Decreto n. 70.235/72.

1. Procedimento administrativo-fiscal de apreensão de mercadorias estrangeiras

Não iremos aqui analisar as hipóteses de apreensão de mercadorias previstas no Regulamento do Imposto sobre Produtos Industrializados. Ater-nos-emos apenas àquelas decorrentes das infrações delineadas nos arts. 23, 24 e 26 do Dec.-lei n. 1.455, de 7.4.66.

Assim, o procedimento administrativo-fiscal de apreensão de mercadorias estrangeiras tem por base o Dec.-lei n. 1.455/76, especificamente o seu art. 27, que dispõe, "verbis":

"Art. 27. As infrações mencionadas nos arts. 23, 24 e 26 serão apuradas através de processo fiscal, cuja peça inicial será o auto de infração acompanhado do termo de apreensão, e se for o caso, de termo de guarda.

"§ 1º. Feita a intimação, pessoal ou por edital, a não apresentação de impugnação no prazo de 20 (vinte) dias implica em revelia.

"§ 2º. Apresentada a impugnação, a autoridade preparadora terá o prazo de 15 (quinze) dias para remessa do processo a julgamento.

"§ 3º. O prazo mencionado no parágrafo anterior poderá ser prorrogado quando houver necessidade de diligências ou perícias, devendo a autoridade preparadora fazer comunicação justificada do fato ao Secretário da Receita Federal.

"§ 4º. Após o preparo, o processo será encaminhado ao Secretário da Receita Federal que o submeterá a decisão do Ministro da Fazenda, em instância única."

Esse dispositivo legal impõe novo rito processual em substituição ao anteriormente vigente, baseado no Dec. lei n. 822, de 5.9.69 art. 2º, regulado pelo Decreto n. 70.235, de 6.3.72, derrogando-o, portanto, na parte relativa ao procedimento fiscal de apreensão de mercadorias estrangeiras.

Da análise dos dois diplomas legais verifica-se que o Dec.-lei n. 1.455, de 7.4.76 inovou em relação à norma adjetiva anterior no tocante à eliminação do duplo grau de jurisdição pela decisão prolatada em instância única pelo Ministro da Fazenda, atualmente delegada a autoridade administrativa que lhe é subordinada, em o lugar de recurso em 2ª instância ao 3º Conselho de Contribuintes, além de ter fixado prazo menor para impugnação pelo autuado (20 dias).

Assim, em vista do que dispõe o art. 5º, incs. LIV e LV da Constituição, os §§ 1º a 4º do art. 27 do Dec.-lei n. 1.455/76 não resistem ao exame de sua constitucionalidade. Conforme foi exposto linhas atrás em II.3, eles são incompatíveis com os princípios da ampla defesa e do duplo grau de jurisdição, melhor dizendo, não preenchem os requisitos obrigatórios, mandatórios, constitucionais, do devido processo legal.

O que se disse sobre a presunção da constitucionalidade das leis se ajusta bem ao caso. Pelo princípio da interpretação compatível, tais dispositivos do Dec.-lei n. 1.455/76 somente poderiam ser preservados na ordem jurídica na medida em que, por um esforço de interpretação, pudessm ser compatibilizados com o art. 5º, incs. LIV e LV da Constituição. Mas são colidentes, não conseguem guardar a necessária coerência interna introduzida na ordem jurídica nacional pela Lei Maior.

Ademais, em razão da eficácia normativa dos pareceres da Consultoria Geral da República (vide I.2), a última palavra, a interpretação oficial e a observância obrigatória pela Administração do rito processual imanente ao devido processo legal já foram definidas pela mesma Consultoria Geral da República.

A ordem jurídica não comporta vazios. A aparente lacuna no direito positivo que poderia advir da inconstitucionalidade dos §§ 1º a 4º do Dec.-lei n. 1.455/76 poderá ser preenchida num trabalho de integração pelo recurso à analogia, aplicando-se o rito do Decreto n. 70.235/72. Ou então estar-se-á frente a normas substantivas que definem infrações, lhes cominam penalidades (de perda), mas não possuem a necessária contrapartida adjetiva, tornando impossível a aplicação da penalidade de perda na esfera administrativa.

2. *Procedimento administrativo-fiscal de determinação e exigência de créditos tributários*

Só se pode falar em crédito tributário após o ato administrativo do lançamento. E, após a impugnação tempestiva do lançamento regularmente notificado ao sujeito passivo é que se instaura a fase litigiosa do procedimento administrativo-fiscal.

Como se disse atrás, a processualística tributária é regulamentada pelo Decreto n. 70.235 de 6.3.72, que por sua vez encontra seu fundamento no art. 2º do Dec.-lei n. 822, de 5.9.69, editados sob a égide, portanto, da Carta Constitucional anterior.

Ele estabelece o rito processual ditando as normas adjetivas *para todos os tributos* de competência da União. Através dele, se realiza por inteiro a garantia constitucional do *devido processo legal* no que respeita a determinação e exigência de *créditos tributários*, contido em seu bojo o duplo grau de jurisdição, no âmbito administrativo e não impondo restrições de qualquer natureza que possam ensejar cerceamento do direito de defesa.

Pois bem, na área aduaneira, existem situações — que correspondem à maioria, no universo das litipendências, excluídos apenas aos casos de revisão do lançamento e autuações na zona secundária aduaneira — que podem configurar cerceamento do direito de defesa e que, com certeza, colidem com o princípio da isonomia consagrado na Constituição. Essas situações são as emergentes por ocasião da fiscalização aduaneira das mercadorias depositadas nos armazéns alfandegados das zonas primárias dos portos, aeroportos e postos de fronteira e nos armazéns alfandegados de zona secundária (centrais aduaneiras interiores, entrepostos aduaneiros, depósitos alfandegados públicos, terminais retroportuários alfandegados, etc..), para efeito de seu desembaraço.

Pela sistemática do pagamento antecipado do imposto de importação, seu lançamento é por homologação e o desembaraço da mercadoria não configura a homologação desse lançamento.

A legislação prevê a revisão sistemática desse lançamento dentro do prazo decadencial de 5 anos (decadencial, e não prescricional). Ainda nessa sistemática, o maior volume de mercadorias importadas para consumo é desembaraçado em regime de despacho aduaneiro simplificado que transfere para a fiscalização na zona secundária a homologação do lançamento. Se nessa fiscalização se apurar diferença de tributos, estes serão lançados, facultando-se ao contribuinte impugnar o lançamento com todas as garantias do devido processo legal, no rito do Decreto n. 70.235/76.

Agora, se o mesmo fato ocorrer na zona primária, para o desembaraço da mercadoria, o contribuinte, se não concordar com o lançamento, somente exercitará na plenitude o seu direito ao devido processo legal se garantir o valor do crédito tributário mediante depósito em dinheiro, caução em títulos da dívida pública federal ou fiança bancária.

Isto porque, o Dec.-lei n. 1.455/76 em seu art. 39 prescreve: "Art. 39. O Ministro da Fazenda definirá os casos em que poderá ser admitida mediante as garantias que entender necessárias, a liberação de mercadorias importadas objeto de litígios fiscais, antes da decisão final".

Em decorrência foi baixada pelo Ministro da Fazenda a Portaria n. 389, de 13.10.76, que em seu item 1 permite às mercadorias importadas, retidas pela autoridade fiscal da repartição de despacho, exclusivamente em virtude de litígio, o seu desembaraço, a partir do início da fase litigiosa do processo, nos termos do art. 14 do Decreto n. 70.235 de 6.3.72, mediante depósito em dinheiro, caução de títulos da dívida pública federal ou fiança bancária, no valor do montante exigido.

Qual é a conseqüência desses atos para que o contribuinte possa exercer na sua plenitude o seu direito ao devido processo legal?

A nosso ver isso acarreta uma "capitis deminutio" pelo menos mínima, tendo em vista que prejudica em parte o seu direito de defesa. Isto porque os dispositivos citados, pelo fato de permitirem o desembaraço da mercadoria objeto da exigência fiscal após a instauração da fase litigiosa do processo, e considerando os elevados custos de armazenagem incidentes sobre a mesma mercadoria, clamando por seu rápido desembaraço, obrigam o contribuinte a apenas duas opções:

a) concordar com a exigência fiscal sem discutir, pagar o exigido e retirar a mercadoria;

b) ou elaborar às pressas uma impugnação para inaugurar o litígio, prestar as garantias exigidas e retirar a mercadoria.

A "capitis deminutio" está na perda da utilização do direito ao prazo de 30 dias para defesa previsto no art. 15 do Decreto n. 70.235/72, tempo esse necessário para a elaboração de melhor defesa, produção de provas, que no comércio exterior pode demandar, às vezes, muitos dias. Se o contribuinte utilizar todo o prazo, o custo de armazenagem pode até superar o valor da mercadoria, com todas as conseqüências danosas ao contribuinte e à própria economia interna do País.

Além do mais, isso contraria a súmula 323 do Supremo Tribunal Federal ("verbis"):

"É inadmissível a apreensão de mercadorias como meio coercitivo para pagamento de tributos." Entenda-se apreensão como retenção.

Agora, e isso é de suma importância, vamos relacionar esses dispositivos em foco, com o princípio da isonomia abordado na seção I.3 deste trabalho.

Em destaque o item 4 da Portaria Ministerial n. 389 de 3.10.76, que prescreve: "4. Não estão obrigados à prestação da garantia estabelecida no item 1 os órgãos da *Administração Pública*, caso em que se exigirá, apenas, a assinatura de termo de responsabilidade ressalvado o disposto no § 2º do art. 34 do Decreto-lei n. 1.455 de 7.5.76, e sem prejuízo dos procedimentos fiscais previstos no § 3º do mesmo artigo" (grifos nossos).

O dispositivo acima transcrito fere o princípio da isonomia previsto nos arts. 150, inc. II e 173, §§ 1º e 2º da Constituição já transcritos na seção I.3 deste trabalho, na medida em que privilegia determinados contribuintes em detrimento de outros na mesma situação jurídica.

O art. 150, inc. II, veda à União instituir *tratamento desigual* entre contribuintes que se encontrem em *situação equivalente* e o § 2º do art. 173 prescreve que as empresas públicas e as sociedades de economia mista não poderão gozar de *privilégios fiscais não extensivos* às do *setor privado*.

Ora, por *órgãos da Administração Pública* mencionados no item 4 da Portaria n. 389/76, devemos entender aqueles definidos nos arts. 4º e 5º do Dec.-lei n. 200/67 (redação do Dec.-lei n. 900/69). Por aí se vê, que a Administração Pública compreende a administração direta e a administração indireta, nesta, nominalmente citadas as *empresas públicas e as sociedades de economia mista*, de que trata o art. 173, § 2º, da CF.

Assim, a preservação da consistência interna de nosso sistema jurídico exige o mesmo tratamento para os contribuintes do setor privado — situação igual, tratamento igual. É o princípio da igualdade, que consiste em tratar igualmente os iguais e desigualmente os desiguais.

Qual seria, portanto, a fórmula a se adotar para se compatibilizar o art. 39 do Dec.-lei n. 1.455/76 e a Portaria n. 389/76 com os arts. 5º, inc. LV, 150, inc. II e 173, §§ 1º e 2º, da CF, no sentido de serem cumpridos integralmente os princípios da ampla defesa — devido processo legal — e da isonomia?

A nosso ver, a Administração deveria autorizar o desembaraço das mercadorias objeto de auto de infração e retidas nos recintos alfandegados de zona primária ou secundária, mediante simples assinatura de termo de responsabilidade, proporcionando-se ao contribuinte o pleno uso do prazo de 30 dias para impugnação sem o fantasma da coerção econômica pelo ônus da armazenagem.

A Fazenda Pública não deixará de estar garantida, pois conforme prescreve o art. 548 e parágrafos do Decreto n. 91.030 de 5.3.85, "verbis":

"Art. 548. O termo de responsabilidade constitui título representativo de direito líquido e certo da Fazenda Nacional com relação à obrigação tributária nele garantida.

"§ 1º. Não cumprida a obrigação, principal ou acessória, cuja suspensão lhe deu causa, o termo será objeto de execução administrativa na forma de ato normativo da Secretaria da Receita Federal.

"§ 2º. Não efetuado o pagamento do crédito tributário exigido, o termo será encaminhado à cobrança judicial."

IV — Conclusão

1. Os arts. 27 e 39 do Dec.-lei n. 1.455/76 e a Portaria Ministerial n. 389/76 não resistem a um confronto com os arts. 5º, incs. LIV e LV, 150, inc. II e 173, §§ 1º e 2º, da CF.

2. A observância pela Administração, do devido processo legal e do duplo grau de jurisdição é obrigatória nas hipóteses de contencioso na área aduaneira em que haja procedimentos fiscais de apreensão de mercadorias estrangeiras ou exigência de créditos tributários, em face da interpretação do art. 5º, incs. LIV e LV, da CF pela Consultoria Geral da República através de pareceres aprovados e publicados.

3. Em face do princípio da isonomia e da ampla defesa, não haverá nenhuma ilegalidade no fato de a Administração autorizar o desembaraço de mercadorias estrangeiras mediante assinatura de termo de responsabilidade antes do início de fase litigiosa do processo pela apresentação de impugnação.

São Paulo, outubro de 1992.

NOTAS & COMENTÁRIOS

INCENTIVOS A INVESTIMENTOS (ISENÇÃO OU REDUÇÃO DE IMPOSTOS TRATAMENTO JURÍDICO-CONTÁBIL APLICÁVEL)

NATANAEL MARTINS
Advogado em São Paulo

1. Introdução. 2. O conceito de subvenção (inclusive sob a forma de isenção ou redução de impostos) e de doações — Opinião da Receita Federal (PNs CST 2/78, 112/78 e 113/78). 3. O conceito jurídico de subvenção. 4. O conceito jurídico de isenção ou redução (dedução) tributária. 5. Crítica aos PN-CST n. 2/78, 112/78 e 113/78. 6. A exegese do artigo 38, § 2º do Decreto-lei n. 1.598/77 e do artigo 182, § 1º, "d", da Lei n. 6.404/76. 7. Contabilização da reserva de capital (valores recebidos a título de subvenções para investimento ou de doações). 8. Contabilização da Provisão para Imposto de Renda (PIR) em face da hipótese de isenção ou de redução de imposto. 9. Conclusões.

1. Introdução

As subvenções para investimento e as doações possuem tratamento específico perante a legislação societária e tributária.

Com efeito, dispõe o art. 182, § 1º, "d", da Lei 6.404/86:

"Art. 182. A conta de capital social discriminará o montante subscrito e, por dedução, a parcela ainda não realizada.

"§ 1º. Serão classificados como reservas de capital as contas que registrarem:

"...

"d) as doações e as subvenções para investimento."

E complementa o Decreto-lei 1.598/77, baixado para harmonizar as normas introduzidas pela legislação societária no âmbito da legislação tributária, com a redação alterada pelo Decreto-lei 1.730/79:

"Art. 38. (...)

"§ 2º — As subvenções para investimento, inclusive mediante isenção ou redução de impostos concedidas como estímulo à implantação ou expansão de empreendimentos econômicos, e as doações, feitas pelo Poder Público, não serão computadas na determinação do lucro real, desde que:

"a) registradas como reserva de capital, que somente poderá ser utilizada para absorver prejuízos ou ser incorporada ao capital social, observado o disposto nos §§ 3º e 4º do art. 19, ou "b) feitas em cumprimento de obrigação de garantir a exatidão do balanço do contribuinte e utilizadas para absorver superveniências passivas ou insuficiências ativas."

Portanto, do ponto de vista tributário, obedecidas as prescrições legais, as subvenções para investimento e as doações feitas pelo Poder Público não são tributadas pelo imposto de renda e, também, pelo fato de serem creditadas diretamente em conta de reserva de capital, não se sujeitam ao imposto sobre o lucro líquido (ILL) de que trata o art. 35 da Lei 7.713/88; tampouco se sujeitam à incidência da contribuição social (salvo, quanto se tratar de subvenção derivada do imposto de renda).

Mas, não obstante o tratamento tributário aplicável seja de fácil solução, a definição do conceito do que efetivamente pode ser tipificado com subvenção para investimento, inclusive sob a forma de isenção ou redução de impostos, é tormentosa, máxime porque a doutrina pátria é praticamente omissa, com o agravente, ainda, de que o posicionamento da Receira Federal não nos convence, como a seguir veremos.

2. *O conceito de subvenção (inclusive sob a forma de isenção ou redução de impostos) e de doações — Opinião da Receita Federal (PNs CST 2/78, 112/78 e 113/78)*

A Coordenação do Sistema de Tributação, através dos Pareceres Normativos em referência, entende em síntese, que:

I — Subvenções para investimento são as que apresentam as seguintes características:

- a intenção do subvencionador de destiná-las para investimento;
- a efetiva e específica aplicação da subvenção pelo beneficiário, nos investimentos previstos na implantação ou expansão do empreendimento econômico projetado, e
- o beneficiário da subvenção ser a pessoa jurídica titular do empreendimento.

II — As isenções ou reduções de impostos só se classificam como subvenções para investimento, se presentes todas as características acima mencionadas.

III — As isenções, reduções ou deduçẽs do imposto de renda devido pelas pessoas jurídicas não poderão ser tidas como subvenção para investimento.

IV — Doações e subvenções, apesar do traço comum que as unem — a liberalidade — não se confundem.

3. *O conceito jurídico de subvenção*

Na definição de De Plácido e Silva, subvenção é um "auxílio ou ajuda pecuniária que se dá a alguém ou a alguma instituição, no sentido de os proteger, ou para que se realizem ou cumpram os seus objetivos" (*Vocabulário Jurídico*, 2ª ed., Ed. Forense, vol. IV/1.492).

Tecnicamente, o termo é usado para definir o auxílio ou ajuda pecuniária prestada pelos poderes públicos. Não sem razão, na Lei 4.320/64, que instituiu as normas gerais de direito financeiro para elaboração e controle dos balanços da União, dos estados, dos municípios e do Distrito Federal, encontramos a expressão *subvenções*, reforçando assim a idéia de tratar-se de categoria originária do direito administrativo.

Porém, se nos parece indiscutível o fato de a expressão *subvenção* ter-se originado do direito administrativo, indiscutível também nos parece, afastadas quaisquer considerações metajurídicas, que a subvenção, em qualquer das suas modalidades, dentro do ordenamento jurídico, é uma doação.

Outra aliás não é a opinião de Souto Maior Borges, lavrada em brilhante estudo sobre a matéria, que trazendo à colação a lição de Julio Neves Borrego, afirma que a subvenção é uma modalidade de doação modal, para afinal, complementar em arguta observação: "... Entretanto, se bem que a subvenção em Direito Civil, constitui uma forma de doação, caracterizando-se, portanto, pelo seu caráter não compensatório, no Direito Público, particularmente no Direito Financeiro, embora também se revista de caráter não remuneratório e não compensatório, deve submeter-se ao regime jurídico público, que impõe alteração nesse caráter não contra-prestacional. A sua gratuidade não exclui então, como no requisito de legitimidade, a ocorrência do interesse público relevante" (*RDP* 41-42/44-54).

Celso Antonio Bandeira de Mello e Geraldo Ataliba, em parecer publicado na *Revista de Direito Público*, na mesma linha do mestre pernambucano, após discorrerem que subvenção é palavra cujo étimo se encontra em "subventio" ("subvenire") e significa socorrer ou ajudar, e que, modernamente, sempre significa ajuda pecuniária, arrematam: "Em direito civil configura uma forma de doação. Isto acentua seu caráter não compensatório" (RDP 20/89)

Bulhões Pedreira, exímio tributarista, sobretudo em matéria de imposto de renda, embora não diretamente e apesar de à primeira vista parecer querer diferenciar juridicamente a subvenção da doação, nos comentários que faz a propósito da questão perante o imposto de renda, nos leva à inevitável conclusão de que ambas possuem a mesma identidade jurídica, senão vejamos:

"A legislação tributária denomina de subvenção as transferências de renda e capital recebidas pela pessoa jurídica porque: (a) em regra elas têm origem no setor público e assim são designadas na orçamentação e contabilidade públicas e (b) a expressão é usada, com o sentido de transferência de renda, no direito privado (Código Civil, art. 1.172)".

Na verdade, a aparente diferença com que o renomado tributarista tratou a matéria repousa tão-somente na idéia de que, apesar de subvenção e doação representarem modalidades de transferência de capital (com idêntica natureza jurídica), a palavra doação "é usualmente empregada para designar o negócio jurídico privado de transferência de capital" (ob. e loc. cit.).

Porém, a toda evidência, a subvenção (termo em regra utilizado para denominar transferência de recursos de poderes públicos para pessoas jurídicas privadas ou instituições) ajusta-se ao conceito de doação prescrito no Código Civil: "Art. 1.165. Considera-se doação o contrato em que uma pessoa, por liberalidade, transfere do seu patrimônio bem ou vantagens para o de outra, que os aceita".

Ora, definido que o termo *subvenção* ajusta-se ao conceito jurídico de doação, apenas sendo tecnicamente utilizado para designar transferências de recursos efetivadas por pessoas de direito público, à justa aplica-se o comando do art. 109 do CTN que impõe ao hermeneuta e aplicador do direito (tributário) a fiel observância da definição, conteúdo e alcance dos institutos, conceitos e formas de direito privado utilizados pelo legislador.

4. O conceito jurídico de isenção ou redução (dedução) tributária

É fora de dúvidas que isenção ou redução de impostos não se confundem com a subvenção, visto que possuem natureza jurídica diametralmente opostas.

Com efeito, Souto Maior Borges, autor do melhor estudo sobre isenções, no mencionado parecer, após abordar o fato de que, economicamente, isenção e subvenção têm um custo equivalente, o que teoricamente permitiria substituir um dado sistema de isenções por um sistema de subvenção, e chamar a atenção de que esta ordem de consideração, de cunho estritamente econômico, é inteiramente irrelevante para a preocupação do jurista, que trabalha apenas com a relidade normativa, salienta que: "A subvenção é um ato translativo de domínio, que implica sempre um "dare", enquanto a isenção não implica aquisição alguma, implicando, ao contrário, um "non dare" (ob. cit.).

Subseqüentemente, explica: "Nesse ponto da exposição, a análise jurídica adentra-se na radical distinção entre isenção tributária e subvenção financeira. Com efeito, enquanto a isenção tributária opera dentro do campo material do princípio de legalidade tributária..., explicitado pelo Código Tributário Nacional (art. 97, VI, e 175, II), a subvenção financeira está claramente excluída desse âmbito. Tanto que dela não cogita o Código Tributário Nacional" (*RDP* 41-42/44-54).

Geraldo Ataliba e Celso Antonio Bandeira de Mello, no já citado parecer, no mesmo diapasão, concluíram:

"1. O direito estabelecido por lei, a perceber, do Poder Público, certas importâncias em dinheiro configura subvenção, que se conceitua como ajuda ou auxílio pecuniário.

"A relação obrigacional daí emergente tem como credor o particular beneficiário e, como devedor, o Poder Público.

"Não pode, por isso, confundir-se, nem praticamente, com a isenção, que configura exclusão de direito obrigacional cujo credor é o Estado e cujo devedor é um contribuinte" (ob. cit., p. 99).

Porém, se é fora de dúvidas que a figura da subvenção não se confunde com a isenção ou redução tributária, inegável que o direito positivo pode conferir a estas efeitos jurídicos idênticos aos conferidos àquela, máxime por razões de ordem econômica.

Ora, foi justamente o que ocorreu. O legislador tributário, por razões de ordem evidentemente econômica, textualmente equiparou às subvenções as isenções ou reduções de impostos concedidas como estímulo à implantação ou expansão de empreendimentos econômicos. Ou seja, mediante norma de direito positivo, apesar da diferença conceitual existente entre a figura da subvenção e o regime juídico da isenção ou redução tributária, tão magnificamente exposta pelo ínclito Souto Maior Borges, o tratamento tributário concedido foi idêntico e dentro desse contexto a matéria deve ser interpretada e aplicada.

Daí porque assevera Bulhões Pedreira, sem entrar no mérito das diferenças conceituais existentes entre estas diversas modalidades de incentivo fiscal: "O DL n. 1.598/77, para evitar dúvidas, esclarece que o conceito de subvenção para investimento inclui as que revestem a forma de isenção ou redução de impostos concedida como estímulo à implantação ou expansão de empreendimentos econômicos" (*Imposto sobre a Renda, Pessoa Jurídica*, vol. II, p. 688, Rio, Justec Editora, 1979).

5. *Crítica aos PN-CST n. 2/78, 112/78 e 113/78*

A Coordenação do Sistema de Tributação, através dos citados pareceres normativos, como visto linhas atrás, entende, além dos demais requisitos legais, ser imprescindível que, para caracterização da figura da subvenção para investimento (inclusive sob a forma de isenção ou redução), "não basta apenas o "animus" de subvencionar para investimento. Impõe-se, também, a efetiva e específica aplicação da subvenção, por parte do beneficiário, nos investimentos previstos na implantação ou expansão do empreendimento econômico projetado. Por outro lado, a simples aplicação dos recursos decorrentes da subvenção em investimentos não autoriza a sua classificação como subvenção para investimento".

Ademais, entende ainda a CST (PNCST n. 112/78): "3.3. As isenções ou reduções do Imposto de Renda devido pelas Pessoas Jurídicas, em função dos incentivos fiscais para o desenvolvimento econômico regional e setorial, podem, à primeira vista, apresentar, razões de ordem lógica para mostrar o contrário. O Imposto de Renda devido pela Pessoa Jurídica é o indicador do montante da participação do Poder Público no resultado positivo apresentado pela pessoa jurídica. Esse resultado positivo intitulado de lucro real, é pois anterior ao imposto e, portanto, insuscetível de ser por ele influenciado. Em outras palavras, o lucro real é a causa e o imposto o efeito. Em decorrência, o próprio favor fiscal — não computante na determinação do lucro real — é inviável. Se não bastante a lógica pode-se, ainda, acrescentar que se as isenções ou reduções do Imposto de Renda devidos pela Pessoa Jurídica pudessem ser tidas como *subvenções para investimentos*, desnecessária a regra especificamente estabelecida para elas no § 3º do art. 19 do Decreto-lei n. 1.598/77".

Entretanto, a Coordenação do Sistema de Tributação interpretou incorretamente a legislação tributária, como magistralmente demonstra Bulhões Pedreira, dispensando outros comentários:

"A subvenção para investimento e a doação não pressupõem, todavia, aplicação de recursos no ativo permanente da pessoa jurídica. O capital próprio (assim como o de terceiros) acha-se aplicado, de modo indiscriminado, em todos os elementos do ativo, e a pessoa jurídica pode receber subvenções para investimento ou doações para aumentar o capital de giro próprio.

"A afirmação do PN-CST n. 112/78 de que só existe subvenção para investimento quando há "a efetiva e específica aplicação da subvenção, por parte do beneficiário nos investimentos previstos na implantação ou expansão do empreendimento econômico projetado", não tem fundamento legal. O § 2º do art. 38 do DL n. 1.598/77 somente se refere à "implantação ou expansão de empreendimentos econômicos" para identificar a subvenção sob a forma de isenção ou redução de impostos, e não como requisito de toda e qualquer subvenção para investimento. Pode haver transferência de capital sem vinculação à implantação ou expansão de determinados empreendimentos econômicos: basta que a intenção do doador seja transferir capital e que a pessoa jurídica registre os recursos recebidos como reserva de capital.

"O PN-CST n. 112/78 interpreta restritivamente a expressão *subvenção para investimento*, ao considerar como requisito essencial que os recursos doados sejam aplicados em bens do ativo permanente. Essa interpretação não tem fundamento na lei. A legislação tributária classifica todas as subvenções em apenas duas categorias — correntes e para investimento. A que não se classifica em uma delas pertence, necessariamente, à outra, e toda transferência de capital é subvenção para investimento. A palavra investimento, no caso, deve ser entendida nos seus dois sentidos — de criação de bens de produção e de aplicação financeira."

E continua o renomado tributarista:

"Não tem procedência a afirmação do PN-CST n. 112/78 de que "as isenções, reduções ou deduções do imposto de renda devido pelas pessoas jurídicas não poderão ser tidas como subvenção para investimento".

"A afirmação, que contradiz a letra do dispositivo legal, baseia-se em dois argumentos: (a) que a norma legal manda não computar no lucro real a subvenção para investimento — e o imposto sobre a renda, que é "efeito do lucro real", não pode logicamente ser computado ou deixar de ser computado no lucro real; e (b) se as isenções ou reduções do imposto devido pelas pessoas jurídicas pudessem ser tidas como subvenções para investimento, seria desnecessária a norma do § 3º do art. 19 do DL n. 1.598/77.

"O primeiro argumento confunde o imposto (que é a quantidade de moeda que a pessoa jurídica deve à União, como prestação da obrigação tributária) com a subvenção para investimento (que é a quantidade de dinheiro que a União paga à pessoa jurídica como transferência de capital). Na subvenção para investimento sob a forma de isenção ou redução de imposto que lhe é devido para, em seguida, devolver igual importância como transferência de capital, a lei admite a compensação do imposto com a subvenção; a pessoa jurídica pode deixar de pagar o imposto, no todo ou em parte, desde que registre como subvenção recebida da União a importância que deixou de ser paga. Não há, portanto, impossibilidade lógica de tratar como subvenção para investimento o imposto sobre a renda que deixou de ser pago, porque a exclusão do lucro real não é do imposto mas da subvenção.

"O segundo argumento é igualmente improcedente. Primeiro, porque o fato de existir na lei um dispositivo geral, que conceitua como subvenção para investimento toda e qualquer isenção ou redução do imposto concedida como estímulo à implantação ou expansão de empreendimentos econômicos (art. 38, § 2º), e outro especial que dá o mesmo tratamento a determinadas isenções ou reduções (art. 19 §§ 2º e 4º), não autoriza a interpretação de que o dispositivo especial modifica o conteúdo ou exclui a aplicação do geral. Segundo, porque os dois dispositivos não conflitam mas estão articulados, tanto que o art. 38 faz remissão (embora com a citação errada) ao regime do art. 19. Terceiro porque as normas especiais do art. 19 justificam-se por regularem em modalidades de subvenção para investimento para as quais a legislação então em vigor exigia incorporação ao capital, que o DL n. 1.598/77 precisava tratar de modo especial a fim de substituir a capitalização pelo registro em conta de reserva de capital.

"O DL n. 1.598/77 baseou-se em anteprojeto de consolidação do imposto sobre o lucro das pessoas jurídicas divulgado pelo Ministério da Fazenda, que mantinha a tradição dos RIR anteriores de tratar as isenções do imposto no Capítulo inicial, como parte da definição das pessoas jurídicas contribuintes; e as isenções da SUDAM e da SUDENE, reguladas nos arts. 31 e seguintes, eram as primeiras normas em que aparecia a figura da subvenção para investimento sob a forma de isenção do imposto. Daí o anteprojeto regular, no art. 36 e seus parágrafos, o tratamento contábil dessas subvenções e a proibição de sua distribuição.

"A regra geral que exclui do lucro real qualquer modalidade de doação ou subvenção estava corretamente classificada na parte referente à definição da base de cálculo do imposto (art. 211). Por isso, na redação do projeto do DL n. 1.598/77 (que procurou observar a disposição das normas do anteprojeto) aparecem dois preceitos — um especial e outro geral — sobre subvenções para investimentos" (ob. cit. pp. 686-692).

6. A exegese do artigo 38 § 2º, do Decreto-lei n. 1.598/77 e do artigo 182, § 1º, "d", da Lei n. 6.404/76

Para que a colocações feitas até agora possam se harmonizar visando a integração da matéria ao ordenamento jurídico, é imprescindível proceder a uma análise histórico evolutiva da questão que, com certeza, servirá de apoio às definições que procuramos.

De início importante consignar que a legislação societária vigente até o advento da Lei 6.404/76 não fazia qualquer alusão às subvenções ou doações. Já a legislação tributária, pela Lei 4.506/64, regulou apenas as subvenções correntes, não fazendo qualquer referência às doações e subvenções para investimento, dispondo nos seguintes termos:

"Art. 44. Integram a receita bruta operacional:

"...

"IV — as subvenções correntes para custeio ou operações, recebidas de pessoas jurídicas de direito público ou privado, ou de pessoas naturais."

Com base nesse dispositivo legal, os regulamentos do imposto (inclusive o atual) normatizaram a matéria de forma idêntica.

Na verdade, foi com o advento da Lei 6.404/76 que pela primeira vez, expressamente a questão das subvenções para investimento e das doações foram reguladas.

Em função dessa inovação, o Decreto-lei 1.598/77, no âmbito da legislação do imposto de renda regulou a matéria, dispondo que as subvenções para investimento e as doações, cumpridos os requisitos legais, não seriam tributáveis pelo imposto de renda (art. 38, § 2º).

Posteriormente, o Decreto-lei 1.730/79, modificando o § 2º do art. 38 do Decreto-lei 1.598/77, restringiu a não tributação das doações pelo imposto de renda apenas às concedidas pelo poder público.

Ora, de plano verifica-se a ilogicidade com que a matéria veio sendo sistematicamente tratada, parecendo evidenciar que o elaborador dos textos legislativos desconhecia (e desconhece) o conceito jurídico de subvenção.

Com efeito a Lei 4.506/64 tratou das subvenções correntes recebidas de pessoas jurídicas de direito público ou privado ou de pessoas naturais, numa demonstração evidente de que o tratamento tributário deve ser idêntico, e que o termo subvenção, no dizer de Bulhões Pedreira, comumente utilizado para denominar transferências de recursos públicos, foi utilizado para também abrigar a transferência de recursos privados, em outra demonstração evidente de que para o legislador subvenção é uma modalidade de doação.

Ou seja, se o legislador tivesse julgado que subvenção e doação não se confundem, não poderia jamais ter tratado as transferências de recursos públicos e privados como se fossem uma única coisa, pois se dúvidas possam existir quanto à caracterização jurídica das transferências de recursos públicos, dúvidas inexistem em relação às transferências de recursos privados: em qualquer de suas modalidades, caracteriza-se como um ato de doação.

Por que então teria o legislador, na Lei 6.404/76 e por reflexo no Decreto-lei 1.598/77, distinguido as subvenções para investimentos das doações? Este fato estaria demonstrando que subvenção e doação não são expressões sinônimas?

A resposta, à vista das considerações feitas no decorrer deste estudo, sem dúvida nos conduz à inevitável afirmação de que o legislador utilizou a expressão *subvenção*, em sinonímia com o termo *doação* e que num segundo momento, com o advento do Decreto-lei 1.730/79, que restringiu a não tributação das doações às efetivadas pelo poder público, a sinonímia, foi útil, dada a nova redação que se implementou ao § 2º do art. 38 do Decreto-lei 1.598/77.

Nessa linha de raciocínio pela redação atual do art. 38, § 2º, do Decreto-lei 1.598/77, depreende-se que as subvenções para investimento não tributáveis pelo imposto de renda abrangem tanto a transferência de recursos promovidos pelo poder público, quanto pelo poder privado, ao passo que as doações não tributáveis limitam-se às transferências de recursos promovidas pelo poder público.

Afirmar que subvenção corrente não representa também uma modalidade de doação para daí concluir que os valores correspondentes devem ser contabilizados em resultados, com as conseqüências tributárias reflexas, seria, no mínimo, praticar um contrasenso ilógico e incompreensível.

Deveras, como justificar, dentro das regras de hermenêutica e aplicação do direito, o entendimento de que o legislador teve a intenção efetiva de tributar as subvenções correntes e, ao mesmo tempo, a intenção de não tributar as doações, que econômica e juridicamente se enlaçam?

Diante desses fatos, realmente se evidencia que o legislador não se utilizou de uma linguagem rigorosamente técnica, razão pela qual diante dessa erronia, devemos preservar o conteúdo legislado, função maior do jurista, conforme oportuna lição de Paulo de Barros Carvalho:

"A linguagem do legislador é uma linguagem natural penetrada, em certa porção, por termos e locuções técnicas. Nem poderia ser de outra maneira. Os membros das casas Legislativas, em países que se inclinam por um sistema democrático de governo, representam os vários segmentos da sociedade (...). Ponderações desse jaez nos permitem compreender o porquê dos erros, impropriedades técnicas, deficiências e equivocidades que os textos legais cursivamente apresentam. Não é, de forma alguma, o resultado de um trabalho científico e sistematizado. Principalmente no campo tributário, nos últimos tempos, os diplomas se sucedem numa velocidade espantosa, sem que a cronologia corresponda a um plano preordenado e racional. Ainda que as Assembléias nomeiem comissões encarregadas de cuidar dos aspectos formais e jurídico-constitucionais dos diversos estatutos, prevalece a formação extremamente heterogênea que as caracteriza.

"Se, de um lado cabe deplorar produção legislativa tão desordenada, por outro, sobressai com enorme intensidade, o labor científico do jurista, que nesse momento surge como a única pessoa credenciada a desvelar o verdadeiro conteúdo, sentido e alcance do texto legislado" (*Curso de Direito Tributário*, 2ª ed. p. 314).

Logo, por exigência da interpretaçao do verdadeiro conteúdo, sentido e alcance do texto legislado adequando os termos utilizados pelo legislador aos conceitos jurídicos aplicáveis, conclui-se que o Decreto-lei 1.598/77 derrogou o art. 44 da Lei 4.506/64, de sorte que as transferências de recursos promovidas pelo poder público de qualquer espécie, atendidas as condições impostas, não são tributáveis pelo imposto de renda, devendo desde logo ser classificadas em conta de reserva de capital.

7. *Contabilização da reserva de capital (valores recebidos a título de subvenções para investimento ou de doações)*

Os valores recebidos pela sociedade com a finalidade de constituir reserva de capital (dentre os quais as subvenções para investimento, inclusive mediante isenção ou redução de impostos concedidas como estímulo à implantação ou expansão de empreendimentos econômicos) e as doações, na melhor técnica contábil, não devem transitar pela conta de resultados por não representarem, em verdade, lucros auferidos pela empresa.

Daí porque tais valores, à medida que recebidos ou auferidos, devem ser creditados diretamente em conta de reserva de capital, como aliás orientam Sérgio de Iudícibus, Eliseu Martins e Ernesto Rubens Gelbcke, no excelente *Manual de Contabilidade das Sociedades por Ações*:

"20.3. Reservas de Capital

"20.3.1. Conceito

"As reservas de capital são constituídas com valores recebidos pela companhia e que não transitaram pelo resultado como receitas.

"...

"20.3.2. Conteúdo e classificação das contas

"d) Doações e subvenções para investimento

"I) — Doações

"O valor das doações recebidas pela companhia constituirá reserva de capital. Essas doações poderão ser em dinheiro ou em bens imóveis, móveis ou direitos.

"...

"II) — Subvenções

"Tratando-se de subvenções destinadas a investimento (expansão empresarial), devem ser creditadas diretamente nessa conta de reserva de capital — doações e subvenções para investimentos para a qual a empresa deve ter subconta por natureza de subvenção recebida."

Subseqüentemente, citando um exemplo de subvenção para investimento, sob a forma de restituição de ICM, explicam:

"Em decorrência das normas da Lei 6.404/76 e da legislação fiscal impondo o registro desse favor em conta de reserva de capital, o esquema de lançamento a seguir visualizado pode ser apresentado.

	DÉBITO	CRÉDITO
NO MÊS DE COMPETÊNCIA		
ICM faturado nas vendas	x	
O ICM a recolher		x
NO RECOLHIMENTO DO ICM		
a) pelos 100% do imposto ICM a recolher	x	
a Caixa ou Bancos		x
b) pelo valor do incentivo Depósitos		
vinculados a liberar a Reserva de		
Capital e Subvenções p/investimento	x	x

"Esse retorno não é considerado, pois, nem receita nem redução de qualquer despesa, mas sim diretamente como acréscimo do patrimônio líquido, (Ed. Atlas, 3ª ed., pp. 417 a 419)."

Nilton Latorraca que, com rara felicidade, fere ainda a questão da subvenção concedida mediante isenção ou redução de impostos, corroborando as opiniões de Iudícibus, Eliseu e Gelbcke, esgotando a questão, esclarece:

"21.17 Reservas de Capital

"A lei distingue claramente as reservas de capital das reservas de lucros, quer quanto à constituição delas, quer quanto ao destino que pode ser dado aos seus saldos.

"...

"É importante observar que os valores recebidos a esse título aumentarão o patrimônio social mas não serão considerados como receita do exercício, nem demonstrados com lucros; irão diretamente para a conta de reserva de capital..."

E conjugando a legislação societária à tributária, prossegue Latorraca:

"Como já referimos a Lei n. 6.404/76 dispôs que as subvenções para investimentos constituirão reserva de capital. Isto significa que, em princípio não constituem lucro nem estão disponíveis para distribuição como dividendo.

"O Decreto-lei n. 1.598/77, ao adaptar a legislação fiscal às inovações da Lei das Sociedades por Ações dispôs, em seu art. 38, § 2º, que:

"As subvenções para investimentos, inclusive mediante isenção ou redução de impostos concedidos como estímulo à implantação ou expansão de empreendimentos econômicos, e as doações não serão computadas na determinação do lucro real, desde que:

"a) registradas como reserva de capital, que somente poderá ser utilizada para absorver prejuízos ou ser incorporada ao capital social...

"b) ...

"Assim, como condição para obter a exclusão do imposto de renda, as pessoas jurídicas que obtiverem subvenções ou doações deverão creditá-las à reserva de capital. Até aqui a norma não constitui novidade. Ocorre, porém, que para efeitos dos benefícios fiscais, a norma do art. 38 § 2º, equipara à subvenção a isenção ou a redução de impostos concedidos como estímulo à implantação ou expansão de empreendimentos econômicos.

"A Lei n. 6.404 refere-se apenas a doações e subvenções para investimento, o que levaria o intérprete a indagar se não haveria uma aparente incompatibilidade legal. Parece-nos que não. O Decreto-lei n. 1.589 estendeu o uso da reserva de capital para abranger situações que a Lei n. 6.404 não previra. Entender que a reserva de capital, prevista pela Lei n. 6.404, não pode ser usada para registrar a isenção, e a redução concedidas nos termos do art. 38, § 1º, do Decreto-lei n. 1.598, seria tornar esta norma inaplicável. Concluímos, portanto, como única forma capaz de compatibilizar as duas disposições, que o Decreto-lei n. 1.598 ampliou o alcance da norma da alínea *d* do § 1º do art. 182 da Lei n. 6.404 para abranger as hipóteses de redução ou isenção excluídas da tributação, na forma do referido § 2º do art. 38 do Decreto-lei n. 1.598."

E enfaticamente conclui: "O Decreto-lei n. 1.598 equiparou, portanto, à subvenção para investimento o acréscimo patrimonial decorrente das isenções a que ele se refere. Embora essa norma imponha uma condição para efeitos fiscais, a sua realização depende de uma providência de natureza contábil, que terá de ser feita nos registros permanentes, pois seu objetivo final é impedir a distribuição do acréscimo patrimonial subsidiado pelo fisco mediante redução ou isenção tributária" (*Direito Tributário, Imposto de Renda das Empresas* Ed. Atlas, 1988, pp. 351-354).

8. Contabilização da Provisão para Imposto de Renda (PIR) em face de hipótese de isenção ou de redução do imposto

A contabilização do PIR em regra não oferece maiores dificuldades, prevalecendo sempre a idéia de que o imposto efetivamente a pagar é a despesa que deve ser provisionada quando do encerramento de exercício.

Mas é bem verdade que à vista do regime de competência contábil e das regras de apuração do lucro real, que admitem exclusões ou inclusões temporárias, contabilmente, para não ferir esse regime econômico de apuração de resultados, às vezes faz-se necessário provisionar em despesas, a crédito do passivo, o imposto não exigível no exercício, mas devido futuramente em razão de receitas excluídas de tributação, ou, ao contrário, diferir o lançamento de despesa do imposto exigível no exercício, mas relativo a despesas (provisões) dedutíveis futuramente.

Entretanto, se do ponto de vista da ciência contábil a questão da contabilização da PIR em princípio não comportaria maiores considerações do que as até aqui expendidas, em face das interferências que as normas de direito positivo impõem às sociedades, com reflexos na apuração de suas demonstrações financeiras, forçoso concluir ser inarredável também analisar todas as demais normas da legislação tributária.

Assim, nessa linha de raciocínio, nao se pode deixar de lado a análise do correto tratamento contábil que as subvenções para investimentos concedidas mediante isenção ou redução de imposto de renda, como estímulo à implantação ou expansão de empreendimentos econômicos, devem receber.

Isto porque, se, como quer o legislador (societário e tributário), que os valores relativos às isenções e às reduções tributárias da espécie devem ser creditados diretamente em conta de reserva de capital, para impedir sua distribuição como lucro apurado, visto que o benefício é concedido a título de acréscimo ao patrimônio (transferência de capital), se, para que isto seja possível, os valores não podem e não devem transitar em conta de resultados, evidente que a provisão do imposto de renda em despesa deve ser constituída pelo valor bruto (isto é, desconsiderando-se os os incentivos), retirando-se do passivo criado a parcela destinada à conta de reserva de capital.

Nem se diga que essa conclusão seria absurda sob a alegação de que porque a sociedade não pagaria imposto (hipótese de redução), não se justificaria o procedimento técnico contábil.

Ora, é exatamente em função da vontade do legislador tributário, que equiparou as isenções ou reduções tributáveis à subvenção, que o tratamento contábil deve ser o acima exposto, pela simples razão de que, por ficção legal, a subvenção, seja de caráter financeiro, seja concedida através das ditas isenções ou reduções tributárias, devem receber idêntico tratamento tributário, ato este, de resto, esgotado pelo eminente Bulhões Pedreira (ob. cit.)

Nesse particular, aliás, a orientação emanada pela Comissão de Valores Mobiliários (CVM), no ofício circular CVM/PTE n. 309/86, está em perfeita consonância com o direito aplicável à matéria e a melhor técnica contábil: "7. Provisão para Imposto de Renda e incentivos fiscais — na demonstração do resultado do exercício, o imposto de renda devido será provisionado pelo valor bruto a recolher. Em nota explicativa nas demonstrações financeiras deverá ser evidenciada a parcela relativa a incentivos fiscais embutida no valor bruto provisionado e feita referência à disposição legal permissionária da utilização dos incentivos. *Nos casos de isenção temporária, o imposto que seria devido será computado para a determinação do resultado líquido do exercício e, posteriormente, transferido para a respectiva reserva de capital, indicando em nossa explicativa, as datas de início e término do benefício*".

Diante desses fatos, com a devida vênia, causa-nos perplexidade a posição do IBRACON-Instituto Brasileiro de Contadores, que é de opinião que nos casos de isenção ou reduções de imposto sobre a renda, as demonstrações contábeis devem refletir o encargo do imposto contabilizado pelo seu valor líquido (imposto efetivo a pagar), sob a alegação de que, em virtude do incentivo fiscal, as empresas não efetuam qualquer desembolso nem têm qualquer ônus, não havendo porque onerar o resultado do exercício por um encargo que não existe, de vez que o benefício fiscal é líquido e certo. Ademais, apresenta-se-nos também incompreensível apropriar de lucros acumulados à conta de reserva de capital o montante da subvenção concedida, eis que tal procedimento não se ajusta às normas da legislação tributária e societária, porque o trânsito por resultados, a rigor, implicaria computar o valor na base de distribuição de dividendos (teria composto o lucro líquido do exercício), assim como serviria de base de cálculo do imposto sobre o lucro líquido (ILL).

Daí porque Modesto Carvalhosa e Nilton Latorraca serem enfáticos ao concluir: "É importante observar que os valores recebidos a esse título aumentarão o patrimônio social, mas não serão considerados como receitas do exercício, nem demonstrados como lucros; irão diretamente para a conta de reserva de capital (*Comentários à Lei de Sociedades Anônimas*, Ed. Saraiva, 1978, p. 38).

Nem se diga que na hipótese vertente a sociedade nada recebeu, pois não é demais repetir que a subvenção é concedida, "ex vi legis", via isenção ou redução tributária, que economicamente tem para o Estado um custo equivalente ao de uma subvenção financeira.

9. Conclusões

1. Juridicamente, a subvenção, em qualquer de suas modalidades, caracteriza-se como uma doação e, quando concedida pelo poder público, desde que registrada em conta de reserva de capital, que somente poderá ser utilizada para absorver prejuízos ou ser incorporada ao capital social, não será tributada pelo imposto de renda. Conseqüentemente, tampouco servirá de base para cálculo da contribuição social e do imposto sobre o lucro líquido.

2. A subvenção para investimento (deixando de lado o mérito de tratar-se, juridicamente de uma doação), caracteriza-se em função de sua natureza — de uma transferência de capital — sendo irrelevante a destinação do seu valor. Vale dizer, "a palavra investimento, no caso, deve ser entendida nos seus dois sentidos — de criação de bens de produção e de aplicação financeira" (Bulhões Pedreira), jamais como condicionante de que o valor recebido deva estar vinculado à (implantação ou expansão de determinados empreendimentos econômicos) aquisição de determinados bens ou direitos sujeitos a imobilização.

3. As isenções ou reduções tributárias não se confundem, juridicamente, com subvenção. Todavia, quando concedidas como estímulo à implantação ou expansão de empreendimentos econômicos, por ficção legal, equiparam-se às subvenções para investimento, gozando de idêntico tratamento tributário (salvo em relação às isenções ou reduções do imposto de renda que de qualquer forma se submetem à incidência da contribuição social).

4. Com o advento do Decreto-lei 1.598/77, foi derrogado o art. 44 da Lei 4.506/64. Conseqüentemente, as transferências de recursos promovidas pelo poder público, de qualquer espécie (para investimentos ou correntes), atendidas as condições impostas, não são tributáveis pelo imposto de renda.

5. As subvenções recebidas pela sociedade, inclusive sob a forma de isen-

ções ou redução tributária, devem se registradas diretamente em conta de reserva de capital, não transitando pela conta de resultados.

6. A provisão para o imposto de renda deve ser contabilizada pelo valor bruto e, posteriormente, do passivo criado, dever ser transferido para a respectiva conta de reserva de capital o montante da isenção ou redução do imposto, concedida como estímulo à implantação ou expansão de empreendimentos econômicos.

NOTAS & COMENTÁRIOS

CAUTELARES — LIMINARES E ACESSO AO JUDICIÁRIO (LEI N. 8.437/92)

MÁRCIO SEVERO MARQUES
Auxiliar de Ensino na Faculdade de Direito da Universidade Católica de São Paulo

Aos 30 de junho de 1992 foi editada a Lei n. 8.437, que veio dispor sobre a concessão de medidas cautelares contra atos do Poder Público, determinando em seu art. 1º. o seguinte: "Não será cabível medida liminar contra atos do Poder Público, no procedimento cautelar ou quaisquer outras ações de natureza cautelar ou preventiva, toda vez que providência semelhante não puder ser concedida em ações de mandado de segurança em virtude de vedação legal".

Por força do dispositivo legal em questão, foram restringidas as hipóteses de cabimento de medida liminar em ações cautelares, no âmbito do sistema positivo vigente. A possibilidade de obtenção de liminar neste tipo de ação (cautelar) ficou, pois, limitada às hipóteses em que esta também seja cabível em mandado de segurança, nos casos específicos de atos praticados pelo Poder Público.

Em decorrência dessa restrição, todavia, foram desrespeitados os princípios constitucionais da universalidade da jurisdição e da divisão de Poderes.

O primeiro princípio citado visa, precipuamene, à tutela dos direitos e garantias fundamentais, tendo sido outorgado ao Poder Judiciário o monopólio do controle jurisdicional. É o que dispõe o art. 5º., XXXV, da Constituição Federal: "A lei não excluirá da apreciação do Poder Judiciário lesão ou ameaça a direito".

Com a promulgação do texto constitucional de 1988, supra transcrito, foi ampliado o alcance desse princípio, estendendo-se o controle jurisdicional à ameaça de direto[1] e fortalecendo-se o Poder Judiciário, que, desde então, pode conceder medidas liminares para assegurar a tutela preventiva de direitos subjetivos (direitos ameaçados ainda não ofendidos concretamente).

1. A Constituição Federal de 1967, no seu art. 153, § 4º., assim determinava: "A lei não poderá excluir da apreciação do Poder Judiciário qualquer lesão de direito individual. O ingresso no juízo poderá ser condicionado a que se exauram previamente as vias administrativas, desde que não exigida garantia de instância, nem ultrapassado o prazo de cento e oitenta dias para a decisão sobre o pedido."

Com a promulgação da Constituição Federal de 1988 ficou estabelecido que a ameaça a direito também pode ser submetida à apreciação do Poder Judiciário, ampliando-se, dessa forma, o alcance do mencionado dispositivo constitucional, e, pois, o princípio da universalidade da jurisdição.

Esse princípio fundamenta-se na divisão de poderes (funções) do Estado e garante aos jurisdicionados a efetiva tutela de seus direitos subjetivos, porque outorga-lhes a faculdade de recorrer ao Poder Judiciário independentemente de discussão na esfera administrativa, que, por vezes, resta inócua, dada a parcialidade com que a questão é — usualmente — tratada pela Administração, sempre tendendo ao favorecimento do Poder Público, em detrimento do particular.

Com a edição da Lei n. 8.437/92 o Poder Legislativo pretende retirar parcela da garantia constitucional assegurada pelo transcrito inc. XXXV do art. 5º da Carta Magna, porque veda ao Judiciário a apreciação (por meio de concessão — ou não — de medida liminar) de ameaça a direito que não seja líquido e certo.[2] Direitos e garantias individuais, todavia, não podem ser abolidos nem mesmo por meio de emenda, em face do quanto dispõe o art. 60, § 4º, IV, da Constituição Federal. Por muito maior razão não o poderiam ser por meio de lei ordinária, como na hipótese em questão.

Mas a agressão do texto constitucional vai mais longe. É que, ao restringir o âmbito de atuação do Poder Judiciário, a Lei n. 8.437/92 agride também o princípio da divisão de poderes, contemplado no art. 2º da Constituição Federal, "in verbis": "São poderes da União, independentes e harmônicos entre si, o Legislativo, o Executivo e o Judiciário".

O princípio da divisão dos poderes decorre do poder político do Estado, que pode ser definido como *uma energia capaz de coordenar e impor decisões visando a realização de determinados fins.*[3] Esse poder político (do Estado) efetiva-se por meio do governo (ou órgãos governamentais), como nos ensina José Afonso da Silva: "O governo é, então, o conjunto de órgãos mediante os quais a vontade do Estado é formulada, expressada e realizada, ou o conjunto de órgãos supremos a quem incumbe o exercício das funções do poder político. Este se manifesta mediante suas funções que são exercidas e cumpridas pelos órgãos do governo. Vale dizer, portanto, que o poder político, uno, indivisível e indelegável, se desdobra e se compõe de várias funções, fato que permite falar em distinção de funções, que fundamentalmente são três: a legislativa, a executiva e a jurisdicional".[4]

Pode-se observar, portanto, que a divisão de poderes determinada pela Constituição Federal, na verdade, é uma divisão (ou repartição) de funções do poder político — que é uno, indivisível, pertencente ao Estado.

A idéia da separação de poderes, como observa o professor José Afonso da Silva,[5] já era sugerida por Aristóteles, embora tenha sido apenas com Montesquieu que essa doutrina veio a ser difundida.

O filósofo francês, observando a estrutura das sociedades, pôde perceber a existência de três funções básicas do Estado, que se traduziam nas funções executiva, legislativa e judiciária. Essas funções podiam ser identificadas em todas as sociedades.

A proposta da doutrina de Montesquieu era a de um sistema em que cada órgão viesse a desempenhar função distinta, mas, ao mesmo tempo, fosse dotado de mecanismo capaz de controlar as atividades exercidas por outro órgão, num sistema de freios e contrapesos. Ter-se-ia, dessa forma, uma contenção do poder pelo próprio poder. A partir daí

2. Referimo-nos aqui aos direitos que não podem ser comprovados de plano, por não serem líquidos e certos. Se assim fossem, poderiam ser tutelados por meio do mandado de segurança.

3. Cf. José Afonso da Silva, in *Curso de Direito Constitucional Positivo*, 8ª ed., Malheiros, 1992, p. 97.

4. Ob. cit., p. 98.

5. Ob. cit., p. 99.

desenvolveu-se a idéia de criação de três órgãos distintos e independentes entre si, para o exercício de tais funções.[6]

Não era rígida (independência total entre os poderes), todavia, essa separação dos poderes, pois cada um deles deveria controlar as atividades do outro, de modo a evitar um desvirtuamento da vontade do Estado. Daí a necessidade de que fossem harmônicos e coordenados entre si.

A lição de Celso Bastos é oportuna: "... a separação rígida dos poderes tornou-se inviável na prática. Isto devido à necessidade de impedir que os poderes criados se tornassem tão independentes a ponto de se desgarrarem de uma vontade política central que deve informar toda a organização estatal. Daí a introdução de uma certa coordenação entre eles, visando a harmonizá-los e contê-los dentro de uma cadeia de fins os quais devem servir, por serem fins do próprio Estado de quem são simples instrumentos. Além dessa coordenação evidenciou-se igualmente a conveniência de permitir a um determinado poder o exercício de funções que em princípio deveriam caber a outro. Isto explica a realidade de nossos dias, que retrata uma divisão flexível das funções entre os seus correspondentes órgãos".[7]

De fato, por vezes exerce o Judiciário funções que não lhe são próprias (e, pois, atípicas). Da mesma forma fazem o Legislativo e o Executivo. Deveras, cada poder exerce as três funções do Estado: uma delas em caráter primário e as outras em caráter meramente secundário, excepcional.

O princípio da divisão de poderes, assim, traduz-se na existência de três órgãos distintos pertencentes ao Estado, cada qual com funções típicas que não podem ser delegadas e nem subtraídas — a não ser nos casos expressamente previstos na Constituição Federal. Visa esse princípio, a preservar o sistema de freios e contrapesos estabelecido pelo próprio texto constitucional, de forma tal que esses poderes convivam de maneira harmônica e sejam independentes entre si.

A Lei n. 8.437/92, no entanto, interfere diretamente neste sistema de freios e contrapesos (que, é bom frisar, visa a manutenção da harmonia entre os Poderes da República) porque, com a sua entrada em vigor, *pretende-se que possam ser praticados atos pelo Poder Público que não poderão ser apreciados* (e, pois, controlados sob o aspecto legal) *pelo Poder Judiciário*, ainda que venham a lesar direitos individuais. Em outras palavras, *a ameaça a direito decorrente de ato do Poder Público*, segundo o estabelecido no diploma legal em questão, *não pode mais ser apreciada pelo Judiciário* — a não ser por meio de mandado de segurança, caso em que o direito há que ser líquido e certo.

O controle jurisdicional sobre os atos do Poder Executivo, dessa forma restringido, interfere em sua harmonia com o Poder Judiciário, contrariando o princípio da divisão de poderes, expressamente previsto no transcrito art. 2º da Constituição da República.

Podemos concluir, pois, pela inconstitucionalidade da Lei n. 8.437/92, posto que, limitando o controle, por parte do Poder Judiciário, dos atos praticados pelo Poder Público, retira garantia fundamental outorgada aos cidadãos, necessária à tutela de seus direitos subjetivos, agredindo frontalmente os princípios da universalidade da jurisdição e da divisão de poderes.

6. Quando essas três funções eram exercidas pela mesma pessoa, como no Estado Absoluto, todas as vontades dependiam do soberano, que detinha o exercício do poder. Essa forma de governo (absolutismo), todavia, gerava a desigualdade e o despotismo, violando direitos e liberdades individuais. A partir daí, então, desenvolveu-se a idéia de tripartição das funções do governo.

7. In *Curso de Direito Constitucional*, 14ª ed., Saraiva, 1992, p. 301.

A questão da inconstitucionalidade da Lei n. 8.437/92 deve ser analisada com maior rigor e sempre em cotejo com as normas constitucionais ordenadoras do sistema, posto que sua aplicação trará inevitáveis reflexos no ordenamento jurídico, uma vez que atinge, diretamente, direitos e garantias fundamentais, outorgados aos cidadãos pelo Poder Constituinte, representante de seus anseios, na busca do Estado Democrático de Direito.

NOTAS & COMENTÁRIOS

ICMS SOBRE ALIENAÇÃO DE BENS DO ATIVO IMOBILIZADO

CARLOS AMERICO DOMENEGHETTI BADIA
Advogado em São Paulo

A — Colocação do tema. B — Incidência e fato gerador do ICMS. C — A operação de alienação de bens do ativo imobilizado.

A — Colocação do tema

1. a partir de 5.10.90, e em face da sua não reconfirmação pelo CONFAZ, a antes vigente isenção do ICMS na alienação de bens do ativo imobilizado de empresas deixou de existir. Com isso, os estados passaram a exigir o referido tributo em qualquer dessas operações.

2. Mais recentemente, e em virtude da celebração do Convênio ICMS n. 6/92, foi instituída uma redução da base de cálculo do tributo apenas nos casos de alienação de bens com mais de 12 (doze) meses de uso. Assim, e em se tratando de bens com menos de 12 (doze) meses de uso, a pretensão dos estados é pela tributação.

3. A nosso ver, essa pretensão de tributação, com ou sem base de cálculo reduzida, implica desrespeito à Constituição Federal (CF) e ao Código Tributário Nacional (CTN), caracterizando a prática do confisco. É o que procuraremos demonstrar a seguir.

B — Incidência e fato gerador do ICMS

4. Para o desate da questão, é de fundamental importância, em primeiro lugar, examinar o perfil constitucional norteador da hipótese de incidência do tributo de que se cuida. A partir daí, e com a correta análise jurídica da operação de alienação de bens do ativo imobilizado, é que será possível concluir acerca da sua tributação ou não pelo ICMS.

5. Assim é que o art. 155, inc. I, alíena "b", da CF, dispõe que compete aos estados e ao Distrito Federal instituírem imposto sobre "... *Operações relativas à circulação de mercadorias* e sobre prestações de transporte interestadual, intermunicipal e de comunicação, ainda que as operações e as prestações se iniciem no exterior ...".

6. Excluída a análise da incidência do tributo sobre serviços de transporte e comunicação, o que se nota é que os exatos e precisos termos da disposição constitucional retro transcrita determinam que somente as "... *operações relativas à circulação de mercadorias* ..." é que poderão ser tributadas por via do ICMS. Nenhuma outra operação, figura ou negócio que fuja ao referido perfil constitucional poderá ser objeto de imposição tributária (ICMS) pelos estados ou Distrito Federal.

7. Essa interpretação decorre da técnica legislativa tradicionalmente adotada pelo constituinte: *a da rigidez constitucional na repartição das competências tributárias.* É que essas últimas são outorgadas pela Constituição de maneira *rígida e exaustiva*, o que significa dizer que qualquer competência tributária, advinda do texto constitucional, não pode ser modificada ou distorcida por nenhuma lei infraconstitucional.

8. A esse respeito, confira-se a lição de Pontes de Miranda (in *Comentários à Constituição de 1967*, tomo II, Ed. Revista dos Tribunais, pp. 352 e 353): "... Os conceitos que correspondem às diferentes espécies de impostos, se constam da Constituição, são *conceitos de direito constitucional, e não de legislação ordinária*. O legislador ordinário somente pode trabalhar com as *variáveis* que determinam o valor do imposto, ou de alguns dos elementos do suporte fáctico (*e. g.*, *tantos* por cento, se a renda excede de *x*); não pode alterar, de modo nenhum, o conceito do imposto. Imposto de transmissão de propriedade imobiliária, como imposto sobre circulação de mercadorias, é o que se considera tal na Constituição: a revelação do que ele é entra na classe das questões de interpretação da Constituição ..." (grifos nossos).

9. Dessa forma, se a CF (art. 155, inc. I, alínea "b"), conferiu aos estados e ao Distrito Federal a competência para tributar "... operações relativas à circulação de mercadorias ..."; *qualquer ato ou fato que não se configure como tal não poderá ser onerado pelo ICMS.* A Constituição Federal é rígida, e a discriminação de competências também o é, razão pela qual o que está dito no texto constitucional *não é passível de modificação*, seja por lei complementar ou ordinária, sob pena de evidente inconstitucionalidade.

10. O magistério de Aliomar Baleeiro (in *Direito Tributário Brasileiro*, 8ª ed., Ed. Forense, 1976, p. 403) não discrepa dessa colocação: "... A lei complementar supre a Constituição mas não a substitui. Se esta instituiu um tributo, elegendo para fato gerador dele um contrato, ato ou negócio jurídico, o legislador *não pode restringir, por via complementar, o campo de alcance de tal ato ou negócio nem dilatá-lo a outras situações*. A menção constitucional fixa rígidos limites ..." (grifos nossos).

11. Nesse passo, surge, então, a indagação: qual foi o conceito de "... operações relativas à circulação de mercadorias ..." utilizado pelo legislador constitucional? O art. 109 do Código Tributário Nacional estabelece que os "... *princípios gerais de direito privado utilizam-se para pesquisa da definição, do conteúdo e do alcance de seus institutos, conceitos e formas...*" (grifos nossos).

12. Por seu turno, o art. 110 do mesmo diploma legal estabelece: "Art. 110. A lei tributária não pode *alterar* a definição, o conteúdo e o alcance dos institutos, conceitos e formas de direito privado, utilizados, expressa ou implicitamente, pela Constituição Federal, pelas Constituições dos Estados, ou pelas Leis Orgânicas do Distrito Federal ou dos Municípios, *para definir ou limitar competências tributárias*" (grifos nossos).

13. Ainda Aliomar Baleeiro, ao comentar tais disposições constantes do Código Tributário Nacional (mesma obra, p. 404), deixa consignado:

"... Combinado com o art. 109, o art. 110 *faz prevalecer o império do Direito Privado — Civil ou Comercial — quanto à definição, conteúdo e ao alcance dos institutos, conceitos e formas daquele Direito*, sem prejuízo de o Direito Tributário modificar-lhes os efeitos fiscais.

"(...)

"Para maior clareza da regra interpretativa, o CTN declara que a inalterabilidade das definições, conteúdo e alcance dos institutos, conceitos e forma do Direito privado é estabelecida para resguardá-los no que interessa à competência tributária. O texto acotovela o pleonasmo para dizer que *as "definições" e limites dessa competência quando estatuídos à luz do Direito Privado, serão as deste, nem mais nem menos ...*" (grifos nossos).

14. Portanto, o conceito de "... *operações relativas à circulação de mercadorias ...*" deve ser buscado no direito privado. Trata-se de contrato típico de direito comercial, que consubstancia a prática de *operação mercantil*, que *importa na transmissão da propriedade de mercadorias*. Nesse sentido a opinião de Geraldo Ataliba, analisando exemplo que cabe como luva à hipótese em discussão (in *Hipótese de Incidência Tributária*, 4ª ed., Ed. Revista dos Tribunais, 1991, p. 144):

"... A identificação do tipo de imposto depende da rigorosa e criteriosa análise dos termos empregados pelo legislador — primeiramente o constituinte — para estruturar a h.i. no seu aspecto mais decisivo: o material. Tomemos como derradeiro exemplo o i.c.m.s. (imposto sobre operações mercantis e certos serviços).

"58.7 — *A consistência material da h.i. é dada de forma bastante restritiva pelo próprio texto constitucional* (art.155, I, B). Cingir-nos-emos à materialidade da operação mercantil (já que o i.c.m.s. é a combinação de dois impostos de naturezas diversas, não combináveis entre si).

"É: a) prática (não por qualquer um); b) por quem exerce atividade mercantil; c) de operação jurídica (não qualquer uma); d) mercantil (*regida pelo direito comercial*); e) que (cuja operação) importa, impele, causa, provoca e desencadeia; f) circulação (juridicamente entendida como *modificação de titularidade*, transferência de mão, relevante para o direito privado); g) *de mercadoria (juridicamente entendida como objeto de mercancia)*.

"Tentando síntese, pode-se enunciar esta h.i. como consistindo na "prática de operação mercantil, que importa transmissão da titularidade de direitos de disposição sobre *mercadoria*" (Cleber Giardino).

"58.8 — Só a concomitância de todos estes termos, alguns substantivos, outros adjetivos, outros circunstanciais ou retritos, expressa fielmente o aspecto material da h.i. do i.c.m.s. *Os conceitos que fiquem aquém ou forem além deste são errados*, por descompassados com a regra-matriz (constitucional) ..." (grifos nossos).

15. Fica, portanto, caracterizado e delimitado o conceito de "... operações relativas à circulação de mercadorias ..." utilizado pelo legislador constitucional. Trata-se daquele trazido do Direito Comercial, que encerra uma obrigação de *dar*, em que a prestação envolve a transferência de uma *mercadoria*.

C — A operação de alienação de bens do ativo imobilizado

16. Do que foi atrás exposto, infere-se que a mera saída física do estabelecimento não é, de per si, fato gerador do ICMS, mas tão-somente fato que exterioriza uma situação que poderá, ou não, ensejar a incidência do tributo, com as conseqüências daí decorrentes. Além da mera saída física, a hipótese de incidência do ICMS pressupõe, como lembra com propriedade Geraldo Ataliba (obra e página citadas), o cumprimento dos pressupostos que o próprio autor sintetizou na forma abaixo:

"Prática de operação mercantil, que importa transmissão da titularidade de direitos de disposição sobre *mercadoria*."

17. Portanto, somente as operações que materializam *circulação mercantil*, ou, por outras palavras, circulação *de mercadorias*, é que poderão ser oneradas pelo ICMS. *Qualquer outra não*, donde se deflui que o conceito do que seja *mercadoria* é aqui de vital importância.

18. Acerca do assunto, De Plácido e Silva (in *Vocabulário Jurídico*, vol. III, 4ª ed., Ed. Forense, p. 1.015) informa, "verbis":

"... Derivado do latim "merx", de que se formou "mercari", exprime propriamente a coisa que serve de objeto à operação comercial. Ou seja a coisa que constitui objeto de uma renda.

É especialmente empregado para designar as coisas móveis, *postas em mercado*.

"(...)

"*Tecnicamente, portanto, somente se denomina mercadoria o objeto ou a coisa adquirida pelo comerciante ou mercador, para servir de objeto de seu comércio, isto é, para ser revendida* ..." (grifos nossos).

19. Também Aliomar Baleeiro (ob. cit., p. 239), acerca do desdobramento do conceito de mercadoria na órbita do então ICM, afirma — escudado inclusive na lição de J. X. Carvalho de Mendonça — o quanto segue:

"... em se tratando dc atividades mercantis, as palavras "gêmeos", "fazendas", "efeitos mercantis" e "mercadorias" são sinônimas e como tais foram usadas pelo Código Comercial, como acima ficou indicado: coisas que se produzem para vender ou se compram para revender com lucro. J.X. Carvalho de Mendonça é claríssimo: "As coisas ... quando objeto de troca, de *circulação econômica*, tomam o nome de mercadorias ..." A coisa, enquanto se acha na disposição do industrial, que a produz, chama-se *produto, manufato, ou artefato:* passa a ser mercadoria logo que é objeto de comércio ... e deixa de ser mercadoria logo que sai da circulação comercial e se acha no poder ou propriedade do consumidor" (*Trat. Dir. Comer. Bras.*, 3ª ed., V, parte I, n. 5, p. 10).

"A coisa é bem de capital se produzida, ou adquirida, ou importada por alguém para integrá-la em seu ativo fixo, sem propósito de revenda, mas apenas para *uso de sua espera no fabrico ou transporte de produtos.*

"*Os bens de capital ... não se confundem com as mercadorias tributáveis pelo ICM ...*" (grifos nossos em parte).

20. E é exatamente esta a situação que ora se discute, onde *inocorre pressuposto essencial para a incidência do ICMS: o de que a saída física constitua circulação de mercadorias, dado que os produtos envolvidos na operação em estudo nada mais são do quem bens de capital.* Na verdade, os bens integrados ao ativo fixo destinam-se a produzir outros produtos, estes últimos sim destinados à comercialização e, pois, caracterizados como *mercadorias*, cuja saída deve ser onerada pelo tributo estadual em objeto. Dessa maneira, a operação de saída decorrente da alienação de bens do ativo fixo não dá nascimento à obrigação tributária pertinente ao ICMS, também porque não fundamentada em ato de comércio praticado com o requisito da habitualidade. Não se caracterizando como *operação mercantil* na concepção jurídica do termo, não há como cogitar-se de sua tributação pelo ICMS, tratando-se, pois, de hipótese típica de *não incidência*, pelo que qualquer pretensão de tributação pelos estados e o Distrito Federal estará eivada pelo vício da inconstitucionalidade.

São Paulo, 18 de janeiro de 1993.

NOTAS & COMENTÁRIOS

SOCIEDADES UNIPROFISSIONAIS: ASPECTOS INFRA-CONSTITUCIONAIS DA CONTRIBUIÇÃO SOCIAL SOBRE O LUCRO DAS PESSOAS JURÍDICAS

PLINIO SIMÕES BARBOSA
Advogado no Rio de Janeiro

1. A recente decisão do STF no RE 146733-9 SP não encerra o debate acerca da contribuição social sobre o lucro das pessoas jurídicas (Lei n. 7.689, de 15.12.88). Remanescem inexploradas algumas importantes questões infraconstitucionais, em especial no tocante às sociedades civis enquadradas no art. 1º do Decreto-lei n. 2.397, de 21.12.87, aqui referidas como sociedades uniprofissionais.

2. Como se sabe, a Lei n. 7.689/88 é originária da Medida provisória n. 22, de 6.12.88, editada na esteira da previsão constante do art. 195, inc. I, da Constituição de 1988, de contribuições sociais "dos empregadores, incidente sobre a folha de salário, o faturamento e o lucro".

O citado diploma legal denomina a exação de "contribuição social sobre o lucro das pessoas jurídicas" (art. 1º), omite-se quanto à definição de seu fato gerador, fixa sua base de cálculo como sendo o "resultado do exercício, antes da provisão para o imposto de renda" (art. 2º), e dispõe serem seus contribuintes "as pessoas jurídicas domiciliadas no País e as que lhes são equiparadas" (art. 3º).

3. A interpretação literal do art. 3º da Lei n. 7.689/88 poderia indicar que estariam sujeitas à contribuição social sobre o lucro das pessoas jurídicas (CS) todas e quaisquer pessoas jurídicas domiciliadas no País, face à vaga definição de quem seja seu contribuinte, bem como à falta de especificação de seu fato gerador.

Entretanto, observa-se que a definição de contribuinte da CS é tão ampla que nem sequer distingue entre pessoas jurídicas de direito público e de direito privado. A prevalecer a interpretação literal da Lei n. 7.689/88, assim estariam sujeitas à CS não apenas as empresas particulares, como, também, a União, os estados e os municípios, bem como suas autarquias e as fundações instituídas e mantidas pelo Poder Público. De fato, não sendo a CS um imposto, não lhe seria em princípio aplicável a limitação ao poder de tributar estatuída no art. 150, inc. VI, da Constituição. À toda evidência, contudo, não foi esse o resultado efetivamente pretendido pelo legislador.

A mesma interpretação literal igualmente sujeitaria à CS as entidades beneficentes de assistência social, eis que também elas estariam enquadradas na abrangente definição de "pessoas jurídicas domiciliadas no País". Tais entidades, contudo, desfrutam de imunidade constitucional específica contra a CS (cf. Constituição, art. 195, § 7º). Seria inconstitucional, pois, a lei que pretendesse sujeitá-las àquela exação. Aliás, a Instrução Normativa SRF n. 199/88, em seu item 6.1, acabou excluindo as entidades beneficentes de assistência social da CS, ainda que a Lei n. 7.689/88 seja inteiramente silente a esse respeito.

Foi também das autoridades tributárias a iniciativa de reconhecer que não está alcançada pelo campo de incidência da CS uma terceira categoria de "pessoas jurídicas domiciliadas no País", a das associações sem fins econômicos. De fato, novamente sem contrapartida expressa na letra da Lei n. 7.689/88, a coordenação do Sistema de Tributação editou o Ato Declaratório Normativo MEFP-CST n. 17, de 30.11.90, que excluiu as entidades sem fins lucrativos da CS, "*tendo em vista as normas de incidência daquela contribuição*".

4. Diante dessas três situações específicas, entendemos necessário aprofundar-se o exame do real alcance da contribuição instituída pela Lei n. 7.689/88, de forma a tentar-se obter uma interpretação desse diploma legal e das Instruções Normativas editadas sob sua égide, que os harmonizem entre si e os reconciliem com o ordenamento legal e constitucional vigentes.

Consoante Carlos Maximiliano, contradições absolutas não se presumem, sendo "dever do aplicador comparar e procurar conciliar as disposições várias sobre o mesmo objeto, e do conjunto, assim harmonizado, deduzir o sentido e alcance de cada uma" (cf. *Hermenêutica e Aplicação do Direito*, 9ª ed., 3ª tiragem, RJ, Florense, 1984, p. 356).

Daí porque não se pode simplesmente concluir pela inconstitucionalidade da Lei n. 7.689/88 (na parte referente às entidades beneficentes) e/ou pela ilegalidade dos citados ADN MEFP-CST n. 17/90 e Instrução Normativa SRF n. 199/88, sem antes empreender-se um esforço de aproximação.

5. A nosso ver, a interpretação sistemática da Lei n. 7.689/88, no contexto em que editada, torna possível essa harmonização. De início, lembre-se que, ao autorizar a instituição de contribuição social sobre a "folha de salários, o faturamento e o *lucro*", a Constituição utiliza um conceito bem definido de direito privado, para "definir ou limitar competências tributárias".

Nessas condições, por força do art. 110 do CTN, a Lei n. 7.689/88, ao instituir uma contribuição sobre o *lucro*, não poderia "alterar a definição, o conteúdo e o alcance" daquele instituto de direito privado, de forma a sujeitar à CS pessoas jurídicas que não auferem propriamente *lucro*, em sentido estrito. Assim, para harmonizar a Lei n. 7.689/88 ao CTN e à própria Constituição, deve-se atribuir à expressão *resultado do exercício*, constante do art. 2º da Lei n. 7.689/88, o significado de "*lucro* do exercício", no sentido técnico desse termo.

Na mesma linha, observa-se que a Lei n. 7.689/88 faz alusão ao *imposto de renda* no próprio dispositivo referente à base de cálculo da contribuição. Essa alusão é tanto mais importante, no caso, na medida em que a Lei n. 7.689/88 não chega a estabelecer o fato gerador da CS.

Assim é que, ao estabelecer a base de cálculo da CS como sendo "o resultado do exercício (no sentido de *lucro*, conforme acima) *antes da provisão para o imposto de renda*", a Lei n. 7.689/88 parece autorizar a conclusão de que aquela contribuição somente é devida nos casos em que o citado imposto também o seja. A lógica é a de que, como a Lei n. 7.689/88 somente definiu a base de cálculo para os casos em que há incidência de imposto de renda, a CS não será devida nos demais casos, um vez que a base de cálculo constitui elemento imprescindível a qualquer tributo (gênero ao qual pertencem as contribuições sociais) e tem forçosamente de ser definida em Lei.

6. De acordo com essa interpretação, o nascimento da obrigação tributária da CS depende de se auferir lucro sujeio a imposto de renda. Nesse sentido, não haveria base de cálculo definida em lei para as pessoas jurídicas que não aufiram propriamente *lucro*, ou que, mesmo auferindo *lucro*, não estejam abrangidas pelo campo de incidência do imposto de renda.

Restariam automaticamente excluídas da incidência da CS, assim, as pessoas jurídicas de direito público, constitucionalmente imunes ao imposto de renda (Constituição, art. 150, VI), as entidades beneficentes de assistência social (Constituição, arts. 150, VI, "c", e 195, § 7º.) e as associações sem fins lucrativos, dentre outras.

7. A análise histórica e teleológica da Lei n. 7.689/88 e demais diplomas legais e regulamentares referentes à contribuição social por ela instituída, confirmam as conclusões acima, na medida em que evidenciam existir uma autêntica e indissolúvel simbiose entre CS e Imposto de Renda de Pessoa Jurídica (IRPJ). Com efeito, é inegável o entrelaçamento de CS e IRPJ, que torna virtualmente impossível a cobrança da CS nos casos de não incidência do IRPJ.

8. De início, lembre-se que a Lei n. 7.689/88 de um lado reduziu nominalmente a alíquota do IRPJ (art. 10) e de outro passou a cobrar a diferença a título de CS (art. 1º. e seguintes). A CS, portanto, é o IRPJ *rebatizado*, sabendo-se que a medida provisória que o instituiu foi baixada apenas 2 meses após a promulgação da Constituição de 1988, com o indisfarçado intuito de neutralizar a transferência de rendas que a nova Carta Magna pretendera fazer a estados e municípios, uma vez que a arrecadação da CS não está sujeita a repasse.

Prosseguindo-se com o exame, verifica-se que, além desse elemento histórico e da referência expressa ao IRPJ na própria definição de base de cálculo da CS, o entrelaçamento entre as duas incidências é acentuado pelo art. 6º. da Lei n. 7.689/88, que atribui a administração e a fiscalização da CS à Secretaria da Receita Federal, mesmo órgão competente para o IRPJ, e dispõe, em seu parágrafo único, o seguinte:

"Art. 6º. ("omissis")

"Parágrafo Único. aplicam-se à contribuição social, no que couber, as disposições da legislação do imposto de renda referentes à administração, ao lançamento, à consulta, à cobrança, às penalidades, às garantias e ao processo administrativo"

Neste passo, pergunta-se: se a pessoa jurídica não está sujeita ao IRPJ, inexistindo, para ela, regras de lançamento, cobrança e penalidades daquele imposto, como, então, lhes poderá ser cobrada a CS?

Observe-se, ainda, que o já citado art. 2º. da Lei n. 7.689/88 determina, em seus parágrafos, que sejam realizadas diversas adições e exclusões ao resultado do exercício, no processo de apuração da base de cálculo da CS. Algumas dessas etapas correspondem a ajustes também preveistos na legislação do IRPJ, sendo controlados no Livro de Apuração do Lucro Real, como, por exemplo, as provisões indedutíveis. Entretanto, quem não é contribuinte do IRPJ não dispõe disse livro, o que praticamente inviabiliza o ajuste.

9. Por outro lado, vale observar que a dependência da CS do IRPJ foi ainda mais acentuada pelos dimplomas legais posteriores à Lei n. 7.689/88. A partir da Lei n. 7.787, de 30.6.89, por exemplo, a CS deixou de ter regras próprias de pagamento, passando a ser paga "juntamente com as parcelas do Imposto de Renda Pessoa Jurídica" (cf. Lei n. 7.787/89, art. 8º).

Já nesse estágio, portanto, seria inteiramente ilógico cobrar-se uma contribuição pagável *juntamente com o IRPJ* de quem não está sujeito ao IRPJ.

10. Hoje, após a Lei n. 8.383, de 30.12.91, esse argumento fica ainda mais forte. É que a citada lei alterou completamente a mecânica de apuração e pagamento do IRPJ, sendo as novas regras, naturalmente, também "aplicáveis à contribuição social sobre o lucro" (art. 44).

Para os períodos-base de 1991, 1992 e 1993, a forma de apuração e os prazos de pagamento somente estão previstos para as "pessoas jurídicas de que trata o art. 3º do Decreto-lei n. 2.354, de 24 de agosto de 1987" (*i.e.*, as pessoas jurídicas sujeitas ao pagamento de adicional de IRPJ — art. 86), para as "pessoas jurídicas tributadas com base no lucro real" (art. 87) e para aquelas que "optarem pela tributação com base no lucro presumido" (art. 89). Em todos os casos, frise-se, a situação perante o IRPJ determina, também, a situação perante a CS (Cf. art. 86, § 5º, art. 87, § 2º, e art. 89, "caput").

Não há regra, portanto, para as pessoas jurídicas não sujeitas ao IRPJ, o que, em nossa opinião, vem confirmar que a CS efetivamete não é por elas devida.

11. Examine-se, agora, a situação específica das chamadas sociedades civis uniprofissionais, que constituem o objeto primeiro deste estudo. Relembre-se, primeiro, que o traço característico que identifica e distingue essas sociedades é o fato de constituírem, em regra, autênticas cooperativas de trabalho, em que o serviço é prestado pessoalmente pelos sócios, todos profissionais habilitados de uma mesma categoria.

A prática demonstra que tais sociedades costumam ser constituídas com a finalidade precípua de criar as condições necessárias ao exercício das atividades profissionais de seus sócios. Na esmagadora maioria das vezes, mediante simples racionalização de gastos, servindo como veículo para o rateio de despesas entre dois ou três profissionais.

12. Nesse sentido não podem ser vistas separadamente de seus sócios. Como lembra Arnoldo Wald, a sociedade uniprofissional "se equipara à soma dos seus componentes habilitados" ("ISS Sobre Sociedades Civis", in *Estudos e Pareceres de Direito Comercial*, São Paulo, Ed. RT, 1ª série, tomo I, p. 149). Mais adiante, invoca o autor a interpretação lógica e histórica para lembrar que: "O regime privilegiado foi criado para o profissional liberal. Em seguida, diante da situação de fato existente, na qual é preciso reconhecer a existência de associações de profissionais de uma mesma categoria, admitiu o legislador a equiparação da sociedade ao indivíduo, considerando as sociedades civis de profissionais liberais como sendo, na realidade, a soma dos seus componentes" (op. cit., p. 150).

Realmente, a sociedade é o "alter ego" dos profissionais que a compõem, representando uma projeção da personalidade jurídica de seus sócios. Em muitos casos, por exemplo, é obrigatório que da denominação social conste o nome de ao menos um dos sócios, vedada a utilização de nome de fantasia. Em outros tantos, veda-se, até mesmo, que os profissionais se associem sob a forma de sociedade anônima ou por quotas de responsabilidade limitada, impondo-se-lhes a responsabilidade pessoal e ilimitada pelos serviços prestados.

Quase que se pode dizer que as sociedades uniprofissionais são pessoas jurídicas impróprias, imperfeitas, por lhes faltarem independência e autonomia em relação aos próprios sócios.

13. Percebendo essa realidade, o legislador fiscal vem progressivamente afastando as sociedades uniprofissionais do tratamento tributário das pessoas jurídicas em geral e aproximando-as, cada vez mais, do regime aplicável às pessoas físicas.

Deixando-se de lado o favor fiscal concedido pelo Decreto-lei n. 62/66, tome-se como ponto de partida dessa tendência legislativa a lei complementar "ratione materiae" de ISS, o Decreto-lei n. 406, de 31.12.68, conforme alterado pelo Decreto-lei n. 834, de 8.9.69. Seu art. 9º excluiu as sociedades uniprofissionais do regime de apuração do imposto com base no movimento econômico, a regra geral para as pessoas jurídicas prestadoras de serviços. Indicando a nova direção, determinou que o tributo devido pelas sociedades uniprofissionais fosse calculado em quantia fixa por profissional, mesma regra aplicável em caso de exercício individual da profissão.

Muitos anos se passaram, porém, até que essa norma geral de direito tributário em matéria de ISS viesse a ser estendida também a outros tributos. Isso somente veio a ocorrer 18 anos mais tarde, com o Decreto-lei n. 2.397/87, que retirou as sociedades uniprofissionais do campo de incidência do IRPJ.

14. Embora tenha sido editado como norma de imposto de renda, o Decreto-lei n. 2.397/87 transcende, em muito, o âmbito restrito desse tributo, definitivamente equiparando as sociedades uniprofissionais às pessoas físicas de seus sócios.

Basta ver, por exemplo, que o Decreto-lei n. 2.397/87 altera o próprio regime contábil de apuração de resultados, diferenciando as uniprofissionais das demais pessoas jurídicas, ao tornar para elas obrigatório o método de caixa, anteriormente restrito às pessoas físicas.

Outro aspecto significativo do Decreto-lei n. 2.397/87 diz respeito à distribuição automática de resultados aos sócios, com sua tributação pelo Imposto de Renda de Pessoa Física. Ora, essa regra pressupõe a disponibilidade absoluta da renda, somente possível nos casos em que quem aufere os resultados não possui personalidade jurídica autônoma relativamente àquele a quem os mesmos pertencem. É o caso, *v.g.*, da filial em relação à matriz, da empresa individual frente a seu titular, e, agora, da sociedade uniprofissional "vis a vis" seus sócios.

Vale dizer que, na sistemática do Decreto-lei n. 2.397/87, os honorários percebidos pela sociedade uniprofissional pertencem aos sócios desde o momento em que recebido do cliente. Daí, inclusive, a possibilidade de compensação entre o IRRF incidente sobre os honorários pagos à sociedade e o imposto devido sobre o repasse dos honorários líquidos aos sócios (Cf. IN n. 199, de 29.12.88, item 10).

15. Nessa mesma linha, embora o Decreto-lei n. 2.397/87 tenha inicialmente submetido ao FINSOCIAL os honorários recebidos pelas sociedades uniprofissionais, tal incidência foi expressamente revogada pelo Decreto-lei n. 2.429, de 14.4.88, art. 4º, posteriormente repetido pelos diplomas legais subseqüentes sobre a matéria. Em verdade, sendo neutra a sociedade e pertencendo os honorários aos sócios desde que recebidos, a oneração pelo FINSOCIAL era incoerente com o próprio sistema (como ainda hoje o é a cobrança do PIS), por não ser aquela contribuição exigida das pessoas físicas.

16. Ainda um passo adiante, chega-se ao Imposto de Renda Sobre o Lucro Líquido (IRL). Ao instituí-lo, os arts. 35 a 39 da Lei n. 7.713, de 22.12.88, não chegam a expressamente excluir de seu campo de incidência as sociedades uniprofissionais. Ao reverso, uma remissão truncada, constante do art. 39, parece confirmar sua sujeição ao IRL.

Não obstante, como o IRL é efetivamente incompatível com a sistemática estabelecida pelo Decreto-lei n. 2.397/87, a própria administração tributária cuidou de esclarecer o erro material constante do art. 39 da Lei n. 7.713/88, editando a Instrução Normativa SRF n. 139, de 22.12.89, cujo item 1.1 dispõe que o IRL "não se aplica aos resultados apurados pelas sociedades civis referidas no art. 1º do Decreto-lei n. 2.397".

17. É nesse contexto que deve ser analisada a situação dessas sociedades uniprofissionais frente à CS. A receita dessas sociedades é essencialmente formada por honorários. Seus resultados, apurados pelo método de caixa, não constituem *lucro* e nem são propriamente da sociedade, que não possui existência independente de seus sócios. Antes, seus resultados conservam a natureza primária de honorários, ainda que líquidos de despesas, pertencendo aos sócios desde que recebidos, sendo a sociedade equiparada aos profissionais que a compõem.

Excluídas do campo de incidência do IRPJ, as sociedades uniprofissionais também não estão sujeitas à contribuição social da Lei n. 7.689/88. Basta ver que a Lei n. 7.689/88 não lhes faz referência expressa, nem define base de cálculo que lhes pudesse ser aplicada. Após a Lei n. 8.383/91, então, nem sequer existe previsão legal do método e época de recolhimento da CS para quem não seja contribuinte do IRPJ.

18. Por todas essas razões, parece-nos ilegal o item 10 da Instrução Normativa SRF n. 198/88, ao submeter à CS as sociedades uniprofissionais, em ampliação indevida do campo de incidência daquela contribuição, sem respaldo na Lei n. 7.689/89, já em ofensa ao princípio da reserva legal em matéria tributária (Constitução, art. 150, I).

Aliás, veja-se que o citado regulamento precisou inclusive definir uma nova base de cálculo da CS para as sociedades uniprofissionais, não prevista na Lei n. 7.689/88. De fato, a IN 198/88 determina que a contribuição seja calculada, para as sociedades uniprofissionais, "tomando por base o lucro apurado de acordo com as normas específicas a elas aplicáveis", o que não é o mesmo de "lucro antes da provisão para o imposto de renda", com as exclusões e adições determinadas pela Lei n. 7.689/88.

19. Da mesma forma, não há amparo legal para o entendimento expresso no Boletim Central Exraordinário DRF n. 39, de 14.4.92, inc. XVII, item 4, no sentido de que, mesmo após a Lei n. 8.383/91, a CS "será devida com base no lucro anual", pelas sociedades uniprofissionais, "se permanecerem sob a égide do DL n. 2.397/87". A referência à incidência da CS em bases anuais serve, apenas, como reconhecimento de que a Lei n. 8.383/91 efetivamente não estabelece uma mecânica de recolhimento daquele tributo pelas sociedades uniprofissionais, que não são contribuintes do IRPJ.

E não poderia mesmo fazê-lo, uma vez que nunca foi intenção do legislador submeter as sociedades uniprofissionais à incidência da contribuição social sobre o lucro das pessoas jurídicas, incidência essa que somente está prevista nas normas regulamentares.

Rio de Janeiro, 15 de setembro de 1992.

DIREITO TRIBUTÁRIO ATUAL

RESPONSABILIDADE: TREVISAN AUDITORES E CONSULTORES

I.R. — TRIBUTAÇÃO DE DESPESA? ARTIGOS 7º E 8º DA LEI N. 8.541/92 E O PRINCÍPIO DA CAPACIDADE CONTRIBUTIVA

1. Introdução. 2. O conceito de capacidade contributiva. 3. A base de cálculo do tributo como elemento da capacidade contributiva. 4. A base de cálculo do imposto de renda. 5. O art. 7º da Lei n. 8.541/92. 6. Conclusão.

1. Introdução

A Constituição Federal de 1988 traz expresso no art. 145 § 1º, o princípio da capacidade contributiva. Decorre deste princípio a necessidade da existência de vínculo entre o fato tributável e a base imponível do tributo.

Quando não há esta correlação entre o fato que se quer tributar e a base imponível do tributo o princípio da capacidade contributiva é desrespeitado e a lei que assim dispõe é tida por inconstitucional.

O art. 7º da Lei n. 8.541/92, ao proibir a dedutibilidade dos impostos sobre o regime de competência, distorce o conceito da ciência contábil de lucro, fazendo incidir o imposto de renda sobre a despesa de impostos, ou seja, ao dissociar a base de cálculo do imposto do fato tributário (auferir renda), fere o princípio da capacidade contributiva, pois tributa como renda algo que é despesa, mesmo sendo a referida indedutibilidade temporária.

Na Constituição atual o princípio atual o princípio vem inserido no art. 145, § 1º, nos seguintes termos:

"Sempre que possível, os impostos terão caráter pessoal e serão graduados segundo a capacidade econômica do contribuinte, facultado à administração tributária, especialmente para conferir efetividade a esses objetivos, identificar, respeitados os direitos individuais e nos termos da lei, o patrimônio, os rendimentos e as atividades econômicas do contribuinte."

Dúvidas têm surgido acerca do alcance da expressão *sempre que possível*, na opinião de Alcides Jorge Costa,[1] embora o desejável fosse a graduação de todos os impostos segundo a capacidade econômica do contribuinte, há alguns incompatíveis com essa espécie de graduação, como, por exemplo, o IPI e o ICMS. Portanto, a expressão sempre que possível refere-se ao caráter pessoal dos impostos.

Para Roque Carrazza,[2] o sentido da norma é o de que, se for da índole constitucional do imposto, este deverá obrigatoriamente ser graduado de acordo com a capacidade econômica do contribuinte.

2. *O conceito de capacidade contributiva*

Rubens Gomes de Souza[3] definiu o princípio da capacidade contributiva como a "*soma da riqueza disponível depois de satisfeitas as necessidades elementares de existência*, riqueza essa que pode ser absorvida pelo Estado sem reduzir o padrão de vida do contribuinte e *sem prejudicar as suas atividades econômicas*" (grifo nosso).

Por sua vez, para Geraldo Ataliba e Cleber Giardino,[4] o princípio da capacidade contributiva traduz-se na "exigência de que a tributação seja modulada, de modo a adaptar-se à riqueza dos contribuintes".

1. Alcides Jorge Costa, "Capacidade Contributiva", *RDT* 55/301.

2. Roque Antonio Carrazza, *Curso de Direito Constitucional e Tributário*, 4ª ed. Malheiros Editores, p. 63.

3. "Apud" Regina Helena Costa, *Princípio da Capacidade Contributiva*, São Paulo, Malheiros Editores, 1993, p. 21.

4. Geraldo Ataliba, e Cleber Giardino, *RDT* 38/143.

3. *A base de cálculo do tributo como elemento da capacidade contributiva*

Ao estabelecer a hipótese de incidência de um tributo, o legislador deve cuidar para que os aspectos materiais e quantitativos da hipótese estejam conforme o princípio da capacidade contributiva, ou seja, não é permitido ao legislador eleger um fato que não reflita a existência de riqueza do contribuinte ou cuja base de cálculo não mantenha coerência com o fato que se quer tributar.

Neste sentido é que deve ser compreendida a seguinte assertiva de Cecília Marcondes Hamati:[5] "A grande importância da atuação do princípio da capacidade contributiva consiste no fato de impedir que o tributo absorva parte substancial do patrimônio do contribuinte, que, ocorrendo, importaria tornar sem eficácia muitas das garantas individuais proclamadas pela Constituição, bem como afetaria diversos bens protegidos ela Lei Maior; daí, por via de conseqüência, é imperioso que o tributo seja razoável, vedado o efeito confiscatório".

A autora não nega uma certa margem de discricionariedade do legislador tributário na escolha dos critérios a serem adotados para a imposição tributária. O que para ela não se admite é que a atitude legislativa seja discriminatória, e muito menos que seja arbitrária, já que, para a legitimidade da criação do tributo, impendem a justificativa e consonância dos critérios adotados diante dos objetivos constitucionais e dos valores sociais.

E continua a autora: "Tem-se desta forma, a incidência do princípio da capacidade contributiva, primeiramente na criação do tributo, de forma a impor ao

5. Cecília Maria Marcondes Hamati, "A Capacidade Contributiva". *Imposto de Renda — Estudos*, São Paulo, Editora Resenha Tributária, 1990, vol. 16, p. 101.

legislador a seleção de fatos que darão nascimento à obrigação tributária em seguida, *na escolha e delimitação da base imponível que deve se ajustar ao fato tributável*, e por último, levando-se em conta a forma de realização do fato imponível'' (grifo nosso).[6]

Quando a base de cálculo ou, para usar a terminologia de Geraldo Ataliba, a base imponível não mantém correspondência com o fato descrito na hipótese de incidência, descaracteriza o tributo, pois acaba por tributar outro fato.

O legislador tributário deverá assim se valer de elementos que permitam medir as reais manifestações de riquezas.

Assim é que a base de cálculo ou base imponível, que no dizer de Geraldo Ataliba é a perspectiva dimensível do aspecto material da hipótese de incidência, ou seja, o critério que serve para medir o fato tributário, deve considerar os indicadores fornecidos pelas ciências das finanças.

A base de cálculo deverá reportar-se ao fato de conteúdo econômico inserto na hipótese de incidência tributária; deverá, nas palavras de Regina Helena, guardar pertinência com a capacidade absoluta ou objetiva pretendida pelo legislador. Ausente esta correlação necessária entre a a base de cálculo e a hipótese de incidência tributária, a imposição será inconstitucional, *por desrespeito ao princípio da capacidade contributiva*.

4. A base de cálculo do imposto de renda

O CTN, no art. 44 estabelece que a base de cálculo do imposto de renda é o montante real, arbitrado ou presumido, de renda ou dos proventos tributáveis.

A regra que vem sendo adotada historicamente é tributar as pessoas jurídicas com base no lucro real determinado a partir da sua escrituração.

O lucro real, por sua vez, é o lucro do exercício (lucro contábil) ajustado pelas adições, exclusões e compensações prescritas e autorizadas pela legislação tributária.

O lucro líquido do exercício é a soma algébrica do lucro operacional, dos resultados não operacionais, do saldo da conta correção monetária e das participações. A legislação fiscal estabelece que ele seja determinado com observância da lei comercial.

O lucro líquido do exercício é uma expressão usada pela Lei das Sociedades por Ações n. 6.404/76, para designar o resultado da companhia em cada exercício, apurado com base em balanço patrimonial.

Essa lei, no art. 177, estabelece que as sociedades por ações deverão observar, na sua escrituração, o regime de competência.

"O regime de competência significa que os acréscimos ou aumentos, o que denota a idéia de renda, é reconhecida na medida em que é ganha, ou acresce o patrimônio líquido, independentemente de pagamento ou recebimento, do regime de caixa. A denominação regime de competência exprime a idéia de que as receitas e depesas são registradas no período de escrituração a que cabem, ou competem, em função da época em que são, respectivamente, ganhas ou incorridas."[7]

Em outras palavras, o princípio da competência estabelece que o reconhecimento de receitas e despesas está identificado com períodos específicos e associado ao surgimento de fatos geradores de natureza econômica e legal, sendo irrelevante para tal reconhecimento o de-

6. Idem, ibidem, p. 102

7. Bulhões Pedreira, *Imposto de Renda das Pessoas Jurídicas*, Justec Editora Ltda, 1979, p. 282.

sembolso de caixa ou o recebimento de numerário.

Segundo a lição de Bulhões Pedreira,[8] a observância do regime de competência nas contas de resultado pressupõe que a escrituração de contas patrimoniais adote o critério de procurar registrar, em cada período, todas as mutações que a ele competem, no sentido de que são efeitos de fatos nele ocorridos, ainda que somente no futuro venham a se realizar em dinheiro. Essa orientação é necessária para que a pessoa jurídica possa determinar os custos correspondentes às receitas e aos rendimentos reconhecidos nas contas de resultado.

O reconhecimento do lucro nas contas de resultado no momento em que as receitas e os rendimentos são ganhos pressupõe a escrituração, nas contas patrimoniais, de todas as mutações que alterem a situação financeira do patrimônio da pessoa jurídica. Somente desse modo a escrituração assegura registro de todas as receitas e rendimentos ganhos e *respectivos custos e despesas*.

De acordo com este princípio, os custos, despesas, encargos e perdas são registrados quando incorridos.

Incorrer significa ficar comprometido, ou sujeito a. A pessoa jurídica incorre em custo, despesa ou perda no momento em que ocorre ou que nasce (ou provavelmente nascerá no futuro) a obrigação de pagar, ou que decorrem (ou provavelmente decorrerão no futuro) a perda de direito, o aumento do valor de obrigações ou a diminuição no valor dos direitos.

A legislação do imposto de renda, art. 16 do Decreto-lei n. 1.598/77, estabelecia que os tributos eram dedutíveis como custo ou despesa operacional no período-base de incidência:

- em que ocorresse o fato gerador da obrigação tributária, se o contribuinte apurasse os resultados segundo o regime de competência; ou
- em que fossem pagos, se o contribuinte apurasse resultados segundo o regime de caixa.

8. Idem, ibidem, p. 165.

5. *O art. 7º da Lei n. 8.541/92*

A Lei n. 8.541/92, que introduziu modificações na legislação do imposto renda, através do disposto no art. 7º, elegeu o regime de caixa para o reconhecimento das depesas com impostos:

"*Art. 7º*. As obrigações referentes a tributos ou contribuições somente serão dedutíveis, para fins de apuração do lucro real, quando pagas.

"§ *1º*. Os valores das provisões, constituídas com base nas obrigações de que trata o "caput" deste artigo, registrados como despesas indedutíveis, serão adicionados ao lucro líquido, para efeito de apuração do lucro real, e excluídos no período-base em que a obrigação provisionada for efetivamente paga."

Ora, este dispositivo diz que os impostos incidentes sobre determinadas receitas, isto é, aqueles que impactaram um determinado resultado, não podem ser abatidos da receita correspondente. Por exemplo, as despesas com o pagamento do Cofins — contribuição instituída pela Lei Complementar n. 7/70 e que incide mensalmente sobre o faturamento da empresa — não podem ser deduzidas das receitas auferidas com esse faturamento no mês em que a receita é reconhecida. Tal procedimento acarreta grande distorção na base de cálculo do imposto de renda, pois, como vimos, as receitas relativas àquele faturamento são reconhecidas quando incorridas, independentemente do seu recebimento, e, portanto, compreenderão a base de cálculo do imposto de renda no mês do faturamento. Já as despesas de pagamento do Cofins só poderão ser deduzidas no mês subseqüente, quando do seu pagamento. Assim, o contribuinte estará pagando imposto de renda sobre algo que renda não é.

O rendimento é conceituado como renda financeira resultante de fluxo singular.

Renda é ganho resultante de fluxo financeiro que se manifesta como acréscimo do patrimônio líquido, mas os efeitos do fluxo entrado no patrimônio não se resumem a esse acréscimo: freqüentemente a pessoa é obrigada, para receber o fuxo, a suportar custos, no sentido de sacrifícios de quantidades de valor financeiro sob seu poder. Esses custos podem ser fluxos de valor financeiro que saem do patrimônio em contrapartida do recebido, como no caso dos tributos incidentes sobre o faturamento. A existência de custos relacionados com o recebimento de fluxo fundamenta a distinção entre rendimento bruto e líquido.

Rendimento bruto é o ganho resultante do fluxo financeiro que entra no patrimônio, antes de qualquer dedução ou compensação. Rendimento líquido é o rendimento bruto diminuído dos custos que a pessoa é obrigada a suportar para receber o fluxo financeiro. Os custos compensam, em parte ou no todo, o valor do fluxo financeiro entrado no patrimônio, e o acréscimo ao patrimônio líquido da pessoa, que é a renda, é igual ao valor do rendimento líquido.

6. Conclusão

O art. 177 da Lei n. 6.404/76 (Lei das S/A), ao dispor sobre as demonstrações financeiras, determina no seu "caput", que: "A escrituração da companhia será mantida em registros permanentes, com obediência aos preceitos da legislação comercial e desta lei e aos princípios de contabilidade geralmente aceitos, devendo observar métodos ou critérios contábeis uniformes no tempo e registrar as mutações patrimoniais, segundo o *regime de competência*" (grifo nosso).

O art. 184 da mesma lei, ao cuidar da avaliação do passivo, estabelece em seu inciso I que "no balanço, as obrigações, *encargos e riscos conhecidos ou calculáveis*..., serão computados pelo valor atualizado até a data do balanço" (grifo nosso). Continuando, a alínea "b" do § 1º do art. 187 estabelece que na determinação do resultado do exercício serão computados "os custos, despesas e encargos e perdas, pagos ou incorridos, correspondentes às receitas e rendimentos computados nessa determinação".

Assim, do ponto de vista das legislações comercial e societária, fica expressamente eleito o regimento de competência para efeito de registro, por parte das companhias, dos seus passivos, custos e despesas, devendo os encargos, obrigações e riscos conhecidos e calculados ser registrados no passivo, por ocasião do encerramento do balanço.

O Decreto-lei n. 1.598/77, que adaptou a legislação do imposto de renda às inovações da Lei das S/A, ao conceituar o lucro real como base de cálculo do imposto, estabelece, através do seu art. 6º e parágrafos, ser este o lucro líquido do exercício ajustado pelas adições, exclusões ou compensações prescritas ou autorizadas pela legislação tributária. Para tanto, considera-se lucro líquido do exercício a soma dos resultados não operacionais, do saldo da conta de correção monetária e das participações, devendo ser determinado com observância dos preceitos da lei comercial. Essas disposições foram ratificadas pelo art. 18 da Lei n. 7.450/85.

Percebe-se, portanto, que a legislação do imposto de renda abraçou o resultado contábil do contribuinte como base de cálculo do imposto, resultado este cuja determinação taz no seu bojo a já vista observância obrigatória dos princípios contábeis, em especial do regime de competência, para efeito de apropriação de receitas e despesas.

Todavia, em relação aos tributos, a lei n. 8.541/92, através do disposto no art. 7º., determina serem estes dedutíveis como custo ou despesa operacional somente quando pagos; portanto, elege o regime de caixa para reconhecimento dessas despesas.

Com efeito, ao apropriar os valores devidos a títulos de tributos no pagamento, em obediência ao regime de caixa, o contribuinte está pagando imposto de renda sobre algo que não é renda.

Ora, na medida em que a base de cálculo do tributo não mantém correspondência com o fato que se quer tributar, no caso a renda, está sendo ferida a capacidade contributiva do contribuinte. Neste caso, o argumento de que tal efeito é temporário, porque assim que pago o imposto este poderá ser deduzido, não pode prevalecer, pois no regime inflacionário que vivemos é de fácil constatação a perda permanente.

Bibliografia

Costa, Alcides Jorge. "Capacidade Contributiva", *Revista de Direito Tributário,* vol. 55, p. 301.

Carrazza, Roque Antonio. *Curso de Direito Constitucional Tributário*, 4ª ed. Malheiros Editores.

Costa, Regina Helena. *Princípio da Capacidade Contributiva*, São Paulo, Malheiros Editores, 1993.

Ataliba, Geraldo e Giardino, Cleber, *Revista de Direito Tributário*, vol. 38, p. 143.

Hamati, Cecília Maria Marcondes. "A Capacidade Contributiva", *Imposto de Renda — Estudos*, São Paulo, Editora Resenha Tributária, 1990, vol. 16. pp. 101 e 102.

Pedreira, Bulhões. *Imposto de Renda das Pessoas Jurídicas*, Justec Editora Ltda., 1979.

DIREITO TRIBUTÁRIO ATUAL

DEDUTIBILIDADE DOS AJUSTES A VALOR PRESENTE

A consulente debitou aos resultados o valor correspondente ao ajuste a valor presente dos créditos a receber decorrentes de vendas a prazo, existentes na data do encerramento do período-base.

Na determinação do lucro real (base de cálculo do imposto de renda), e da base de cálculo da contribuição social, não adicionou o valor do ajuste considerando-o dedutível.

Indaga-nos, portanto, se o procedimento adotado está correto.

Embora as autoridades fiscais do imposto de renda não tenham se manifestado expressamente acerca deste ajuste, para fins societários a sua procedência tem sido amplamente debatida, prevalecendo a tese no sentido de que este ajuste representa procedimento técnico adequado para efeito de elaboração das demonstrações financeiras de que trata a Lei 6.404/76 (Lei da S/A).

Tanto é assim que a Comissão de Valores Mobiliários-CVM, ao estabelecer procedimentos a serem observados pelas companhias abertas e auditores independentes, relativamente à elaboração das demonstrações financeiras dos exercícios sociais encerrados a partir de 1990, através do Parecer de Orientação n. 21/90, exarou entendimento segundo o qual a adoção deste ajuste, por ser um procedimento técnico adequado e por estar respaldado na lei societária, deve ser também aplicável às demonstrações financeiras elaboradas em obediência à Lei das Sociedades por Ações, sendo cabível ressalva dos auditores independentes, quando a não-observância deste procedimento envolver valores materiais, com a seguinte argumentação: "O conceito de ajuste a valor presente não se limita a expurgar expectativas de inflação embutidas em ativos/passivos ditos 'não indexados formalmente'. Ele é mais amplo, estendendo-se, também, aos juros reais embutidos em operações de curto prazo. Por esse conceito, o valor atual ou valor presente de um ativo a receber é inferior ao valor que se espera receber no seu vencimento. Assim, quanto maior for a inflação (ou expectativa de inflação) e o prazo de vencimento, maior tende a ser a distorção causada pela falta de ajuste a valor presente. Este procedimento é o único que permite a homogeneização das operações à vista com as operações a prazo, possibilitando a comparabilidade das demonstrações financeiras dos diversos tipos de empresas, independentemente destas operarem preponderantemente à vista ou a prazo".

Portanto, por se constituir em um procedimento técnico adequado, a adoção do ajuste a valor presente não deveria se cingir às demonstrações contábeis complementares.

A rigor, se procedermos a uma atenta leitura e interpretação dos arts. 183 e

184 da Lei n. 6.404/76 chegaremos a este mesmo entendimento.

O artigo 183 da Lei 6.404/76 estabelece que:

"Art. 183. *No balanço*, os elementos do ativo serão avaliados segundo os seguintes critérios: (grifo nosso)

"I — os direitos e títulos de crédito, e quaisquer valores mobiliários não classificados como investimentos, *pelo custo de aquisição ou pelo valor de mercado, se este for menor*; serão excluídos os já prescritos e feitas as provisões adequadas *para ajustá-los ao valor provável de realização*, e será admitido o aumento do valor de mercado para registro de correção monetária, variação cambial ou juros acrescidos;

"(...)"

O art. 184, por sua vez, estabelece que:

"Art. 184. *No balanço,* os elementos do passivo serão avaliados de acordo com os seguintes critérios:

"I — as obrigações, encargos e riscos, conhecidos ou calculáveis, inclusive imposto de renda a pagar com base no resultado do exercício, *serão computados pelo valor atualizado até a data do balanço*; (grifo nosso)

"II — as obrigações em moeda estrangeira, com cláusula de paridade cambial, serão convertidas em moeda nacional *à taxa de câmbio em vigor na data do balanço*; (grifo nosso)

"III — as obrigações sujeitas a correção monetária *serão atualizadas até a data do balanço*" (grifo nosso).

Parece evidente a preocupação do legislador em estabelecer que todos os ativos e passivos devem refletir, de acordo com os critérios fixados na Lei, o seu valor na data do balanço e não na data do seu recebimento/pagamento (valor futuro). As referências às expressões *no balanço e até a data do balanço*, ou seja, nem antes nem depois, demonstram de forma muito clara esse entendimento.

Através do Parecer de Orientação n. 22/91, que complementou o de n. 21/91 anteriormente citado, a CVM voltou a enfatizar a adequação técnica do ajuste a valor presente, e com base nesse parecer vem interpelando as companhias abertas, exigindo que estas procedam ao referido ajuste.

Essa exigência ganha relevância na medida em que o § 177 da Lei 6.404/76 determina que as demonstrações financeiras das citadas companhias devem observar as normas expedidas pela CVM.

Conforme já dissemos anteriormente, as autoridades fiscais do imposto de renda ainda não se manifestaram, expressamente, acerca do ajuste sob análise. A previsão legal que poderia ser invocada como sustentação a esse ajuste, do ponto de vista tributário, consta do art. 222 do Regulamento do Imposto de Renda, que permite o registro, como custo ou despesa operacional, das importâncias necessárias à formação de provisão para ajuste de custo de ativos ao valor de mercado, nos casos em que este ajuste é determinado por lei. A determinação legal necessária, no caso, encontra-se consubstanciada nas já reproduzidas disposições do art. 183 da Lei das S/A, que determina o ajuste dos ativos a valor de mercado quando este for menor.

Entendemos, assim, que poderia ser sustentada, perante as autoridades fiscais, a tese no sentido de que, ao proceder ao ajuste a valor presente, nos ativos decorrentes de vendas a prazo, a empresa busca refletir, em consonância com o citado artigo da Lei das S/A, o valor de avaliação desses créditos, a vista, na data do balanço, mediante redução destes créditos ao seu valor atual, com base na inflação e juros de mercado ali embutidos. Note-se que o valor de mercado desses créditos na realidade existe, se considerarmos, por exemplo, que este corresponde àquele que o banco paga, à vista, no caso de desconto de duplicatas.

Todavia, a necessidade de realização do ajuste a valor presente não se esgota no argumento acima. O art. 177 da Lei das S/A, ao dispor sobre as demonstrações financeiras, determina no seu *caput* que:

"Art. 177. A escrituração da companhia será mantida em registros permanentes, com obediência aos preceitos da legislação comercial e desta lei e *aos princípios da contabilidade geralmente aceitos*, devendo observar métodos e critérios contábeis uniformes no tempo e registrar as mutações patrimoniais, segundo o *regime de competência*" (grifo nosso).

Assim, do ponto de vista da legislação comercial e societária, fica expressamente eleito o regime de competência para efeito de elaboração das demonstrações financeiras.

O Decreto n. 1.598/77, que adaptou a legislação do imposto de renda às inovações da Lei das S/A, ao conceituar o lucro real como base de cálculo do imposto, estabelece através do seu art. 6º e parágrafos, ser este o lucro líquido do exercício ajustado pelas adições, exclusões ou compensações prescritas ou autorizadas pela legislação tributária. Para tanto, considera-se lucro líquido do exercício a soma algébrica do lucro operacional, dos resultados não operacionais, do saldo da conta correção monetária e das participações, e deverá ser determinado com observâncias dos preceitos da lei comercial.

Percebe-se, portanto, que a legislação do imposto de renda abraçou o resultado contábil do contribuinte como base para o cálculo do imposto, resultado este cuja determinação traz no seu bojo a já vista observância obrigatória dos princípios contábeis, em especial do regime de competência, para efeito e apropriação de receitas e despesas.

A CVM, através de Parecer de Orientação n. 24/92, reforçou a adequação técnica do ajuste a valor presente, como forma de obediência à apropriação de receitas e despesas segundo o regime de competência:

"O desconto a valor presente previsto na Instrução CVM n. 138 de 16 de janeiro de 1991, tem por finalidade principal a tradução de todos os valores do balanço em moeda da data do encerramento do período a que se refere, visando o reconhecimento das receitas e despesas em estrito respeito ao regime de competência.

"Significa eliminar do patrimônio e do resultado do período valores prefixados (receitas e despesas) que ainda não foram efetivamente realizados. Não se deve, portanto, interpretar o desconto como uma forma de antecipar resultado a ocorrer em períodos subseqüentes, pois há ativos e passivos monetários que estão em moeda da data do balanço e que gerarão perdas e ganhos, que efetivamente pertencem a períodos seguintes.

"(...)

"À luz dos princípios fundamentais de contabilidade "Denominador Comum Monetário" e "Confronto das Despesas com as Receitas e com os Períodos Contábeis (Regime de Competências)" tais valores prefixados e que objetivam proteger o detentor do ativo no período subseqüente ao do encerramento do balanço devem ser reconhecidos contabilmente no período a que competem, ou seja, subseqüentemente ao período encerrado."

Em vista do exposto, podemos concluir que, ao proceder ao ajuste a valor presente, o contribuinte o faz na estrita observância, dentre outros princípios de contabilidade, do regime de competência de receitas e despesas, consagrado na legislação comercial e tributária.

JURISPRUDÊNCIA

SUPREMO TRIBUNAL FEDERAL

Ementa: Adicional estadual do imposto sobre a renda (art. 155, II, da C.F.).

Impossibilidade de sua cobrança, sem prévia lei complementar (art. 146 da C.F.). Sendo ela materialmente indispensável à dirimência de conflitos de competência entre os Estados da Federação, não bastam, para dispensar sua edição, os permissivos inscritos no art. 24, § 3º, da Constituição e no art. 34, e seus parágrafos, do ADCT.

Recurso extraordinário provido para declarar a inconstitucionalidade da Lei n. 1.394, de 2.12.88, do Estado do Rio de Janeiro, concedendo-se a segurança.

Recurso extraordinário n. 136.215-4
Origem: Rio de Janeiro
Relator: Ministro Octavio Gallotti
Recorrentes: Atlam Fornecedora do Comércio e Indústria S/A e outros
Recorrido: Estado do Rio de Janeiro
***DJU* de 16.4.93**

ACÓRDÃO

Vistos, relatados e discutidos estes autos, acordam os Ministros do Supremo Tribunal Federal, em sessão Plenária, na conformidade da Ata de julgamento e das notas Taquigráficas, à unanimidade de votos, conhecer do recurso e dar-lhe provimento, para declarar a inconstitucionalidade da Lei n. 1.394, de 02.12.88, do Estado do Rio de Janeiro, e conceder a segurança.

Brasília, 18 de fevereiro de 1993 — Sydney Sanches (Presidente) — Octavio Gallotti (Relator).

RELATÓRIO

O Sr. Ministro Octavio Gallotti — Discute-se nestes autos a constitucionalidade do adicional do imposto de renda, pelo Estado do Rio de Janeiro, quer sob o prisma da possibilidade de sua criação, sem prévia lei complementar federal, quer sobre a legitimidade de sua cobrança, logo a partir de 1º de março de 1989.

Num e noutro ponto, foi recusada a pretensão dos contribuintes (ora Recorrentes) pela Quarta Câmara Cível do Tribunal de Justiça. Após rejeitar preliminar de ser incabível o mandado de segurança, argumentou o acórdão recorrido, da lavra do ilustre Desembargador Marden Gomes:

"Vencidos tais aspectos, tem-se como incensurável a sentença apelada, cujos fundamentos passam a integrar o presente julgamento, como razão de decidir, na forma regimental.

Assim é que, de acordo com o artigo 155, II, da Constituição da República, compete aos Estados instituir "adicional de até cinco por cento do que foi pago à União por pessoas físicas ou jurídicas domiciliadas nos respectivos territórios, a título de imposto previsto no artigo 153, III, incidente sobre lucros, ganhos e rendimentos de capital". E é disso que cogita a Lei Estadual n. 1.394/88, regulamentada pelo Decreto n. 12.715/89.

O artigo 24, § 3º, ainda da Constituição, estatui que, inexistindo lei federal sobre normas gerais, os Estados exercerão a competência legislativa plena, para atender a suas peculiaridades.

Desse modo, não houve a invocada violação do artigo 146, por falta de lei complementar, pois o alcance desta seria o estabelecimento de normas gerais, cuja ausência confere aos Estados o exercício da competência legislativa plena, conforme ficou explicitado.

Também não há como falar que o imposto instituído teria base de cálculo genérico.

Como bem salientou a autoridade impetrada nas informações prestadas, o fato gerador do AIR está plenamente desvinculado do fato gerador do Imposto de Renda, constituindo-se em único liame, entre ambos o pagamento do tributo federal. Com isso, extingue-se a obrigação principal e dá nascimento ao adicional.

O fato gerador do adicional não é a renda e proventos de qualquer natureza (art. 153, III), mas sim o pagamento à União do imposto incidente sobre lucros, ganhos e rendimentos de capital (art. 155, II). Devido que for o imposto à União, sobre o valor pago incide o adicional.

Sem fomento de direito, de igual, a alegação de que a questionada lei transgride o princípio da irretroatividade.

Já se disse que o fato gerador do adicional é o pagamento efetuado à União.

Assim, se como afirmam os impetrantes, a cobrança do adicional entra em vigor a partir da data em que foi instituído o novo sistema tributário, ou seja, 01.03.89, a incidência do imposto sobre os pagamentos efetuados desde a aludida data não importa em retroatividade, ainda quando as obrigações tributárias que geraram o pagamento tenham sido anteriores à mesma data." (fls. 261/2)

Daí o recurso extraordinário, por violação dos artigos 146 e 150, III, *a*, da Constituição.

Consideram, os Recorrentes, que o citado art. 146, norma especialmente voltada para o direito tributário, deve prevalecer sobre o § 3º do art. 24 da mesma Constituição, preceito geral, destinado a reger também outros assuntos.

Alegam, ainda, ser inviável a cobrança, sem a lei complementar indispensável para a definição do cálculo do adicional, bem como para resolver conflitos de competência. Diz, nesse passo, a petição de interposição:

"I.9 — Por outro lado, mesmo que assim não fosse, o que não é o caso, sem a competente Lei Complementar restam dúvidas que inviabilizam a cobrança do Adicional, senão vejamos: a) como definir o cálculo do Adicional uma vez que o lucro de capital, referido pela Constituição Federal, como base do Adicional, resulta da absorção de outros fatores da produção, e o próprio Imposto de Renda tem como base de cálculo outras formas de lucro, como o operacional? — b) como resolver os conflitos de competência entre os Estados, se cada qual adotar um critério? — c) Como as Pessoas Jurídicas, com vários estabelecimentos em vários Estados com o I.R. apurado globalmente deveriam proceder? Qual o critério?" (fls. 267/8)

No tocante ao art. 150, III, contestam a retroatividade de cobrança, em relação a fatos geradores ocorridos antes de 1º de março de 1989, informando que o Estado de São Paulo declarou não incidir o adicional sobre o imposto de renda devido pelas pessoas jurídicas, com base no lucro apurado em 31 de dezembro de 1988.

Admitido o apelo (fls. 311/2), pronunciou-se o Ministério Público Federal, no sentido de que dele não se venha a conhecer. Tendo devidamente situado a controvérsia, sustenta o douto parecer, da lavra da ilustre Subprocuradora-Geral Anadyr de Mendonça Rodrigues;

"5. Assim delimitada a controvérsia, afigura-se insuscetível de conhecimento a inconformação extraordinária.

6. É que, conquanto se possa reconhecer que, efetivamente, o E. Tribunal *a quo* extraiu, do art. 24, § 3º, da Constituição Federal, interpretação que se choca com a literalidade do disposto no art. 146 do mesmo Texto Magno, nem o primeiro, nem o segundo dispositivo, nem, ainda, o art. 150, III, *a*, da Carta de 1988 regem a espécie.

7. Isto porque, como corretamente lembrou o Recorrido, o Ato das Disposições Constitucionais Transitórias — prevenindo a possibilidade de ocorrer, na transição entre o velho e o novo sistema constitucional, um hiato que impedisse a arrecadação de tributos, expondo as pessoas jurídicas de direio público interno ao perigo de perder as fontes de sustento —, previdentemente cuidou de estabelecer regras que afastassem tão calamitosa eventualidade.

8. Assim é que, com esse intuito, optou o constituinte transitório por permitir que, na passagem de um para outro sistema constitucional tributário, algumas garantias deixassem de ser exigíveis, em benefício da salvaguarda do valor maior:

9. Instituiu aquele Ato, então, um sistema tributário *transitório*, destinado a vigorar *si et in quantum* não pudesse ser implantado na sua plenitude, com o correr do tempo, o sistema tributário nacional que o texto permanente outorgava.

10. Veio à luz, assim, o art. 34 do Ato das Disposições Constitucionais Transitórias, produto híbrido, na medida em que procurou harmonizar a entrada em vigor da Carta de 1988 com o interesse nacional de se evitar que o País mergulhasse no vácuo constitucional tributário:

"Art. 34. O sistema nacional tributário entrará em vigor a partir do primeiro dia do quinto mês seguinte ao da promulgação da Constituição, mantido, até então, o da Constituição de 1967, com a redação dada pela Emenda n. 1, de 1969, e pelas posteriores.

§ 1º. Entrarão em vigor com a promulgação da Constituição os arts. 148, 149, 150, 154, I, 156, III e 159, I, c, *revogadas as disposições em contrário da Constituição de 1967 e das Emendas que a modificaram, especialmente de seu art. 25, III.*

...."

11. Especialmente no que interessa a estes autos, estabeleceu ainda o art. 34 do Ato das Disposições Constitucionais Transitórias o que se segue:

"§ 3º. Promulgada a Constituição, a União, os Estados, o Distrito Federal e os Municípios poderão editar as leis necessárias à aplicação do sistema tributário nacional nela previsto.

"§ 4º. As leis editadas nos termos do parágrafo anterior produzirão efeitos a partir da entrada em vigor do sistema tributário nacional previsto na Constituição."

12. Editada que foi a lei estadual n. 1.394 em 12 de dezembro de 1988 — ou seja, no interregno entre a promulgação da Constituição Federal e a entrada em vigor do novel sistema tributário nacional (art. 34, *caput*, do Ato das Disposições Constitucionais Transitórias) —, instituindo, ademais, imposto que não estava autorizado em qualquer dos artigos de vigência imediata prevista no § 1º do art. 34 do texto transitório, faz-se manifesto que se tratava de lei incluída dentre aquelas regidas pelos §§ 3º e 4º retrotranscritos.

13. Em sendo assim, afastada de todo ficou — pelo próprio texto *constitucional* — a incidência, no caso, das regras em que se constituem os artigos 146 e 150, III, *a*, porque absolutamente incompatí-

veis com a transitoriedade regida pelo Ato das Disposições Constitucionais Transitórias e, especialmente, porque sua aplicação tornaria sem qualquer eficácia o disposto nos §§ 3º e 4º do art. 34 do mesmo texto transitório.

14. O parecer é, por conseguinte, de que o Recurso Extraordinário não comporta conhecimento." (fls. 321/4)

É o Relatório.

VOTO

O Sr. Ministro Octavio Gallotti (relator) — Reza o art. 146 da Constituição Federal, dado como contrariado pelos Recorrentes:

"Art. 146 — Cabe à lei complementar:

I — dispor sobre conflitos de competência, em matéria tributária, entre a União, os Estados, o Distrito Federal e os Municípios;

II — regular as limitações constitucionais ao poder de tributar;

III — estabelecer normas gerais em matéria de legislação tributária, especialmente sobre:

a) definição de tributos e de suas espécies, bem como, em relação aos impostos discriminados nesta Constituição, dos respectivos fatos geradores, bases de cálculo e contribuintes;

b) obrigação, lançamento, crédito, prescrição e decadência tributários;

c) adequado tratamento tributário ao ato cooperativo praticado pelas sociedades cooperativas."

Para suprir a necessidade da lei complementar, o acórdão argumenta com o art. 24, § 3º, também da Constituição, *verbis*:

"§ 3º — Inexistindo lei federal sobre normas gerais, os Estados exercerão a competência legislativa plena, para atender a suas peculiaridades."

Admito que se preste esse permissivo, entre a disciplina de outras matérias, a possibilitar a instituição de tributos, dispensada, a título de formalidade, para esse fim, a prévia edição de lei complementar. Jamais, entretanto, quando a existência desta se torne materialmente imprescindível, para a dirimência de conflitos de competência entre os Estados.

É esta última — e tipicamente — a hipótese em discussão, onde a diversidade de critérios legislativos estaduais sobre o domicílio de pessoas físicas e jurídicas (contribuintes e fontes de retenção), especialmente quando possuem mais de um estabelecimento, é campo fértil de inaceitável bitributação.

Figure-se, ainda, e só para exemplificar, a transferência de domicílio, pelo contribuinte, no primeiro dia do ano, de São Paulo (onde o fato gerador — Lei n. 6.352/88 — é o mesmo do imposto de renda), para o Rio de Janeiro (onde o fato gerador é o pagamento do imposto de renda, Lei n. 1.394-88). A sancionar-se essa liberdade do legislador local, seria o imposto devido aos dois Estados.

O disposto no § 3º do art. 24 da Constituição não pode, portanto, significar a abolição da lei complementar necessária à dirimência de conflitos de competência entre Unidades da Federação. O âmbito do dispositivo está limitado, logicamente, às situações de alcance simplesmente isolado ou local, como também indica a expressão literal da norma, em sua parte final, quando se declara destinada a atender os Estados "em suas peculiaridades", sem se mostrar, assim, pertinente ao trato da matéria tributária que haverá, fatalmente, de compreender o inter-relacionamento de mais de um Estado.

Tudo o que foi dito a respeito da necessidade material (não da exigibilidade simplesmente formal da lei complementar) tem aplicação em resposta ao argumento buscado, em reforço ao do acórdão, pela douta Procuradoria Geral da República, no art. 34, e seus §§ 1º, 3º e 4º, do Ato das Disposições Constitucionais Transitórias.

Note-se que, para tornar viável a cobrança do ICMS, o § 8º, do citado art. 34 do ADCT, autorizou o suprimento da falta de lei complementar pela celebração de convênio, o que, não tendo sido previsto em relação ao adicional estadual do imposto de renda, serve para corroborar a impossibilidade de exigência deste último, sem a lei complementar determinada pelo art. 146 da Constituição Federal.

Conheço do recurso e dou-lhe provimento, para deferir a segurança e declarar a inconstitucionalidade da lei n. 1.394, de 2 de dezembro de 1988, do Estado do Rio de Janeiro.

VOTO

O Sr. Ministro Marco Aurélio — Senhor Presidente, lendo a alínea "a" do inciso III do artigo 146 da Carta Federal, constato que a previsão referente à legislação complementar sobre tributos está jungida ao estabelecimento de normas gerais, à "definição de tributos e suas espécies, bem como, em relação aos impostos discriminados nesta Constituição, a dos respectivos fatos geradores, bases de cálculo e contribuintes". Aí temos alusão a "obrigação, lançamento, crédito, prescrição e decadência tributários; adequado tratamento tributário ao ato cooperativo praticado pelas sociedades cooperativas".

O que se verifica, quanto à inovação que veio à balha, com a Carta de 1988, no tocante ao preceito do inciso II do artigo 155?

A meu ver, Senhor Presidente, não podemos deixar de emprestar a vocábulos empregados pelo legislador o sentido vernacular, e o inciso II do artigo 155 tem início com emprego do vocábulo "adicional". Adicional de quê? Sob o meu ponto de vista, somente pode ser adicional de imposto de renda. Creio que aqui temos a definição de um tributo, repito, ligado ao imposto de renda, "adicional de até cinco por cento do que for pago à União por pessoas físicas ou jurídicas domiciliadas nos respectivos territórios, a título do imposto previsto no artigo 153, III, incidente sobre lucros, ganhos e rendimentos de capital".

Senhor Presidente, encontro, neste dispositivo, os elementos indispensáveis a concluir pelo caráter supérfluo, até mesmo, de uma legislação complementar, ou, para amenizar um pouco a expressão utilizada, pela ausência de exigibilidade de uma legislação complementar. Temos, no preceito, o sujeito ativo da relação tributária, que é o Estado ou o Distrito Federal; Estado ou Distrito Federal em que a pessoa física ou a pessoa jurídica que haja efetuado o pagamento à União, relativo ao imposto de renda, tenha domicílio. E, aqui, permito-me ligar o instituto, domicílio, à definição contida no artigo 117 do Código Tributário, já que estamos no campo relativo aos tributos. O sujeito passivo também está definido: "pessoa física ou jurídica" que deva à União o imposto de renda. O fato gerador logicamente coincide, porque potencializo o vocábulo "adicional", com o do próprio imposto de renda, em relação ao qual vamos ter o adicional, já então devido, não à União, mas ao Estado.

A alíquota também está prevista na própria norma "adicional de cinco por cento do que for pago à União".

Subscrevo o pronunciamento da Procuradoria-Geral da República nos dois processos, no sentido do não-conhecimento do recurso quanto à exigibilidade de uma lei complementar que disponha sobre esse tributo. Não vejo transgressão à Carta, não vejo ofensa ao artigo 146, inciso III, da Constituição.

Assim, frente às premissas que lancei, assentando que o adicional, no caso, é adicional de imposto de renda, não há como se cogitar da cobrança relativamente a fatos geradores ocorridos em 1988. Nessa parte — num dos recursos temos o tema ferido — conheço do recurso, já que foi declarada válida lei estadual, contestada em face da Constituição e, no mérito, considerado esse fundamento, acolho o pedido ora formulado, para desobrigar as Recorrentes no tocante ao adicional alusivo a fatos geradores acontecidos em 1988.

Concluo, no que concerne ao recurso extraordinário n. 136.215, de que é Relator o Senhor Ministro Octávio Gallotti, pela violência ao princípio da anterioridade e, quanto ao recurso extraordinário n. 140.887, relatado pelo Senhor Ministro Moreira Alves, com base na alínea "c", que apresenta um campo de atuação muito maior, dele conheço pelo simples fato de se haver julgado válida lei local, contestada em face da Constituição e, no mérito, diante do esclarecimento prestado por S. Exª no sentido de que o ato normativo acabou por eleger fato gerador diverso do previsto na Lei Básica Federal — o pagamento do Imposto de Renda — provejo o recurso, estendendo este fundamento também ao voto relativo ao recurso extraordinário n. 140.887-1.

VOTO

O Sr. Ministro Carlos Velloso — Sr. Presidente, a definição de fato gerador, na lei complementar — lei que não é puramente federal, mas nacional, ela é mais do que federal, portanto — inscrita no artigo 146 da Constituição, tem um sentido e uma finalidade, que é a de impedir a ocorrência de conflitos de competência, em matéria tributária, entre as entidades políticas que compõem a Federação — União, Estados, Distrito Federal e Municípios.

Tratando-se, então, de impostos, deverão os seus respectivos fatos geradores estar definidos na mencionada lei complementar de normas gerais (CF, art. 146, III, *a*).

No sistema constitucional anterior, sob o pálio da Constituição de 1967, a questão, no particular, foi muito debatida. Eminentes estudiosos do Direito Constitucional Tributário afirmavam que a definição de fato gerador de impostos não tinha o caráter de norma geral e, por isso, as definições de fato gerador, inscritas na lei complementar, mais precisamente no Código Tributário Nacional, eram consideradas normas de lei ordinária e não norma de lei complementar, dado que, para esses eminentes juristas, repito, a definição de fato gerador de tributo não tinha caráter de norma geral, não era próprio, portanto, da lei complementar; e a Constituição de 1967, no art. 18, § 1º, dispunha que lei complementar estabeleceria normas gerais de direito tributário, disporia sobre os conflitos de competência nessa matéria entre a União, os Estados, o Distrito Federal e os Municípios, e regularia as limitações constitucionais do poder de tributar. Esses eminentes juristas, aliás, sustentavam que a lei complementar deveria dispor, em termos de normas gerais, sobre os conflitos de competência entre as entidades políticas mencionadas e, ainda, em termos de normas gerais, regularia as limitações constitucionais do poder de tributar.

Eu próprio, Senhor Presidente, em certa época, no Tribunal Federal de Recursos, que tive a honra de integrar, não obstante sustentar o caráter tricotômico da lei complementar do § 1º do art. 18 da Constituição pretérita, cheguei a comungar do entendimento no sentido de que a definição de fato gerador não cabia na referida lei complementar, era matéria própria de lei ordinária. Lembro-me de um julgamento em que essa questão veio à baila — desse julgamento participou o eminente Ministro Néri da Silveira — quando discutimos a definição do fato gerador do imposto de importação ou a compatibilidade do art. 19, CTN, com o art. 23, do DL 37, de 1966, que desfechou na Súmula 4-TFR. Na oportunidade sustentei que a definição de fato gerador não cabia na lei complementar do art. 18, § 1º, da Constituição de 1967.

Continuei, entretanto, meditando e refletindo sobre a questão. E, refletindo e meditando melhor, passei a entender que a definição de fato gerador é, na verdade, própria da lei complementar do art. 18, § 1º, da CF/67. E por que é própria? Porque se à lei complementar cabia dispor — como hoje cabe, CF/88, art. 146 — sobre os conflitos de competência entre as entidades políticas, deveria ela definir fatos geradores dos impostos. É que a definição de fato gerador, parece-me, é a providência primeira que cabe fazer a lei complementar quando dispõe sobre conflitos de competência tributária. Definir fatos geradores é a providência primeira que deve a lei complementar adotar para o fim de evitar os conflitos de competência tributária entre as entidades políticas. Neste caso, portanto, é importante, muito importante, que uma lei nacional defina o fato gerador dos impostos e aquilo que toca de perto o fato gerador, que gira em torno deste, para, justamente, repito, impedir a ocorrência de conflitos de competência entre as entidades políticas que compõem a Federação.

Posta assim a questão, penso que não se pode emprestar à matéria caráter local, para o fim de permitir, na linha do § 3º do art. 24 da Constituição, que o Estado-membro exerça competência legislativa plena. E por quê? Porque a matéria, por não ter caráter local, por ser eminentemente nacional, não é daquelas que cabe, na cláusula inscrita na parte final do § 3º do art. 24 da Constituição — "para atender a suas peculiaridades", vale dizer, para atender a peculiaridades locais. É que o Estado-membro somente exercerá competência legislativa plena, na falta da lei federal, para atender a suas peculiaridades (§ 3º do art. 24 da Constituição). Ora, definir fato gerador de imposto, conforme vimos, interessa a mais de uma entidade política que compõe a Federação, diz respeito a diversas entidades políticas, a mais de um Estado-membro, interessa e diz respeito à própria União.

Assim, Sr. Presidente, emprestando-se interpretação sistemática à Constituição, interpretando-se, em conjunto, as normas inscritas no art. 24, § 3º., art. 146, I, III, *a*, 155, II, da Constituição, a outra conclusão não se chega senão àquela a que chegaram os eminentes Ministros Relatores, Moreira Alves e Octávio Gallotti.

Com essas breves considerações, peço licença ao eminente Ministro Marco Aurélio para acompanhar os votos dos eminentes Ministros Moreira Alves e Octávio Gallotti.

Dou, em conseqüência, pela inconstitucionalidade das normas em discussão.

VOTO

O Sr. Ministro Celso de Mello — A ausência de lei complementar nacional, a ser editada pela União com fundamento no art. 146, I e III, *a*, da Carta Política, inibe o exercício, pelos Estados-membros de sua competência impositiva para a instituição do tributo a que se refere o art. 155, II, da Lei Fundamental (Adicional ao Imposto de Renda).

A promulgação dessa lei complementar atua, especialmente em função dos objetivos para os quais ela foi prevista, como requisito subordinante da atividade impositiva do Poder Público.

A regulação dos conflitos de competência, em matéria tributária, entre as pessoas estatais e a definição dos tributos e dos elementos componentes de suas respectivas hipóteses de incidência traduzem matérias que, por seu fundamental relevo político-jurídico foram submetidas, por expressa deliberação do poder constituinte, ao domínio normativo da lei complementar.

A Carta da República, ao delimitar o âmbito de incidência material dessa espécie legislativa, prescreveu em seu artigo 146 que cabe à lei complementar:

"I. dispor sobre conflitos de competência em matéria tributária, entre a União, o Distrito Federal e os Municípios;

"..

III. Estabelecer normas gerais em matéria de legislação tributária, especialmente sobre:

a) definição de tributos e de suas espécies, bem como, em relação aos impostos discriminados nesta Constituição, a dos respectivos fatos geradores, bases de cálculo e contribuintes;

".."

Essa reserva constitucional de lei complementar, em última análise, enquanto instrumento de limitação normativa da ação tributante do Estado, destina-se a conferir proteção efetiva e a dispensar tutela plena aos sujeitos passivos da obrigação tributária.

Ives Gandra Martins (*Comentários à Constituição do Brasil*, vol. 6, tomo I, p. 75, 1990, Saraiva), em autorizado magistério, ressalta que a lei complementar em questão cumpre dupla função tutelar, pois, além de representar elemento de estabilização do sistema jurídico-tributário instituído pela Carta da República, atua como fator de insuprimível garantia dispensada ao próprio contribuinte.

Para esse eminente jurista, o discurso normativo consubstanciado no art. 155, II, da Constituição *revela-se insuficiente*, razão pela qual torna-se imprescindível — até mesmo para a explicitação dos diversos aspectos que concernem aos elementos componentes da hipótese de incidência dessa espécie tribuária — a edição, *pela União Federal*, da lei complementar tornada exigível pelo comando incontrastável que emana do art. 146 da Carta Política (v. *op. cit.*, vol. 6, tomo I/360-362), *verbis*:

"Por enquanto, todavia, quase todos os Estados, por veiculação ordinária, instituíram o imposto em clara violação à necessidade de lei complementar *e ao próprio Texto, criando domicílios inexistentes e fazendo incidir o IR estadual, mesmo que não tenha sido pago o federal, e até exigindo IR estadual sem que haja fato gerador (...)*

"..

"Em face do discurso insuficiente, a lei complementar é fundamental, não se lhe podendo os Estados antecipar *posto que a exceção do § 8.º do art. 34 das Disposições Transitórias apenas foi endereçada ao ICMS.* (grifei)

A lei complementar a que se refere o preceito inscrito no art. 146 da Carta Política tem o caráter de lei nacional, projetando-se e impondo-se, na esfera jurídico-normativa, e no que concerne aos estritos limites materiais de sua incidência, à compulsória observância das pessoas estatais investidas, pelo ordenamento constitucional, de competência impositiva.

Nessa condição formal, a lei complementar, que veicula regras disciplinadoras do conflito de competências tributárias e que dispõe sobre normas gerais de direito tributário, evidencia-se como espécie normativa que, *embora necessariamente obediente às diretrizes traçadas pela Carta da República*, constitui manifestação superior da vontade jurídica do próprio Estado Federal. A autoridade dessa lei complementar — cuja gênese reside no próprio texto da Constituição — vincula, em sua formulação normativa, as pessoas políticas que integram, no plano da Federação brasileira, a comunidade jurídica total.

Ainda que a matriz do *adicional ao imposto de renda* — situe-se na esfera da própria Constituição, que confere competência impositiva a todas as pessoas estatais, pré-ordenando-lhes o exercício das atividades tributantes e limitando o poder de conformação do legislador ordinário em matéria tributária, *não se pode prescindir*, na concreta instituição desa nova espécie de tributo estadual, das *prescrições gerais* e uniformizadoras constantes da lei complementar referida pelo art. 146 da Carta Fundamental.

Tenho por necessária, desse modo, para efeito de criação e de exigibilidade do adicional ao imposto de renda — exação tributária que foi incluída na esfera de competência impositiva dos Estados-membros e do Distrito Federal — a edição de lei complementar nacional, *ainda não promulgada pela União Federal*

A lei complementar nacional a que se refere o art. 146, I e III, *a*, da Carta da República, *cumpre função constitucional específica*, posto que vocacionada, na concreção do seu alcance, dentre outras finalidades, a veicular normas que viabilizem a solução de conflitos de competência em matéria tributária e a definir os tributos, caracterizando, de modo genérico e uniforme, os elementos que lhes compõem a hipótese de incidência.

Essa relevante função jurídica atribuída pela Carta Política à lei complementar nacional torna rigorosamente imprescindível a sua promulgação, especialmente quando existentes, *como no caso do adicional ao imposto de renda*, vínculos que o inter-relacionam, intimamente, ao próprio imposto de renda, situação esta que recomenda e impõe a formulação de critérios gerais e universais destinados a delinear, de modo adequado, os diversos aspectos estruturais que compõem o novo tributo deferido à competência legislativa das unidades federadas regionais.

Sem esse ato legislativo, portanto, emanado da União (CF, art. 146, I e III, *a*), que definirá, em função do que dispõe o próprio texto constitucional, os diversos elementos que comporão a hipótese de incidência dessa nova espécie tributária, não haverá como criá-la, *validamente*, no âmbito dos Estados-membros ou do Distrito Federal.

Nem mesmo o poder jurídico deferido aos Estados-membros e ao Distrito Federal pelo art. 24, §§ 2º e 4º, da Constituição Federal, e pelo art. 34, § 3º, do ADCT, permitirá que estes legislem, *autonomamente*, sobre a nova exação tributária, na medida em que o adicional sobre o imposto de renda constitui espécie de tributo *necessariamente* dependente de regramento sujeito à competência de pessoa estatal *diversa*.

As recíprocas interferências que se estabelecerão, obrigatoriamente, entre o *imposto de renda*, sujeito à competência legislativa da União, e o *adicional ao imposto de renda*, incluído na esfera de competência impositiva dos Estados-membros, reclamam a edição de lei complementar de âmbito nacional, vocacionada, precisamente, à indicação de soluções normativas necessárias à resolução de possíveis conflitos de competência entre a União Federal e os Estados-membros.

É essencial, Sr. Presidente, que se proclame, neste ponto — tal como o tenho feito em sucessivos pronunciamentos nesta Corte —, que o exercício do poder tributário, pelo Estado, submete-se, por inteiro, aos modelos jurídicos positivados no texto constitucional, que institui, de modo explícito ou implícito, em favor dos contribuintes, decisivas limitações à competência estatal para impor e exigir, coativamente, as diversas espécies tributárias existentes.

O fundamento do poder de tributar reside, em essência, no dever jurídico de *estrita fidelidade* dos entes tributantes ao que imperativamente dispõe a Constituição da República.

Daí, o magistério irrepreensível de Paulo de Barros Carvalho (*Curso de Di-*

reito Tributário, p. 89, 1991, Saraiva), para quem o subsistema constitucional tributário, "ao dispor sobre os poderes capitais do Estado, no campo da tributação", institui, de modo extremamente significativo, as "medidas que asseguram as garantias imprescindíveis à liberdade das pessoas, diante daqueles poderes..."

A Lei Fundamental delineia, pois, em prescrições revestidas do mais elevado grau de positividade jurídica, um verdadeiro *estatuto do contribuinte* que, na lição da doutrina, impõe, em tema tributário, limites insuperáveis aos poderes do Estado.

Esta Corte, ao exercer, de modo soberano, a tutela jurisdicional das liberdades públicas, tem o dever indeclinável de velar pela intangibilidade de nossa Lei Fundamental, que, ao dispor sobre as relações jurídico-tributárias entre o Estado e os indivíduos, institucionalizou um sistema coerente de proteção, a que se revelam subjacentes importantes princípios de caráter político, econômico e social.

É preciso advertir o Estado de que o uso *ilegítimo* de seu poder de tributar não deve, sob pena de erosão da própria consciência constitucional, extravasar os rígidos limites traçados e impostos à sua atuação pela Constituição da República.

Impõe-se ressaltar que o valor jurídico do ato inconstitucional *é nenhum*. É ele desprovido de qualquer eficácia no plano do Direito. "Uma conseqüência primária da inconstitucionalidade" — acentua Marcelo Rebelo de Souza (*O Valor Jurídico do Acto Inconstitucional*, vol. I/15-19, 1988, Lisboa) — "é, em regra, a desvalorização da conduta inconstitucional, sem a qual a garantia da Constituição não existiria. Para que o princípio da constitucionalidade, expressão suprema e qualitativamente mais exigente do princípio da legalidade em sentido amplo, vigore, é essencial que, em regra, uma conduta contrária à Constituição não possa produzir cabalmente os exactos efeitos jurídicos que, em termos normais, lhes corresponderiam".

A lei inconstitucional, por ser nula e, conseqüentemente, ineficaz, reveste-se de absoluta inaplicabilidade. Falecendo-lhe legitimidade constitucional, a lei se apresenta desprovida de aptidão para gerar e operar *qualquer* efeito jurídico. "Sendo inconstitucional, a regra jurídica é nula" (*RTJ* 102/671).

Assim sendo, Sr. Presidente, e com estas considerações, acompanho o eminente Relator.

É o meu voto.

VOTO (RETIFICAÇÃO)

O Sr. Ministro Marco Aurélio — Senhor Presidente, a discrepância situa-se, apenas, na exigibilidade, ou não, da lei complementar. Considero-a dispensável, ao contrário do entendimento formado no Plenário pela ilustrada maioria.

Coerente com o meu voto, no que defini o adicional como sendo relativo ao imposto de renda, se a legislação impugnada aponta como fato gerador algo diverso do fato gerador do imposto de renda, logicamente tenho que reconhecer e prover o recurso também por esse fundamento, além daquele alusivo à anterioridade. E, aí, chegaríamos até à incongruência, quer dizer, a aceleração à ausência de pagamento inadimplemento, passaria a desobrigar o contribuinte.

Sem dúvida, ao se votar sem vista dos autos, geralmente não se percebe tudo que é lançado pelo Relator. E, tenho certeza de que, no relatório, S. Exa. mencionou esse aspecto.

EXTRATO DE ATA

Recurso Extraordinário n. 136.215-4
Origem: Rio de Janeiro
Relator: Min. Octavio Gallotti

Rectes: Atlam Fornecedora do Comércio e Indústria S/A e outros

Advs.: Célio Salles Barbieri e outros

Recdo: Estado do Rio de Janeiro

Advs.: José Roberto P. C. Faveret Cavalcanti e outros

Decisão: Por votação unânime, o Tribunal conheceu do recurso e lhe deu provimento, para declarar a inconstitucionalidade da Lei n. 1.394, de 02.12.88, do Estado do Rio de Janeiro, e conceder a segurança. Votou o Presidente. Plenário, 18.2.93.

Presidência do Senhor Ministro Sydney Sanches. Presentes à sessão os Senhores Ministros Moreira Alves, Néri da Silveira, Octavio Gallotti, Paulo Brossard Sepúlveda Pertence, Celso de Mello, Carlos Velloso, Marco Aurélio, Ilmar Galvão e Francisco Rezek.

Procurador-Geral da República, Dr. Aristides Junqueira Alvarenga.

Luiz Tomimatsu — Secretário.

JURISPRUDÊNCIA

SUPREMO TRIBUNAL FEDERAL

Ementa: Constitucional. Tributário. Imposto de Renda. Renda — Conceito. Lei n. 4.506, de 30.XI.64, art. 38, CF/46, art. 15, IV; CF/67, art. 22, IV; EC 1/69, art. 21, IV. CTN, art. 43.

I. Rendas e proventos de qualquer natureza: o conceito implica reconhecer a existência de receita, lucro, proveito, ganho, acréscimo patrimonial que ocorrem mediante o ingresso ou o auferimento de algo, a título oneroso. CF/46, art. 15, IV; CF/67, art. 22, IV; EC 1/69, art. 21, IV, CTN, art. 43.

II. Inconstitucionalidade do art. 38 da Lei 4.506/64, que institui adicional de 7% de imposto de renda sobre lucros distribuídos.

III. R.E. conhecido e provido.

Recurso Extraordinário n. 117.887-6 São Paulo

Recorrente: Companhia Antárctica Paulista — Indústria Brasileira de Bebidas e Conexos

Recorrida: União Federal

***DJU* de 23.4.93**

ACÓRDÃO

Vistos, relatados e discutidos estes autos, acordam os Ministros do Supremo Tribunal Federal, em Sessão Plenária, na conformidade da ata do julgamento e das notas taquigráficas, por decisão unânime, conhecer do recurso e lhe dar provimento, nos termos do voto do relator.

Brasília, 11 de fevereiro de 1993 — Sydney Sanches (Presidente) — Carlos Velloso (Relator).

RELATÓRIO

O Sr. Ministro Carlos Velloso — Trata-se de ação ordinária ajuizada pela Companhia Antárctica Paulista Indústria Brasileira de Bebidas e Conexos contra a Fazenda Nacional, objetivando a restituição de imposto que alega ter recolhido indevidamente.

A sentença de fls. 98/103, que julgou improcedente a ação, assim relatou a espécie:

> "A autora incorporou ao seu capital, através de aumento, em 7 de outubro de 1964, a importância indicada na inicial correspondente ao saldo da conta Fundo de Reserva não Tributada, destinada ao aumento do Capital Social — constante do Balanço Geral de suas atividades, levantado em 31 de julho de 1964-arcando seus acionistas com o respectivo na fonte, ex-vi do disposto no art. 11, da lei n. 4.154.
>
> Posteriormente, na declaração de renda formulada para o exercício financeiro de 1965, com base nos resultados do exercício encerrado em 31 de julho de 1964, a autora incluiu a parcela incorporada ao capital como lucro tributável da empresa, recolhendo sobre ela imposto de

renda de 28% e adicional de 10% a ele adjecto.

Acontece que entre 31.7.1964 (data do Balanço Geral) e 29.1.1965 (data em que foi apresentada a declaração à Delegacia do Imposto de Renda), foi editada a Lei 4.506, de 30.11.64 cujo art. 38 estatui o imposto, à taxa de 7%, incidente sobre lucro distribuído, sob qualquer título ou forma, salvo as bonificações resultantes do ativo imobilizado, corrigido na forma da lei, ou de incorporação de lucros ou reservas tributados.

Embora a conversão do saldo do Fundo de Reserva em questão, em capital, não constituísse lucro distribuído, a autora pagou o imposto adicional, a que se refere o art. 38, da mencionada Lei 4.506, e formulou, *consulta* à Delegacia Regional do Imposto de Renda em São Paulo, obtendo resposta de que as reservas capitalizadas estão sujeitas ao imposto de 7%, criado pelo mencionado art. 38.

Manifestando seu inconformismo quanto ao recolhimento do imposto em referência, a Autora desenvolve longa tese sobre o conceito de *renda* que envolve os *acréscimos* de valor pecuniário à movimentação do capital. Sustenta que não havendo *acrescentamento* que a noção de *renda* implica, esta perde a sua essencialidade e, pois, não alcança o foco da tributação.

Afinal, com fundamento nas razões expostas, a Autora pede a restituição do imposto que pagou indevidamente, acrescido dos juros, custas e honorários.

Com a inicial vieram o instrumento de procuração outorgado ao patrono, as guias de recolhimento do imposto arrecadado na fonte, o lançamento do imposto em nome da pessoa jurídica, as guias de pagamento das parcelas desse imposto, demonstração da conta de lucros distribuídos, cálculo do imposto, *consulta* e resposta sobre a matéria, objeto da causa (fls. 10 a 47).

Citada, compareceu a União Federal alegando, em síntese, que o imposto instituído pelo art. 38, da Lei n. 4.506/65 incide sobre os lucros distribuídos, sob qualquer título ou forma, não se aplicando aos casos previstos no próprio artigo e mais as bonificações resultantes de incorporação de lucros e reservas tributados em poder da pessoa jurídica (art. 83, § 1º., da Lei 3.470/58).

Saneado o processo e realizada a audiência de instrução e julgamento, não houve provas produzidas limitando-se as partes a manterem seus respectivos pontos de vista. A Autora, mediante memorial escrito, junto aos autos; a União Federal, por sustentação oral da matéria exposta na contestação."

Inconformada apelou a autora (fls. 106/129), requerendo a condenação da Fazenda à restituição pleiteada na inicial, tendo em vista "a inconstitucionalidade do imposto de 7% criado pelo art. 38 da Lei 4.506/64 e a sua não incidência na espécie".

Também recorreu a União Federal, requerendo a condenação da sucumbente ao pagamento de honorários advocatícios.

A Quarta Turma do extinto Tribunal Federal de Recursos, por unanimidade, negou provimento à apelação da autora e deu provimento à da União Federal, em acórdão assim ementado:

"Tributário. Imposto de renda. Lei n. 4.506, de 30.11.64, art. 38. Constitucionalidade. Inaplicação à espécie da ressalva constante do § 1º do citado dispositivo.

I — O art. 38 da Lei n. 4.506, de 30-11-64 define o fato gerador do imposto de renda sem violar os arts. 15, IV, e 141, § 1º da Constituição de 1946.

II — A ressalva constante do § 1º do art. 38 da Lei n. 4.506, de 1964, segundo se depreende do parág. 1º do art. 83 da Lei n. 3.470, de 28.11.58, refere-se a "reservas tributadas em poder da pessoa jurídica". Por isso, é inaplicável ao caso que se refere a "reserva não tributada".

III — Apelação da autora desprovida. Apelação da União provida."

O eminente Relator, Ministro Antônio de Pádua Ribeiro, em seu voto, considerou estar configurado o fato gerador do imposto de renda, pois "a autora distribuiu lucros, a título de aumento de capital social, sob a forma de novas ações, não descaracterizando a distribuição contestada o fato de não haver sido feita em dinheiro". Ressaltou, ainda, que não houve ofensa ao princípio da isonomia, pois só pode existir tratamento igual entre aqueles que se encontram em igual situação. Por fim, afirma que a hipótese não se enquadra na exceção consubstanciada no parág. 1º do art. 38 da Lei 4.506/64, porque este se refere a "reservas tributadas em poder da pessoa jurídica" e, "na espécie, segundo a própria autora assinala na exordial, trata-se de "Fundo de Reserva não Tributada".

A Cia. Antártica Paulista Indústria Brasileira de Bebidas e Conexos, às fls. 178/194, interpõe recurso extraordinário, com argüição de relevância, fundado na alínea "a" do permissivo constitucional anterior, alegando violação ao art. 15, IV, da Constituição Federal de 1946 e ao art. 43 do CTN e negativa de vigência ao § 1º do art. 38 da Lei 4.506/64.

Afirma que o referido dispositivo constitucional autoriza o legislador a tributar a renda e os proventos de qualquer natureza, mas que o conceito de renda "envolve necessariamente a idéia de ganho, acréscimo". Sustenta que, "no caso dos autos, a distribuição de lucros aos seus acionistas não trouxe à recorrente qualquer acréscimo patrimonial. Pela operação de aumento de capital a recorrente pagou o imposto por ela devido e deduziu, na fonte, o que incumbia aos seus acionistas, na forma do art. 11 da Lei 4.154/62".

Ressalta que a União está exigindo imposto de renda três vezes sobre o mesmo fato gerador: dos acionistas, em virtude do art. 11 da Lei 4.154/62, da sociedade, pelo recolhimento anual, e novamente da sociedade, com base no art. 38 da Lei 4.506/64. Apenas as duas primeiras incidências são legítimas, porque correspondem ao acréscimo patrimonial dos acionistas pelo recebimento de novas ações e da sociedade, porque aumentou o seu capital. A terceira cobrança é absolutamente desarrazoada, pois a sociedade não aumentou o seu patrimônio com a distribuição das ações.

Ainda que se reconhecesse a constitucionalidade do art. 38 da Lei 4.506/64, alega o recorrente que esse não poderia ser aplicado ao presente caso, que se enquadra na ressalva do seu § 1º, onde foram excluídos "do gravame as incorporações de resultados ao capital social das empresas, porque benéficas ao esforço do país no sentido de aumentar a sua produção".

Inadmitido na origem, o recurso subiu a esta Colenda Corte em virtude do provimento de agravo de instrumento.

A ilustrada Procuradoria-Geral da república, oficiando à fl. 221, reporta-se às razões da recorrida (fls. 207/210), para opinar pelo não conhecimento do recurso nos termos da Súmula 285.

É o relatório, do qual a secretaria expedirá cópias aos Exmos. Srs. Ministros.

VOTO

O Sr. Ministro Carlos Velloso (Relator) — A espécie diz respeito à cobrança de imposto de renda sobre *lucros distribuídos*, criado pela Lei n. 4.506, de 30.11.1964, art. 38:

> "Art. 38. Além do imposto de que trata o art. anterior, será cobrado o imposto de 7% (sete por cento) sobre os lucros distribuídos, sob qualquer título ou forma, exceto os atribuídos ao titular de empresa individual e aos sócios das entidades referidas na letra *b* do § 1º do artigo 18 da Lei 4.154, de 28 de novembro de 1962".

Sustenta-se, no recurso extraordinário, a inconstitucionalidade do artigo 38, acima transcrito, inconstitucionalidade que o acórdão recorrido, do antigo TFR, recusou.

Assim a sustentação posta no recurso extraordinário, da lavra do eminente advogado Cláudio Lacombe:

"(...)

8. Quando a Constituição Federal (no caso, a de 1946, art. 15, IV) autoriza o legislador a tributar a renda e os proventos de qualquer natureza, não lhe confere um cheque em branco que ele pode preencher a seu talante. Por maiores sejam as divergências doutrinárias sobre o conceito de renda, há um elemento, de sua composição sobre o qual não pairam dúvidas: o de que ela envolve necessariamente a idéia de *ganho, de acréscimo*. Veja-se José Luiz Bulhões Pedreira, no seu notável *Imposto de Renda* (02.11.16):

"A Constituição Federal autoriza a União a impor tributos sobre a "renda e os proventos de qualquer natureza". No exercício do Poder Legislativo cabe ao Congresso Nacional definir, na legislação ordinária, o que deve ser entendido por renda, para efeitos de tributação. Mas ao definir a renda tributável o Congresso Nacional tem o seu poder limitado pelo sistema constitucional de distribuição do poder tributário, e fica sujeito à verificação, pelo Poder Judiciário, da conformidade dos conceitos legais com os princípios da Constituição. O Congresso pode restringir ou limitar o conceito de renda e proventos de qualquer natureza constante da Constituição, mas não ampliá-lo além dos limites compatíveis com a distribuição constitucional de rendas.

A determinação dos limites do poder da União de impor tributos sobre "rendas e proventos de qualquer natureza" há de basear-se na interpretação literal dessa expressão e na interpretação sistemática da discriminação constitucional de rendas.

O sentido vulgar de renda é o de produto do capital ou trabalho, e o termo é usado como sinônimo de lucros, juros, aluguéis, proventos ou receitas. A expressão "proventos" é empregada como sinônimo de pensão, crédito, proveito ou lucro. No seu sentido vulgar, tanto a expressão "renda" quanto a "proventos" implica a idéia de fluxo, *de alguma coisa que entra*, que é recebida. Essa conotação justificaria, por si só, a afirmação de que as concepções doutrinárias de renda pessoal que melhor se ajustam ao nosso sistema constitucional são aquelas da renda como fluxo, e não de acréscimo (ou acumulação) de poder econômico ou de patrimônio líquido."

9. O legislador complementar atendeu pontualmente a essas considerações, cortando qualquer possibilidade de debate sobre o tema. O art. 43 do Código Tributário Nacional dispõe, efetivamente:

"Art. 43. O imposto, de competência da União, sobre a renda e proventos de qualquer natureza, tem como fato gerador a aquisição da disponibilidade econômica ou jurídica:

I — de renda, assim entendido *o produto* do capital, do trabalho ou da combinação de ambos;

II — de proventos de qualquer natureza, assim entendidos *os acréscimos patrimoniais* não compreendidos no inciso anterior."

10. Ora, no casos dos autos, *a distribuição de lucros aos seus acionistas, não trouxe à recorrente qualquer acréscimo patrimonial*. Pela operação do aumento de capital a recorrente *pagou o imposto por ela devido* e deduziu, na fonte, o que incumbia aos seus acionistas, na forma do art. 11 da Lei 4.154/62 (fls. 18).

11. Vê-se, assim, que sobre o mesmo fato gerador (distribuição de ações novas, resultantes de aumento de capital por incorporação de reservas) quer o fisco exigir o imposto de renda *três vezes*. Uma vez dos acionistas (art. 11 da Lei 4.154/62), a segunda vez da sociedade (recolhimento normal anual) e a *terceira vez* da mesma sociedade (artigo 38 da Lei 4.506).

12. Se as duas primeiras incidências são legítimas, porque correspondem precisamente à verificação do fato gerador, isto é, acréscimo patrimonial dos acionistas e da sociedade, daqueles, pelo recebimento de novas ações, desta, porque aumentou seu capital, a terceira só se compreenderia como adicional do imposto *devido pelos acionistas*, únicos beneficiários da operação. Da sociedade, porém, parece evidente que nada se pode exigir, *porque nada entrou no seu patrimônio com a distribuição das ações*. A sentença apelada, aliás, como se mostrou, *reconheceu expressamente* que "no caso presente, *não se trata de renda percebida pela sociedade*". Contraditoriamente, no en-

tanto, impôs-lhe o pagamento do tributo, com apoio do acórdão recorrido.

13. À luz dessas considerações não pode haver dúvida, d.v., de que a v. decisão impugnada violou o art. 15, IV da Constituição de 1946 e o art. 43 do Código Tributário Nacional que explicitou o conceito de renda". (fls. 182/185)

No antigo Tribunal Federal de Recursos, examinei a matéria no plano infraconstitucional, nos EAC n. 32.493-SP, julgado pela 2ª Seção em 23.09.80. Proferi, então, o seguinte voto:

"A espécie diz respeito à cobrança de imposto de renda sobre *lucros distribuídos*, criado pela Lei n. 4.506, de 30.XI.1964, art. 38 *verbis*:

"Art. 38. Além do imposto de que trata o artigo anterior, será cobrado o imposto de 7% (sete por cento) sobre os lucros distribuídos, sob qualquer título ou forma, exceto os atribuídos ao titular de empresa individual e aos sócios das entidades referidas na letra *b* do § 1º do artigo 18 da Lei 4.164, de 18 de novembro de 1962."

Tal preceito entrou em vigor em 1º de janeiro de 1965, de acordo com o art. 9º da mesma lei 4.506/64.

A Embargante, no caso, distribuiu os lucros em 28.04.1964, ocasião em que se realizou a assembléia geral. Escreve a sentença:

"8. Com efeito, a assembléia geral SE REUNIU EM 28 de abril de 1964, tendo, então, aprovado a distribuição dos dividendos. A ata da assembléia foi regularmente arquivada na Junta Comercial e publicada no Diário Oficial. Fizeram-se os lançamentos contábeis necessários. Tudo isso ocorreu antes de 30 de novembro de 1964, data da lei federal n. 4.506, que começou a vigorar em 1º de janeiro de 1965" (fl. 81).

II

José Luiz Bulhões Pedreira dissertando a respeito da incidência sobre o lucro distribuído, escreve:

"A Lei 4.506 subdividiu a incidência do imposto de renda sobre o lucro das pessoas jurídicas, criando (arts. 38 e 39), ao lado da incidência sobre o lucro realizado, outra, a taxa menor, sobre os lucros distribuídos. Não se trata, no caso, de imposto sobre o lucro distribuído como rendimento dos respectivos beneficiários, mas como lucro da própria pessoa jurídica. Essa subdivisão tem objetivo extrafiscal: o estímulo ao reinvestimento dos lucros das pessoas jurídicas mediante tributação dos lucros distribuídos a taxa mais elevada do que os lucros retidos pela pessoa jurídica" (*Imposto de Renda*, APEC, Rio, 1969, ps. 24/23, n. 24.40).

A finalidade da lei, ao instituir o tributo, foi estimular o reinvestimento dos lucros. Distribuindo-os, sujeita-se a pessoa jurídica à tributação. Ora, se a lei, no caso, veio a lume quando os lucros já haviam sido distribuídos (deve ser considerado que a distribuição, no caso, foi de lucros havidos em 1963), aplicá-la, ao argumento de que a tributação dos lucros distribuídos no ano base de 1964 deverá ocorrer na forma da lei vigente no primeiro dia do exercício de 1965, seria desatender ao objetivo extra-fiscal da Lei 4.506, de 1964, art. 38.

Recebo os embargos."

O Tribunal acolheu o meu voto, pelo que o acórdão ficou assim ementado:

"Tributário. Imposto de Renda. Lucros Distribuídos. Lei n. 4.506, de 1964, art. 38.

I. Impossibilidade de tributação, na forma do que dispõe o art. 38 da Lei 4.506, de 1964, de lucros distribuídos anteriormente ao advento desta lei. É que esse imposto adicional, sobre lucro distribuído, tinha função extra-fiscal: estimular o reinvestimento dos lucros e desestimular a distribuição. Tal objetivo somente poderia ser alcançado no que toca a lucros ainda não distribuídos e não em relação a lucros distribuídos anteriormente à criação do estímulo fiscal.

II. Embargos recebidos."
(*DJ* de 23.10.80).

A questão, aqui, é posta no plano constitucional, dado que, conforme decisão proferida à fl. 219, pelo eminente Ministro Francisco Rezek, está "preclusa a matéria atinente à negativa de vigência de lei — foi negado provimento ao agravo pelo Conselho, quanto à argüição de relevância" (fl. 219).

Examinemos, portanto, a argüição de inconstitucionalidade do art. 38 da Lei 4.506, de 30.11.64.

Conforme ficou claro, linhas atrás, a incidência, na hipótese, dá-se não sobre o lucro realizado, mas sobre os lucros distribuídos. Todavia, na lição de José Luiz Bulhões Pedreira, "não se trata, no caso, de imposto sobre o lucro distribuído como rendimento dos respectivos beneficiários, mas como lucro da própria pessoa jurídica", o que ocorre com "objetivo extra-fiscal: o estímulo ao reinvestimento dos lucros das pessoas jurídicas mediante tributação dos lucros distribuídos à taxa mais elevada do que os lucros retidos pela pessoa jurídica" (*Imposto de Renda*, APEC, Rio, 1969, ps. 24/23, n. 24.40, já indicada).

Sustenta-se, conforme vimos, que a distribuição de lucros aos seus acionistas não trouxe à contribuinte, ora recorrente, qualquer acréscimo patrimonial, mesmo porque, "pela operação do aumento de capital a recorrente pagou o imposto por ela devido e deduziu, na fonte, o que incumbia aos seus acionistas, na forma do art. 11 da Lei 4.154/62" (fls. 18).

Noutras palavras, nada teria entrado no patrimônio da contribuinte, ora recorrente, com a distribuição das ações, ou nenhuma renda teria sido percebida por ela, conforme, aliás, esclarecido na sentença.

A Lei 4.506, de 30.11.64, veio a lume quando tinha vigência a Constituição de 1946, que, no tocante ao imposto de renda, assim dispunha, no seu art. 15, IV:

> "Art. 15. Compete à União decretar impostos sobre:
>
> ....
>
> IV — renda e proventos de qualquer natureza."

A Constituição de 1967, sem a EC 1/69, dispunha, a respeito, no art. 22, IV:

> "Art. 22. Compete à União decretar impostos sobre:
>
> ....
>
> IV — rendas e proventos de qualquer natureza, salvo ajuda de custo e diárias pagas pelos cofres públicos."

A EC n. 1/69, a seu turno, no art. 21, IV, dispôs:

> "Art. 21. Compete à União instituir imposto sobre:
>
> ....
>
> IV — renda e proventos de qualquer natureza, salvo ajuda de custo e diárias pagas pelos cofres públicos na forma da lei;"

Estabelece, no ponto, a Constituição de 1988, no art. 153, III:

> "Art 153. Compete à União instituir impostos sobre:
>
> ....
>
> III — renda e proventos de qualquer natureza;"

No plano infraconstitucional, a matéria foi regulada no art. 43 do C.T.N.:

> "Art. 43. O imposto, de competência da União, sobre a renda e proventos de qualquer natureza, tem como fato gerador a aquisição da disponibilidade econômica ou jurídica:
>
> I — de renda, assim entendido o produto do capital, do trabalho ou da combinação de ambos;
>
> II — de proventos de qualquer natureza, assim entendidos os acréscimos patrimoniais não compreendidos no inciso anterior".

Para José Luiz Bulhões Pedreira, "o sentido vulgar de renda é o produto do capital ou do trabalho, e o termo é usado como sinônimo de lucros, juros, aluguéis, proventos ou receitas. A expressão "proventos" é empregada como sinônimo de pensão, crédito, proveito ou lucro. No seu sentido vulgar, tanto a expressão "renda" quanto a "proventos" implicou a idéia de fluxo, de alguma coisa que entra, que é recebida. Essa conotação justificaria, por si só, a afirmação de que as concepções doutrinárias de renda pessoal que melhor se ajustam ao nosso sistema constitucional são da renda como fluxo, e não de acréscimos (ou acumulação) de poder econômico ou de patrimônio líquido" (Ob. cit., pp. 2 a 21).

Convém esclarecer, de início, que a Lei 4.506, de 30.11.64, foi tirada a lume anteriormente ao Código Tributário Nacional, Lei 5.172, de 25.10.66, com vigência a partir de 01.01.67. Não obstante isso, não me parece possível a afirmativa no sentido de que possa existir renda ou provento sem que haja acréscimo patrimonial, acréscimo patrimonial que ocorre mediante o ingresso ou o auferimento de algo, a título oneroso. Não me parece, pois, que poderia o legislador, anteriormente ao CTN, diante do que expressamente dispunha o art. 15, IV, da CF/46, estabelecer, como renda, uma ficção legal.

Aliomar Baleeiro, nos seus preciosos comentários ao CTN, discutindo o conceito de renda e proventos, esclarece que é grande o debate entre os especialistas, e que esse debate "pode ser resumido em duas teorias, que ambas têm sido invocadas pelas legislações fiscais dos vários países: a) renda é atributo quase sempre periódico da fonte permanente da qual promana, como elemento novo criado e que com ela não se confunde (Strutz, Fuisting, Cohn); b) a renda é o acréscimo de valor pecuniário do patrimônio entre dois momentos (Schanz, Haig, Fischer)." E continua o festejado autor: "Alega-se que esta última teoria, aceita pelo Direito Fiscal de vários Estados, envolve, no conceito, às vezes, os próprios capitais. Se a fábrica do Silva figurava no balanço, em 1970, por dez milhões de cruzeiros, e, no balanço de 1979, sem nada lhe ser acrescentado, está avaliada em noventa milhões de cruzeiros, graças à nova estimativa, houve renda de cem milhões de cruzeiros segundo a segunda teoria e zero para a primeira, o que é conhecido como o conceito "estreito" da renda, por oposição ao outro, "largo", ou "amplo"." (*Direito Tributário Brasileiro*, Forense, 10ª edição, 1986, pág. 182).

No caso, adotando-se qualquer das duas teorias, não há falar em renda: a) primeira teoria: não há, promanando da fonte permanente, um elemento novo — a distribuição dos lucros aos acionistas terá trazido para os acionistas o elemento novo; por isso mesmo, os acionistas pagaram o imposto, mediante a sua dedução na fonte, na forma do disposto no art. 11 da Lei 4.154/62; 2ª teoria: não houve acréscimo de valor pecuniário no patrimônio entre dois momentos, já que nada entrou no patrimônio do contribuinte, nada ganhou o contribuinte: sobre o lucro, houve o pagamento do imposto, normalmente; a cobrança, nova cobrança, está ocorrendo pelo simples motivo de o lucro estar sendo distribuído.

É certo que — o registro é de Baleeiro — "o conceito de renda, como acréscimo de valor, na enunciação teórica dos economistas que o sustentam, envolve heranças, doações e os "rendimentos psíquicos" ou "imateriais" (gozo da casa própria, automóvel, obra d'arte, e até, na opinião de alguns, as horas de lazer)." (Ob. cit., pág. 183). Terá havido, entretanto, sempre, um acréscimo de valor, o que, no caso sob exame, não ocorre.

No antigo TFR, quando do julgamento da AC 54.944-SP, de que fui relator, sustentei tese semelhante, ficando o acórdão assim ementado:

> "*Tributário. Imposto de Renda. Excesso de Remuneração. Diretores. Lucros Distribuídos.* Decreto n. 58.400, de 1966, artigo 249. Constituição, art. 21, IV; C.T.N, art. 43.
>
> I. Presente a norma inscrita no artigo 21, IV, da Constituição, e art. 43, do C.T.N., não é possível, com base no artigo 249, do RIR, Decreto 54.400/66, tri-

butar o excesso de remuneração dos diretores da empresa como distribuição de lucro. É que esse excesso de remuneração não se enquadra na condição de aquisição de disponibilidade pela empresa.

II. — Recurso provido." (*DJ* de 06.05.82).

Tenho, pois, como inconstitucional o dispositivo legal objeto da causa, o art. 38 da Lei n. 4.506, de 30.11.64.

Do exposto, conheço do recurso e dou-lhe provimento, para julgar procedente a ação, invertidos os ônus da sucumbência.

EXTRATO DE ATA

Recurso Extraordinário n. 117.887-6
Origem: São Paulo
Relator: Min. Carlos Velloso
Recte.: Companhia Antárctica Paulista Indústria Brasileira de Bebidas
Advs.: Claudio Lacombe e outros
Recda.: União Federal

Decisão: Por votação unânime, o Tribunal conheceu do recurso e lhe deu provimento, nos termos do voto do Relator. Votou o Presidente. Plenário, 11.2.93.

Presidência do Senhor Ministro Sydney Sanches. Presentes à sessão os Senhores Ministros Moreira Alves, Néri da Silveira, Octavio Gallotti, Paulo Brossard, Celso de Mello, Carlos Velloso, Marco Aurélio, Ilmar Galvão e Francisco Rezek. Ausente, justificadamente, o Senhor Ministro Sepúlveda Pertence.

Procurador-Geral da República, Dr. Aristides Junqueira Alvarenga.

Luiz Tomimatsu — Secretário.

JURISPRUDÊNCIA

SUPERIOR TRIBUNAL DE JUSTIÇA

Ementa: IMM — Exclusão do Finsocial — Receita bruta — Faturamento — Juros Moratórios.

A incidência do Finsocial sobre a extração, produção, circulação, distribuição, consumo, faturamento ou receita da recorrida, importaria em incidência de outro imposto, vedado pela Constituição, pelo Cod. Trib. Nacional e pelas leis ordinárias específicas.

Os juros moratórios são de 6% ao ano, conforme art. 1.062 do Cód. Civil.

Recurso parcialmente provido.

Recurso Especial nº 11.724 — Ceará (91.0011498-7)
Relator: O Sr. Ministro Garcia Vieira
Recorrente: União Federal
Recorrido: Carbomil S/A-Mineração e Indústria
***DJU* de 24.3.93**

ACÓRDÃO

Vistos, relatados e discutidos estes autos, acordam os Exmºs. Srs. Ministros da Primeira Turma do Superior Tribunal de Justiça, na conformidade dos votos e das notas taquigráficas a seguir, por unanimidade, dar provimento parcial ao recurso, nos termos do voto do Exmº Sr. Ministro-Relator. Votaram com o relator os Exmºs. Srs. Ministros Demócrito Reinaldo, Gomes de Barros, Milton Pereira e César Rocha.

Brasília, 16 de dezembro de 1992 (data do julgamento) — Ministro Garcia Vieira (Presidente/Relator).

RELATÓRIO

O Sr. Ministro Garcia Vieira — A Fazenda Nacional interpõe recurso especial, fundada na Constituição Federal, artigo 105, inciso III, alíneas "a" e "c", e Lei n. 8.038/90, artigo 26 expondo de razão, resumidamente, o fato de na ação pedir-se devolução das quantias pagas a título de *Finsocial*, com correção monetária e juros de mora e a declaração de inexistência de relação jurídica capaz de autorizar a exigência do *Finsocial*.

O v. acórdão "excluindo as empresas de mineração, enquanto tais, da obrigação de pagar a contribuição para o FINSOCIAL, contrariou o Decreto-lei n. 1.940/82, em seu artigo 1º, § 1º, que determina seja referida contribuição calculada sobre a receita bruta (faturamento) das empresas públicas ou privadas. Na parte relativa à taxa de juros, na repetição de indébito, o v. acórdão recorrido deu à lei federal interpretação divergente da interpretação dada pelo extinto Tribunal Federal de Recursos e pelo Supremo Tribunal Federal.

Pede reforma do v. acórdão.

Contra-razões às fls. 151/161, alega, em preliminar a intempestividade do recurso. No mérito aduz ser sem conteúdo técnico.

O r. despacho de fls. 166/167 admitiu o recurso.

A douta Subprocuradoria Geral da República oficiou às fls. 171/175 opinando pelo provimento.

Cuida-se de Ação Ordinária de empresa de mineração e que se sente desobrigada do pagamento de outros tributos.

Decreto pretoriano de fls. 105/107, julgou procedente o pedido.

O v. acórdão de fls. 129/136 manteve a sentença, corrigindo-a quanto à taxa de juros que passou para 1% (um por cento) ao mês.

É o relatório.

VOTO

O Sr. Ministro Garcia Vieira (Relator) — Estabelecia a Constituição Federal anterior vigente à época, em seu artigo 21, itens VIII e IX que competia à União instituir o imposto sobre extração, circulação, distribuição ou consumo dos minerais do País, imposto que incidirá uma só vez sobre qualquer destas operações, excluída a incidência de outro tributo sobre elas. Nesta mesma linha dispõe o artigo 74, parágrafo 2º do CTN, ao excluir a incidência de qualquer outro tributo, de qualquer natureza sobre produção, circulação, distribuição e consumo do IUM e o artigo 1º, parágrafo 1º do Decreto n. 66.687/70. Este dispositivo legal determina que a extração, circulação, exportação, tratamento e distribuição de minerais constantes da lista anexa, estão sujeitas a incidência apenas do imposto único sobre minerais, excluído qualquer outro, com exceção apenas do imposto de renda. Ora, o TFR e o Colendo Supremo Tribunal Federal, em decisões plenárias, firmaram o entendimento de que o *Finsocial* é imposto (MS n. 97.775-DF, RE ns. 116.492-1-SP, 103.778-DF e 105.340-).

O Imposto único sobre minerais tem como fato gerador, a produção, importação, circulação, distribuição e consumo de minerais (artigo 74 do CTN) e sobre nenhuma destas operações pode incidir o *Finsocial*. Com razão o Egrégio Tribunal Regional Federal da 5ª Região, ao ter entendido que:

"A contribuição para o Finsocial, cuja natureza Tributária já foi reconhecida pelo Excelso Supremo Tribunal Federal (RE n. 116.492-1-SP, DJU, de 16/09/88), não pode ser exigida de empresa mineradora, enquanto sujeita ao Imposto único Sobre Minerais, como é o caso da apelante. Esse, o entendimento desta Turma, consubstanciado no acórdão proferido na AC n. 4.238-CE, em consonância, pois, com o contido na sentença, na parte em que diz:

"Em verdade, a contribuição para o Finsocial caracteriza-se como um imposto da competência residual da União Federal.

Ora, se o inciso IX do artigo 21, que prevê o IUM, condiciona ao requisito da parte final do inciso VIII do mesmo artigo (não incidência de outro tributo sobre a operação), é evidente a inexigibilidade da contribuição para o FINSOCIAL, no caso."

A operação da extração de minerais gera, no âmbito do sistema tributário, a incidência de um imposto. Por isso é chamado *único*." (fls. 131)

A recorrente, em seu recurso (fls. 138/148), faz longa explanação sobre a incidência do Finsocial, receita bruta e faturamento, circulação, compra e venda, matéria não ventilada no venerando aresto recorrido. Como não houve interposição de embargos infringentes e não houve o pré-questionamento, aplicam-se as Súmulas ns. 282 e 356 do STF. De qualquer sorte, a meu ver, não lhe assiste razão porque a incidência do FINSOCIAL sobre a extração, produção, circulação, distribuição, consumo, faturamento ou receita da recorrida, importaria em incidência de outro imposto onde incide apenas o imposto único sobre minerais, e isto, como vimos, é vedado pela Constituição, pelo CTN e pelas leis ordinárias específicas.

Com referência aos juros moratórios, assiste razão à recorrente. Eles devem ser de 6% (seis por cento) ao ano (artigo 1.062 do CC e Lei n. 4.414/64).

Conheço do recurso pela letra "a" e dou-lhe parcial provimento para determinar que os juros de mora sejam de 6% (seis por cento) ao ano.

Relator: Exmo. Sr. Ministro Garcia Vieira
Revisor: Exmo. Sr. Ministro
Presidente da Sessão: Exmo. Sr. Ministro Garcia Vieira
Subprocurador-Geral da República: Exma. Sra. Dra. Edylcea Tavares N. de Paula
Secretária: Maria do Carmo Pedrosa Moura

Autuação

Recte: União Federal
Recdo: Carbomil S/A-Mineração e Indústria
Adv.: Ernandes Nepomuceno de Oliveira

Certidão

Certifico que a Egrégia Primeira Turma ao apreciar o processo em epígrafe, em sessão realizada nesta data, proferiu a seguinte decisão:

A Turma, por unanimidade, deu provimento parcial ao recurso, nos termos do voto do Exmo. Sr. Ministro-Relator.

Participaram do julgamento: os Exmos. Srs. Ministros Demócrito Reinaldo, Gomes de Barros, Milton Pereira e Cesar Rocha.

O referido é verdade. Dou fé.

Brasília, 16 de dezembro de 1992.

JURISPRUDÊNCIA

TRIBUNAL REGIONAL FEDERAL DA 3ª REGIÃO

Ementa: Tributário — Mandado de Segurança — Relações Tributárias Continuativas — Efeitos da coisa julgada material.

I — Relações jurídicas continuativas protraem-se no tempo e, se acobertadas pela coisa julgada material, enquanto durar o estado de fato e de direito, resolvem-se como determinado na sentença. Destarte, decidida a controvérsia, não há razão para que o remédio heróico seja proposto mensalmente, se vigente a mesma lei e se sucede a mesma situação de fato.

A coisa julgada material deve ser "rebus sic stantibus".

II — O Plenário deste Tribunal Regional Federal declarou a inconstitucionalidade do art. 9º, 2ª parte, da Lei n. 7.689/88 e alterações posteriores, ao julgar a AI-AMS n. 38950, Reg. n. 90.03.42053-0, considerando indevida a exigência do encargo "sub judice".

III — Apelação provida para conceder a ordem nos termos do pedido.

Apelação em mandado de segurança n. 49.915
Juíza Relatora: Lúcia Figueiredo
Apelante: Miles do Brasil Ltda.
Apelada: Fazenda Nacional
Remetente: Juízo Federal da 16ª Vara de SP
Advogados: Luiz Alberto Americano, Maurício Bhering Andrade

ACÓRDÃO

Vistos, relatados e discutidos estes autos em que são partes as acima indicadas, decide a Quarta Turma do Tribunal Regional Federal da Terceira Região, à unanimidade, dar provimento à apelação, na conformidade da ata de julgamento, que fica fazendo parte integrante do presente julgado.

Votaram com a Relatora os Senhores Juízes Sérgio Lazzarini e Grandino Rodas.

São Paulo, 16/12/92 (data do julgamento) — Juiz Fleury Pires (Presidente da Sessão) — Lúcia Figueiredo (Juíza Relatora).

RELATÓRIO

A Exma. Senhora Juíza Lúcia Figueiredo (Relatora) — Cuida-se de mandado de segurança preventivo impetrado contra ato do Sr. Delegado da Receita Federal em São Paulo, objetivando o não pagamento do Finsocial mantido pela Lei 7.689/88 e alterações posteriores.

Aduz, em síntese, a impetrante, ser inconstitucional a contribuição por violação a princípios tributários da Constituição Federal de 1988.

Processado sem liminar, vieram as informações de fls. 50/63. A autoridade coatora sustenta a constitucionalidade da exigência do encargo "sub judice".

Denegada a ordem, interposta apelação (fls. 74/85), vieram os autos a esta Corte.

O Ministério Público Federal opina pela reforma da sentença.

É o relatório.

VOTO

A Exma. Senhora Juíza Lúcia Figueiredo (Relatora) — A questão já foi decidida por esta Egrégia Corte, na AI-AMS n. 38.950, Reg. n. 90.03.42053-0, que ora faço juntar aos presentes autos, tendo sido acolhida pelo Egrégio Plenário, por maioria, a inconstitucionalidade da segunda parte do art. 9º, Lei 7.689 e leis posteriores que modificaram a alíquota do Finsocial (art. 28, Lei 7.738; art. 7º, Lei 7.787; art. 1º, Lei 7.894 e art. 1º, Lei 8.147).

Devemos, já agora, examinar a possibilidade de a sentença proferida, neste mandado de segurança, abrigar situações futuras, que corresponderão a mesma relação jurídico-tributária continuativa.

Sustentei, durante longo tempo, que a sentença, que tem por objeto questões tributárias, limitar-se-ia a resolver a relação jurídica imediata, posta "sub judice".

É dizer, aquela relação jurídica consubstanciada em ato coator já realizado, ou a realizar-se em futuro próximo, preventivo e previsível, da forma mais cabal possível.

De certa forma ia, ainda, mais além da Súmula 239, da Egrégia Suprema Corte, assim vazada:

"Decisão que declara indevida a cobrança do imposto em determinado exercício não faz coisa julgada em relação aos posteriores."

Roberto Rosas afirma que a Súmula não se aplica à isenção ou imunidade.

1. Creio que a situação a enfrentar deve passar pelo exame dos efeitos da sentença, principalmente, em mandado de segurança, quando, com maior ênfase, nega-se a possibilidade de a coisa julgada transcender o exercício financeiro. Quando não, a transcender a matéria posta "sub judice".

Inicialmente, deveremos verificar quando a sentença proferida em mandado de segurança faz coisa julgada.

Celso Agrícola Barbi (*Do Mandado de Segurança*, 4ª edição, 1984, p. 251), enfrenta a coisa julgada da seguinte forma:

"Posteriormente, todavia, o Supremo Tribunal Federal vem interpretando a Súmula 304 exatamente no sentido por nós defendido, isto é, se houve certeza sobre os fatos mas o juiz reconheceu que a lei não dá ao autor o direito subjetivo que ele alega, isto é, se o mandado foi negado com o exame de mérito, a sentença faz coisa julgada material. Logo não pode haver renovação do pedido na mesma via ou em qualquer outra, devendo o autor usar da ação rescisória, se ocorrerem os pressupostos desta" (ob. cit., p. 258).

Nós mesmos já afirmamos, em declaração de voto, proferida no processo n. 7.687 (Reg. n. 89.03.30145-5) que a sentença mesmo denegatória, se enfrenta o mérito, faz coisa julgada material.

Claro está que se a sentença não percute o mérito, somente poderá fazer coisa julgada formal.

1.1 Frisados os limites em que a sentença, no mandado de segurança, não faz coisa julgada material, exatamente por não ter sido o mérito examinado e/ou decidido, resta saber quais as características necessárias à existência da coisa julgada.

Diz Moacyr Amaral Santos:

"Mas o que em toda sentença permanece é a declaração e esta é que produz a certeza do direio. Assim, na sentença condenatória se divisam dois elementos: uma

Declaração de certeza de que o direito existia e um direito novo, a ordem da prestação. Aquele elemento — a declaração — é imutável, indiscutível: este — o direito novo, a ordem da prestação — poderá ser novamente discutido em nova ação, ou seja, na ação executória da sentença.

Na parte declaratória da sentença reside a autoridade da coisa julgada. Esta se fundamenta na eficácia de declaração de certeza." (*Comentário ao Código de Processo Civil*, 5ª edição, v.u., p. 435).

1.2 Ainda, enfrentando a coisa julgada, afirma o emérito mestre acerca das decisões referentes a relações jurídicas continuativas:

"A sentença nada mais faz do que aplicar a lei ao caso concreto. Acolhe ou rejeita, no todo ou em parte, a pretensão do autor. Mas a lei atuada pode ser daquelas que regulem relação jurídica continuativa, que se não esgota com o pronunciamento da sentença, mas prossegue, apesar desta, variando, todavia, quanto aos seus pressupostos de qualidade ou quantidade. São relações jurídicas reguladas por "regras jurídicas que projetam no tempo os próprios pressupostos, admitindo variações dos elementos quantitativos e qualitativos.

....

Observe-se, entretanto, que as sentenças decidem relações continuativas, mutáveis no prolongamento do tempo, circunstâncias essas que a própria lei material atuada considera no momento da prolação das mesmas.

....

Quer dizer que a sentença traz implícita a cláusula "rebus sic stantibus". Se, no desenvolvimento da relação no tempo, após a prolação da sentença, verificar-se a mutação do estado de fato ou de direito, a essa a sentença terá que se adaptar.

1.3 Sérgio Ferraz, ao enfrentar, em seu recentíssimo *Mandado de Segurança*, a problemática da natureza da sentença assim se manifestou:

"Controverte-se intensamente, em sede doutrinária, quanto à natureza da sentença em mandado de segurança. Não nos parece, entretanto, o tema inçado de dificuldades insuperáveis. Tampouco divisamos a utilidade prática da própria controvérsia.

Em rigor, cabem todas as naturezas que a teoria agasalha, tudo na dependência do próprio conteúdo do pedido. O equívoco está em destacar, isoladamente, o problema da sentença, eis que esta não poderá apartar-se do próprio objeto da ação. (...)

Em todos esses casos, ela ainda será, em maior ou menor grau (mas nunca com exclusividade, à vista da própria dicção da previsão constitucional), *declaratória*. Cumpre ponderar que não se trata de uma carga declaratória aberta, de cunho normativo, invocável como regra regedora para situações administrativas análogas: a força declaratória dirige-se unicamente ao ato coator já praticado, *atingindo, no máximo, outros idênticos*, já em vias de consumação. Nesses limites, a segurança poderá ter, a um só tempo, feição corretiva e preventiva" (grifos nossos).

E, acerca da coisa julgada:

"Como decorrência do que exposto, pode-se afirmar, com tranqüilidade, que, numa acepção legal, o fenômeno da coisa julgada não apresenta, em princípio, aqui, peculiaridades de monta, ostentando, no ponto, sua dupla face (a coisa julgada formal e a material). (...)

Castro Nunes, invocando Chiovenda, não vê diferença da coisa julgada, conforme o tipo do processo.

Anteriormente já havia assinalado o ilustre autor:

"Não preciso repetir aqui o que já ficou dito, e é que a questão que se resolve pelo mandado é restrita à relação de direito público que por ele se ajuíza. *O ato administrativo declarado ilegal como ofensivo de um direito que ficou assegurado, terá de ser ilegal para todos os efeitos em qualquer demanda que se venha a travar entre as mesmas partes, com idêntico fundamento para o mesmo fim*" (ob. cit. p. 334) (grifei).

1.4 Ainda, Alfredo Buzaid, em seu *Do Mandado de Segurança*, Saraiva, 1989, acerca da coisa julgada em mandado de segurança, grafa:

"... Donde se conclui que *concedendo ou denegando a segurança faz coisa julgada sempre que o órgão judiciário aprecia o mérito*" (grifei).

1.5 Hely Lopes Meirelles é do mesmo entender (verifique-se o seu *Mandado de Segurança, Ação Popular, Ação Civil Pública, Mandado de Injunção, "Habeas Data"*, 1992, 14ª edição, p. 75/77).

1.6 Ada Grinover, em seu *Direito Processual Civil*, Ed. Bushatsky, 1974, ao se referir à coisa julgada, averba:

"... como bem disse Liebman, a coisa julgada restringe-se à parte dispositiva, entendida, porém a expressão em sentido *substancial e não formalístico (abrangendo, pois, não só a fase final da sentença*, mas sim qualquer outro ponto que o juiz tenha provido sobre a pretensão e a resistência)" (grifos nossos).

Todo esse escorço doutrinário teve por propósito fixar o seguinte tópico: quando faz, a sentença, proferida em mandado de segurança, coisa julgada, quer seja denegatória ou concessiva.

1.7 A sentença, no mandado de segurança, pode ser constitutiva ou condenatória e, até mesmo, declaratória, em casos especialíssimos. De qualquer forma, a declaratividade da certeza ou não do direito será o pressuposto necessário para a sentença constitutiva ou condenatória.

2. Passando ao segundo tópico, ainda que brevemente, às relações jurídicas em pauta, devemos dar em simplíssimas palavras, o conceito de relação jurídica e de relação jurídico-tributária.

Orlando Gomes, após haver estudado as várias correntes a respeito do tema, chega à caracterização da relação jurídica da seguinte forma:

"A relação jurídica tem como pressuposto um fato, que adquire significação jurídica se a lei o tem por idôneo à produção de determinados efeitos, estatuídos ou tutelados.

....

Ao incorporar significação jurídica, o fato provoca uma relação jurídica concreta, que se individualiza com a de sujeitos determinados ou determináveis" (Grifos nossos).

As relações jurídicas sempre têm, no pólo ativo, o titular do direito, do poder e, no passivo, aquele ou aqueles que têm deveres.

De aí porque a noção de direito subjetivo somente pode existir, quando se reconhece a alguém o poder de realização de seus direitos. O direito objetivo teria contraposto à faculdade de um, o dever do outro.

2.1 As relações jurídicas podem ser públicas e privadas, dependendo, é lógico, do interesse tutelado.

"... São relações públicas as constituídas para tutela de um interesse público, ou seja, essencial para o ordenamento jurídico, e privadas todas as demais." (Santoro Passarelli, *Doctrinas Generales del Derecho Civil*, Ed. Revista de Direito Privado, Madrid, 1964, p. 78).

Ao examinar as vicissitudes da relação jurídica, ainda, o mesmo autor diz que para haver uma modificação da relação jurídica bastará a modificação de qualquer elemento (ob. cit. p. 92).

De outra parte, a extinção da relação jurídica dar-se-á sempre que o sujeito ativo perde o direito ou outro poder, se tal perda não corresponder a uma aquisição de outro sujeito (ob. cit. p. 93).

Ainda, o objeto das relações jurídicas pode ser modificado pela vontade das partes (nas hipóteses de relações jurídicas privadas) ou da lei, na hipótese de relações jurídicas públicas (ob. cit. p. 102).

De seu turno, a extinção da relação jurídica acontece ou pela conjunta realização do interesse tutelado — extinção satisfativa — ou, na hipótese de desaparecimento de um dos elementos, subjetivo ou objetivo da relação (ainda o pensamento do autor, ob. cit., p. 104).

Todas estas digressões acerca da relação jurídica servem a embasar o desenvolvimento de nosso tema principal a enfrentar, tal seja, as relações jurídicas tributárias, que podem ser, em certas circunstâncias, continuativas.

3. Hugo de Brito Machado distingue as relações jurídicas tributárias em instantâneas e continuativas, da maneira como segue:

"A relação jurídica tributária pode ser *instantânea*, como acontece no caso de venda eventual de um imóvel, p. ex., ou *continuativa*, como acontece com o contribuinte do ICMS, p. ex. No primeiro caso, *o fato tributável é autônomo, isto é, nele residem todos os elementos de que se necessita para determinar o valor do tributo a ser pago*, e o pagamento extingue não apenas o crédito tributário respectivo, mas a própria relação obrigacional Fisco-Contribuinte. No segundo caso, o fato tributável não é autônomo, no sentido de que, embora produza, isoladamente, o efeito de criar a obrigação tributária, ele se insere em um conjunto de outros fatos relevantes para a composição da relação jurídica Fisco-Contribuinte.

....

A relação jurídica tributária instantânea é peculiar aos tributos relacionados com ocorrências eventuais. Por isto mesmo não existe, nem se faz necessário, um cadastro de contribuintes, sujeitos passivos dessa relação.

....

A relação jurídica tributária continuativa é peculiar aos tributos relacionados a ocorrências que se repetem, formando uma atividade mais ou menos duradoura.

....

Na relação jurídica continuativa, ou continuada, muita vez até a determinação do valor a ser pago pelo contribuinte depende não apenas de um fato tributável, mas do encadeamento dos fatos que a integram, como acontece no Imposto sobre Produtos Industrializados — IPI."

Celso Bastos, ao refletir se é possível emprestar força "normativa", propositalmente utilizada entre aspas, às decisões proferidas em mandados de segurança averba:

"A resposta, quer-nos parecer, pelas razões que a seguir aduziremos, não pode ser senão afirmativa. É dizer: a segurança faz coisa julgada a ser respeitada nas múltiplas hipóteses que venham a se enquadrar nos limites da decisão revestida de tal força. Não nos parece que se trate de conferir, ao assim proceder, força normativa ao mandado de segurança. É óbvio que a função de editar normas não é própria do Judiciário, mas sim do Legislativo. O que ocorre é que é da natureza da própria decisão judicial o julgar com força impositiva não só para o caso trazido aos autos, mas para todos aqueles inseridos no âmbito da "coisa julgada". Noutro dizer: há repetições de comportamentos materiais que não são senão a concreção de um mesmo direito abstratamente considerado." (Grifos nosso).

A decisão sobre determinada relação jurídica somente se pode dar "rebus sic stantibus", destarte a prudência poderia fazer limitar a incidência da coisa julgada às isenções, imunidades e inconstitucionalidades, sem prejuízo da análise de outras situações.

4. Em trabalho de doutoramento, realizado na Faculdade de Direito de São Paulo, Walter Piva Rodrigues estuda vários acórdãos, da Suprema Corte, em face da Súmula 239.

Cita o Ministro Rafael Mayer, que deu à Súmula o seguinte entendimento:

"Se a decisão se coloca no plano da relação do direito tributário material para dizer inexistente a pretensão fiscal do sujeito ativo, por inexistência de fonte legal da relação jurídica que obrigou o sujeito passivo, então não é possível renovar a cada exercício o lançamento e a cobrança do tributo, pois, não há a precedente vinculação substancial.

A coisa julgada que daí decorre é inatingível e novas relações jurídico-tributárias só poderiam advir da mudança dos termos da relação pelo advento de uma norma jurídica nova com as suas novas condicionantes" (*RTJ* 99/419).

Traz o autor, ainda, à coloção, Rubens Gomes de Souza.

O eminente e saudoso Rubens Gomes de Souza extrema três hipóteses sobre as quais recairia a eficácia da coisa julgada: a isenção, a inconstitucionalidade e a imunidade.

Do mesmo modo, Antonio Sampaio Dória, em *Coisa Julgada, Limites Objetivos em Matéria Fiscal*, p. 58, chega à seguinte conclusão:

"A coisa julgada tributária, assente na identidade de parte, objeto e causa de pedir, impede que seja reaberta, perante o Judiciário, a discussão relativa ao imposto previamente julgado indevido, ainda que a nova cobrança concirna a exercício diverso, porque este não interfere em nada com a essência da obrigação tributária já objeto da deliberação judicial."

A conclusão do autor, Walter Piva Rodrigues, todavia, é que, nas ações declaratórias, "a conseqüência a que o juiz do processo futuro estará vinculado à declaração precedente devendo tomá-la como premissa de sua decisão, a tanto servindo, indiscutivelmente à coisa julgada produzida em ação meramente declaratória."

4.1. Vênia devida ao autor que trabalhou afincosamente no tema, parece-me que a solução, à qual não paira dúvida, pode ser retirada das colocações de Rubens Gomes de Souza, portanto, não se cingindo apenas às ações declaratórias, até porque é inconteste a *declaratividade necessária nas decisões proferidas em mandado de segurança*.

Vejamos, pois.

Quanto à imunidade: se o pedido é o de não pagar o tributo, posto que a situação do autor da ação obstaculiza a competência impositiva, não pode haver dúvida que a decisão deverá fazer coisa julgada não apenas para aquele exercício, mas enquanto permanecer a lei e a situação por ela gerada (rebus sic stantibus).

De outra parte, no tocante à isenção, o mesmo ocorreria.

Se o pedido é para afastar a incidência da norma em decorrência da situação isentiva, o provimento jurisdicional somente poderia ser nesse sentido.

Quanto à inconstitucionalidade a coisa ainda se coloca de maneira mais séria.

Se o devedor, pólo passivo da relação jurídica, não deve pagar o tributo, uma vez que o mesmo é desconforme com a Constituição, isso implica em a prestação judicial negar a relação jurídica instaurada por força de lei inconstitucional.

Embora a declaração de inconstitucionalidade, feita pela via de exceção, seja apenas "incidenter tantun", atinge ela a relação jurídica instaurada entre Fisco e Contribuinte, ou contribuintes, que se encontrarem no pólo passivo.

Não seria crível que a ordem judicial fosse limitada a um mês, ou mesmo a um exercício. Isso seria retirar toda a força da garantia constitucional e possibilitar ao mesmo agente público a renovação da constrição. Inclusive com desrespeito à coisa julgada.

Deveras, o mandado de segurança tem por objetivo afastar constrições indevidas. Seu limite: o direito não pode ser controverso factualmente, pois, se o for, deverá à parte lançar mão de outra garantia.

5. Assim, para concluir, não se afina com a garantia constitucional da coi-

sa julgada, obrigatória repetição de demanda entre as mesmas partes, com o mesmo objeto e causa de pedir.

Isso seria, na verdade, limitar a utilização do mandado de segurança a situações que se exaurem apenas com o cumprimento, "una tantum", da ordem judicial.

Se assim fosse, as relações jurídicas continuativas, portanto não exauridas em uma única prestação, não comportariam a utilização do mandado de segurança.

Essa não é a posição da Suprema Corte, que admite (Súmula 239) vigore a decisão para o mesmo exercício.

Todavia, tal entendimento vem se modificando, como pudemos verificar do voto do Ministro Raphael Mayer, ao tempo em que judicava naquela Corte Suprema.

Também o Tribunal Pleno, no Recurso Extraordinário n. 109.073-SP, em que foi Relator o Sr. Ministro Carlos Madeira (*RTJ* 123, págs. 153 e seguintes, julgado proferido em 1º de abril de 1987), limitou o alcance da Súmula 239, da maneira que segue:

> "Coisa julgada fiscal. Alcance da Súmula 239. Só ocorre impedimento de novo lançamento do mesmo tributo ainda que em outro exercício, quando a decisão versa relação de direito tributário material, reconhecendo inexistente a pretensão do Fisco por inexistência de fonte legal da relação jurídica que obrigue o sujeito passivo. Não se tratanto, porém, de inconstitucionalidade do tributo, nem de isenção ou de imunidade tributária, a sentença proferida em execução fiscal em favor do contribuinte, relativamente ao tributo cobrado num exercício, não faz coisa julgada em relação a lançamentos e cobranças em exercícios anteriores."

Sumulando:

1. A sentença concessiva, no mandado de segurança, faz coisa julgada material.

Todavia, se denegatória, pode fazer ou não. Este o entendimento da Súmula 304 da Suprema Corte.

É dizer: se a sentença denegatória percute o mérito, ter-se-á coisa julgada material.

Se, entretanto, deixar de fazê-lo, por circunstâncias especiais, teremos, apenas, a coisa julgada formal.

2. As relações jurídicas, que consistem singelamente em um entrelaçamento entre aquele que tem direito a uma coisa ou prestação e o que deve, nos termos do direito objetivo, quando tributárias, podem se revestir de algumas peculiaridades.

Inicialmente, diga-se que são relações jurídicas públicas, de um lado, tendo-se o Estado, no pólo ativo ou passivo, e, do outro, o particular, que também pode estar no pólo ativo ou passivo.

2.1 Quando temos relações jurídicas tributárias, podem estas ser instantâneas ou continuativas. As instantâneas, como o próprio nome está a indicar, exaurem-se de uma vez, quando cumprida a prestação ou a determinação judicial.

De outra parte, as continuativas protraem-se no tempo e, se acobertadas pela coisa julgada material, enquanto durar o estado de fato e de direito (rebus sic stantibus), resolvem-se como determinado na sentença.

3. Nada pode ser diferente — ou tem razão jurídica para ser diferente — caso estejamos diante de sentença proferida em mandado de segurança ou em outras ações.

Deveras, diverge o mandado de segurança de outras ações pelo rito, pela necessidade de prova preconstituída, ausência de controvérsia factual e ato de autoridade.

Sobejam, pois, razões para que, sobretudo, nas hipóteses de isenção, imunidade e inconstitucionalidade, não se restrinja a sentença a decidir um único fato, para um mês, ou um exercício.

4. À Súmula 239, da Egrégia Suprema Corte, já foram acrescentados temperamentos. Poderá ter razão de ser, o limite trazido pela Súmula, quando não se tratar de questionamentos acerca de imunidade tributária, isenção ou inconstitucionalidade.

Se estivermos diante, por exemplo, da inconstitucionalidade, o esteio jurídico da exação não existe. A ordem judicial não pode se limitar a único ato, ou a um exercício se a situação irá persistir.

O ilustre Juiz Silveira Bueno, no mesmo sentido, já decidiu, quando chamado a integrar o "quorum" desta Quarta Turma, na AMS n. 91.03.38257-5.

Por essas razões concluo que, formada a coisa julgada material pela declaração, ainda que "incidenter tantun", há direito de o contribuinte ser resguardado, na mesma relação jurídica continuativa, de novas constrições por parte do Fisco.

Posto isso, dou provimento à apelação, reformando, destarte, a sentença de primeira instância, para o fim de conceder a ordem nos termos do pedido.

É como voto.

VOTO-VISTA

A matéria de mérito diz respeito à contribuição para o Finsocial, disciplinada no artigo 9º da Lei n. 7689/88, já declarada inconstitucional pelo Plenário desta Corte, o que torna desnecessários maiores comentários a respeito.

A questão que se abre à discussão tem a ver com o pedido formulado, que não se atém a um exercício, pretendendo abranger situações futuras relativas à obrigação de que se trata.

Muito se discutiu relativamente à utilização do mandado de segurança como instrumento eficaz ao questionamento de inconstitucionalidade de lei. Atualmente inclinam-se a doutrina e a jurisprudência no sentido de que se presta o "writ" para tal finalidade, desde que se esteja em presença de ato de efeitos concretos, capaz de lesar direito líquido e certo. A respeito, muito bem discorre Humberto Theodoro Júnior:

"O campo da inconstitucionalidade é daqueles em que freqüentemente se cometem abusos contra direitos individuais líquidos e certos. Não fica, portanto, excluído do alcance do mandado de segurança. Mas, se a inconstitucionalidade não é de ato administrativo, e sim de lei ou ato normativo equivalente, o ataque que se faz na via do "writ" é apenas contra o seu efeito concreto, no caso do impetrante, e nunca em caráter genérico contra a própria norma abstrata. (...) O problema da inconstitucionalidade, portanto, é o mesmo de qualquer mandado de segurança contra lei em tese. Em princípio, sem ameaça de um ato administrativo concreto, não se pode atacar, via mandado de segurança, uma lei geral, sob o singelo argumento de afronta à Carta Magna. O exame da inconstitucionalidade somente se faz de forma incidente e como razão de decidir em torno de ato concreto impugnado. Apenas, pois, quando a lei inconstitucional se apresentar com as características de regra auto-aplicável é que o mandado será utilizável imediatamente, sem aguardar-se o início da atividade administrativa executiva. Fora daí, inviável será o uso desse especial remédio processual, para o fim de obter-se sentença declaratória de inconstitucionalidade que, de fato, não se concilia com a estrutura e objetivos da ação de segurança. Impor-se-á o aguardo dos atos executivos para esboçar-se a reação mandamental (Themístocles Cavalcanti, "Do mandado de segurança", cit., p. 184-5). Mesmo no caso de norma auto-aplicável, o mandado de segurança não terá a força de invalidar a lei. Sua finalidade será tão apenas prevenir o impetrante, numa relação jurídica especificada, de atos administrativos que venham a executar a lei inconstitucional (Celso Barbi, "Do mandado de segurança", cit., n. 92, p. 100)".

("O mandado de segurança preventivo e a lei em tese" in *Mandados de Segurança e de Injunção*, Coordenação de Sálvio de Figueiredo Teixeira, Editora Saraiva, São Paulo, 1990, p. 297).

Tenho adotado o posicionamento de não admitir a utilização do mandado de segurança impetrado com o propósito de obter efeitos declaratórios que alcancem situações futuras no que concerne, principalmente, a obrigações tributárias. Admito, porém, ser possível, em alguns casos, tal abrangência, adotando o ensinamento de Hely Lopes Meirelles no seguinte sentido:

"... em casos especiais, pode a concessão de uma segurança estender-se a atos futuros entre as mesmas partes, por decorrentes da mesma situação de fato e de direito, como por exemplo no auferimento de uma isenção ou redução de imposto a prazo certo ou para determinada quantidade de mercadoria produzida ou importada parceladamente, ou, ainda, quando o ato impugnado venha a ser praticado sucessiva e parcialmente até completar o todo a que o impetrante tenha direito. Nessas hipóteses, a segurança concedida no primeiro mandado é válida e operante para todos os casos iguais, entre as mesmas partes, dispensando sucessivas impetrações, desde que o impetrante requeira e o juiz defira a extensão da ordem pedida na inicial".

(*Mandado de Segurança, Ação Popular, Ação Civil Pública, Mandado de Injunção, Habeas Data*, Editora Revista dos Tribunais, São Paulo, 1989, p. 64).

No presente caso, a meu ver, é possível atender-se o pedido como formulado. A exação de que se quer desobrigar a impetrante foi reconhecida inconstitucional pelo Plenário desta Corte. Tal característica, à evidência, permanece enquante enquanto vigorar a lei que a criou, configurando um excesso a propositura de novas ações, à medida em que se renovar a obrigação. Assim, em respeito ao princípio da economia processual e ressaltando que se trata de imposição reconhecidamente inconstitucional, acompanho o voto da excelentíssima Juíza Relatora no sentido de dar provimento à apelação, para conceder a ordem nos termos do pedido, reformando-se a sentença de primeiro grau.

São Paulo, 16 de dezembro de 1992 — Grandino Rodas

JURISPRUDÊNCIA

PRIMEIRO TRIBUNAL DE ALÇADA CIVIL DO ESTADO DE SÃO PAULO

IPTU — Progressividade — Princípios da capacidade contributiva e da isonomia — Art. 182 da CF — Correção do valor das parcelas do exercício — Base de cálculo — Impugnação improcedente.

ACÓRDÃO

Vistos, relatados e discutidos estes autos de Apelação n. 472.946-8, da Comarca de Praia Grande, sendo apelante Anibal Martins Dias e outro e apelado Prefeitura Municipal de Praia Grande. Acordam, em Sexta Câmara do Primeiro Tribunal de Alçada Civil, por votação unânime, negar provimento ao recurso.

1) Trata-se de Mandado de Segurança impetrado contra o Sr. Prefeito Municipal da Estância Balneária de Praia Grande/SP, denegado em primeiro grau. Recorre o impetrante opondo-se à progressividade do IPTU, beteenização das parcelas no mesmo exercício mesma base de cálculo com as Taxas englobadas e poder confiscatório do valor venal. O parecer da D. Procuradoria foi contrário. Recurso tempestivo e regularmente processado. É o relatório.

2) Mais não é preciso dizer depois do brilhante e lógico parecer do ilustre e renomado tributarista, Professor Geraldo Ataliba (fls. 192 e seguintes). Na verdade, vislumbra na hipótese mera "diferenciação de alíquotas" — ou graduação do imposto. Prossegue esclarecendo que tal "decorre de sua proporcionalidade em relação à base tributável (imposto *ad valorem*). Essa proporcionalidade é, como sabido, obtida pela aplicação de uma alíquota única sobre base tributável variável; da aplicação desse mecanismo (graduação) resulta imposto a pagar em montantes tanto maiores quanto maior for a base tributável. A graduação é exigência mínima do princípio da capacidade contributiva, que, em síntese, postula seja a contribuição de cada qual, no mínimo, proporcional à grandeza da expressão econômica do fato tributado. Há progressão quando à elevação da matéria tributável (ou de elemento que a componha), corresponde elevação da alíquota. Há, igualmente, progressão quando, à vista de certas finalidades extrafiscais que pretende alcançadas, a lei estatui a progressiva majoração das alíquotas — independentemente da maior ou menor expressão econômica da matéria tributável — na medida em que o comportamento do contribuinte impeça ou retarde atingimento daquela finalidade. Daí se vê que a fixação de alíquotas diferentes para cada uma das zonas em que se divide a cidade não constitui — é evidente — "progressividade" do imposto. No caso, a lei n. 665/89 de Praia Grande estabelece me-

ra diferenciação de alíquotas, segundo as zonas administrativas da cidade. São, portanto, inaplicáveis, infundadas e gratuitas as alegações sobre "progressividade" do imposto. É flagrante que a lei municipal não adotou essa técnica de fixação de alíquotas — as quais são, pura e simplesmente diferenciadas, segundo as zonas administrativas em que se divide a cidade. E essa diferenciação de alíquotas é, em tudo e por tudo, consoante com os postulados constitucionais que regem a tributação. Introduzem tratamento diferenciado — conforme o imóvel esteja situado na orla da praia, ou mais ao centro ou à periferia da cidade — em nada ferindo o princípio da isonomia. Ao contrário, revela critério de política fiscal absolutamente consentâneo com as exigências desse princípio, que se sintetizam na máxima de Rui Barbosa "tratar desigualmente os desiguais", na medida de suas desigualdades. Ora, não é preciso nenhum esforço de argumentação para demonstrar o fato notório de que dois imóveis absolutamente iguais terão valores diferentes conforme se situem nesta ou naquela região da cidade (fls. 192/194). Acentua ainda mais adiante que mesmo que se tratasse de progressividade, tal não seria inconstitucional, pois "Fica claro que progressividade no tempo é impedida sem obediência ao art. 182. Mas, a circunstância de o próprio art. 182 prever que pode ser estimulada, induzida — se não mesmo forçada — a edificação e a adequada utilização de imóveis urbanos, mediante a aplicação de um IPTU "progressivo no tempo", já mostra que as demais razões de progressividade (razões que não digam respeito à disciplina urbana), bem como outros critérios (que não sejam o tempo), são perfeitamente tolerados. Em outras palavras: veda-se essa progressividade extrafiscal (de fins urbanísticos), sem observância, pelo Município, dos pressupostos do art. 182. Não se proíbe a progressividade fiscal" (fls. 208). E conclui taxativamente: "O IPTU, como todos os impostos, deve ser estruturado de modo a satisfazer às exigências do princípio da capacidade contributiva e obedecer à isonomia tributária (arts. 145, § 1º., e 150, II); a progressividade é aplicável a todos os impostos, porque realiza ambos os princípios constitucionais mencionados, excelentemente; a progressividade pode ser fiscal e extrafiscal; a extrafiscal urbanística depende de obediência ao art. 182 da Constituição. Não pode ser adotada agora; a fiscal não apenas pode, mas deve ser aplicada, porque integra a natureza e o perfil do IPTU, realizando à perfeição os princípios constitucionais, sistematicamente interpretados" (fls. 218). Também não procede o argumento segundo o qual haveria nulidade nos lançamentos porque os avisos-recibos teriam sido emitidos quando ainda encontrava-se em vigência a Lei n. 634/88. É que ficou sem impugnação a afirmação contida na r. sentença "a quo", e que é acertada, no sentido de que "O retorno à Câmara Municipal, face aos vetos parciais do executivo, não ensejaria a edição de novo diploma legal, sob pena de considerar-se o veto parcial e o total com os mesmos efeitos" (fls. 271). Nem há, por outro lado, identidade de base de cálculo para o IPTU e taxas cobradas, sabendo-se que para aquele seria o valor venal, enquanto que utilizou-se para estas "quantidade de metros quadrados ou de metros lineares", consoante afirmação da r. sentença, e que restou não impugnada. De outra parte, a utilização de indexador — BTN ou BTNF —, dentro do próprio exercício, não encontra qualquer vedação constitucional. Como se disse, "é um mecanismo hoje utilizado por toda a sociedade brasileira para facilitar o cálculo e manter o poder aquisitivo da moeda". O parcelamento indexado é, na verdade, a única forma de se contribuir ao longo do exercício sem que o Poder Público se veja totalmente tolhido em suas finalidades. Por fim, como concluiu o eminente tributarista citado, "Não há nenhuma razão jurídica apta a fundamentar conclusão no sentido de que a alíquota de 3,5% (três e meio por cento) implica na utilização do IPTU com efeito de confisco" (fls. 250). No mais, a r. decisão guerreada está correta e não justifica qualquer reparo.

3) Por tais motivos, nega-se provimento.

Presidiu o julgamento o Juiz Mendonça de Barros e dele participaram os Juízes Evaldo Veríssimo (Revisor) e Joaquim Chiavegato.

São Paulo, 30 de março de 1993 — Castilho Barbosa (Relator).

JURISPRUDÊNCIA

TRIBUNAL DE ALÇADA DO PARANÁ

ISS — Sociedades Civis Prestadoras de Serviços Profissionais — Tributação pelo regime fixo anual, por profissional. DL 406/86, art. 9º, §§ 1º e 3º — Sua recepção pela Constituição Federal de 1988.

O DL 406/68, art. 9º, § 3º, ao prever a tributação das sociedades profissionais pelo regime fixo anual por profissional habilitado, não contrariou a igualdade jurídica dos contribuintes. Este tratamento é compatível com a isonomia que deve imperar entre contribuintes. Possível ao legislador estabelecer categorias de contribuintes, atribuindo-lhes tratamentos diferenciados em razão das dissemelhanças.

As isenções representam dispensa legal do pagamento do tributo. São exclusões do crédito tributário (CTN, art. 175, I). Os §§ 1º e 3º, do DL 406/68, não configuram hipóteses de isenção, nem de benefício fiscal, e, portanto, não contrariam o disposto no art. 151, III, da Constituição.

A tributação das sociedades profissionais dependeria de lei complementar e de lei ordinária municipal, em substituição ao DL 406/68, art. 9º, §§ 1º e 3º.

***Apelação provida para conceder o* writ.**

Apelação Cível n. 48.487-1, de Curitiba — 3ª Vara da Fazenda Pública
Apelante: Jusplan S/C Ltda.
Apelado: Município de Curitiba
Relator: Juiz Walter Borges Carneiro
Acórdão n. 3.788, 2ª C.C.

Vistos, relatados e discutidos estes autos de Apelação Cível n. 48.487-1, de Curitiba — 3ª Vara, em que é Apelante Jusplan S/C Ltda. e Apelado Município de Curitiba.

1. A apelante, Jusplan S/C Ltda., impetrou mandado de segurança contra ato do Sr. Prefeito Municipal de Curitiba, ante ameaças concretas de cobrança forçada de débito fiscal, explanando em sua petição inicial (fls. 2/16), em síntese, os seguintes argumentos:

A Prefeitura Municipal de Curitiba está lhe exigindo o recolhimento do ISS sob a forma de imposto incidente sobre os valores dos serviços prestados (faturamento da empresa), e não mais por meio de incidência ''anual fixa'', menos onerosa e que sempre vigorou nas relações entre impetrante e fisco municipal em razão da legislação pertinente. Sustenta a apelante que requereu perante a repartição fiscal o cancelamento do carnê para pagamento do ISS mensal sobre seu faturamento, bem assim a expedição de lançamento fixo, calculado para cada sócio profissional habilitado, o que foi negado por despacho proferido no respectivo procedimento administrativo (cópia fls. 25). Por esta decisão administrativa, a alteração da tributação pela Prefeitura Municipal residiria na revogação, por não recepção pela nova ordem constitucional, do § 3º., do art. 9º., do Decreto-lei n. 406, de 31.12.68; a revogação, por não recepção, teria ocorrido por ter a aludida norma infringido o princípio da isonomia entre contribuintes (CF/88, art. 150, II).

Argumenta, também, que o princípio constitucional da isonomia não seria obstáculo para a continuidade da tributação da impetrante pelo ISS-Fixo, posto que a interpretação deste primado maior deve ser mitigada pelas adaptações impostas como decorrência do princípio geral da igualdade de todos perante a lei (CF, art. 5º., *caput*). Pondera, outrossim, que o DL 406/68 continua em vigor, em sua totalidade, tendo sido recepcionado pela nova Constituição Federal, concluindo que a pretensão fiscal seria ilegítima, também, visto desrespeitar o princípio constitucional da tipicidade cerrada (CF, art. 150, I).

Finalmente, pediu a concessão da segurança para assegurar-lhe o direito de recolher o ISS com base em valor anual fixo, em razão do número de profissionais habilitados.

Indeferida a providência liminar, prestou informações a autoridade impetrada, anotando, em síntese: a) — incompetência de juízo, a teor do artigo 29, da Constituição Federal; b) — que é verdadeira a informação da impetrante no sentido de que a Prefeitura Municipal de Curitiba não mais aceita o pagamento do ISS sob o regime de tributação fixa, das sociedades profissionais; c) — que os parágrafos do art. 9º., do DL. 406/68, contemplariam verdadeiras isenções parciais do ISS; tais benefícios fiscais, que antes poderiam ser concedidos pela União Federal (EC 1/69, art. 19 e § 2º.), seriam incompatíveis com a atual Carta Magna, em razão do art. 34, ADCT, e do art. 151, inciso II, da Constituição Federal; d) — que a manutenção do regime de tributação fixa também seria incompatível com a nova ordem constitucional, por ser vedado atribuir tratamento tributário diferenciado; e) — que a impetrante tenta interpretar a seu modo o princípio da isonomia tributária, pois a regra do artigo 150, II, da Constituição, proíbe a distinção em razão da ocupação profissional ou função por eles exercida.

Vencidas as etapas do procedimento, sobreveio sentença denegatória da ordem, após rejeitar a preliminar de incompetência. Concluiu o pronunciamento de 1º. grau que o artigo 150, II, da Constituição, veda tratamento desigual entre contribuintes, o que se aplica também aos municípios; além do mais, a cobrança do ISS mediante valor fixo anual (DL 406/68 e Decreto Municipal n. 67, de 27.02.81), não mais pode ser aplicada, porque não acolhida pelo princípio da recepção, já que institui tratamento desigual entre contribuintes, o que é vedado constitucionalmente. Anota, outrossim, a sentença, que, se admitido o pagamento do ISS por valor fixo anual, a impetrante seria diferenciada de outros da mesma ocupação profissional, o que configura tratar desigualmente pessoas com a mesma ocupação.

Em tempestivo recurso, regularmente preparado, a impetrante renova os argumentos da inicial, insistindo na concessão do *writ*.

Apelação respondida (fls. 91/97), oficiando a douta Procuradoria Geral da Justiça (fls. 112/118) pelo improvimento.

É o relatório.

VOTO

2. O deslinde da causa consiste em saber se a apelante, sociedade civil profissional, deve recolher o ISS sob a forma de tributação fixa anual, nos termos do DL 406/68, art. 9º., § 3º.; Lei Municipal 6.202/68, art. 6º., § 2º., e Decreto Municipal 67/81, art. 10, § 3º., ou se, após o advento da Constituição Federal

de 1988, tal tratamento teria passado para o de regime geral, incidindo a alíquota sobre a receita de serviços mensais.

As questões básicas que se põem em discussão dizem respeito, primeiro, à recepção ou não da norma contida no art. 9º, § 3º, do DL 406/68, dado o princípio da isonomia; segundo, se trataria de isenção fiscal que pudesse ser elidida pela vedação do art. 151, III, da Constituição Federal; terceiro, se se teria violado o princípio da legalidade porque, na hipótese de não recepção do DL 406/68, não teria o Município de Curitiba instrumento legal hábil para exigir o ISS sobre as sociedades civis profissionais.

Apreciarei na seqüência.

3. Aos princípios constitucionais ensejadores de garantias fundamentais do cidadão certamente não se pode emprestar interpretação restritiva. Seria limitar alcance de norma instituída exatamente pelo único poder que pode assim limitar os direitos individuais subjetivos.

O princípio da igualdade de todos perante a lei pressupõe que as pessoas serão tratadas de acordo com as suas dissemelhanças, posto que a igualdade absoluta inexiste. No âmbito do direito tributário, a transposição deste princípio constitucional redunda em que os contribuintes serão tratados isonomicamente em relação às incidências fiscais. Guardadas, logicamente, as desigualdades entre os contribuintes.

Exatamente para possibilitar a efetiva aplicação da isonomia é que o legislador, sempre que possível, e dentro de uma disposição política em dado momento histórico da sociedade, estabelece diferentes tratamentos a diferentes contribuintes. Essa separação se legitima à luz de outro princípio constitucional, o da capacidade contributiva, significando que a lei poderá emprestar tratamento diferenciado para as categorias de contribuintes. Estas categorias devem congregar contribuintes que se encontram em situação equivalente quanto à sua capacidade econômica.

Portanto, como primeiro pressuposto, tem-se que é plenamente possível o legislador estabelecer tratamentos diferenciados, desde que para contribuintes em situações diversas. Dentro de uma categoria de contribuintes, certamente, não será possível. A isonomia, aliás como ocorre em direito, incluso da ordem social e humana que está, é relativa. Altera-se relativamente a pessoas que encontram-se em situações diversas.

Perfeitamente possível tal disciplina pelo legislador ordinário, sendo este o caso das sociedades civis profissionais frente ao imposto sobre serviços (ISS), em contraposição às sociedades de capital que exploram serviços tributáveis pelo ISS. O próprio Município atém-se às "empresas" contribuintes, fazendo, assim, uma separação entre estas e as pessoas físicas, embora todas (pessoas jurídicas ou físicas) sejam contribuintes do ISS. Aliás, o contribuinte é o prestador do serviço, ou seja, aquele que tem relação direta e pessoal com o fato gerador da obrigação tributária (CTN, art. 121, parágrafo único, inciso I) que, no caso, é representado (o fato gerador) pela prestação de um serviço descrito na "lista" que define os serviços tributáveis.

As pessoas físicas contribuintes do ISS (profissionais liberais autônomos) continuam recolhendo o ISS pelo regime fixo anual (DL 406/68, art. 9º, § 1º), fato que não foi contestado pelo Município apelado. Portanto, fosse correto o entendimento da autoridade administrativa, também as pessoas físicas teriam de pagar o ISS sobre a "receita de serviços". O posicionamento da municipalidade, como se constata, é contraditório. Esta contraditoriedade vem para demonstrar que a isonomia é relativa, e não absoluta, e por isso o legislador diferencia a tributação.

A apelante, a rigor, não é senão uma associação de alguns profissionais liberais autônomos. Presta o mesmo serviço (fato gerador do ISS) que prestariam fosse o caso de atuarem isoladamente. Eis a efetiva caracterização da sociedade profissional: uma aglutinação de profissionais liberais autônomos. A tributação de profissionais liberais, autonomamente ou em conjunto, pelo regime de percentual sobre a receita mensal, representaria, ademais, uma dupla tributação sobre os rendimentos auferidos em razão do exercício de atividade remunerada, pois estariam sujeitos ao ISS e também ao imposto de renda sobre a mesma base de cálculo. Neste sentido, já decidiu este egrégio Tribunal, ao julgar a Apelação 31.433-2, relator o ilustre Juiz Newton Luz, ao anotar: "excluir a bitributação é objetivo que consoa com princípio firmado pela própria Constituição, como se sabe".

O tratamento legal (DL 406/68) dispensado às sociedades civis profissionais mostra-se, pois, razoável, justo e legal. A tributação diferenciada prevista no mencionado Diploma e na legislação municipal, às sociedades civis profissionais como a apelante, não contraria o princípio constitucional da isonomia, mas, ao revés, é com ele compatível, em razão de observar a capacidade contributiva de diferentes categorias de contribuintes. Este aspecto, aliás, foi enfocado com notável brilho por Betina Treiger Grupenmacher, em artigo titulado *ISS e sociedades de profissionais*, publicado na *Revista de Direito Tributário*, vol. 57, págs. 145 e ss.; após concluir que o ISS não sofreu alteração com a vigência da Constituição de 1988 pois seu regramento é o mesmo que predominava na antiga Carta, arremata a ilustre advogada paranaense: "O que ocorre é que o Poder Executivo Municipal de Curitiba firmou o entendimento que, em virtude do disposto no art. 150, II, da CF, relativamente ao princípio da isonomia tributária, a sistemática do ISS foi mudada, o que, convenhamos, reveste-se em descalabro, pois o princípio da igualdade, como adiante se demonstrará, não é uma inovação do atual sistema constitucional. Ele sempre existiu. Assim, não tendo sido revogado ou derrogado o Decreto-lei 406/68, tampouco o Decreto Municipal que regulamenta o Imposto Sobre Serviços, ou, ainda, não tendo sido editada nova Lei Complementar ou nova lei ou decreto municipal, que disponha de forma contrária, a atual legislação continua vigendo e produzindo efeitos jurídicos, até que venha a ser revogada ou declarada sua inconstitucionalidade" (ob. cit. pág. 147).

Como bem lembrou a apelante, outras leis também prevêem tratamentos diferenciados para diversas categorias econômicas; é o caso da legislação do imposto de renda para as mesmas sociedades civis profissionais (DL 2.397/87). De tudo isso decorre que o DL 406/68, ao prever o regime de tributação fixa para as sociedades profissionais (art. 9º, § 3º), não agrediu o princípio da isonomia. Foi ele recepcionado pela nova ordem constitucional, posto que com ela perfeitamente compatível. Em tal sentido, o precedente do Tribunal de Justiça de Santa Catarina, indicado por Betina T. Grupenmacher (ob. cit., pág. 151), lavrado pelo Desembargador Eder Graf, assim sumulado: "O imposto sobre serviços de qualquer natureza rege-se por parâmetros federais que a nova Constituição recepcionou, não havendo portanto inconstitucionalidade na edição de lei municipal a respeito, sob o fundamento de que não editada a lei complementar de que fala a Carta Magna".

4. Relativamente ao argumento desenvolvido pela apelada, no sentido de cuidar-se de isenção fiscal elidida pela vedação constitucional do artigo 151, III, tenho que o mesmo improcede.

Com efeito, isenção significa dispensa do pagamento do tributo, arrolada como uma hipótese de exclusão do crédito tributário (CTN, art. 175, I), enquanto a regra do artigo 9º., §§ 1º. e 3º. do DL 406/68, trata, ao revés, de uma hipótese de tributação, de incidência do tributo. É regra de tributação e não de isenção, isto está claro.

As disposições do art. 9º., §§ 1º. e 3º., do DL 406/68, definem a base de cálculo para determinado tipo de serviço, qual seja, aquele prestado sob a forma de trabalho pessoal, por contribuinte autônomo (§ 1º.) ou sociedade de profissionais (§ 3º.). Estando evidenciado que tais dispositivos não cuidam da isenção, ainda que parciais, não há como cogitar de incompatibilidade com o artigo 151, III, da Constituição Federal.

Na verdade, as diferentes bases de cálculo não implicam em uma ser mais favorável que a outra. Trata-se de duas bases de cálculo para duas situações fiscais distintas, por isso que sequer representa qualquer delas um benefício a uma categoria de contribuintes.

5. Por derradeiro, resta analisar a última questão versada na lide, qual seja, se se teria violado o princípio da legalidade porque, na hipótese de não recepção do DL 406/68, não teria o Município de Curitiba instrumento legal hábil para exigir o ISS sobre as sociedades civis profissionais.

Como alertado, as regras do DL 406/68, pertinentes ao caso, foram recepcionadas pela atual Constituição. Mas, mesmo que não tivessem sido, a tributação do ISS pelo regime fixo anual permaneceria inalterada. É que, na hipótese de ser desconsiderado o DL 406/68, deveria o Município editar lei específica para possibilitar a tributação tanto dos profissionais autônomos como das sociedades profissionais, contribuintes estes que, não fosse assim, ficariam submetidos a uma tributação ao desamparo de lei ordinária editada pelo poder tributante competente, o que é incompatível com o princípio da estrita legalidade, ou da reserva legal, de vital importância para sobrevivência válida de toda e qualquer incidência tributária.

Frente a esta consideração, ainda que o DL 406/68, na parte de que se cuida, não houvesse sido recepcionado pela atual Constituição Federal, mesmo assim a pretensão fiscal se mostraria impossível por violar o princípio inscrito no artigo 150, I, da Lei Maior.

6. Portanto, concluindo que a apelante é titular de direito líquido e certo e ante a ilegalidade do ato praticado pela autoridade coatora, voto no sentido de dar provimento ao recurso para conceder o mandado de segurança, nos termos do pedido.

Ante o exposto, Acordam em Segunda Câmara Cível do Tribunal de Alçada do Estado do Paraná, por unanimidade de votos, dar provimento ao recurso, nos termos do voto do relator.

Participou do julgamento o Senhor Juiz Irlan Arco-Verde.

Curitiba, 7 de outubro de 1992 — Antonio Gomes da Silva (Presidente, com voto) — Walter Borges Carneiro (Relator).

JURISPRUDÊNCIA

PRIMEIRA INSTÂNCIA

IR — Legitimidade da OAB para impetrar segurança — Deduções de despesas necessárias à atividade geradora de renda — Normas administrativas não podem reduzir esse direito

SENTENÇA

Vistos, etc.

A Ordem dos Advogados do Brasil, por seu Conselho Federal, com sede nesta Capital, ajuizou, através de seu Presidente, o presente mandado de segurança coletivo, em favor de todos os advogados brasileiros e contra ato do Sr. Diretor do Departamento da Receita Federal, que, baseando-se na Lei n. 7.713, de 22.12.88, elimina a quase totalidade das deduções dos contribuintes-advogados, que traduzam despesas necessárias, nos termos do "manual para preenchimento da declaração de ajuste" relativo aos rendimentos do exercício de 1989.

Com as razões de fls. 03/08, seguidas dos documentos de fls. 09/28, a impetrante alega, em síntese, que o tratamento fiscal adotado pela autoridade impetrada viola os princípios constitucionais da igualdade entre contribuintes (CF, art. 150, II), da pessoalidade do tributo e da capacidade econômica-contributiva (CF, art. 145, § 1º). Requer, assim, a concessão de medida liminar e a segurança definitiva, ao final.

Atribuiu à causa o valor de Cr$ 100.000,00 (cem mil cruzeiros).

Deferido o pedido de medida liminar (fls. 31/32), sobrevieram as informações de fls. 38/53, seguidas da documentação de fls. 54/66, em que a ilustre autoridade, apontada como coatora, argüi, preliminarmente, a ilegitimidade ativa da OAB, bem como sua ilegitimadade passiva *ad causam*, na espécie, afigurando-se incabível o presente *mandamus*, eis que dirige-se contra lei em tese, o que é inadmissível pela Súmula n. 266/STF. No mérito, sustenta, em resumo, a legalidade e constitucionalidade do ato ora discutido. Requer, pois, a extinção do feito, sem julgamento do mérito, com a conseqüente cassação da liminar, ou, caso seja julgado o mérito, a improcedência do pedido.

A douta representante do Ministério Público Federal opinou pela extinção do processo, sem julgamento do mérito, cassando-se, expressamente, a liminar concedida ou, pela improcedência do *writ* (fls. 74/79).

Relatei.

Decido.

I

Tenho afirmado, sem dúvida, que "nos termos da alínea *b* do inciso LXX do artigo 5º da Constituição Federal, de 5.10.88, o mandado de segurança coletivo pode ser impetrado por organização sindical, entidade de classe ou associação legalmente constituída, e em funcionamento há pelo menos um ano, em defesa dos interesses de seus membros ou associados.

De ver-se, porém, que a legitimação extraordinária, ou substituição processual, daquelas entidades nominadas no dispositivo constitucional supracitado, não as autoriza a defender quaisquer direitos ou interesses de seus membros ou associados, senão quando existir um nexo a correlacionar o interesse jurídico da entidade com o interesse jurídico do membro ou associado.

Sobre o tema, observa, com acerto, J. J. Calmon de Passos, que "a legitimação diz respeito não à defesa dos "direitos" dos seus membros ou associados, *tout court*, e sim dos "direitos" de seus membros ou associados, cujo substrato material seja um "interesse de membro" ou "interesse de associado", vale dizer, que esse direito (interesse) há de se correlacionar a direito (interesse) homólogo, afim, idêntico a interesse da associação, como tal (in *Mandado de Segurança Coletivo, Mandado de Injunção, Habeas Data, Constituição e Processo*, Forense, 1ª ed., 1989, pp. 12/25).

Nesta linha de pensar, Vicente Greco Filho averba que, no caso, "o universo atingido é dos associados, dentro dos limites das finalidades da associação", pois no mandado de segurança coletivo, "os interesses dos associados a serem defendidos não são quaisquer interesses, mas somente os que coincidem com os objetivos sociais" (in *Tutela Constitucional das Liberdades*, Saraiva, 1ª ed., 1989, p. 168). (In "Mandado de Segurança" n. II-89.4412-5. Julgado em 20/06/89. Juiz Antônio Souza Prudente, 6ª Vara Federal da Seção Judiciária do Distrito Federal).

A legitimidade ativa *ad causam* da Ordem dos Advogados do Brasil na espécie, fulcra-se, porém, na norma do artigo 1º e respectivo parágrafo único da Lei n. 4.215, de 27.04.63 (EOAB), que, assim, dispõe:

"Art. 1º. A Ordem dos Advogados do Brasil, criada pelo art. 17 do Decreto n. 19.408, de 18 de novembro de 1930, com personalidade jurídica e forma federativa, é o órgão de seleção disciplinar e defesa da classe dos advogados em toda a República (art. 139).

Parágrafo único — Cabe à Ordem representar, em juízo e fora dele, os interesses gerais da classe dos advogados e os individuais relacionados com o exercício da profissão."

Ainda é J. J. Calmon de Passos, com aquela acuidade, que lhe é peculiar, quem observa: "Em primeiro lugar, cumpre não esquecer que o mandado de segurança coletivo é mandado de segurança. Parece uma tautologia, mas não o é. Essa afirmativa enfatiza algo fundamental: os pressupostos tradicionalmente reclamados para o *writ* continuam de pé. Deve-se tratar de direito no sentido de se cuidar de uma situação de vantagem atribuível a um sujeito (pessoa física ou jurídica). Quando vários sujeitos tinham idêntico direito, podiam eles, e ainda podem, se litisconsorciar para, num só *writ* obter a tutela dos vários direitos conexos. Hoje, de modo mais prático e eficiente, também se permite que uma entidade representativa impetre a segurança para tutela desses direitos, como substituta processual de seus titulares. Ela, entidade autora (não é caso de litisconsórcio) pleiteia em nome próprio direito alheio (substituta procesual), obtendo a tutela desses direitos em favor de todos os membros ou associados seus, que sejam titulares de direito dessa natureza (...). A legitimação da entidade, como substituta processual, reclama a existência de um nexo entre o interesse substrato do direito subjetivo do membro ou associado, isto é, deve haver afinidade entre o interesse (individual), substrato do direito subjetivo e o interesse (social), que justifica ou fundamenta a associação'' (in op. cit., pp. 24/25).

No caso *sub judice, de lege lata*, pelo visto, cabe à Ordem dos Advogados do Brasil representar, em juízo ou fora dele, os interesses gerais da classe dos Advogados e os individuais, relacionados com o exercício da profissão (Lei n. 4.215/63, art. 1º., parágrafo único).

Ora, a OAB, na qualidade de substituta processual de todos os advogados do Brasil, representa, aqui, iniludivelmente, interesses gerais da classe dos advogados e, ao mesmo tempo, interesses individuais, relacionados com o exercício da profissão, pois a impetração, aqui, visa assegurar a todos os advogados brasileiros, em situação regular perante a Ordem dos Advogados do Brasil, o direito de deduzir dos rendimentos, relativos ao exercício de 1989, todas as despesas, devidamente comprovadas, realizadas para auferi-los, incluindo salários, contribuições previdenciárias de empregados, condomínio e material de escritório, para fins de impostos de renda.

Ressalte-se que as deduções perseguidas pela OAB, como substituta processual dos advogados brasileiros, na espécie, estão relacionadas visceralmente com a profissão liberal, autônoma, de advogado, com a declaração de rendimentos de advogado, no exercício financeiro de 1989. Todas as despesas, devidamente comprovadas, que se pretende deduzir dos rendimentos de exercício de 1989, são despesas de advogado e os rendimentos, também, são de advogado. Não se visualizam, aqui, quaisquer despesas e rendimentos, mas, tão-somente aqueles vinculados à profissão de advogado.

O tratamento fiscal, em função dessas condições pessoais, há de atender à pretensão da autora, na espécie dos autos.

A OAB age, aqui, como substituta processual de todos os advogados brasileiros, porque existe e surge evidente o nexo que correlaciona o interesse jurídico da entidade com o interesse jurídico do membro, regularmente inscrito, do advogado, enfim.

Defendeu-se, na espécie, interesses (jurídicos) relacionados com o exercício da profissão de advogado.

A legitimação extraordinária (substituição processual) da OAB, no particular, afigura-se perfeita, face ao que dispõe o parágrafo único do artigo 1º da Lei n. 4.215/63 (EOAB).

II

A preliminar de ilegitimidade passiva *ad causam* da autoridade impetrada não vinga, na espécie.

Valho-me, aqui, dos Argumentos expendidos pelo eminente Professor Cândido Rangel Dinamarco, que, em substancioso parecer, juntado por linha, nos autos do mandado de segrança que a Associação Brasileira de Concessionárias de Energia Elétrica — ABCE impetrou contra ato do Sr. Secretário da Receita Federal (Proc. 1.002/89), nesta 6ª Vara Federal, assim se expressou:

''A *ratio* da notória legitimidade passiva do órgão executor para o mandado de segurança é, além do conhecimento que ele deve ter melhor que outros, o seu poder decisório sobre o caso. Quem decidiu realizá-lo e poderia decidir não realizá-lo ou realizá-lo diferentemente, é quem melhor poderá defender o ato ou revogá-lo se assim o entender. Há tempos a doutrina vem dizendo isso''.

Ora, quando se trata do mandado de segurança coletivo, ou mesmo impetrado com base na legitimidade, *ex* inc. XXI, pressupõe-se uma unidade de comando, a gerar atos (efetivos ou iminentes) lesivos a diferentes esferas de direitos. E, diante desse comando único (no caso, representado, pelo menos, pelo teor do "Majur-89"), ninguém poderá afirmar o poder decisório dos delegados da Receita Federal contra a exigência já manifestada pelo órgão superior. O Majur é o manual de "instruções para preenchimento do formulário" que a Secretaria da Receita Federal, do Ministério da Fazenda, faz expedir, ao início de cada exercício, com vistas à declaração do imposto de renda a pagar e a ser calculado sobre os rendimentos do último ano-base.

Além disso, como aliás, já foi dito em doutrina, a legitimidade passiva dita na lei do mandado de segurança é mera legitimidade de representação e não *ad causam*. Tal é a lição de Celso Agrícola Barbi, apoiada em prestigioso precedente:

> "a circunstância de a lei, em vez de falar na citação daquela pessoa (aquela a que pertence o autor do ato), haver se referido a pedido de informações à autoridade coatora significa apenas mudança de técnica, em favor da brevidade do processo: o coator é citado em juízo como representante daquela pessoa, como notou Seabra Fagundes."

Daí decorre a relativa flexibilização jurisprudencial da regra de legitimação passiva, contida na lei especial. É da prática pretoriana de todos os dias a aceitação de impetrações contra autoridades que estejam próximas da "executora" na ordem hierárquica. Afinal, se o interesse jurídico-substancial em jogo é da Administração Pública e se é ela quem suportará os efeitos substanciais de eventual *writ*, que venha a ser concedido, não haveria por que radicalizar a regra de representação passiva, a ponto de comprometer o acesso à justiça.

Com toda aquela demonstração de que o Sr. Secretário da Receita Federal foi a única autoridade com poder decisório, no caso, e agora com esse argumento e reforço, não vejo como possa alguém sustentar a sua ilegitimidade (ressaltando ainda a importância político-constitucional da ordem de idéias contida no tópico subseqüente).

Dois pontos intimamente interligados

O espírito que levou a Constituição a instituir o mandado de segurança coletivo e aquela legitimidade bastante ampla das associações para as ações gerais (inclusive mandado de segurança) é o da abertura da via de acesso à justiça, associado ao da ampliação dos efeitos dos provimentos jurisdicionais. E, em outras palavras, o repúdio às posturas individualistas. O art. 6º do Código de Processo Civil, bastião do tradicional individualismo no sistema do Código de Processo Civil, fica abalado pela ampla possibilidade de substituição processual dos associados pelas associações. Por outro lado, levar ao maior número possível de pessoas a eficácia dos julgados civis, corresponde à idéia, propugnada por Kazuo Watanabe, da chamada molecularização da tutela jurisdicional: já não se legitima, nem é racional, a repetição de julgados sobre situações substancialmente análogas, dispersando-se o exercício da jurisdição em torno de casos rigorosamente concretos, sem atenção à essência que eles têm em comum e com enormes riscos de soluções antagônicas.

Daí a conveniência de favorecer, como fez a Constituição em mais de um dispositivo, a captação, numa só causa judicial, de número mais ou menos grande de situações concretas regidas por uma disciplina jurídico-material comum. Tal é o que transparece tanto no desenho constitucional do mandado de segurança coletivo como na ampla legitimidade ativa concedida no inc. XXI do art. 5º, enquanto aplicada a situações compartilhadas pelos consorciados. O *direito de massa*, que constitui uma das características mais destacadas do sistema jurídico deste fim de século, repudia soluções que impeçam ou dificultem essa ampliação da tutela jurisdicional.

Por isso é que, como ficou consignado acima, já não tem lugar no sistema contemporâneo aquela rígida concentração da legitimidade ativa na autoridade executora. Comungando dessa idéia é que disse Vicente Greco Filho: "a melhor solução, portanto, é a impetração contra a autoridade superior, cuja jurisdição abranja todo os beneficiários, ainda que sacrificando ligeiramente o conceito de autoridade coatora em sentido estrito".

Repito: o que tradicionalmente ditava a legitimidade passiva do órgão executor era o seu poder de decisão no caso concreto, sendo que, tratando-se de uma comunidade de beneficiários, esse poder decisório concentra-se no órgão central. Entre o apego aos conceitos tradicionais e a necessidade de ampliar a tutela jurisdicional, que a Constituição prestigia intensamente (mandado de segurança coletivo, legitimidade geral das associações etc.), é preciso optar pela segunda. Interpretações restritivas, à moda tradicional, importariam diretamente na frustração das novas normas constitucionais, sendo portanto constitucionalmente ilegítimas, porque: para dar prevalência a um dogma tradicional mas sem justificação racional, impedir-se-ia a impetração coletiva e exigir-se-ia que cada impetrante atacasse o ato específico do agente fiscal de sua área de atuação.

A conciliação entre o clássico sistema operacional do *writ* e as novas disposições constitucionais impõe, portanto, que se supere a idéia do órgão executor e se busque, em qualquer das hipóteses de mandado de segurança impetrado por associações, a autoridade sob cujo poder se situem todos os beneficiários (no caso, o Sr. Secretário da Receita Federal).

Sem dúvida que os princípios da instrumentalidade efetiva e do amplo acesso à Justiça, que comandam a processualística moderna, recomendam, aqui, a sábia conclusão do parecer supracitado.

III

Não há que se cogitar, por outro lado, de mandado de segurança contra lei, em tese, no caso, a deparar-se no óbice sumulado pelo STF, visto que o ato coator manifestou-se, concretamente, sob a forma comissiva, no "Manual para preenchimento da declaração de ajuste" — 1990, que fora enviado a todos os advogados brasileiros, conforme registra a peça inicial (fls. 8) e o documento de fls. 17/28.

Onde há materialização do ato guerreado, como coator, a exemplo do caso em tela, não há que se pensar ou falar em lei em tese, para afastar-se a garantia constitucional do *writ*.

A teoria da unidade de comando, que afasta a idéia tradicional de órgão executor (defendida por J.J. Camon de Passos, Vicente Greco Filho e Cândido Rangel Dinamarco), no âmbito instrumental do mandado de segurança coletivo, alia-se à da molecularização da tutela jurisdicional (lecionada por Kazuo Watanabe) e à do acesso à Justiça (apregoada por Mauro Cappelletti e Bryant Garth), para oferecer e garantir a toda pessoa física ou jurídica o direito à jurisdição efetiva.

Rejeito, assim, as preliminares ventiladas nas informações da autoridade impetrada e no parecer ministerial.

IV

No mérito, a impetração prospera, no enfoque de que a norma do artigo 11, inciso I, II e III, da Lei n. 7.713, de 22.12.88, como o § 1º, que lhe foi acrescentado pela Lei n. 7.975, de 26.12.89, materializada, com efeitos concretos, nas regras do item 1 — Serviços Prestados (p. 6) do "Manual para preenchimento da declaração de ajuste'' — 1990 (Ano-base 1989), fere os princípios da pessoalidade e da capacidade econômica do contribuinte, bem assim, o da igualdade de tratamento a contribuintes, que se encontram em situações equivalentes (CF, arts. 145, § 1º e 150, inciso II).

A Lei n. 7.713/88 determinou, em seu artigo 11, o seguinte:

''Art. 11. Os titulares dos serviços notariais e de registro a que se refere o artigo 236 da Constituição da República, desde que mantenham escrituração das receitas e das despesas, poderão deduzir dos emolumentos recebidos, para efeitos da incidência do imposto:

''I — a remuneração paga a terceiros, desde que com vínculo empregatício, inclusive encargos trabalhistas e previdenciários;

''II — os emolumentos pagos a terceiros;

''III — as despesas de custeio necessárias à manutenção dos serviços notariais e de registro.''

A Lei n. 7.975, de 26.12.89 acrescentou-lhe um § 1º., assim redigido:

''Art. 11 ....

''§ 1º. Fica ainda assegurada aos odontólogos a faculdade de deduzir, da receita decorrente do exercício da respectiva profissão, as despesas com a aquisição do material odontológico por eles aplicadas nos serviços prestados a seus pacientes, assim como as despesas com o pagamento dos profissionais dedicados à prótese e à anestesia, eventualmente utilizados na prestação dos serviços, desde que, em qualquer caso, mantenham escrituração das receitas e despesas realizadas.''

No ''Manual para preenchimento da declaração de ajuste'' — 1990 (Ano-base 1989) constam as seguintes regras concretas:

''Serviços prestados.

''Constituem remuneração da prestação de serviços, sem vínculo de emprego, as importâncias pagas a título de, por exemplo:

''a) honorários do livre exercício de profissão liberal (médico, *dentista*, engenheiro, *advogado*, veterinário, professor, economista, contador, jornalista, pintor, escultor, escritor e outros assemelhados); (o grifo é nosso).

''b) ....

''c) ....

''d) ....

''e) remuneração de qualquer trabalho autônomo, permanente ou eventual;

''f) ....

''g) emolumentos e custas de serventuários da Justiça, quando não remunerados exclusivamente pelos cofres públicos;

''Atenção:

''Os tributos dos serviços notariais e de registro a que se refere a letra ''g'', desde que mantenham escrituração das receitas e das despesas, considerarão como rendimento bruto, a ser indicado na coluna relativa ao valor, os emolumentos recebidos, diminuídos:

''a) da remuneração paga a terceiros, desde que com vínculo empregatício, inclusive encargos trabalhistas e previdenciários;

''b) dos emolumentos pagos a terceiros;

''c) das despesas de custeio necessárias à manutenção dos serviços notariais e de registro.''

Como se vê, as Leis ns. 7.713, de 22.12.88 e 7.975, de 26.12.89 e o ''Manual para preenchimento da declaração de ajuste'' — 1990, ao assegurarem aos titulares de serviços notariais e de registro, bem assim, aos odontólogos, a faculdade de deduzir, da receita decorrente do exercício da respectiva profissão, as despesas, ali consignadas, ferem fundo o princípio constitucional-tributário da igualdade, assim, inscrito:

"Art. 150 — Sem prejuízo de outras garantias asseguradas ao contribuinte, é vedado à União, aos Estados, ao Distrito Federal e aos Municípios:

"I — ....

"II — instituir tratamento desigual entre contribuintes que se encontrem em situação equivalente, proibida qualquer distinção em razão de ocupação profissional ou função por eles exercida, independentemente da denominação jurídica dos rendimentos, títulos ou direitos."

A violação expressa deste princípio fundamental, acima enunciado, resulta em ferimento conseqüente do princípio da capacidade econômica do contribuinte, que se estabelece no § 1º do artigo 145 da Lei Maior, conforme observa, com inegável acerto, Alberto Xavier, nestas letras:

"A particularidade do princípio da igualdade em matéria tributária reside em que a própria Constituição estabeleceu que o único fator de discriminações legítimas reside na capacidade contributiva, de novo arvorada expressamente não só como fundamento da tributação mas também como critério de graduação dos tributos. É o que decorre do § 1º do art. 145, segundo o qual "sempre que possível, os impostos terão caráter pessoal e serão graduados segundo a capacidade econômica do contribuinte", o que bem revela que a equivalência de situações a que alude o inciso II do art. 150 nada mais é que uma equivalência de capacidade econômica.

Como já noutro estudo observamos "o conteúdo material do Estado de Direito, ou seja, o fim da realização da justiça material, está na base do princípio da igualdade tributária que se exprime pela proibição do arbítrio (*Willkürvebot*), isto é, na proibição de um tratamento desigual que não se baseie em relevantes razões objetivas ou, como diz Aliomar Baleeiro, na proibição de discriminações que não correspondam a critérios razoáveis e compatíveis com o sistema da Constituição. E por isso mesmo, esse princípio comporta num ângulo negativo — o *princípio da generalidade* — e um aspecto positivo — o *princípio da capacidade contributiva*. O cerne da justiça em matéria de tributos está, pois, em afirmar que a lei fiscal deve tratar os cidadãos de um modo "igual" e que a igualdade, necessariamente relativa, tem como padrão ou como critério a capacidade econômica — aspecto positivo — com exclusão de todo e qualquer outro critério baseado no sexo, na raça, ou até na nacionalidade, que em face do ideal de justiça acolhido, não são tidos como relevantes mas como "arbitrários" — e este é o aspecto negativo".

O conteúdo específico do princípio da igualdade em matéria tributária limita, pois, o legislador ordinário na escolha dos fatores de discriminação possíveis: estes apenas podem respeitar aos fatos da vida reveladores de capacidade contributiva, quer tais fatos tenham sido arvorados em fatos constitutivos, como os fatos geradores, quer a lei lhe atribua eficácia de fatos impeditivos, como sucede nas isenções. Quaisquer fatores de discriminação estranhos a tais fatos devem pois ser tidos por arbitrários e desarrazoáveis e, como tal, proibidos pela Constituição.

É o que ensina Berliri: "o metro, por assim dizer, para estabelecer se duas situações são ou não iguais é unicamente a capacidade contributiva. Donde decorre que, salvo determinar em que esta consista, qualquer outro elemento não pode ser assumido como qualificante do pressuposto de fato com o fim de justificar um tratamento tributário diverso e, visto que a capacidade contributiva é certamente uma força econômica, tudo o que não influencia esta não pode produzir um agravamento da carga tributária" (in *Temas de Direito Tributário* — Editora Lumen Juris Ltda — 1991, pp. 52/53).

Comungo, aqui, da lição autorizada de Celso Antônio Bandeira de Mello, na fala de que "é agredida a igualdade quando o fator diferencial adotado para qualificar os atingidos pela regra não guarda relação de pertinência lógica com a inclusão ou exclusão no benefício deferido ou com a inserção ou arredamento do gravame imposto" (in *O Conteúdo Jurídico do Princípio da Igualdade*, RT/SP, 1984, p. 49).

O critério discriminatório, contido no artigo 11, incisos I, II, III e § 1º, da Lei n. 7.713/88, com a redação somatória da Lei n. 7.975/89, refletido, materialmente, no "Manual para preenchimento da declaração de ajuste" — 1990 (1989), afigura-se, sem dúvida, inconstitucional. A todo modo, cuida-se de inconstitucionalidade que merece tratamento especial, posto que "a disciplina legiferante, ao favorecer certos indivíduos esquecendo outros, conduz a que, em virtude da eficácia vinculativa do princípio da igualdade, para todos os poderes estaduais, a jurisdição e a administração integrem a lacuna legal, estendendo a disciplina da lei a todos os *tatbestände* substancialmente iguais aos já regulados, pois a lei só deve ser declarada nula quando as vantagens legais não possam ser estendidas, através de aplicação analógica aos "casos" ou "grupos" reconhecidos, como preenchendo os mesmos pressupostos daqueles que foram contemplados pela regulamentação legal" (J. J. Gomes Canotilho, in *Constituição Dirigente e Vinculação do Legislador*, Coimbra Editora, 1982, p. 389).

Penso que, no particular, a medida liminar deferida, nestes autos (fls. 31/32), garantiu, em tempo, a todos os advogados brasileiros, em situação regular, perante a Ordem dos Advogados do Brasil (substituta processual), essa eficácia vinculativa do princípio da igualdade (Canotilho), na aplicação efetiva do direito de deduzir, na declaração dos rendimentos profissionais do exercício de 1989, todas as despesas, devidamente comprovadas e realizadas para auferi-los, incluindo-se salários, contribuições previdenciárias de empregados, aluguel, condomínio e material de escritório, nos termos e fundamentos relevantes da peça inicial.

O princípio da isonomia tributária veio, agora, de ser restaurado nas letras da Lei n. 8.134, de 27.12.90, que afastou o critério discriminatório inconstitucional e abusivo, das malsinadas Leis 7.713/89 e 7.975/89, na espécie em debate, *in verbis*:

"Art. 1º. A partir do exercício financeiro de 1991, os rendimentos e ganhos de capital percebidos por pessoas físicas, residentes ou domiciliadas no Brasil, serão tributados pelo imposto de renda, na forma da legislação vigente, com as modificações introduzidas por esta lei.

"..

"Art. 6º. O contribuinte que perceber rendimentos do trabalho não assalariado, inclusive os titulares dos serviços notariais e de registro, a que se refere o art. 236 da Constituição e os leiloeiros, poderão deduzir, da receita decorrente do exercício da respectiva atividade:

"I — a remuneração paga a terceiros, desde que com vínculo empregatício, e os encargos trabalhistas e previdenciários.

"II — os emolumentos pagos a terceiros;

"III — as despesas de custeio pagas, necessárias à percepção da receita e à manutenção da fonte produtora.

"..

"§ 2º — O contribuinte deverá comprovar a veracidade das receitas e das despesas, mediante documentação idônea, escrituradas em livros-caixa, que serão mantidos em seu poder, à disposição da fiscalização, enquanto não ocorrer a prescrição ou decadência.

Restaura-se, assim, no particular, o Estado de Direito, expurgando-se da lei fiscal a discriminação e o abuso, que constituíam, nas Leis ns. 7.713/88 e 7.975/89, tratamento desigual, no que tange a deduções do imposto de renda, entre contribuintes, que se acham em situações equivalentes, posto que é constitucionalmente proibida qualquer distinção em razão de ocupação profissional ou função por eles exercida, independentemente da denominação jurídica dos rendimentos, títulos ou direitos (CF, art. 150, II).

V

Com estas considerações, concedo a segurança buscada, nos termos da inicial.

Custas, *ex lege*, pela impetrada que se ampara na isenção prevista na Lei n. 6.032/74, art. 9º., inciso I.

Mostra-se incabível verba honorária, na espécie (Súmula n. 512/STF).

Com vistas no que estabelece o artigo 12, parágrafo único, da Lei n. 1.533/51, submeto este *decisum* ao duplo grau de jurisdição.

Oficie-se.

P.R.I.

Brasília (DF), em 18 de março de 1991.

Antonio S. Prudente — Juiz Federal.

JURISPRUDÊNCIA

IR — Apuração do lucro tributável — Dedutibilidade de tributo pelo regime de competência e apuração das receitas pelo regime de Caixa — Inteligência dos arts. 43 e 44 do CTN — Discussão em juízo de sua validade com ou sem depósito em garantia — Conseqüências — Mandado de segurança — Honorários de advogado — Sucumbência.

SENTENÇA

Vistos, etc.

I — Relatório

Suissa Industrial e Comercial Ltda. e Indústria Química Santo Antônio S.A. impetraram o presente *writ*, contra o Delegado da Receita Federal de Nova Iguaçu e o Delegado da Receita Federal do Rio de Janeiro objetivando a concessão de ordem determinando que os impetrados se abstivessem da imposição de quaisquer penalidades às impetrantes, até a final suspensão dos efeitos concretos do disposto no art. 7º., § primeiro, e art. 8º. da Lei n. 8.541/92, nos termos do art. 151, IV, do Código Tributário Nacional, tudo pelas razões ali lançadas. Inicial às fls. 2/19, documentos às fls. 20/53. Custas pagas, fls. 54.

As impetrantes alegam que, ao vedar a dedutibilidade de tributos pelo regime de competência, enquanto mantém a exigência de apuração das receitas por este regime, os dispositivos da Lei n. 8.541/92 não permitem calcular corretamente o montante real da renda — lucro tributário — e, conseqüentemente, o acréscimo patrimonial do contribuinte, infringindo, assim, os arts. 43 e 44 do Código Tributário Nacional. E, em função disso, leva à tributação o que não é renda nem provento de qualquer natureza, transgredindo, também, o art. 153, III, da CF/88. Alegam, ainda, que a novidade cria uma espécie de empréstimo compulsório sem atendimento do art. 148 da Constituição e, assim, incabível. Assim, em resumo, a tese é a de que o novo sistema estabeleceu mescla tecnicamente imprópria, violadora do princípio da uniformidade, ferindo as definições da Constituição e desequilibrando a apuração de lucro fictício.

Em relação aos tributos questionados judicialmente, alega que a indedutibilidade criou, por via oblíqua, um empecilho a que o contribuinte recorra ao Judiciário. Dizem ainda que tal prática configura confisco, fazendo retornar o princípio *solve et repete*, e que é uma aberração jurídica se denominar como lucro real ou acréscimo patrimonial o ICMS, contribuição sobre o lucro, PIS e COFINS.

Incidente sobre possível prevenção, superado, fls. 55/56.

Em Liminar, foi deferida parcialmente a cautela, suspendendo os efeitos do art. 8º da Lei n. 8541/92 nas hipóteses em que tiver havido o depósito judicial em garantia, fls. 57/59. A decisão vazou-se nos seguintes termos:

"D.

Notifique-se a autoridade indicada como coatora, na forma do art. 7º, I, da Lei n. 1.533/51. Expirado o prazo para a vinda das informações, ao Ministério Público Federal.

A respeito do pedido de liminar, existem pedidos de suspensão dos efeitos de dois artigos da Lei n. 8.541/92. Por comando da Carta Política, art. 93, IX, cumpre — mesmo que com brevidade — fundamentar a concessão ou não da medida liminar. Não é ocioso repetir que tais colocações não vinculam o Magistrado, que, ao proferir decisão final, deverá ainda considerar as ponderações do impetrado e do Ministério Público Federal.

Em relação ao primeiro pedido, cumpre notar que o art. 7º veio alterar a forma de cálculo do lucro tributável. A discussão sobre eventual inconstitucionalidade dessa alteração deverá ser palco de análise mais acurada, ouvido o impetrado. O *fumus boni iuris* não está suficientemente claro. No que toca ao *periculum in mora*, bem de ver que não ocorrerá, em verdade, necessidade de repetição de indébito, pois os tributos que não puderem ser deduzidos do lucro líquido em um período-base (regime de competência), poderão sê-lo no período-base subseqüente (regime de caixa). Os valores estão indexados, não tendo o contribuinte prejuízo, no que toca à inflação, com a alteração. Assim, não vislumbro elementos suficientes para deferir a cautela *ab ovo*.

Em relação ao segundo pedido, é preciso distinguir as hipóteses de tributos discutidos em Juízo com ou sem depósito em garantia.

Não tendo havido depósito em garantia, os valores estão à disposição do contribuinte e podem ser utilizados como este pretender, *v.g.*, investindo a verba no mercado financeiro, em obras etc. Não se deve confundir a situação jurídica de suspensão da exigibilidade com a situação econômica. Se juridicamente o valor correspondente ao tributo está em discussão, economicamente está ele em mãos do contribuinte. Logo, não é absurdo que se vede a dedução, tal como ocorreria se o contribuinte tivesse pago o tributo. Se, a final, a ação não for vitoriosa, o tributo será pago e deduzido (regime de caixa). Essa dedução, dispensará a repetição. Assim, mais uma vez, não se configura urgência, até porque — de qualquer sorte — os valores estão em mãos do contribuinte.

Tendo havido depósito em garantia, ou seja, estando os valores discutidos depositados à disposição do Juízo, não se configura disponibilidade financeira ou econômica do contribuinte. Assim, tributar como renda aquilo que não está em suas mãos, afigura-se abusivo.

O *periculum* se demonstra pelo fato de que apenas após a decisão final do Judiciário poder o contribuinte, se for o caso, pagar o tributo e deduzi-lo. O período de espera seria indefinido, provavelmente longo, podendo tal fenômeno repercutir na própria sobrevivência econômica do contribuinte. Aqui, ao contrário das hipóteses anteriores, não só o contribuinte não tem o dinheiro em seu poder mas também não tem previsão de quando poderá fazer a dedução, que no caso do art. 7º da Lei n. 8.541/92 se faz no período-base contábil (que é mensal) seguinte. Assim, antevejo o *periculum*.

No que toca à plausibilidade do direito, ressalto que verba à disposição do Juízo não pode ser tida, como quer o Fisco, como verba da qual se tenha disponibilidade econômica ou jurídica, eis que está economicamente selada em conta judicial e juridicamente em discussão. Também relevante é a criação de transtornos e prejuízos para quem busque a tutela jurisdicional. A lei não pode excluir lesão ou ameaça a direito da apreciação do Poder Judiciário (art. 5º, XXXV, CF). Tributar valores discutidos em Juízo, e depositados em garantia, significa excluir indiretamente a matéria tributária de discussão judicial. Fazer com que o interessado pague imposto sobre verbas depositadas em garantia, ou qualquer de seus acréscimos, é forma de desestimular o exercício do direito de ação, via imposição de gravames. Despiciendo dizer que qualquer óbice ao direito de ação é desrespeito aos fundamentos do Estado Democrático de Direito, onde o Poder Judiciário serve de abrigo para qualquer que tenha direito a ser protegido. Ultimamente parece estar proliferando a falsa noção de que o direito de ação pode ser prejudicial ao país. Este é o primeiro passo para retirar do povo o direito de pedir Justiça. Aqueles que se infectam de tal obtusidade tentam cada vez mais dificultar o acesso ao Judiciário ou diminuir as condições necessárias para este agir com eficiência e independência. Ou por ignorância ou por má fé, não consideram que o Judiciário apenas cumpre suas funções. Se o Congresso e o Executivo respeitarem a Constituição, o Judiciário não obstará suas atividades. Ao invés, porém, parece estar sendo preferido por alguns desrespeitar a Constituição e podar a atividade judicante. Afinal, cabe ao Judiciário (também) manter o respeito à Constituição e impedir o império do arbítrio. Temos o *fumus* não só na questão de mérito mas na mais que razoável alegação de inconstitucionalidade de pelo menos parte do art. 8º. da Lei n. 8.541/92.

Note-se que ao criar, por via oblíqua, dificuldade para a defesa judicial de direitos, o art. 8º. da Lei n. 8.541/92 consegue apresentar o *fumus boni iuris* para a cautela e, também *periculum in mora*. Isto porque qualquer vedação ao direito de ação, pela sua inconstitucionalidade, cria desde logo um direito plausível a ser demandado. Quanto ao *periculum*, em sede de mandado de segurança, este se caracteriza quando do ato impugnado puder resultar a ineficácia da medida, caso seja deferida (art. 7º., II, 2ª. parte, Lei n. 1.533/51). Ora, se o direito de ação é violado temos risco de ineficácia não da medida, que é a providência mediata que se busca, mas o risco de ineficácia (ou impossibilidade de busca) da providência imediata, que é o pedido de tutela jurisdicional. Assim, se o atentado contra o pedido mediato gera o *periculum*, por maior razão, qualquer atentado contra o direito de pedir (a tutela, o pedido imediato) também criará o pressuposto de cautela.

Assim, concedo a liminar em parte.

Não suspendo os efeitos do art. 7º. da Lei n. 8.541/92.

Não suspendo os efeitos do art. 8º. da Lei n. 8.541/92 quanto a importâncias cuja exigibilidade esteja suspensa nos termos do art. 15 do CTN, quando inexistir depósito judicial em garantia.

Concedo liminar e suspendo os efeitos do art. 8º. da Lei n. 8.541/92 nas hipóteses em que tiver havido depósito judicial em garantia. Assim, até final decisão, poderão ser deduzidas as importâncias contabilizadas como custo ou despesa, relativas a tributos ou contribuições, sua respectiva atualização monetária e as multas, juros e outros encargos, cuja exigibilidade esteja suspensa nos termos do art. 151 do CTN, em que haja depósito judicial em garantia, devendo a autoridade impetrada se abster de punir o contribuinte que obrar nos termos da presente decisão.

Rio de Janeiro, 29 de julho de 1993."

Às fls. 60/61 as impetrantes apresentaram notícia de Liminar sobre o mesmo tema, concedida pelo Tribunal Regional Federal de São Paulo.

Regularmente notificados os impetrados, o primeiro quedou-se inerte, conforme certidão de fls. 73.

Às fls. 65/66, informações do segundo-impetrado pregam que não há a alegada inconstitucionalidade e que referidos valores depositados judicialmente constituem, apenas, caução em favor do fisco. Alega, ainda, que para serem considerados dedutíveis dependem de seu recolhimento aos cofres públicos, quando, então, passarão a ser considerados tributos. Requereu, ao final, a denegação da segurança.

O Ministério Público Federal falou às fls. 68/72, opinando pela denegação da segurança.

É o relatório. Passo a decidir.

II — Fundamentos

A Constituição Federal estabelece, em seu art. 5º, LXIX: "LXIX — conceder-se-á mandado de segurança para proteger direito líquido e certo, não amparado por *habeas corpus* ou *habeas data*, quando o responsável pela ilegalidade ou abuso de poder for autoridade pública ou agente de pessoa jurídica no exercício de atribuições do poder público";

O art. 1º da Lei n. 1.533/51, de 31.12.51, diz que: "Conceder-se-á mandado de segurança para proteger direito líquido e certo, não amparado por "habeas corpus", sempre que, ilegalmente ou com abuso de poder, alguém sofrer violação ou houver justo receio de sofrê-la por parte de autoridade, seja de que categoria for e sejam quais forem as funções que exerça".

Assim, fulcrado nesta garantia, e, no que cabe, nas demais normas jurídicas, o impetrante volta-se contra ato legislativo que, a uma, faz alterações na sistemática de cálculos contábeis para fins de tributação e, a duas, impede a dedução de quantias discutidas em juízo, quer tenham sido ou não depositadas. Exatamente os arts. 7º e 8º da Lci n. 8.541/92.

Adentrando o tema, e como forma de introdução, entendo ser oportuno repisar o que foi dito nos termos da decisão liminar, frisando ser tal decisão provisória, sem o aprofundamento que a decisão final requer.

Passado este momento inicial, o feito recebeu as contribuições jurídicas da Autoridade e do Ministério Público Federal, que passo a analisar.

O Delegado da Receita Federal, fls. 66, rejeita a inconstitucionalidade alegada, dizendo que "Adotou-se, apenas, o *Regime de Caixa* (efetivo pagamento), como critério para dedutibilidade dos tributos quando da apuração do IRPJ (art. 7º lei cit.)".

Não entendo que a alteração tenha sido tão tênue. Em verdade, a mudança criou um sistema híbrido, cuja constitucionalidade tratarei adiante. Tivesse a lei instituído regime de caixa para despesas e receitas, nada haveria que se postular. Porém, tendo mantido em parte o regime de competência e adotado o regime de caixa em outra, a situação extrapola a simples alteração de regime, como alegou a digna Autoridade.

Esta disse, ainda, que "Considerando os valores dos tributos depositados judicialmente constituem, apenas, uma caução em favor do Fisco, podendo, até, eventualmente, em caso de procedência da demanda, serem levantados pelo contribuinte, nada mais legítimo não fossem computados como custo ou despesa pela Lei n. 8.541/92. Igualmente, quando a exigibilidade esteja suspensa, sem depósito, porquanto, se considerados indevidos, não se tornarão tributos descaracterizando, destarte, a dedução".

Aqui, a digna Autoridade tem razão, ao recusar a dedução (ao abrigo da Lei n. 8.541/92, que defende) mas só no quc se refere aos valores não depositados. Não assim pelos argumentos expendidos pelo Delegado da Receita, mas por outros. Porém, em sentido contrário há vigoroso veio doutrinário que posta-se no sentido de que é lícita a dedução para fins de tributação, mesmo à falta de depósito judicial. Como exemplo, podemos citar o Prof. Luciana Amaro (*RDT* 57):

> "A discussão sobre a constitucionalidade ou a ilegalidade de certos tributos suscita o exame do problema da dedutibilidade da exação que se esteja questionando. Ou seja, se determinada pessoa jurídica, diante de um tributo que se lhe

afigure ilegítimo, opta por discutir a incidência, põe-se a questão de saber se ela pode deduzi-lo fiscalmente (nas hipóteses, obviamente, em que se trate de tributo que, quando devido, configura custo ou despesa dedutível).

O art. 16, I, do Dec.-Lei 1.598/77, acorde com o princípio da competência na determinação dos resultados, estabelece que os tributos são dedutíveis no período base em que ocorrer o respectivo fato gerador. Disso decorre que a dedutibilidade dos tributos independe do *pagamento* efetivo, vale dizer, quer a pessoa jurídica pague o tributo no próprio período de ocorrência do fato gerador, quer não o faça (ou porque o vencimento da obrigação só vai dar-se no período subseqüente, ou porque incorra em mora), a dedutibilidade do tributo é cabível no exercício em que ocorrer o fato gerador da obrigação tributária.

O problema sob exame coloca-se, como adiantamos, nas hipóteses em que a empresa opte por discutir a incidência do tributo. E ela pode fazê-lo por várias formas: pagar e pedir restituição; não pagar e ajuizar ação declaratória negativa; impetrar Mandado de Segurança, obtendo ou não liminar, com ou sem depósito; aguardar a exigência do fisco e defender-se, na instância administrativa; ajuizar ação anulatória, com ou sem depósito; aguardar e embargar a execução judicial que o Fisco propuser.

Nessas situações, em nada se altera a determinação constante do citado art. 16: a dedutibilidade do tributo dá-se no exercício de ocorrência do fato gerador. É indiferente que ele seja pago ou não, depositado ou não, ou que o procedimento da empresa esteja ou não amparado numa liminar.

(...)"

Em que pese o valor de posicionamento como o citado, entendo que se o contribuinte não efetuou o depósito, pode dispor dos valores discutidos, *exempli gratia*, aplicando-os no mercado financeiro, obtendo, em geral, rendimentos superiores às taxas de correção oficial. Assim, a prevalecer este entendimento, o ajuizamento de ações perante o Fisco pode se transformar em negócio lucrativo, independentemente do mérito da causa. Não é para isto que existe o direito de ação. Para jugular isto, basta que se considere a essência da questão: se o contribuinte dispõe dos valores, podendo fazer deles o que preferir, nada mais justo que não sejam computados como custo ou despesa, como refere-se a Autoridade às fls. 66. Se o contribuinte não tiver sucesso em sua postulação, pagará os tributos e os poderá deduzir. A solução se me afigura justa.

Todavia, no que se refere às causas em que tiver havido depósito, seria quase cinismo dizer que tais depósitos são mera caução e que não devem ser computados. Aqui, veja-se, há diferença sensível mas determinante: o contribuinte não tem os valores à sua disposição. Sem que tenha disposição sobre os valores, parece-me injusto não permitir a dedução.

O Ministério Público Federal, na voz do Procurador José da Silva Maquieira, em seu judicioso parecer, fls. 68/72, após retratar a história do feito, opina pela denegação da segurança.

Uma das referências feitas pelo Ministério Público Federal é a de que, citando parecer da Receita (que não o dos autos), "Não há, outrossim, qualquer imposição de natureza constitucional para que se adote na escrituração fiscal os mesmos critérios adotados na escrituração comercial. E a escrituração fiscal, embora dependa em grande parte da escrituração comercial, tem total autonomia sobre esta".

Nesse passo, devo dizer que tal colocação é suplantada pelo estudo das implicações do art. 109 do CTN, bem como os arts. 43, 113, 116 e 117 do diploma. As definições da Constituição, das leis, do Direito em si, devem atender ao que dispõe o Código Tributário. A engenhosidade dos juristas e do Fisco, para o alcance dos próprios objetivos, tem, portanto, um limite.

O membro do *Parquet* termina seu parecer dizendo, às fls. 71/72:

"Não há, sem dúvida, uniformidade de critérios em algumas das diretrizes procedimentais que o Governo vem imprimindo à legislação tributária, saltando aos olhos que essa diferenciação de regimes de competência e caixa, como a vedação de deduzir na base de cálculo os tributos inexigíveis, comportariam reflexão quanto à sua justeza ou, no mínimo, equanimidade procedimental.

Parece-nos, entretanto, que a Lei 8.541 não chega a ser inconstitucional em seus arts. 7º. e 8º., dispositivos estes que estabelecem diretrizes talvez tendenciosas, mas pautadas na prerrogativa de que dispõe o legislador e, por extensão, o poder fiscal, que é a de definir o momento da dedução do tributo, seja consoante o regime de caixa, seja pela adoção de qualquer data para pagamento, contanto que subseqüente ao fato gerador. E quanto à vedação dedutiva, nos moldes que a lei impõe, também podia o legislador assim determinar, exatamente por tratarem-se de obrigações potencialmente subsistentes até definição em contrário, judicial ou não".

Quanto ao primeiro tema, devo dizer que ao tempo da decisão liminar tive tal entendimento, tanto que decidi no sentido de que "Em princípio, pode a lei alterar a forma de cálculo. A discussão sobre eventual inconstitucionalidade dessa alteração deverá ser palco de análise mais acurada, ouvido o impetrado".

Agora, porém, quedo-me a considerar que se por um lado o legislador tem discricionariedade, natural de sua atividade política, para optar entre, *e.g.*, duas formas de cálculo, não é razoável que ele opte pelas duas formas naquilo que em cada uma delas lhe convier, furtando-se em cada sistema ao que lhe for desvantajoso.

O lógico é que o Fisco opte por um sistema, após decidir sobre as vantagens e desvantagens de cada um deles. Naturalmente, deverá eleger aquele que considerar seja a si mais conveniente. O que não pode é optar apenas pelas vantagens de cada sistema, criando um sistema híbrido em desfavor do contribuinte. Isto porque o sistema de cálculo não deve prejudicar a qualquer das partes. A forma de cálculo não é palco para o Fisco criar receita. É preciso fazer distinções: se existem duas opções e uma delas é, por qualquer motivo, considerada melhor pelo Fisco, é lícito que ele opte por ela. Diferentemente, a liberdade do Estado não inclui o poder de violentar a técnica optando apenas por aquilo que lhe convém. Não pode optar por um caminho enquanto lhe convém e pelo outro quando o primeiro lhe seria desfavorável.

Mal comparando, seria como acatar um depoimento apenas no que interessa e rejeitá-lo nas demais partes. Tal atitude é verberada pelo CPC, como se vê na primeira parte do art. 354: "A confissão é, de regra, indivisível, não podendo a parte que a quiser invocar como prova, aceitá-la no tópico que a beneficiar e rejeitá-la no que lhe for desfavorável (...)".

Assim, querendo o legislador optar pelo sistema *A* ou *B*, nada há que se reclamar. O que não pode é calcular, *v.g.* o seu crédito pelo sistema *A* e seu débito pelo sistema *B*. Tal atitude, mais do que ser atécnica, cria distorções e reflete verdadeira arbitrariedade.

Nem mesmo a inteligente engenhosidade fiscal justifica a falta de moralidade que se depreende da violação do princípio da razoabilidade, aspecto material do *due process of law*, referido pela Magna Carta em seu art. 5º.

Quanto ao segundo tema, se o Ministério Público Federal considera a obrigação "potencialmente subsistente até definição em contrário, judicial ou não", isto vem em favor não da indedutibilidade, mas de sua feitura. Assim, se a premissa é a por ele referida, a conseqüência é a possibilidade de dedução e não o contrário.

Feitas estas considerações, vejamos o que nos resta. Dois são os pontos sobre os quais se debate.

Sobre a primeira questão posta em Juízo.

Art. 7º, Lei n. 8.541/92. Alegam as impetrantes que houve alteração sobre a forma de cálculo do lucro, que a partir da Lei n. 8.541/92 passou a ser feita pelo regime da competência no que toca às receitas e pelo regime de caixa quanto à dedutibilidade de tributos. O impetrante verbera inicialmente a dualidade de critérios e os prejuízos decorrentes da inovação. Alega que a forma adotada cria distorção nos resultados, que passa a haver cobrança de imposto sobre o que não é renda (outros impostos), ferindo-se o art. 450, III, CF e 43/44 do CTN. Alega que tributos como ''ICMS, IOF, PIS, Cofins, AIRE, Contribuição Social Sobre o Lucro e ao INSS'' passam a ser tributados como lucro enquanto não forem pagos. Alega que isto vulnera o conceito de renda dado pelo CTN, que não é qualquer renda que se tributa pelo IRPJ, mas apenas aquela que representar acréscimo patrimonial do contribuinte. Alega que o balanço contábil para efeito fiscal é feito mensalmente e que o lucro líquido é apenas o ponto de partida para a determinação do valor do tributo a pagar, vez que sobre ele serão feitas ainda inclusões e exclusões até que se chegue ao lucro tributável.

Há que se considerar que a Administração tem sua discricionariedade para definir sua atuação, a bem do interesse público, o que também se manifesta na escolha do regime de cálculo para fins de tributação (caixa/financeiro, competência/econômico ou rateio/*averaging*). A lei, *in casu*, a lei n. 8.541/92, tem o poder de estabelecer as formas e métodos que obrigarão a coletividade. Ambos, administração e leis, no entanto, submetem-se à primazia do texto constitucional. Sobre a questão tributária, a *Lex Legum* indica que os impostos deverão primar pelo caráter pessoal, e deverão considerar a capacidade econômica do contribuinte.

O Judiciário poderá adentrar no ato administrativo ilegal e na lei que viole a Constituição. Se a lei é injusta não pode o Judiciário mudá-la, a menos que esta injusta viole o sistema normativo, em especial a Lei Maior. Quanto às injustiças, a sociedade deverá utilizar os meios adequados para a mudança da lei, a ser feita por quem tem competência para tal: o Poder Legislativo. Além disso, frise-se, se houver críticas a serem feitas, deverão dirigir-se não ao Judiciário, que apenas cumpre, mas a quem faz as leis.

Pelo regime de competência, a cada período-base o contribuinte deve lançar as receitas auferidas e os custos necessários para obtê-la, chegando ao lucro líquido que — após inclusões e exclusões — fornecerá o lucro real, base de cálculo do ora tratado IRPJ.

No regime de caixa as receitas ou despesas são imputadas ao período-base onde efetivamente a receita foi recebida ou a despesa paga, ao passo que no regime econômico o evento é imputado ao período-base em que o direito à receita ou o dever de pagar a despesa se constituíram. Este considera a estrutura jurídica do patrimônio e aquele o fluxo de entradas e saídas de dinheiro, como já ensinava o Prof. Alberto Xavier.

Assim, até a Lei n. 8.541/92, utilizando o exemplo do ICMS, o contribuinte tinha a receita e, para calcular o lucro tributável podia deduzir o valor que deveria pagar de ICMS, cujo vencimento só ocorreria no mês subseqüente. Isto porque o regime era o da competência (de modo integral), de modo que deduzia-se o tributo no mês em que o dever de pagá-lo se havia constituído. Com a Lei n. 8.541/92, não se pode mais (art. 8º) deduzir, ao apurar o lucro real, o valor dos tributos que ainda não foram efetivamente pagos. Assim, aquele ICMS que só será pago no mês posterior não pode ser deduzido, advindo daí que seu valor servirá de base para cálculo do lucro tributável. No mês subseqüente, então, sendo pago o ICMS, seu valor poderá ser deduzido do lucro. Desse modo, terminará sendo compensado. Ocorre que, neste mês posterior, o fenômeno se repetirá, de modo que, mês a mês, o contribuinte pagará IRPJ sobre valor maior que o realmente devido e, só poderá se compensar — quanto a este valor — no mês posterior. Por isso que o impetrante alega em termos a hipótese de "empréstimo compulsório". A situação se agrava diante de empresas que possuem receitas elevadas em determinados meses, cuja repercussão na tributação será também elevada e só compensável nos meses posteriores. Repise-se que os tributos e suas compensações estarão sempre indexados, retirando do tema maiores discussões a respeito da atualização monetária e suas conseqüências.

Não há dúvidas que o novo critério é mais benéfico para o Fisco. Também não se questiona que a lei não pode considerar como lucro aquilo que não seja acréscimo patrimonial efetivo do contribuinte, de modo que, não possa a Lei — razoavelmente — recusar a dedução de tais parcelas. Se fosse assim, efetivamente teríamos confisco. Sacha Calmon já disse que um dos objetivos do não confisco é evitar a intenção predatória no exercício do poder de tributar.

Porém, a Lei n. 8.541/92 não veda a dedução destas parcelas, apenas diz que elas serão feitas pelo regime de caixa e não pelo de competência. Assim, o que temos é uma alteração da forma de feitura dos cálculos, porém sem que se rejeite a dedução. O protraimento da dedução até a data do efetivo pagamento do tributo, sem dúvida, aumenta o percebimento pelo Estado de tributos, sendo certo que as diferenças a maior serão consideradas no balanço do mês posterior. Será isto espécie de "empréstimo compulsório" a ser evitado? Que a mudança da forma de cálculo é injusta e tendenciosa não se discute (o que, alás, seria difícil negar), mas seria ela inquinada de inconstitucionalidade ou ilegalidade, permitindo saneamento judicial? As injustiças da lei devem, de um modo geral, ser cobradas do legislador e não do judiciário.

Já me referi aos arts. 109, e outros, do Código Tributário Nacional, que têm extrema utilidade a partir do momento em que deve ser considerada a definição de renda, para fins de tributação.

Além disso, já vimos que mês a mês o Fisco terá renovado a seu favor uma entrada, que só poderá ser deduzida no mês seguinte. Assim, a se considerar o primeiro momento, não haverá dedução pois no mês seguinte, no mesmo momento em que o contribuinte vier a abater o crédito que possuir, sua atividade econômica já terá criado um novo crédito que só poderá ser abatido no mês subseqüente. Ou seja, deduzem-se os valores do período anterior, mas, em contrapartida, novos valores a deduzir já terão sido criados, protraindo-se indefinidamente um crédito a favor do contribuinte (isto é, noutras palavras, um "empréstimo" forçado). Pior ainda se, no mês subseqüente, não houver tributo a ser pago e, assim, passível de sofrer dedução.

Tais distorções não se criam pela adoção de um dos sistemas, os dois tradicionais (de caixa ou financeiro, de competência ou econômico) ou ainda um terceiro, de imputação, média proporção ou rateio. Tais distorções surgem do fato do Fisco arbitrariamente optar pelo regime de competência para criar a obrigação e o regime de caixa para o contribuinte poder fazer deduções.

Conclui-se, pois, que a inovação viola o sistema normativo. Não só no que se refere a princípios mas também no que se pode depreender do conjunto dos arts. 43, 109, 113, 116 e 117 do CTN. Além disso, como já se decidiu no STJ, em matéria outra (isenção fiscal, *RDA* 190/89), não se deve permitir que o Estado aja com reprovável deslealdade. E a criação do sistema híbrido tratado nestes autos representa, para este Juiz, deslealdade do Estado em relação aos contribuintes.

Além disso, julgo oportuno citar que, em artigo publicado na *Folha de S. Paulo*, no dia 10.9.93, o Secretário da Receita Federal, Osiris Lopes Filho, disse que "A evasão tributária é muito elevada no país. Estimativas otimistas situam-na em torno de 50% da base tributária, com relação aos tributos federais. Pode-se dizer que para cada cruzeiro arrecadado pelo Fisco federal, outro deixa de sê-lo, por comportamento de contribuintes que se situam à margem da lei tributária".

Assim, se a Fazenda precisa arrecadar, deve o Executivo cobrar os tributos existentes de quem não os paga ao invés de ferir a Constituição para criar novos impostos, incidentes sobre toda a população ou, ainda, modificar as regras, de forma flagrantemente tendenciosa, para criar receita. O contribuinte não pode ter sua situação agravada pela falta de vontade política de se combater a sonegação, satisfazendo-se o Estado com a criação de novas formas de tributação, inclusive oblíqua, com furor arrecadador só comparável ao furor do Poder pelo desperdício e corrupção. Esta, como se vê na imprensa, faz a Fazenda sangrar quantias elevadíssimas, sem que o Estado pareça estar, com isso, suficientemente preocupado. Um pouco mais de eficiência na cobrança dos tributos, algo mais de justiça fiscal, e de moralidade no orçamento, certamente trará mais resultado no equilíbrio das contas públicas, sem que seja preciso fazer mão de inconstitucionalidades.

Sobre a segunda questão posta em Juízo

Art. 8º, Lei n. 8.541/92. Alegam que a nova sistemática veda a dedução como custo ou despesa das verbas relativas a tributos ou contribuições, suas atualizações, juros, encargos etc., cuja exigibilidade esteja suspensa nos termos do art. 151 do CTN, haja ou não depósito judicial em garantia. Alegam que foi criado, por via oblíqua, empecilho a que o contribuinte procure o Poder Judiciário, que a prática configura confisco e que espelha o retorno do princípio *solve et repete*. Alegam que as leis têm presunção de constitucionalidade e, como os demais atos do Estado, de legitimidade, logo poderão ser deduzidas como despesa, ainda que a empresa pretenda discutir essa exigência. Dessa forma, até o Poder Judiciário decidir sobre a legalidade da exação discutida em Juízo, é ela obrigação válida, e, assim, despesa. Somente depois de decisão judicial final e favorável ao contribuinte é que se tornará receita tributável.

Assim, em resumo, foram dois os argumentos lançados: a) como a lei é, em princípio, constitucional, correta será a dedução dos tributos instituídos, quer sejam ou não pagos. Se não tiver sido pago e o Fisco vencer a ação, ele já terá sido deduzido e será recolhido. Se tiver sido pago e deduzido e o Fisco vencer, nada se alterará. Se o contribuinte vencer, aí sim, os valores serão levados a cálculo para efeito de tributação. Com esse raciocínio, pretendem as Impetrantes a dedução quer haja ou não depósito. A Lei n. 8.541/92, por seu turno, não admite a dedução sem diferenciar as hipóteses em que haja ou não depósito judicial em garantia. b) mácula ao art. 5º, XXXV, CF.

Inicialmente deve ser observado que sob o aspecto jurídico, não há diferença se houve ou não depósito a partir do momento em que o tributo está sendo discutido em juízo.

Luciano Amaro, no artigo já citado *supra*, "Dedutibilidade de Tributos em Discussão Judicial ou Administrativa", *RDT* 57, se manifestou sobre isto:

"Com efeito, as leis têm presunção de constitucionalidade, como, de resto, os demais atos do Estado desfrutam da presunção de legitimidade. Assim sendo, se o tributo é exigido por lei (cuja constitucionalidade se possa discutir) ou é cobrado por força de ato da autoridade fiscal (cuja validade se possa discutir, à vista da lei ou da Constituição), a exigência fiscal tem presunção de validade e, portanto, é legítima também a dedução da despesa paga ou provisionada, ainda que a empresa pretenda discutir essa exigência."

Entretanto, no aspecto econômico — e para se conceituar a renda isto será precioso — o tributo discutido em juízo e não depositado está no campo de disponibilidade financeira do contribuinte, que pode fazer dele o que quiser. Isto não ocorre com os valores à disposição do Juízo, sobre os quais o contribuinte não tem poder de disposição senão após a decisão final, se favorável.

O que ocorria com freqüência era que contribuintes, uns usando regularmente do direito de ação e outros litigando de má fé, ajuizavam causas sobre tributos, obtendo suspensão sem depósito. Aliás, em país onde tão mal se legisla sobre tributos, não é difícil ter argumentos para invocar a tutela jurisdicional. A partir desse momento, não havendo depósito, os valores eram deduzidos do lucro real e, ao mesmo tempo, o contribuinte os podia aplicar, como já disse, *v.g.*, no mercado financeiro, em geral obtendo maiores taxas que as da atualização monetária oficial. Passou a ser, então, vantajoso ingressar em Juízo, desde que obtida liminar sem depósito, mesmo que apenas para ter disponibilidade de caixa. Assim, o contribuinte obtinha verba por algum (às vezes muito) tempo. Talvez mal comparando, obtendo espécie semelhante ao "empréstimo" referido na primeira parte da postulação, só que beneficiando ao contribuinte ao invés do Fisco.

Assim, ao menos nesse ponto, a Lei n. 8.541/92 não pode ser criticada: se o contribuinte não depositou os tributos questionados em Juízo, ou seja, se os têm à mão, nada mais razoável que sobre eles pague tributos. Se a ação não lograr sucesso em seu pedido, o contribuinte deverá recolher os tributos e, recolhendo-os (regime de caixa), os poderá deduzir do lucro líquido. Desse modo, a Lei n. 8.541/92, emendou situação que vinha em prejuízo do Fisco e, assim, do sustento de todo o aparato estatal.

Aqui, se as circunstâncias têm que beneficiar alguém, lógico que seja o Fisco. Afinal, quem legisla é o Estado e este, naturalmente, optará pela forma que mais o beneficie. Isto tem relação, íntima, com a desigualdade jurídica entre o interesse público e o privado. Só que aqui, ao contrário do que ocorre no art. 7º da lei em questão, o Fisco não cria uma figura híbrida: aqui — dentre dois modos de se atuar — o Fisco opta pelo que é mais conveniente ao interesse da coletividade.

Não se diga que deve haver dedução no lucro porque o tributo tem presunção de ser constitucional simplesmente porque tal argumento não é usado pelas Impetrantes para pagar o imposto e depois discuti-los. Se vêm a Juízo procurando evitar o *solve et repete*, exercem direito constitucional. Mas não se queira, porém, mantê-los em seu caixa e mesmo assim deduzi-los. Ou seja, considerar o tributo constitucional em tese para fins de dedução e inconstitucional para fins de postulação em Juízo. Tal postura me parece ser mais coerente.

Hipótese diversa ocorrerá nos casos em que houver depósito. Aqui não teremos mais a questão de constitucionalidade presumida ou outras já tratadas, mas sim o fato de que o contribuinte não tem sobre os indicados valores qualquer disposição. Transpassa o aspecto jurídico a realidade de que o contribuinte não pode utilizar tais verbas. Não há, assim, verba disponível na posse da empresa, não sendo razoável que sobre estes valores, ou seus consectâneos, incidam tributos.

Precioso notar que a lei não pode excluir da apreciação do Judiciário (art. 3º, XXXV, CF) qualquer lesão ou ameaça a direito. Tal exclusão ou se faz de modo *direto*, como se alguma lei impedisse que se ajuizasse ação para discutir um determinado tributo, ou *indireto*, criando dificuldades e transtornos que desestimulem o ajuizamento de ações. Logo, se o contribuinte ingressa em Juízo e deposita os valores discutidos em garantia, tributar estes valores significa criar grande transtorno ao contribuinte. Com efeito, se tiver que depositar os valores em garantia e, mesmo assim, incluir tais valores no cálculo de seu lucro tributável, chegaremos ao ponto em que será menos oneroso pagar de vez o tributo e esquecer que existe um Poder Judiciário, estabelecido na Constituição, como via de defesa dos direitos por ela mesma assegurados.

Noutro aspecto, eminentemente econômico, não é razoável que se tribute como renda um valor que não está à disposição do contribuinte. Tal exação transborda a discussão sobre a dedutibilidade (legalidade do uso dos regimes de competência ou de caixa) pois neles — qualquer que seja a hipótese — o dinheiro estará de posse do contribuinte, que o deduzirá num momento ou outro. Ao se pretender exigir tributo sobre o que está à disposição do Juízo, além de dificultar o acesso ao Judiciário, se estará ferindo a lógica e o conceito de disponibilidade. A partir do momento em que o tributo foi depositado em Juízo não é correto dizer que sobre ele há disponibilidade jurídica ou econômica (art. 43, *caput*, CTN) senão após decisão final do Judiciário.

Assim, em relação à suspensão dos efeitos do art. 8º da Lei n. 8.541/92 quando houver depósito judicial, tenho como relevantes os argumentos, em especial a violação do conceito de disponibilidade e a mácula a princípio da Constituição. Veja-se que aqui os prejuízos financeiros podem ser de monta, dado que apenas ao final da ação judicial onde tiver havido o depósito é que poderá o contribuinte quitar os tributos, permanecendo longo período arcando com tributo sobre tributo, em discussão judicial. Ademais, qualquer gravame ao direito de ação é de ser rechaçado de pronto, pois violador de direito constitucional, presumido o prejuízo.

Nesse passo, é lamentável que o controle de constitucionalidade interno do Congresso Nacional, e o realizado pelo Chefe do Executivo através de vetos, estejam deixando a desejar na adequação das leis ao conteúdo da Constituição. E, pior, membros do Executivo vêm criticando o Judiciário por cumprir a Constituição, ao deferir medidas postuladas por aqueles que se sentem, muitas vezes com razão, lesados por normas inconstitucionais.

Os juízes devem cumprir a lei e, é salutar lembrar que, a primeira das leis, a maior delas, a suprema, o fundamento de validade das demais, é a Constituição Federal. E ela a primeira a ser cumprida.

Já quase é preciso lembrar também que qualquer óbice ao direito de ação é desrespeitado aos fundamentos do Estado Democrático de Direito, onde o Poder Judiciário serve de abrigo para qualquer que tenha direito a ser protegido. Ultimamente parece estar proliferando a falsa noção de que o direito de ação pode ser prejudicial ao país. Este é o primeiro passo para retirar do povo o direito de pedir Justiça. Aqueles que se infectam de tal obtusidade tentam cada vez mais dificultar o acesso ao Judiciário ou diminuir as condições necessárias para este agir com eficiência e independência. Ou por ignorância ou por má fé, não consideram que o Judiciário apenas cumpre suas funções. Se o Congresso e o Executivo respeitarem a Constituição, o Judiciário não obstará suas atividades. Ao invés, porém, parece estar sendo preferido por alguns desrespeitar a Constituição e podar a atividade judicante. Afinal, cabe ao Judiciário (também) manter o respeito à Constituição e impedir o império do arbítrio.

Honorários Advocatícios

Hely Lopes Meirelles (*Mandado de Segurança,...*", Ed. RT, 13ª ed., p. 66), se manifesta nos seguintes termos:

"Na sentença, o juiz deverá decidir sobre o pedido na inicial, condenando o vencido nas custas e honorários advocatícios, consoante determina o art. 20, do Código de Processo Civil, que firmou o princípio da sucumbência, em substituição ao da culpa ou dolo processual. Desde que o Mandado de Segurança é uma causa, vale dizer, uma ação civil, impõem-se a condenação do vencido em honorários. Não importa que o rito dessa ação seja especial, mesmo porque nas demais ações especiais, o princípio da sucumbência vem sendo aplicado sem restrições. Não vemos razão para a exclusão dessa verba pela jurisprudência dominante (STF, Súmula 512), aliás, contrariada em recentes acórdãos do Tribunal de Justiça do Estado do Rio de Janeiro e o Estado do Rio Grande do Sul."

O saudoso mestre ao manifestar seu entendimento, reportava-se às seguintes fontes jurisprudenciais: TJRJ, *RDPG* 31/159, 34/139 e AC 31.201, julgada em 19/06/1984, além da TJRS, *Rev. de Jurisprudência*, 102/462.

O Magistrado e Professor Ricardo Perlingeiro Mendes da Silva, versando sobre o tema, diz:

"Entendo devidos os honorários sucumbentes no Mandado de Segurança. A uma, porque as normas do Código de Processo Civil constituem fonte subsidiária da disciplina de qualquer processo especial, regulado por lei anterior ou posterior a ele, e incidem em tudo que não contrarie o regime específico traçado pela Lei 1.533. A duas, porque o art. 2º do CPC se refere a partes, e, como o mandado de segurança tem natureza jurídica de ação, forçoso admitir que, no caso em tela, também existem partes. A três, porque, no mandado de segurança, há necessariamente a participação de um advogado para defender os interesses do Impetrado, não sendo verdadeiro o argumento de que a entidade contra a qual se dirige a impetração não se utiliza de conhecimentos jurídicos para prestar informações. A quatro, porque o mandado de segurança, ao contrário do Habeas Corpus, não é disciplinado pelo Direito Processual Penal e sim pelo Processo Civil (in José Carlos Barbosa Moreira, *Direito Processual Civil — Ensaios e Pareceres*, p. 238, Rio de Janeiro, 1971)."

Precedente do Eg. STJ no R. Esp. 17.124-0, publicado no *DJU* de 15.02.93, p. 1667:

"*Processo Civil. Mandado de Segurança. Honorários Advocatícios. Cabimento. Entendimento Majoritário. Interpretação do Enunciado n. 512 da Súmula da Jurisprudência predominante no Colendo Supremo Tribunal Federal.*

I — Coisa essencialmente viva, o Direito ultrapassa os limites interpretativos que vão se tornando tradicionais, para, atualizando o conteúdo da Lei, buscar no domínio axiológico o seu sentido finalístico, através de encadeamentos visualizadores do que seja justo e razoável.

II — O ato de aplicar a lei ao caso concreto não se resume a subsunção à pragmática das sentenças judiciais anteriores, mas que tenha também como presentes os ensinamentos relevantes da doutrina científica do Direito, fonte subsidiária e elemento revalidador de todos os julgados.

III — A lei do mandado de segurança não contém nenhum dispositivo que restrinja, explicitamente, a aplicação do princípio da sucumbência. Não é lógico nem é justo que o impetrante vitorioso na contenda, depois de ter direito líquido e certo agredido, após passar por todos os conhecidos e naturais aborrecimentos, sempre presentes, ínsitos mesmos, em todas as pelejas judiciais, ainda sofra uma diminuição patrimonial, tendo que arrestar com a remuneração do trabalho do seu patrono.

IV — Condenar o vencido em todas as parcelas da sucumbência, é, sem dúvida, a solução mais conveniente, na medida em que, por um lado, refreia o uso impertinente do *mandamus* pelo particular, e, por outro lado, estimula a autoridade a decidir, em instâncias administrativas, de modo mais refletido, sobre postulações eventualmente envolventes de direito líquido e certo.

V — Recuso conhecido e improvido."

A Corte Especial do STJ, porém, em julgamento recente, decidiu:

"Mandado de Segurança, Honorários de Advogado, Não cabimento. Em hipótese nenhuma (seja de concessão ou de denegação de segurança, ou de extinção do processo, seja a título de sucumbência ou em termos de responsabilidade civil da pessoa jurídica de direito público) é dado ao Juiz impor condenação em honorários de advogado. Princípio da Súmula 512/STF (que teve por referência o art. 64 do CPC/39, na redação da Lei n. 4.632/65 e que foi mantido após a edição do CPC/73), acolhido pela corte especial do STJ. Jurisprudência e doutrina sobre a matéria, num e noutro sentido. Divergência verificada entre a 6ª Turma (acórdão embargado, pelo não cabimento dos honorários) e a 1ª Turma (acórdão paradigma, pelo cabimento dos honorários), ambas do STJ. Embargos conhecidos, mas rejeitados.

(STJ, Corte Especial, Embargos de Divergência no Resp. n. 27.879-4/Rio de Janeiro, Rel. Ministro Nilson Naves, *DJ*, Seção I, 8.11.93 p. 23.494)."

Posta a discussão, e tendo valorosos argumentos os contendores, basta a mim filiar-me à corrente que admite os honorários, pelas razões já indicadas. Ainda que seja mais recente a decisão em contrário, mantenho meu entendimento no sentido de acompanhar as decisões e fundamentos, inclusive de juristas do STJ, que entendem cabíveis os honorários. Assim, em decisão fixarei honorários advocatícios, atendendo ao disposto no art. 20 e parágrafos do CPC.

III — Decisão

Por todas as razões expostas, *julgo procedente, em parte*, a pretensão para:

a) Declarar, incidentalmente, a inconstitucionalidade do art. 7º, *caput*, e de seu parágrafo 1º da Lei n. 8.541/92 e a inconstitucionalidade em parte do art. 8º da Lei n. 8.541/92, especificamente no que se refere à indedutibilidade, para fins de cálculo do lucro real, de tributos, contribuições, atualização monetária, multas, juros e outros encargos, *nas hipóteses em que tiver havido depósito judicial em garantia*.

b) Conceder segurança às Impetrantes, determinando às autoridades impetradas que, em face da invalidação, *inter partes*, dos atos normativos impugnados, abstenham-se de exigir o cumprimento do art. 7º *caput* e § 1º da Lei n. 8.541/91, bem como se abstenham de vedar a dedutibilidade de quantias depositadas em garantia do juízo e acessórios (art. 8º da Lei n. 8.541/92, primeira parte), ou, ainda, de impor quaisquer penalidades às impetrantes por força do não cumprimento dos referidos dispositivos.

Condeno os Impetrados nos honorários sucumbentes, que fixo em 10% sobre o valor da causa, devidamente atualizado (Súmula n. 14, STJ).

Custas *ex lege*.

Oficie-se à autoridade impetrada, na forma do art. 11 da Lei n. 1.533/51, enviando-se cópia da presente decisão, para imediato cumprimento.

Decisão sujeita a reexame obrigatório. Expirado o prazo para recursos voluntários, autos à Superior Instância.

P.R.I.C.

Rio de Janeiro, 12 de novembro de 1993 — William Douglas Resinente dos Santos (Juiz Federal)

JURISPRUDÊNCIA

Contribuição previdenciária — Incidência sobre a "folha de salários" — Pretendida: inclusão da remuneração paga aos empresários, autônomos e avulsos — Uso de palavras sem o sentido técnico pelo Constituinte — Entendimento do termo "salários" — Aplicação do princípio da isonomia

SENTENÇA

Vistos, etc.

Cuida a espécie de ações objetivando provimento jurisdicional a fim de ser reconhecida a inconstitucionalidade da contribuição previdenciária incidente sobre a folha de salários, relativos ao período indicado na exordial, nos moldes estabelecidos pelo artigo 3º, inciso I, da Lei n. 7787/89.

Aduz(em), em síntese nossa, que a inclusão na base de cálculo da contribuição previdenciária incidente sobre a folha de salários da remuneração paga aos empresários, autônomos e avulsos viola o disposto no artigo 195, inciso I, da Constituição Federal, o qual determina ser a base de cálculo da exação, exclusivamente, o salário, assim compreendida como a contraprestação pecuniária mensal paga ao empregado por força da relação de emprego, uma vez que a remuneração percebida pelos empresários autônomos e avulsos, não pode ser entendida como "salário", não compondo, destarte, a "folha de salários" da empresa. Alega, outrossim, dever o termo "salário" ser entendido em sentido técnico.

Precedentemente ingressou(aram) com Cautelar (Processo n. 91.0004479-2) onde pediu(ram) e obtiveram liminar suspensiva de exigibilidade do crédito posto em discussão.

Regularmente citado o Réu apresentou contestação, defendendo a constitucionalidade da exigência da contribuição previdenciária sobre o lucro, nos termos legalmente fixados, alegando, em suma, ser este o entendimento vigente sob a égide da Constituição Federal pretérita, e determinado pela Consolidação das Leis da Previdência Social, no artigo 122, letras "a", "b" e "c". Sustentou, ainda, ser inadmissível a compreensão do termo "salário" em sentido técnico, tal como atribuído no direito do trabalho, já que esta não teria sido a intenção do legislador, e, por se destinar a Constituição ao homem comum em geral, impõe-se a atribuição do significado leigo à expressão "folha de salários", entendida como "folha de pagamento".

Houve a réplica, na qual foram deduzidos os mesmos argumentos da petição inicial.

É o relatório.

Passo a decidir.

É princípio elementar da hermenêutica jurídica não poder a norma de direito ser interpretada isoladamente, mas sim em consonância com o sistema jurídico como um todo.

A Constituição Federal, a par de fixar os princípios basilares e próprios dos diversos sistemas jurídicos, assim entendidos o sistema constitucional tributário, previdenciário, penal, administrativo, dentre outros, erigiu supraprincípios, comuns a todos, os quais formam a essência da própria Constituição, dentre os quais merece destaque o princípio da isonomia.

Por tal razão, as normas constitucionalmente veiculadas hão de ser interpretadas em harmonia não somente com os princípios próprios do sistema jurídico ao qual pertencem, mas também de acordo com os princípios fundamentais da própria ordem constitucional.

Em verdade, a questão suscitada nos autos cinge-se ao conteúdo jurídico da expressão "folha de salários" empregada no art. 195, inciso I, da Carta Magna.

Todavia, mister tecer algumas considerações antes da análise daquele ponto.

Inicialmente, cabe salientar que o legislador constituinte submeteu as contribuições sociais ao regime jurídico tributário, condicionando a instituição e modificação destas à observância dos princípios constitucionais tributários, resguardando a segurança jurídica do contribuinte.

De outro lado, o Constituinte alterou sensivelmente o regime jurídico previdenciário, elegendo como princípios, a universalidade da cobertura e do custeio, uniformidade e equivalência dos benefícios e serviços, a eqüidade na forma de participação no custeio e a solidariedade financeira, pois financiada por toda a sociedade direta e indiretamente (CF, arts. 194, inciso I, II e V e 195). Sem embargo de estatuir no artigo 195, § 5º., que "nenhum benefício ou serviço da seguridade social poderá ser criado, majorado ou estendido sem a correspondente fonte de custeio total".

Ademais, a Constituição Federal de 1988 extinguiu os distintos regimes de benefícios e de custeio existentes na vigência do Texto Constitucional de 1967.

Segundo o magistério bastante abalizado de José Afonso da Silva, solidariedade financeira significa que "os meios financeiros procedem de contribuições gerais, não de contribuições específicas do segurado ("in" *Curso de Direito Constitucional Positivo*, Ed. RT, 6ª. Ed., 1969, p. 271).

Acerca da necessidade de observância dos princípios constitucionais tributários para instituição e majoração das contribuições sociais, subordinam-se estas, também, aos princípios basilares da seguridade social, pois, em última análise, destinam-se a proporcionar o indispensável custeio para a efetivação e realização do sistema de providência social tal como constitucionalmente concebido.

Harmonizando-se com o princípio da solidariedade financeira, os princípios da eqüidade e da generalidade, previstos nos artigos 194 e 195, do Estatuto Supremo, conduzem à identidade de benefícios e importam na equivalência de encargos, repartidos entre todos, segundo a capacidade contributiva de cada um.

Sem dúvida, é indissociável o princípio da eqüidade, do princípio da isonomia insculpido no artigo 5º. e ratificado nos artigos 150, inciso II e 194 da Constituição Federal.

Assim, nos parece, que na medida em que são idênticos os benefícios prestados ao empregado, ao trabalhador avulso e ao autônomo, como também aos, empresários, na qualidade de segurados, da mesma forma os encargos incidentes não poderão ser diferentes.

Marçal Justem Filho analisando as contribuições sociais à luz da Carta Constitucional de 1988, assevera:

"A identidade de direitos dos empregados se reflete na identidade dos encargos dos empregadores. *Os benefícios previdenciários serão os mesmos, para todos os trabalhadores. Logo, os encargos previdenciários dos empregadores também terão de sê-lo*'' (grifamos).

Entendimento diverso atentaria contra o princípio da isonomia, alicerce inabalável da ordem constitucional.

Sendo assim, não merece acolhida a alegação de que o termo ''salário'' foi utilizado em acepção técnica.

A interpretação literal não se constitui em verdadeira interpretação, sendo apenas um método para a interpretação sistemática, esta sim autêntica interpretação.

Atribuir à expressão ''folha de salários'' o sentido preconizado pelo(s) Autor(es) é desconhecer todo sistema constitucional previdenciário, sem embargo da afronta ao princípio da igualdade, consoante explicitada acima.

O legislador constituinte é leigo em Direito por definição, assim, em regra, as expressões encartadas na Constituição da República devem ser interpretadas em sentido vulgar.

Neste sentido, se manifestou o eminente Juiz Américo Lacombe, ao proferir voto na Arguição de Inconstitucionalidade na AMS n. 90.03.42053-0/SP.

> ''...as palavras utilizadas pela Constituição devem ser entendidas em seu sentido popular, uma carta política elaborada pelo povo, e para o povo. Assim como o intérprete deve entender as palavras da lei em seu sentido técnico, deve entender as palavras da Constituição em seu sentido vulgar, salvo quando o sentido técnico for inequívoco, ou quando a palavra tiver sentido técnico'' (T.R.F. da 3ª Região, Relatora Juíza Lúcia Figueiredo, *DOE* de 3.2.92, pág. 147).

Este tem sido também o entendimento dominante nos Tribunais Regionais Federais da 1ª, 3ª e 4ª Regiões:

''Constitucional. Previdenciário. Contribuição para a Seguridade Social. CF/88, art. 195. Lei n. 7.787/89, de 30.6.1989, art. 3º folha de salários. Conceito.

1. O termo salário empregado na Constituição tem sentido amplo e não o conceito determinado no Direito do Trabalho. Numa definição ampla e geral, salário é o preço dos serviços do trabalho, abrangendo o pagameto aos trabalhadores autônomos, avulsos, dirigentes e administradores.

2. No conceito previdenciário, salário sempre foi toda remuneração recebida, a qualquer título, pelo trabalhador, e, também, o pró-labore recebido pelo sócio, pelo diretor, pelo titular de firma individual.

3. Se a própria Constituição que instituiu a contribuição para a seguridade social sobre a folha de salários — entendendo aí a folha de pagamento da empresa — não há porque se exigir a edição da lei complementar.

4. O art. 59 do ADCT tem conteúdo programático. É mera recomendação.

5. Infringência aos artigos 195, inciso I, 146, inciso III e 149 da CF, repelida.'' (TRF da 1ª Região — AMS n. 92.01.02509-2-MG, 3ª Turma, Rel. Juiz Tourinho Neto, *DJU*, de 30.3.92, p. 7332).

''Previdência Social — Incidência de contribuição sobre o valor do ''pro-labore'' pago mensalmente aos sócios.

1. O disposto na lei n. 7787/89 não conflita com o que preceitua o artigo 195 da Constituição da República, na medida em que a interpretação sistemática e teleológica do aludido texto conduz à conclusão de que a contribuição dos empregadores, incidente sobre a folha de salários, abrange o total da importância por eles dispendida a título de remuneração, aí incluindo, v.g., o ''pro-labore'' dos diretores da empresa'' (TRF da 3ª Região, AMS n. 91.03.19.501-5/SP, 2ª Turma, Rel. Juiz Souza Pires, *DOE* de 11.5.92, pág. 103).

''Contribuição Social. Folha de salários. Artigo 195, inciso I, da Constituição Federal.

1. Não é possível conceder à palavra ''salário'', referida no artigo 195, in-

ciso I, da CF, o entendimento técnico que ela tem no Direito Trabalhista, pois se trata de dispositivo constitucional que, por sua característica política, escapa aos conceitos pertencentes ao tecnicismo jurídico.

2. Como a fonte instituída da contribuição em referência está prevista no inciso I, do art. 195 da CF, não há que se falar em Lei Complementar para sua instituição.

3. Não há bitributação, pois os sujeitos passivos da contribuição são diversos.

4. Todos aqueles que prestam serviços, quer autônomos ou avulsos, quer diretores ou sócios gerentes, são a contribuir para a seguridade social, mediante incidência nas folhas de salários, a ser entendidas como folhas de pagamento.

5. Providos apelo e remessa oficial (TRF da 4ª Região, AMS n. 91.4.412-1/RS, 2ª Turma, Rel. Juíza Luíza D. Cassales, *DJU* de 29.1.92, pág. 882)."

Em conclusão, cumpre afirmar ainda, não exigir a Constituição Federal Lei Complementar para instituir ou modificar as contribuições sociais, *ex vi* dos artigos 146, inciso III e 149 e 195, *caput* e §§ 4º e 6º e, em face do disposto no artigo 34, § 1º, do ADCT, o qual estatui, entrarem os artigos 148; 149; 150; 154, I; 156, III, e 159, I, letra "c", em vigor com a promulgação da Constituição.

Diante do exposto e pelo que mais dos autos constam, *julgo improcedentes* os pedidos formulados, nos termos do artigo 269, inciso I, do Código de Processo Civil.

Condeno o(s) autor(es) no pagamento das custas processuais e honorários advocatícios arbitrados em 10% (dez por cento) sobre o valor atualizado da causa.

P.R.I.

São Paulo, 19 de fevereiro de 1993 — Adriana de Soveral (Juíza Federal Substituta, 21ª Vara).

JURISPRUDÊNCIA

ISS — Exigência, pelo Município, de empresa do ramo de Seguro-Saúde — Não prestação de serviços pela autora — Entendimento da lista da LC 56/87 — Ação anulatória do débito fiscal

SENTENÇA

Vistos, etc...

Golden Cros Assistência Internacional de Saúde, qualificada na inicial, ajuizou ação ordinária anulatória de débito fiscal contra a Municipalidade de São Paulo. Alegou, em síntese, que é sociedade beneficente, sem fins lucrativos, atuando no ramo do seguro saúde, não mantendo hospitais, não prestando serviços médicos e não desempenhando assitência médica, se limitando a cobrir os gastos dos que com ele contratam, na ocorrência de eventos mórbidos aleatórios. Que foram lavrados autos de infração pela Prefeitura, não obstante não prestar, a autora, qualquer serviço, pois se limita a assumir os riscos de ressarcir despesas. A autora apenas indeniza por um "dano" previsto no contrato de seguro-saúde. Que não se confunde contrato de seguro com contrato de prestação de serviço. Que tratando-se de contrato nitidamente aleatório, que mais se assemelha a seguro, não se vislumbrou prestação de serviço médico-hospitalar. Ao final, pugnou pela procedência da ação para efeito de ser invalidados os autos de infração, com a extinção dos respectivos créditos. Com a inicial vieram os documentos de fls. 22/120.

Citada, a Municipalidade apresentou contestação. Incialmente argüiu a existência de irregularidade na representação processual. Destacou, ainda, que os documentos juntados são impetráveis, pois não apresentados devidamente autenticados. Quanto às questões de fundo, argumentou que a autora não é empresa seguradora, não emitindo apólice ou bilhetes de seguro, não possuindo a devida autorização para tanto. A caracterização das empresas que oferecem cobertura aos riscos de assistência médico-hospitalar, e não custo como é o caso da autora, devem em conformidade com o disposto no DL73/66. Que a autora além de não dispor de autorização específica, não dispõe de carta patente, não efetuando o pagamento em dinheiro à pessoa prestadora do serviço, sendo que apenas há reembolso, não tendo os contratados livre escolha, estando submetidos aos médicos e hospitais credenciados. Em seu entender tais características desvirtuam o contrato como de seguro, de forma a patentear que ocorre a incidência do tributo municipal. Ao final pugnou pela improcedência.

As partes especificaram provas.

É uma síntese do necessário.

Passo à decisão.

Trata-se de questão exclusivamente de direito, posto que não há controvérsia sobre os fatos envolvidos. Os documentos juntos comprovam e demonstram, satisfatoriamente, as circunstâncias concretas que a demanda encerra. Desnecessário, portanto, a procução e colheita de novas provas.

Inicialmente cumpre destacar que as prejudiciais lançadas na resposta se encontram superadas em razão da juntada dos documentos com a réplica, que vieram regularizar a representação processual. O instrumento de mandato foi outorgado por Bejamim de Carvalho da Silva, procurador legalmente constituído, conforme cópia autenticada da procuração (fls. 173). O vício, portanto, restou saneado, impondo-se a rejeição da prejudicial.

Quanto aos documentos, a falta de autenticação não lhes retira a força e eficácia, vez que a ré não argüiu qualquer eventual vício ou contestou seus termos, pelo contrário, ratificou implicitamente o conteúdo destes, face aos termos da resposta.

Quanto a questão de fundo, a autora pretende desconstituir os autos de infração ns. 33064334, 33064350, 33064369, 33064377, 33064407, 33064385, 33064393, lavrados em razão do não recolhimento do ISS, sobre suas operações típicas. Sustentou que atua no ramo do seguro-saúde, não desenvolvendo atividades de prestação de serviços passíveis de oneração pelo imposto municipal.

Ao revés, a Municipalidade argumentou que as operações próprias da autora não tipificam contrato de seguro, de forma que não há como se fugir à imputação formalizada nos autos de infração questionados.

A questão foi muito bem debatida nos autos, pois as partes com esmero, souberam salientar os argumentos mais relevantes em abono a suas respectivas teses.

A Constituição Federal nos fornece o padrão total configurador das competências tributárias, que limita e restringe a atuação do legislador ordinário. O texto maior outorga aos Municípios, competência para instituírem tributo sobre *Serviços* de qualquer natureza, não compeendidos na competência da União Federal e dos Estados-membros.

Os serviços passíveis de oneração pelo tributo municipal, devem, necessariamente, ser previstos em *Lei Complementar*. Terá esta, portanto, a incumbência de traçar os limites, estabelecendo um divisor de águas entre as competências dos entes tributantes.

Quanto à *lei local*, esta terá por tarefa, criar o tributo, em acatamento aos ditames constitucionais e em respeito à legislação complementar, dupla, destarte, a sua limitação.

A Lei Complementar 56/87 listou, entre outras atividades tidas como tipificadoras de prestação de serviço, as desenvolvidas pela autora, a saber:

"Serviços prestados por entidades que assumem o compromisso de pagar ou reembolsar as despesas médico-hospitalares e assemelhadas de seus clientes ou associados, inclusive através de contratação de terceiros para execução de serviços ligados a saúde humana".

Não há dúvida de que tal desenho normativo engloba e abrange as atividades e as operações típicas e próprias da autora. A este respeito não há discussão ou controvérsia. A autora argumenta, apenas, que a lei complementar não respeitou a limitação constitucional, uma vez que o primeiro pressuposto exigido pela lei maior, é de que apenas as operações caracterizadoras de *prestações de serviços* é que poderiam ser anotadas e listadas.

Pois bem, a autora como entidade filantrópica ou não, realiza com seus clientes, contratados em que fica pactuado o recebimento de determinada quantia mensal, dando a estes o direito à assistência médica e hospitalar.

Paralelamente celebra a autora, contratos com médicos e hospitais (fls. 46/51), para que estes prestem *serviços* aos beneficiários de seus planos de saúde. Por tais *serviços* a autora paga os preços estipulados na tabela anexa ao contrato.

Trata-se, portanto, de reembolso das despesas tidas com o atendimento aos beneficiários dos planos de saúde.

Assim, duas modalidades de contrato interligadas compõem o chamado *plano de saúde*. O contrato realizado com os beneficiários, e os contratos firmados com os médicos e hospitais credenciados.

O beneficiário não paga diretamente aos hospitais e médicos pelos serviços próprios. Quem os paga é a autora, em respeito a uma tabela própria e pré-determinada.

Inequivocamente que a assistência médica e hospitalar configura uma *verdadeira prestação de serviço*, submetida à incidência do ISS.

Assim, quando o beneficiário se vale de um serviço médico, sobre esta operação pode existir oneração fiscal do ISS. Da mesma forma, o *reembolso* realizado pela Golden Cross, em substituição ao pagamento direto, também deve ser submetido à cobrança do imposto Municipal.

Pouco importa se o pagamento pelos serviços médicos seja feito pelo paciente ou por empresa constituída para tal finalidade. O cerne da atividade indica que foi realizado um *serviço* passível de tributação.

As autuações fiscais não consideraram este contrato (reembolso), mas sim o outro contrato celebrado com os beneficiários. Teoricamente, entenderam os agentes ficais, que na *mesma operação*, interligada por dois contratos, existem dois momentos distintos de incidência do ISS.

O contrato do tipo aleatório celebrado com os beneficiários, como vimos, se subsume ao desenho normativo da Lei Complementar 56/87, restando saber se também este contrato encerra uma verdadeira e efetiva prestação de serviço, posto que a lei infra-constitucional não pode criar, aleatoriamente, presunções legais que na essência, entampem uma contradição com o texto que lhe dá suporte e validade. Necessário, portanto, que a lei eleja, no caso, como substrato fático para a tributação, circunstâncias caracterizadoras de *prestações de serviços*.

A autora não é formalmente uma *seguradora*, pois não dispõe de expressa *autorização*, exigida pelo DL 73/66. Tampouco cumpre alguns de seus pressupostos, como o demonstrou o zeloso Procurador Municipal. Entretanto, isto não afasta a eventual caracterização de contrato de seguro-saúde, para efeitos fiscais.

Em que pese o enunciado da lei complementar, o contrato firmado com os beneficiários, não tipifica prestação de serviço.

A autora não presta diretamente serviços médicos. Não possui rede hospitalar própria. Apenas reembolsa as despesas incorridas pelos seus beneficiários, e nesta operação desencadeia a incidência do ISS. Quando recebe o chamado prêmio do seguro-saúde, não presta serviço algum. Realiza operação que em tese estaria submetida à incidência do imposto federal, previsto no art. 153, inciso V, da Carta Magna. Se não há tributação ou se inocorre exigência deste tributo, tal fato, por si, não autoriza o Poder Municipal a tributá-lo, pois haveria invasão inconstitucional de competência tributária.

O contrato em consideração, pouco importando a sua natureza jurídica, não representa uma prestação de serviço. E da essência da prestação de serviço, a existência de uma *atuação*, um *fazer*, que deve ser necessariamente efetivo e concreto. O contrato aleatório envolve riscos e situações imprevistas e imprevisíveis. No caso, o beneficiário compra e paga por um *seguro saúde*, pouco importando se há ou não atenção aos requisitos legais previstos no DL 73/66. O prêmio é pago independentemente da realização de qualquer serviço médico ou hospitalar.

O beneficiário ao pagar à Golden Cross não está pagando por serviços médicos certos e delimitados como seria de rigor para validar a tributação. Paga por um *seguro*, e como tal, passível exclusivamente de oneração pelo tributo federal, independentemente de sua deflagração ou não.

Conclui-se que assiste razão à autora, porquanto as autuações tiveram por base disposição legal que não se harmoniza com os ditames constitucionais.

"*Ex positis*"

Julgo procedente a ação tornando insubsistentes os autos de infração anotados na inicial. Arcará a ré com o pagamento das custas e despesas processuais decorrentes do processo, e pagamento de verba honorária que arbitro em 10% (dez por cento) do valor atribuído à causa, corrigido desde o ajuizamento.

Superada a fase de recursos voluntários, subam os autos para reexame necessário.

P.R.I.

São Paulo, 15 de abril de 1993 — Venicio Antonio de Paula Salles (Juiz de Direito — 9ª Vara da Fazenda Pública do Estado de São Paulo).

RDT 61

CADERNOS DE DIREITO TRIBUTÁRIO: NORMA JURIDICA Y SEGURIDAD JURIDICA — **Ferreiro Lapatza** • IMUNIDADE TRIBUTÁRIA — ENTIDADES FECHADAS DE PREVIDÊNCIA PRIVADA (FUNDOS DE PENSÃO) — **Gilberto de Ulhôa Canto** • TAXA PARA EMISSÃO DE GUIA DE IMPORTAÇÃO — **Geraldo Ataliba e José Artur Lima Gonçalves** • ISS — SEGURO SAÚDE — **Souto Maior Borges** • O PRINCÍPIO DA SEGURANÇA JURÍDICA EM MATÉRIA TRIBUTÁRIA — **Paulo de Barros Carvalho** • ICMS — COMPRA E VENDA MERCANTIL (BASE DE CÁLCULO) — **Paulo Salvador Frontini** • MANDADO DE SEGURANÇA E CONSULTA FISCAL — **Hugo de Brito Machado** • IR — RENDIMENTOS AUFERIDOS EM APLICAÇÕES FINANCEIRAS (EM REGIME DISTINTO E SEGREGADO DA TRIBUTAÇÃO DOS LUCROS OPERACIONAIS) — **Oswaldo Othon de Pontes Saraiva Filho** • *NOTAS E COMENTÁRIOS*: PRINCÍPIOS CONSTITUCIONAIS TRIBUTÁRIOS E REFORMA FISCAL — **Sacha Calmon** • IR — DECLARAÇÃO DOS BENS DE PESSOA FÍSICA PELO VALOR DE MERCADO — **Eugênio Doin Vieira** • POLUIÇÃO E TRIBUTAÇÃO — **José Marcos Domingues de Oliveira** • DISTRIBUIÇÃO DISFARÇADA DE LUCROS — NÃO CARACTERIZAÇÃO — **Eduardo D. Bottallo** • VALIDADE DE NORMAS INTERNAS CONTRÁRIAS A DISPOSITIVOS DE ACORDOS DE BITRIBUTAÇÃO NO DIREITO E NA PRÁTICA NORTE-AMERICANA — **Luís Eduardo Schoueri** • DEPÓSITO JUDICIAL E CRÉDITO TRIBUTÁRIO — **Wanderley José Federighi** • ISS — MOMENTO EM QUE SE TORNA DEVIDO — **Betina Treiger Grupenmacher** • O "DUE PROCESS OF LAW" NO PROCEDIMENTO ADMINISTRATIVO-FISCAL NA ÁREA ADUANEIRA — **J. Lence Carluci** • INCENTIVOS A INVESTIMENTOS — TRATAMENTO JURÍDICO-CONTÁBIL APLICÁVEL — **Natanael Martins** • CAUTELARES — LIMINARES E ACESSO AO JUDICIÁRIO — **Márcio Severo Marques** • ICMS SOBRE ALIENAÇÃO DE BENS DO ATIVO IMOBILIZADO — **Carlos Americo Domeneghetti Badia** • SOCIEDADES UNIPROFISSIONAIS: ASPECTOS DA CONTRIBUIÇÃO SOCIAL SOBRE O LUCRO DAS PESSOAS JURÍDICAS — **Plinio Simões Barbosa** • *DIREITO TRIBUTÁRIO ATUAL*: IR — TRIBUTAÇÃO DE DESPESA? ARTS. 7º E 8º DA LEI N. 8.541/92 E O PRINCÍPIO DA CAPACIDADE CONTRIBUTIVA • DEDUTIBILIDADE DOS AJUSTES A VALOR PRESENTE — **Trevisan Auditores e Consultores** • *JURISPRUDÊNCIA*

MALHEIROS EDITORES